## 本专著受到以下项目基金资助：

1. 西华师范大学学术著作出版基金资助

2. 教育部人文社会科学青年基金项目"共享经济视阈下平台企业经营互补业务的战略选择与理论机制研究"（编号：20YJC630017）

3. 四川省科技计划软科学项目"基于战略创业视角的园区企业平台化创新逻辑与机理研究"（编号：2020JDR0225）

4. 南充社科"十四五"规划2023年度项目"互联网平台企业价值创造与价值获取研究：理论机制与实施路径"（编号：NC23C284）

# 平台企业价值创造与价值获取研究：
# 模型、机制与实现路径

杜华勇◎著

吉林大学出版社
·长春·

图书在版编目（CIP）数据

平台企业价值创造与价值获取研究：模型、机制与实现路径 / 杜华勇著. —— 长春：吉林大学出版社，2023.10
ISBN 978-7-5768-2436-0

Ⅰ.①平… Ⅱ.①杜… Ⅲ.①网络公司—价值论—研究 Ⅳ.①F490.6

中国国家版本馆CIP数据核字（2023）第211974号

| 书　　　名 | 平台企业价值创造与价值获取研究：模型、机制与实现路径 PINGTAI QIYE JIAZHI CHUANGZAO YU JIAZHI HUOQU YANJIU：MOXING、JIZHI YU SHIXIAN LUJING |
|---|---|
| 作　　　者 | 杜华勇 |
| 策划编辑 | 樊俊恒 |
| 责任编辑 | 田　娜 |
| 责任校对 | 王宁宁 |
| 装帧设计 | 马静静 |
| 出版发行 | 吉林大学出版社 |
| 社　　　址 | 长春市人民大街4059号 |
| 邮政编码 | 130021 |
| 发行电话 | 0431-89580036/58 |
| 网　　　址 | http://www.jlup.com.cn |
| 电子邮箱 | jldxcbs@sina.com |
| 印　　　刷 | 北京亚吉飞数码科技有限公司 |
| 开　　　本 | 787mm×1092mm　1/16 |
| 印　　　张 | 26 |
| 字　　　数 | 440千字 |
| 版　　　次 | 2024年4月　第1版 |
| 印　　　次 | 2024年4月　第1次 |
| 书　　　号 | ISBN 978-7-5768-2436-0 |
| 定　　　价 | 98.00元 |

版权所有　翻印必究

# 前　言

互联网时代，平台企业作为发展共享经济的重要载体，成为近年来学术界和实务界关心的热点话题。一方面，平台企业在全球经济市场中崭露头角，以其创造力和生命力成为备受追捧的经营模式。在全球100家"独角兽"企业中，超过70%的企业都采用了平台商业模式。另一方面，平台企业具备跨界经营的"破坏力"和网络效应，加速了平台市场的"赢家通吃"格局，使同类市场不同平台企业的经营绩效相去甚远。比如，在电商领域，市场排名第一的阿里巴巴仅凭淘宝和天猫就占据58.2%的市场份额，拥有5.3亿注册用户，天猫仅2018年11月11日一天的销售额就达到2135亿元。相比之下，同样处在市场排名前列的拼多多只有1.8%的市场份额，注册用户量不到一亿。因而，剖析平台企业竞争优势"黑箱"，解释平台企业绩效差异的原因与机理，对于企业平台化经营实践和推动共享经济发展都具有重要的现实意义。

同时，理论研究表明，企业竞争优势与价值创造、价值获取过程密不可分，但企业如何创造和获取更大价值却并未形成定论。现有的研究往往注重单一视角分析交易成本、资源、能力、创新、组织间关系等因素在价值创造与价值获取过程中的重要作用，缺乏更加系统而全面的理解，从而模糊了价值创造与价值获取的"全貌"。另外，近年来价值共创和价值基础理论的研究进展为价值创造与价值获取的研究提供了新的思考方向。管理学家们纷纷反思，呼吁通过理论整合，以更加客观和完善的理解，揭开价值创造与价值获取的"过程黑箱"。

此外，发端于20世纪90年代的平台研究，侧重网络效应、平台开放、平台启动等具有"平台"属性的平台竞争战略互动的研究，清晰地阐明了平台企业与传统企业在内涵和外延上的显著差异，在国内外形成了许多独具特色的研究团队和研究成果。然而，由于平台研究侧重"平台"属性的分析，缺乏与经典理论的衔接与整合，因而研究体系较为分散，也未能揭开平台企业的竞争优势"黑箱"。

为此，本书通过梳理平台研究与价值创造与价值获取的研究，发现价值基础理论通过两个通行公式（价值创造=支付意愿-机会成本、价值获取=价格-机会成本）以更为一般的形式展开分析，为价值创造与价值获取研究提供了良好的基础框架。同时，TCE、PFI、RDT等经典理论之间存在价值创造与价值获取的"共同"解释逻辑，而平台研究则详尽地刻画了"平台"属性。因此，本书基于"基础框架""共同"解释逻辑和"平台"属性，通过扎根理论分析，力图整合经典理论，构建平台企业价值创造与价值获取的理论模型。同时，基于fsQCA（模糊集定性比较分析）的实证分析，验证理论模型并分析平台企业价值创造与价值获取的前因构型、关键因素和关键路径。最后，结合三个延伸讨论详细分析与平台企业价值创造与价值获取相关的三个外延话题（平台领导实质选择权、平台领导战略创业以及平台领导赋能与竞争优势），以期为价值创造理论和平台企业经营实践提供更加完善的理论参考。

综合理论与实证分析，本书主要得出以下结论。

（1）通过扎根理论分析，厘清了平台企业价值创造与价值获取的构成要素与理论维度。通过案例企业访谈资料的扎根理论分析，本书发现平台企业价值创造与价值获取主要包括7个构成要素。其中，"创业机遇"和"资源基础"是平台企业进入市场和创造价值的干预条件，"平台建设"（含"平台开放""供需匹配"和"互动引导"三个维度）、"用户参与"（含"知识分享""互补品供应"和"持续承诺"三个维度）和"平台控制"（含"规则主导""网络效应"和"用户锁定"三个维度）是直接影响价值创造与价值获取结果的行动过程，而"用户认知价值"和"平台专属收益"则是分别反映价值创造与价值获取的具体结果。

（2）通过编码结论与经典理论的对话和整合，构建了平台企业价值创造与价值获取的理论模型。本书研究发现，平台企业价值创造与价值获取过程遵循不同的主导逻辑。其中，平台企业价值创造过程隐含着"效率"和"创新"双重逻辑。具体来看，以平台企业为行动主体的"效率"逻辑，通过平台开放、供需匹配和互动引导，构建了有效的平台服务市场，从而为激发用户互动创造有利条件，其理论依据主要源于交易成本经济学（TCE）；以平台供需端用户为主体的"创新"逻辑，通过知识分享、互补品供应和持续承诺，积极参与互动并持续提供互补性资源，从而提升用户认知价值，其理论依据主要源于创新中获利理论（PFI）。类似地，本书发现，在创造价值的基础上，平台企业通过规则主导、网络效应和用户锁定，以竞争性资源（隔离机制）和说服性资源的方式提高平台企业对供需端用户的依赖优势，从而提升议价能力，争取平台专属收益，其理论依据主要来源于资源依赖理论（RDT）。同时，"效率"逻辑是"创新"逻辑的必要条件，"价值创造"也是"价值获取"的必要条件。

（3）通过fsQCA分析，实证验证了平台企业价值创造与价值获取的理论模型，并分析了平台企业价值创造与价值获取的前因构型。本书发现，促进和抑制价值创造与价值获取的构型并不等同。其中，积极的用户参与（高知识分享、高互补品供应和高持续承诺）是促进平台企业价值创造的关键因素；消极的平台建设（低平台开放、低供需匹配和低互动引导）是抑制平台企业价值创造的关键因素。同时，积极的平台控制（高规则主导、强网络效应和高用户锁定）是促进平台企业价值获取的关键因素；消极的用户认知价值（消极的系统评价和低支付意愿）是抑制平台企业价值获取的关键因素。总体来看，平台企业实现价值创造和价值获取极大化，需要同时关注并积极开展平台建设、用户参与和平台控制，三者缺一不可。

（4）结合三个延伸性话题的研究与讨论，进一步详细解读了平台企业价值创造与价值获取（构建竞争优势）相关的三个拓展话题：平台领导的实质选择权、平台领导企业战略创业、电商行业平台领导的赋能型零售和竞争优势。研究发现，平台领导嵌入和运用实质选择权的战略弹性是平台领导构筑竞争优势和获取非对称收益的重要手段；平台领导企业的战略创业进程遵循"重复型利用—增量型利用—拼凑型探索—搜寻型探索"的双元行动序列，而管理认知转变和决策逻辑是决定该行动序列的内在机理；电商行业平台领导赋能可以通过运营赋能和互补赋能的方式构筑赋能型零售生态系统，而平台竞争优势不仅关乎网络效应和隔离策略，也跟市场垄断和社会福利密切相关。

本书的主要贡献在于：

（1）探索了平台企业价值创造与价值获取的构成要素和理论维度，增进了平台企业战略管理过程的微观理解。以往的研究囿于理论视角的限制，往往强调单一因素对价值创造和价值获取的作用，缺乏构成要素和理论维度的系统性考察。同时，既有研究在分析影响因素时也主要以文献推导为主，具有较强的主观性，扩大了价值创造和价值获取理论与平台企业经营实践的"鸿沟"。本书结合理论文献梳理和探索性案例研究，从访谈的事实经验反向建构理论框架，从而识别平台企业价值创造与价值获取的构成要素与理论维度。

（2）整合经典理论，构建了平台企业价值创造与价值获取的理论模型，揭开了平台企业价值创造与价值获取的"过程黑箱"。以往研究侧重单一视角分析企业价值创造与价值获取，由于缺乏理论整合，很难清晰阐述价值创造与价值获取各自遵循的主导逻辑。为此，本书以平台企业为研究情景，结合"平台"属性，利用价值基础理论的基本分析框架，整合交易成本经济学（TCE）、创新中获利理论（PFI）、资源依赖理论（RDT）等经典理论，从而厘清构成要素之间的关联关系，以及价值创造与价值获取的主导逻辑，形成相对完善的平台企业价值创造与价值获取理论模型。从这个角度来看，构建平台企业价值创造与价值获取的理论模型，对于同时推进平台理论、价值创造和价值获取理论、战略管理理论都具有积极意义。

（3）验证理论模型，分析影响价值创造与价值获取"成""败"的前因构型、关键因素和关键路径，对于深化价值创造与价值获取理论，提供了更高细粒度的理解。以往价值创造与价值获取的理论和实证研究中，往往强调前因变量与结果变量具有对称性因果关系，从而忽略了更深层次的内在联系（因果复杂性）。为此，本书在构建理论模型和提出假设后，从"促进"（导致"成功"结果）和"抑制"（导致"失败"结果）两个维度分别检验和分析，发现"促进"和"抑制"平台企业价值创造和价值获取的前因构型、关键因素和关键路径都不相同。同时，由于价值创造与价值获取对构建可持续竞争优势的不可或缺性，因而本书构型分析结论对于平台企业战略管理和经营实践亦具有很强的指导意义。

本书作者博士毕业于西南财经大学企业管理专业，长期从事平台企业战略管理和战略创业的研究，对平台企业价值共创、动态能力、平台领导和双元创新等话题均有涉猎，前期成果大多见于《中国工业经济》《管理学报》《商业经济与管理》等权威管理学学术刊物，发表平台战略管理领域学术论文10余篇，部分论文被《新华文摘（网络版）》《人大复印资料》和《高等学校文科学术文摘》转载，主持并完成相关省部级课题2项、地厅级及以下项目3项，在平台价值创造、平台价值获取、平台领导和平台竞争优势方面形成一定的研究基础。本书亦是基于作者前期研究的延伸和修订所成，在本书写作与修订过程中收获了来自西南财经大学罗珉教授、电子科技大学滕颖教授等一批平台战略管理领域专家的宝贵建议，并在数据搜集、分析与处理等环节获得了彭毫博士、鞠英伟博士、赵振博士、李亮宇博士等一批同行研究者的支持，在此一并致谢。纸短情长、言简意深，感恩写作路上遇到的每一位良师益友，你们是作者完成写作与修订的不竭动力。限于作者水平和精力的限制，书中不当之处还望批评指正，欢迎志趣相投的同行交流指导。

杜华勇

2023年5月于西华师范大学文科楼

# 目 录

**第一章 绪 论**    1

    第一节 本书研究背景    1
    第二节 研究问题    5
    第三节 相关概念界定    6
    第四节 研究思路    10
    第五节 本书的主要贡献    17

**第二章 文献综述**    19

    第一节 平台研究现状与焦点议题    20
    第二节 企业价值创造与价值获取研究回顾    46
    第三节 平台企业价值创造与价值获取研究梳理    59
    第四节 研究述评    67
    本章小结    69

**第三章 平台企业价值创造与价值获取的要素与机理**
**——基于扎根理论的探索性案例研究**    71

    第一节 研究问题界定与研究方法选择    72
    第二节 理论抽样与案例选择    74
    第三节 数据搜集与案例简介    78

| 第四节 | 案例分析 | 85 |
| 第五节 | 理论对话：平台企业价值创造与价值获取的内在机理 | 105 |
| 第六节 | 平台企业价值创造与价值获取的理论模型 | 119 |
| 本章小结 | | 121 |

## 第四章 平台企业价值创造与价值获取构型分析——基于fsQCA的实证研究设计 123

| 第一节 | 研究问题界定与研究方法选择 | 124 |
| 第二节 | 条件选择与研究假设 | 125 |
| 第三节 | 变量定义与测量 | 135 |
| 第四节 | 数据搜集与数据校准 | 143 |
| 第五节 | 描述性统计、相关性分析与案例样本对比分析 | 156 |
| 本章小结 | | 163 |

## 第五章 平台企业价值创造与价值获取构型分析——基于fsQCA的实证分析与结果讨论 165

| 第一节 | fsQCA主要分析过程 | 166 |
| 第二节 | 前因变量必要性检验 | 172 |
| 第三节 | 平台企业价值创造的构型分析（促进构型） | 178 |
| 第四节 | 平台企业价值获取的构型分析（促进构型） | 186 |
| 第五节 | 平台企业价值创造的构型分析（抑制构型） | 195 |
| 第六节 | 平台企业价值获取的构型分析（抑制构型） | 203 |
| 第七节 | 结果讨论 | 210 |
| 本章小结 | | 222 |

## 第六章　平台企业价值创造与价值获取研究结论　**225**

第一节　主要研究结论　226
第二节　理论与实践启示　233
第三节　研究贡献与不足　242
第四节　研究展望　247

## 第七章　延伸讨论一：平台领导的实质选择权　**251**

第一节　问题提出　252
第二节　平台领导的实质选择权内涵　254
第三节　平台领导的实质选择权类型、价值形态和边界条件　266
第四节　平台领导嵌入实质选择权的内在运行机理　274
第五节　平台领导嵌入实质选择权的重要意义　285
第六节　结　论　290

## 第八章　延伸讨论二：平台领导企业的战略创业行动逻辑与机理　**293**

第一节　问题提出　294
第二节　文献回顾　296
第三节　研究设计　300
第四节　案例分析　305
第五节　案例发现与讨论　312
第六节　结论与启示　324

## 第九章 延伸讨论三：平台领导的赋能型零售与竞争优势　　327

### 第一节 平台领导的赋能型零售　　328
### 第二节 平台领导竞争优势　　337

## 参考文献　　345

## 附　录　　381

附录1　基于CiteSpace文献计量的详细术语聚类结果　　381
附录2　平台企业价值创造与价值获取研究的访谈提纲　　384
附录3　访谈分析笔记（示例）　　386
附录4　调查问卷　　390
附录5　fsQCA构型分析真值表一览　　394

# 第一章 绪　论

## 第一节　本书研究背景

### 一、现实背景

互联网时代,平台企业以其独特的经营优势和战略弹性,实现诸多行业领域"跨界经营",给线上线下的传统经营方式带来震撼性的冲击。企业"平台化"经营成为互联网时代构建竞争优势的"风向标"。根据哈佛大学托马斯·艾斯曼(Thomas Eisenmann)教授评估,在全球最大的100家企业里面,有60家企业都是平台企业,而全球100家"独角兽"[①]企业中,超过70%的企业都采用平台商业模式[②]。不仅如此,即便是传统的生产制造巨头与平台企业抗衡,平台企业的竞争力也不容小觑。比如,2007年苹果手机进入市

---

[①] "独角兽"企业是由风投资本家艾琳·李(Aileen Lee)2013年11月在TechCrunch国际创新峰会上提出的一个概念,代指那些估值超过10亿美元的创业公司。

[②] 数据来源:中欧陈威如教授:看好你的利润池《哈佛商业评论》[EB/OL]福布斯中文网,http://www.forbeschina.com/review/201304/0025229.shtml,2013-04-19.

场时，全球手机市场还被诺基亚、三星、摩托罗拉、索尼爱立信和LG五家巨头把持（Van Alstyne, Parker and Choudary, 2016）。仅仅时隔8年之后，苹果手机就同时打败五大巨头，成为全球智能手机市场的领军者。

在中国市场上，"平台"更是人们日常生活的代名词，成为共享经济的重要载体。人们在淘宝网站上很轻易就可以买到上千公里之外的新鲜水果（电商）；足不出户就可以在美团外卖订购并享受外卖员送上的各种美食（外卖）；无须烦琐的程序就能通过支付宝和微信轻松支付来购买心仪的产品（支付）；不用通过长时间学习就可以通过余额宝灵活存取钱赚取高于银行的利息（金融）；出门时无须长时间等待就可以通过滴滴打车坐上陌生司机的车去想去的地方（网约车），如是等等。可以说，在互联网时代，平台无处不在，平台无所不能。

然而，尽管平台企业在人们日常生活中发挥着无远弗届的重要作用，但企业"平台化"经营并非易事。网络经济时代的环境不确定性程度更大、破坏力更强，致使许多平台企业也都遭受了致命打击，"短命企业"不胜枚举。比如，2017年，仅在电商领域倒闭的平台企业就有十多家，其中包括许鲜网、借卖网、有范、绿盒子、爱生活e购等备受关注的企业。同时，对于存续经营的平台企业而言，同一行业内不同平台的经营绩效也相去甚远。比如，在电商领域，市场排名第一的阿里巴巴仅凭淘宝和天猫平台就占据58.2%的市场份额，拥有5.3亿注册用户，天猫平台仅2018年11月11日一天的销售额就达到2135亿元。相比之下，同样处在市场排名前列（第四）的拼多多平台只有1.8%的市场份额，注册用户量不到一亿。同样地，在O2O外卖、网约车、网络文学等领域也都呈现出显著的"赢家通吃"（Winner-Take-All）格局，行业第三名通常只占不到10%的市场份额。

综上所述可以看到，在互联网时代下，平台企业具有强大的经营活力。以平台企业为载体的共享经济成为近年来党和国家大力发展的重要战略举措[①]。然而，从平台经营结果来看，平台市场的"赢家通吃"现象极为普遍，不同平台间经营绩效差异巨大，造成绩效差异的原因仍然模糊不清。因而，探索影响平台企业经营成败的关键因素对于推进共享经济发展、指导企业平台化经营和提升企业绩效具有重要意义。

## 二、理论背景

从战略管理的角度来看，企业经营与发展的核心问题在于：如何构建可持续竞争优势（Porter, 1987; Dierickx and Cool, 1989; Dyer and Singh, 1998; Barney, 1991; Hafeez et al., 2002）。而构建可持续竞争优势关乎两个战略行动过程：价值创造与价值获取（Mizik and Jacobson, 2003; MacDonald and Ryall, 2004; Chatain and Zemsky, 2011; Dyer, Singh and Hesterly, 2018）。其中，价值创造（Value Creation）关注利益相关者群体如何创造更多实际价值，而价值获取（Value Capture）则关注如何确保价值专属，以及如何分配价值能使自身收益最大化（Brandenburger and Stuart, 1996; Dyer, Singh and Kale, 2008）。因而，考察价值创造与价值获取的前置因素，追求价值创造与价值获取极大化，成为企业构建可持续竞争优势的重要过程。

在传统企业中，价值创造和价值获取的研究主要关注"要素"和"参数"在价值创造与价值获取中的作用。以交易成本经济学为代表的研究，突出企业创造价值体现为"节约交易成本"（Williamson, 1975; Williamson, 2008）；以资源基础观或资源依赖理论为代表的研究，突出"稀缺性"资源是创造和获取价值的关键因素（Barney, 1991; Pfeffer and Salancik, 2003; Barney, 2018）；以动态能力理论、组织间关系理论为代表的研究，则将"能

---

[①] 近年来，国家政府机构多次发文强调突出建设共享经济与平台企业的战略举措。比如，2017年国家发改委先后出台《关于促进分享经济发展的指导性意见》（发改高技〔2017〕1245号）和《国家发展改革委办公厅关于推动发展一批共享经济示范平台的通知》（发改办高技〔2017〕2020号）等促进平台企业和共享经济发展的政策文件，将以平台企业为载体的共享经济作为国家培育新增长点、形成新动能的关键工作。

力"和"组织间关系"作为分析重点,强调这两类"特殊资源"在创造和获取价值中的作用(Teece et al., 1997; Dyer and Singh, 1998);以创新中获利理论为代表的研究,突出创新和互补性资源对价值创造和价值获取的重要作用(Teece, 1986; Jacobides, Knudsen and Augier, 2006; Lawson, Samson and Rode, 2012; Teece, 2018);以价值基础理论为代表的研究,则更加侧重价值创造与获取的一般框架,注重分析价值创造与价值获取的互动策略(Brandenburger and Stuart, 1996; Brandenburger and Stuart, 2007; Gans and Ryall, 2017)。综合来看,虽然有大量研究探讨企业价值创造与价值获取,但在核心观点上偏执一隅,存在许多分歧和争议。特别是,近年来随着管理学家的不断反省,以及价值共创研究的推进(Kohtamäki and Rajala, 2016; Fu, Wang and Zhao, 2017),研究者们开始意识到分析价值创造与价值获取的一般原理,需要将利益相关者(特别是用户)纳入分析范畴(Rietveld, 2018),通过理论整合与实践对话(Barney, 2018),寻求更加完善和稳健的结论。

同时,致力于平台理论的研究者们纷纷指出,平台企业相比传统企业在外延和内涵上均有所不同:①平台企业不参与核心价值创造,以中介技术或密集技术为主(Van Alstyne, Parker and Choudary, 2016);②平台企业具有双边市场(Two-sided Markets)特性(Rochet and Tirole, 2003),导致平台价值创造与价值获取的分析不能照搬传统企业的对偶关系,而是要同时考虑平台—供方—需方的三角互动;③平台企业具有跨边网络效应(Katz and Shapiro, 1985),可能带来正反馈或负反馈式增长,加速形成"赢家通吃"格局;④高度开放对平台企业发展可能带来"双刃剑"效应(West, 2003);⑤平台企业的战略行为活动不同于传统企业,平台互补品多样性和用户互动对提升平台绩效意义重大(Zhu and Liu, 2018; Jacobides, Cennamo and Gawer, 2018; Teece, 2018)。总体来看,现有平台理论研究对"平台属性"(即平台企业不同于传统企业的特征)刻画得较为清晰,却相对忽略平台企业创造和获取价值的一般原理。同时,少量直接分析平台企业价值创造与价值获取的研究也主要从平台属性(Spagnoletti et al., 2015)、生命周期(Fu, Wang and Zhao, 2017)、行动阶段(杨学成、涂科, 2017)和领导机制(Gawer and Cusumano, 2014)等角度分析价值创造的影响因素,缺乏平台理论与经典理论体系的对话,从而割裂了平台理论与经典理论的内在联系。

综上所述，企业价值创造与价值获取的理论研究仍然存在争议和空白，价值创造与价值获取的主导逻辑并不清晰，价值创造与价值获取的联系也不明确。更加值得关注的是，尽管平台理论的研究者们已经指出平台企业与传统企业的显著差异，却未能阐明平台企业价值创造与价值获取的"过程黑箱"，也缺乏平台理论与（解释价值创造和价值获取的）经典理论的对话和整合。因而，揭开平台企业价值创造与价值获取的"过程黑箱"，构建清晰的平台企业价值创造与价值获取的理论模型，对于同时推进价值创造与价值获取研究、平台理论研究和战略管理研究具有积极的理论意义。

## 第二节 研究问题

综合研究的理论和现实背景，本书围绕"平台企业价值创造与价值获取"这一研究主题开展理论和实证层面的分析。因而，与战略管理的实质问题相似，本书也试图回答一个核心问题：如何实现平台企业价值创造和价值获取极大化。由于价值创造与价值获取并非完全重合关系，而是两个需要同时考虑的战略行动过程。价值创造是（企业联合利益相关者）"将蛋糕做大"，而价值获取则是为企业自身"分得更多蛋糕"（Dyer, Singh and Kale, 2008）。因而，本书的研究问题可以分解成两个子研究问题。

子研究问题一：平台企业价值创造与价值获取的构成要素与机理。

由于已有研究并未清晰指出平台企业价值创造和价值获取的构成要素，而平台企业又因为具有"平台属性"，无法照搬传统企业的经验和依据。因而，需要首先通过探索性研究分析平台企业价值创造与价值获取的构成要素。其中，既包括直接影响因素（前因条件/变量），也包括间接因素（触发和干预条件），还包括直接反映价值创造与价值获取结果的因素（行动结果）。同时，在子研究问题一中，还需要通过梳理要素关系，厘清平台企业价值创造与价值获取的主导逻辑和作用机理。

子研究问题二：平台企业价值创造与价值获取的关键因素、构型与关键路径。

在厘清影响平台企业价值创造与价值获取的因素、主导逻辑和作用机理后，还需要验证哪些因素对价值创造和价值获取起着更为关键的作用，以及前置因素在发挥影响的过程中有哪些构型组合，哪些路径才是在此过程中占据主导作用的关键路径。

换言之，假定价值创造与价值获取结果为$Y$，影响$Y$的变量是$X_1$、$X_2$、…、$X_n$。那么，本书两个子研究问题就是解决：①找出平台企业情境下的$X_1$、$X_2$、…、$X_n$，并验证$X_1$、$X_2$、…、$X_n$对$Y$的影响关系；②求解极大化$Y$时，$X_1$、$X_2$、…、$X_n$的交互组合，即$\max Y=F(X_1, X_2, …, X_n)$。

## 第三节 相关概念界定

### 一、平台

"平台"一词在当下的新闻书报和期刊文献中频繁出现，我们常常看到很多例子：广大毕业生施展身手的创业"平台"、学者间相互沟通的学术"平台"、企业销售"平台"、网络游戏"平台"、电子支付"平台"、高考信息"平台"、电子政务综合服务"平台"、中文语言处理开放"平台"、全国青少年科技创新活动服务"平台"，等等。"平台"被如此广泛地使用，"平台"究竟有什么含义呢？

《高级汉语大词典》对平台有三种解释：①[platform]，指通常高于周边区域的平面，如楼房的阳台。②[plate]，指代机器的金属表面，可将工件固定于其上。③[flat roof building]，指平房。国外对平台一词也广泛使用，《现代英汉综合大辞典》将"platform"解释为五种含义：①讲台，戏台；（火车站内的）月台，站台；楼梯平台，比赛台，路台。②台，平台，高出之地。③炮手站台，炮床；（海洋钻井的）栈桥。④（政党的）政纲，纲领，宣言。⑤演讲。

可以看出，无论是中文还是英文释义，平台都具有提供某种空间或场所的功能。平台本质上是指某种实体或虚拟的交易空间和场所，用于促成双方或多方用户之间的交易，通过高效的服务和合理定价吸引多边用户使用该场所或空间，从而实现收益最大化（徐晋，2007）。

最初对平台的研究是将平台视为交易的利益主体或空间场所，主要基于网络经济学、交易成本经济学和契约理论等经济学理论视角。国外研究对平台较为明确的定义是"平台是由一个或多个中间商（Intermediaries）建立和维持，用户互动/界面（Interactions）所采用的一系列组件（Components）和规则（Rules）的总和"（Gawer and Cusumano, 2002; Rochet and Tirole, 2003; Eisenmann et al., 2006; Evans and Schmalensee, 2017）。本书使用的"平台"也主要参照这种定义方式。

## 二、平台企业和平台生态系统

平台企业致力于平台服务，为参与企业搭建公共运营空间/场所，促进参与企业直接互动与交易（Gawer and Cusumano, 2014）。平台企业类似于平台型产品，但它并不参与核心价值创造。虽然也有平台基础设施等实物架构，但平台型企业的核心环节在"服务"，通过链接核心价值的买卖双边市场获取服务收入，这与传统线性企业要参与核心价值创造的运行原理有所不同（Van Alstyne, Parker and Choudary, 2016）。例如，现在网购的网站，如淘宝、京东，这些网购平台就可以称为平台型企业，它存在的价值就是为其他企业或其他人提供一个交易平台。例如，淘宝就是一个平台，自身不生产和销售商品，而是让买家和卖家在这里交易，为买卖双方提供帮助、服务和监管。

平台生态系统又称为平台生态圈，是由提供共享运营平台的平台领导企业和参与企业（用户）组成的商业生态系统（Jacobides, Cennamo and Gawer, 2018）。从组成成分来讲，平台生态系统可以用BPC模型加以概括。C（Customer）端指消费者/买家，代表需方用户。B（Business）端指商家/卖家，是交易商品/服务的供应者，代表供方用户。P（Platform）端指平台提供方/开发方，代表平台发起方，为B、C两端的直接接触和交易提供物理场所或虚拟空间，促成两端交易的实现。BPC共同构成了平台型企业的生态环境和各方竞合关系。优质的平台企业不仅仅是为了提供交易的中介服务，还在于构建一个网络效应（特别是跨边网络效应）强大的"平台生态系统"，促进平台方、供方和需方之间的互动和成长（图1-1）。

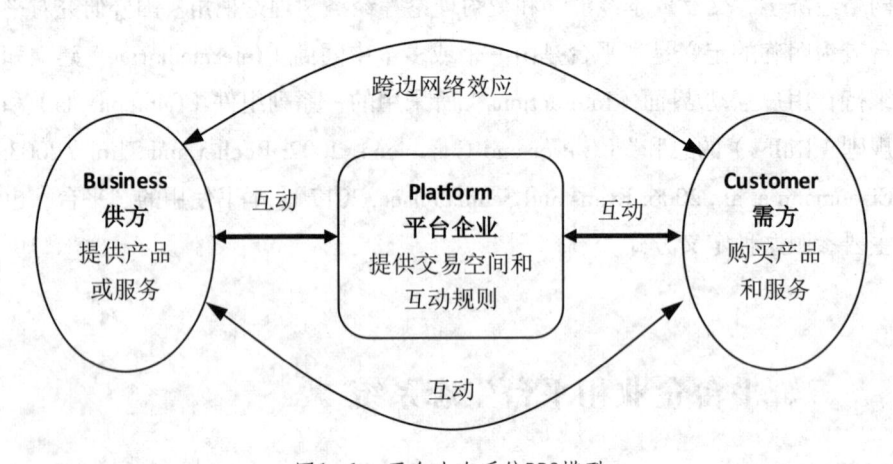

图1-1 平台生态系统BPC模型

## 三、价值、价值创造与价值获取

价值既是一个哲学概念，也是一个经济学概念。从哲学视角看，价值是揭示客观世界对于满足人身需求的意义关系的范畴，也是具有特定属性的客体对于主体需要的意义。经济学意义的价值是指具体事物具有的一般规定、本质和性能。客体与主体之间、人与具体事物之间，以及物体与物体之间的相互影响、相互联系、相互统一是价值的具体表现形式。在古希腊时代，人们往往用伦理法则对生物资源进行个人和社会的评价，于是出现了伦理价值（Ethical Value）的概念，并与经济学意义的价值概念展开了激烈的争论。到公元13世纪时，价值概念成为一个可衡量的内涵（Connotation），更多地赋予了经济学意义。到了16世纪中期，价值成为一个比值，变成一个可以衡量的单元（用货币单位来衡量）。

近代产业革命的兴起，出现了价值创造的概念，人们往往从静态与动态两个方面来看待价值创造的概念。其中，静态观点强调从企业组织的供给端和需求端设计价值创造模式。比如，利用供给端的范围经济（Economies of Scope）和规模经济（Economies of Scale），或是利用需求端的范围经济或规模经济等价值创造模式。相对而言，动态的价值创造更突出创新因素，认为创新才是创造价值的关键驱动力量（Amit and Zott, 2001; Ghoshal and Moran, 1999; Jacobides et al., 2006）。按照从创新中获利理论（Profiting form Innovation，PFI），创新创造价值可以体现在产品、技术、工艺的创新上（Schumpeter, 1934; Teece, 1986），也可以体现在互补性资源的结合和互补品供应上（Teece, 2018）。

无论以何种方式创造价值，价值获取（Value Capture）都是价值运动的最终指向。从内涵来看，价值获取包括两层含义：①宏观视角——价值分配（Value Distribution），强调创造价值总量在利益相关者群体之间的划分方式和依据（Dyer, Singh and Kale, 2008; Gans and Ryall, 2017）。②微观视角——价值专属（Value Appropriation），突出某一个利益关联个体为了争取更大份额的独占价值，通过积极采取行动策略影响最终的价值分配比例（Brandenburger and Stuart, 1996）。无论是价值分配还是价值专属，都是对价值总量划分比例的考虑。因而不同于竞争或合作思路的价值创造过程，价值获取往往都以竞争逻辑为主导。相比价值创造，价值获取更加关注企业如何在参与价值创造的过程中确保自己尽可能争取更大的权益，以便从创造的价值总量中分得更大比例。在厂商理论视角下，厂商的市场势力是决定价值获取的关键因素，因为同等价值总量的情况下拥有较大市场势力的厂商可以制定垄断高价并限制产品供给，从而攫取更多消费者剩余。沿着这种思路，许多研究往往借用福利经济学的分析范式表达价值创造和价值获取（Brandenburger and Stuart, 1996; Lepak, Smith and Taylor, 2007）。其中，生产者和消费者剩余的总和代表市场出清时创造的价值总和，生产者剩余代表厂商获取的价值份额，消费者剩余代表消费者获取的价值份额（高鸿业，2011）。

在平台企业情境下，平台与供需方用户价值共创取代了传统企业价值独创的思路（Ranjan and Read, 2016; Maciuliene and Skarzauskiene, 2016）。进而，价值创造不完全等同于价值实现，价值实现由平台用户决定和评判。换言之，用户认知价值是平台企业情境下创造和获取的价值表现形式。按照价值共创的分析，用户认知价值不是单纯基于产品的功能和作用判断，而是主要依靠用户使用和体验来评判（Bosse and Coughlan, 2016; Bridoux and Stoelhorst, 2016; Kohtamäki and Rajala, 2016; Marcos-Cuevas et al., 2016; Fu, Wang and Zhao, 2017）。也就是说，用户认知价值既是一种"实现"的价值，也是个性化、情绪化的价值，可能随着用户个人感受不尽相同。因而，在平台企业情境下，充分捕捉用户细微的需求痛点和盲点，为供需方用户提供高认知价值的平台服务，是平台企业创造和获取价值的重要依据。为此，本书分析平台企业创造的具体价值，是指用户基于使用或体验的认知价值。而平台企业最终获取的价值，则可能表现为经济收益（市场份额、收入、利润、用户基础等）或平台声誉（用户口碑）。

## 第四节　研究思路

聚焦于"平台企业如何实现价值创造与价值获取极大化"这一研究问题，本书主要遵循以下思路开展研究：①结合平台理论研究、价值创造与价值获取理论研究分析平台企业价值创造与价值获取研究的切入点。②结合切入点形成访谈提纲，获取访谈数据并基于数据分析探明影响平台企业价值创造与价值获取的构成要素。③阐明构成要素的关联关系与作用机理（理论模型）。④验证理论模型并识别影响平台企业价值创造与价值获取的前因构型、关键因素和关键路径。具体来看，本书主要从研究对象界定、研究方法、技术路线和章节安排四个方面呈现具体的研究思路及设想。

## 一、研究对象界定

从研究对象来看，本书研究关注平台企业价值创造与价值获取的过程，研究对象主要聚焦在企业层面。同时，由于本书关注具有"平台属性"的企业，因而研究对象界定为"平台企业"。综合已有文献对平台企业的理解，本书在选取研究对象的样本数据时应当符合以下"平台"特征：①具有双边市场业务，即企业存在平台业务，该业务市场上至少同时存在供方和需方用户（Rochet and Tirole, 2003）。②在该业务中，企业并不直接提供产品或服务，而是为供方和需方用户提供基础的界面或空间（Van Alstyne, Parker and Choudary, 2016）。③基于平台系统接口（App、网站等），供需方用户可以在平台上提供具有互补性质的资源或知识（互补品）（Agarwal and Kapoor, 2017）。④在平台企业的平台业务中应具有一定程度的直接网络效应和间接网络效应，即用户的进入选择和互动决策一定程度上受到同一边用户和另一边用户的影响（Katz and Shapiro, 1985）。

此外，由于平台企业与平台用户具有显著的价值共创特性，因此分析对象还会涉及平台的供需方用户。特别是，当分析互补性资源对平台企业价值创造的作用时，供需方用户就成为平台企业价值创造的重要主体。另外，价值创造与价值获取的分析同时也是涉及平台—供方用户—需方用户的两两互动。因此，在将"平台企业"界定为研究对象的基础上，本书在研究对象的选取范畴上会同时涉及平台企业和供需方用户。

## 二、研究方法

本书研究问题可细分为两个子研究问题：①平台企业价值创造与价值获

取的构成要素与机理；②平台企业价值创造与价值获取的关键因素、构型与关键路径。除此之外，由于平台领域的理论研究较为分散，本书在梳理文献时也需要选取适当的研究方法梳理国内外研究现状和前沿研究议题，从而为平台企业情境下的价值创造和价值获取研究提供理论参考。因而，针对这三个研究问题，本书分别选择三种不同的研究方法展开分析，从而增强方法与目的的匹配度。

首先，本书基于文献计量分析法系统性地梳理平台领域的理论研究，从而清晰呈现当前平台领域的研究现状、焦点议题和核心观点与分歧。相对于文献归纳分析而言，文献计量分析利用统计分析方法系统性地呈现研究者关注领域的研究基础、现状和热点。同时，文献计量可以基于简要的摘要、题目、参考文献等信息开展共引文分析，提高了研究者分析文献规律的效率。在平台领域的研究中，又以国外的研究起源最早（最早出现在1994年），数量最多（318篇SSCI文献），影响力最大（318篇文献总被引次数9330次，平均被引29.34次，H指数为41）。为此，本书拟选用美国德雷塞尔大学陈超美教授开发的CiteSpace软件（版本号：5.2.R2.3.26.2018）开展描述性统计和共引文分析，从而系统性地梳理当前国际上平台领域研究的现状。同时，结合国内研究的归纳分析，探讨平台领域研究的热点议题和核心观点。

其次，本书基于扎根理论分析方法，探索平台企业价值创造与价值获取的构成要素与机理。扎根理论基于案例事实进行反向建构，从企业行为实践中通过层层编码和分析，逐步"浮现"实质理论（Strauss and Corbin, 1990）。由于扎根理论分析方法更多用于"构建"理论而非"验证"理论，因而非常适合本书在平台企业价值创造与价值获取理论研究较为模糊的情形下探索构成要素和机理。

最后，本书选用模糊集定性比较分析方法（fsQCA）验证理论模型，并分析平台企业价值创造与价值获取的前因构型、关键因素和关键路径。fsQCA分析方法是一种定性分析与定量分析相结合的方法，以集合关系为核心思路，主要用于探索前因变量对结果的复杂交互影响过程（也称为"组态效应"）（Ragin, 2008; Misangyi et al., 2017）。在本书研究中，相比回归分析法，选取该方法具有以下几点显著的优势：①因果等效性，即造成相同结果的原因组合可能有多种（Rihoux and Ragin, 2009; Misangyi and Acharya, 2014）。基于因果等效性假设，本书通过fsQCA分析方法可以探索价值创造和价值获取的多种不同的前因构型，从而形成更丰富的研究结论。②因果不对称性，即造成"成功"结果的原因组合（构型）与造成"失败"结果的原因组合（构型）并不相同（杜运周、贾良定，2017; Greckhamer et al., 2018）。基于因果不对称假设，本书通过fsQCA分析可以同时分析"促进"和"抑制"平台企业价值创造和价值获取的前因构型、关键因素和关键路径，从而为解释平台企业价值创造与价值获取的"成""败"提供细粒度更高的解释。

## 三、技术路线

技术路线可以通过图表形式直观地呈现本书的研究思路、研究方法和主要分析构想。按照前文论述的分析思路和方法，本书绘制平台企业价值创造与价值获取研究的技术路线如图1-2所示。

结合图1-2，本书的技术路线主要体现在提出问题、分析问题和解决问题三个方面。在提出问题阶段，本书通过理论背景推导核心研究问题和主要的研究框架，并结合文献计量分析方法对相关领域的研究文献进行系统性地回顾和梳理，从而发现研究争议和空白。在分析问题和解决问题阶段，本书分成若干个大板块分别分析和解决不同的子研究问题。首先，本书基于扎根理论的分析方法对收集的第一手数据资料进行三级编码和分析工作，探索平台企业价值创造与价值获取的构成要素与理论维度（子范畴）。同时，基于扎根理论分析结论与理论文献对话，梳理构成要素间的逻辑关系，归纳平台企业价值创造与价值获取的主导逻辑，构建平台企业价值创造与价值获取的理论模型。其次，基于本书构建的理论模型，结合理论文献探讨前因变量对价值创造和价值获取结果的影响关系假设，完成数据收集、处理和校准工作，并利用fsQCA分析方法验证研究假设和理论模型，并基于构型分析结论和讨论提出平台企业价值创造与价值获取的前因构型、关键因素和关键路径。随后，本书基于研究结论进一步讨论和对话，从而在规范分析的基础上指出当前研究的理论与实践启示。最后，基于三个延伸话题展开进行分析，分别讨论平台领导的实质选择权、平台领导企业战略创业行动逻辑与机理，以及电商行业平台领导的赋能型零售与竞争优势问题，从而在剖析平台企业价值创造与价值获取的基础上形成平台竞争优势的深刻理解。

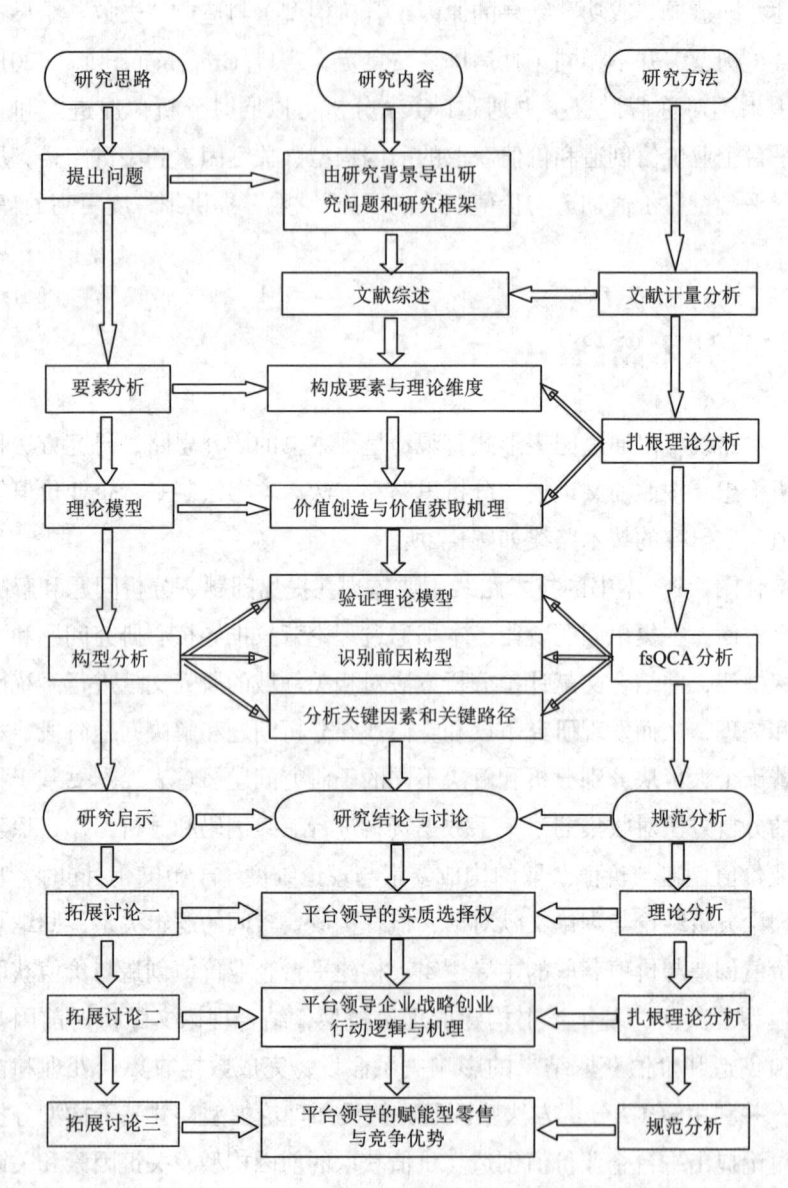

图1-2 平台企业价值创造与价值获取研究的技术路线

## 四、章节安排

本书围绕"平台企业价值创造与价值获取的构成要素、作用机理与前因构型"展开分析。按照这一研究主轴,本书具体章节安排如下。

第一章:绪论。本章主要讨论本书研究的理论,即现实背景和主要研究问题。同时,从研究概览的角度阐明本书的研究思路(研究方法、研究对象、研究技术路线和具体安排)和主要的创新点。

第二章:文献综述。本章从研究基础的角度,结合文献计量分析方法(CiteSpace)和文献归纳分析方法系统性地梳理平台领域理论研究、价值创造与价值获取研究的基本现状和主要观点。同时,结合平台企业"平台"属性的梳理,分析现有研究的不足与空白,探讨构建平台企业价值创造与价值获取理论框架(模型)的必要性。

第三章:平台企业价值创造与价值获取的要素与机理——基于扎根理论的探索性案例分析。本章主要利用扎根理论分析方法通过对第一手访谈数据的三级编码,构建平台企业价值创造与价值获取的理论框架。首先,基于文献综述的分析结论提出本章拟解决的研究子问题一:平台企业价值创造与价值获取的构成要素与机理。随后,根据研究问题选择与之匹配的扎根理论分析方法,并通过开放式编码、主轴编码和选择性编码构建理论框架。在此之上,基于扎根理论的探索性案例研究结论开展深度理论对话,形成理论模型,分析影响价值创造与价值获取的主要因素与主导逻辑,从而提升理论价值。

第四章:平台企业价值创造与价值获取构型分析——基于fsQCA的实证研究设计。本章基于扎根理论所提出的平台企业价值创造与价值获取理论模型,进一步探讨仍有待解决的具体问题(即子研究问题二),并从实证研究设计层面分析该问题,并为下一步实证分析工作做准备。具体来看,首先,本章基于前文构建的理论模型确定前因变量和结果变量,并结合理论文献推导理论模型涉及的研究假设。其次,探讨fsQCA适合于子研究问题二时,按照fsQCA方法的基本要求测量变量、选择样本、搜集数据和验证测量信效度。在此之上,处理和校准数据,从而获得数据模糊集矩阵。最后,基于数据样本进行简要的统计分析(描述性统计和相关性分析),并在案例间开展指标对比分析，从而综合判断研究数据是否适合采用fsQCA的构型分析方法。

第五章：平台企业价值创造与价值获取构型分析——基于fsQCA的实证分析与结果讨论。本章在上一章收集数据和验证方法适用性的基础上开展具体的fsQCA分析过程。首先，介绍本章fsQCA的主要步骤和选择依据。其次，基于变量关系的必要性检验，验证前文提出的理论假设，并再一次探讨变量条件是否适合采用fsQCA的构型分析方法。再次，基于fsQCA3.0软件转换真值表、设置阈值并开展四类构型分析：①促进平台企业价值创造的前因构型；②促进平台企业价值获取的前因构型；③抑制平台企业价值创造的前因构型；④抑制平台企业价值获取的前因构型。最后，在验证fsQCA构型分析稳健性的基础上，分析实证研究结论，提出影响平台企业价值创造与价值获取"成""败"的关键因素和关键路径。

第六章：平台企业价值创造与价值获取研究结论。本章结合前文分析探讨本书主体部分的主要结论、启示与未来进一步的研究工作。首先，本章系统性地总结了本书分析的主要研究结论。其次，在研究结论的基础上结合理论文献和经营实践，探讨本书研究的理论与实践启示。再次，本章基于总体研究过程指出本书研究的贡献与不足。最后，基于研究继承性的角度，探讨未来进一步研究值得关注的热点问题和需要注意的细节。

第七章：延伸讨论一：平台领导的实质选择权。本章讨论平台领导如何运用实质选择权以发挥战略弹性的过程。首先，本章系统性地回顾平台领导研究与实质选择权思想，并界定平台领导的实质选择权内涵。其次，结合案例分析说明平台领导实质选择权的具体类型。再次，结合动态能力分析框架解析平台领导实质选择权的内在机理。最后，讨论平台企业嵌入和运用实质选择权的必要意义，并形成分析结论。

第八章：延伸讨论二：平台领导企业的战略创业行动逻辑与机理。本章主要讨论平台领导企业的战略创业过程与机理。首先，本章梳理战略创业研究的已有结论和理论缺口。其次，结合理论抽样、数据编码分析和饱和度检验，提炼平台领导企业战略创业的理论框架。再次，结合理论对话提炼平台领导企业战略创业的行动逻辑和机理。最后，总结形成本章结论并提出其启示意义。

第九章：延伸讨论三：平台领导的赋能型零售与竞争优势。本章以电商零售行业为代表，侧重在理论层面探讨平台领导的赋能型零售与竞争优势相关问题。具体而言，涉及平台赋能的理论内涵、基本类型及其表现特征，简要分析平台竞争优势与平台垄断、平台定价、网络效应、平台竞争的社会福利等关联的研究话题，从而为未来平台竞争优势的研究工作提供参考思路。

## 第五节　本书的主要贡献

本书以揭示"平台企业价值创造与价值获取"的"过程黑箱"为目的，探索、构建并验证平台企业价值创造与价值获取的理论模型（构成要素、主导逻辑和前因构型）。因而，结合现有研究文献来看，本书的主要贡献体现在以下三个方面。

（1）探索了平台企业价值创造与价值获取的构成要素和理论维度，增进了平台企业战略管理过程的微观理解。以往的研究囿于理论视角的限制，往往强调单一因素对价值创造和价值获取的作用，缺乏构成要素和理论维度的系统性考察。同时，既有研究在分析影响因素时也主要以理论推导为主，具有较强的主观性，扩大了价值创造和价值获取理论与平台企业经营实践的"鸿沟"。为此，本书结合文献评述分析构建平台企业价值创造与价值获取范式的必要性，并结合扎根理论的探索性案例研究，从访谈的事实经验反向建构理论框架，从而识别平台企业价值创造与价值获取的三类构成要素：①触发和干预要素：资源基础和创业机遇；②行为要素：平台建设（由平台开放、供需匹配和互动引导三个维度组成）、用户参与（由知识分享、互补品供应和持续承诺三个维度组成）和平台控制（由规则主导、网络效应和用户锁定三个维度组成）；结果要素：用户认知价值（由系统评价和支付意愿两个维度组成）和平台专属收益（由平台声誉和平台绩效两个维度组成）。

（2）整合经典理论，构建了平台企业价值创造与价值获取的理论模型，揭开了平台企业价值创造与价值获取的"过程黑箱"。以往侧重单一视角分析企业价值创造与价值获取的研究，由于缺乏理论整合，因而很难准确区分价值创造与价值获取，也无法清晰阐述价值创造与价值获取的主导逻辑。为此，本书以平台企业为研究情景，结合"平台"属性，利用价值基础理论的基本分析框架，整合交易成本经济学（TCE）、创新中获利理论（PFI）、资源依赖理论（RDT）等经典理论，从而厘清构成要素之间的关联关系，以及价值创造与价值获取的主导逻辑，形成相对完善的平台企业价值创造与价值获取理论模型。从这个角度来看，构建平台企业价值创造与价值获取的理论模型，对于同时推进平台理论、价值创造和价值获取理论、战略管理理论都具有积极意义。

（3）验证理论模型，分析影响价值创造与价值获取"成""败"的前因构型、关键因素和关键路径，对于深化价值创造与价值获取理论，提供了细粒度的理解。在以往价值创造与价值获取的理论和实证研究中，往往强调前因变量与结果变量具有对称性因果关系，从而忽略了更深层次的内在联系（因果复杂性）。为此，本书在构建理论模型和提出假设后，从"促进"（导致"成功"结果）和"抑制"（导致"失败"结果）两个维度分别检验和分析价值创造和价值获取的前因构型、关键因素和关键路径。研究发现，不仅本书提出的理论模型完全成立，同时前因变量与结果变量的不对称因果关系猜想也得到证实。"促进"和"抑制"平台企业价值创造和价值获取的前因构型、关键因素和关键路径都不相同。同时，价值创造和价值获取的构型分析都采用两个结果变量同时分析，并通过同一结果不同变量（价值创造结果变量包括系统评价和支付意愿，价值获取的结果变量包括平台声誉和支付意愿）的构型重合度检验研究的稳健性（平均重合度82.93%）。因而，相比以往对称性因果关系分析，本书通过fsQCA分析验证模型和分析构型，对深入理解价值创造与价值获取理论，提供了细粒度的理解。同时，鉴于价值创造与价值获取对构建可持续竞争优势的不可或缺性（Mizik and Jacobson, 2003; MacDonald and Ryall, 2004），因而本书构型分析结论对于平台企业战略管理和经营实践也具有很强的指导意义。

# 第二章 文献综述

美国托马斯·纳尔逊出版公司前首席执行官、现任董事会主席迈克尔·哈耶特（Hyatt, 2012）在《平台：自媒体时代用影响力赢取惊人财富》一书中指出，想要在当今的市场竞争中获得成功，企业需要具备两项战略性资产：让人欲罢不能的产品和优质的平台。无独有偶，平台企业研究学者迈克尔·库苏玛诺也曾提到，"在平台市场中，优胜者不是拥有最佳产品的公司，而是拥有最佳平台的公司，即最开放给外界基础技术或服务，并刺激参与者开发最具说服力的互补品"（Cusumano, 2012）。

现在企业的商业思维必须具备平台思维，即开放、共享、共赢的思维。《连线》杂志的创始主编凯文·凯利的《失控》（*Out of Control*）将内外部失控看作企业经营迈向成功的重要条件。其中，外部失控是指把企业打造成开放平台；而内部失控则是利用群体进化推动企业演变，打造事业群机制。

平台已成为当前战略管理理论和企业经营实务的前沿课题，其中平台企业的价值创造和价值获取过程更是关乎企业战略成长的核心命题（McIntyre and Srinivasan, 2017）。为此，本章首先从更为广泛的学术背景开始探讨，结合文献计量分析工具梳理平台领域的研究现状与焦点议题。随后，本书聚焦价值创造与价值获取研究，回顾传统企业价值创造与价值获取的相关研究，并指出传统理论在解释企业价值创造与价值获取的争议和局限。而后，结合平台研究和价值创造与价值获取的基础研究，梳理平台企业价值创造与价值获取的嬗变，着重从内涵与外延两个层次分析平台企业相对于传统企业在价值创造与价值获取上的区别。在此基础上，本书系统性地梳理当前有关平台企业价值创造与价值获取的研究。最后，基于文献与理论回顾，指出现有研究的不足与空白，并阐述构建平台企业价值创造与价值获取范式的必要性。

# 第一节 平台研究现状与焦点议题

经济学和管理学的"平台"发端于双边市场，是指某种实体或虚拟的交易空间和场所，用于促成双方或多方用户之间的交易，通过高效的服务和合理定价吸引多边用户使用该场所或空间，从而实现收益最大化（Gawer and Cusumano, 2002; Rochet and Tirole, 2003; 徐晋、张祥建, 2006; 罗珉、杜华勇, 2018）。从平台研究发端伊始，诸多学科的大量学者都围绕平台展开研究。然而，截至目前，平台研究进展如何？核心研究热点有哪些？这些问题都仍然没有清晰的回答。为此，本章基于文献计量分析工具，对国内外平台研究进行系统性梳理，以期明确平台研究的基本现状与焦点议题。

## 一、国外平台研究的文献计量分析

### （一）文献计量方法选择

文献计量分析是基于某一领域已有研究文献的量化分析方法。与定性分析不同，文献计量分析注重通过挖掘已有文献的关键信息提炼研究基础文献、关注细节和热点前沿（陈悦 等，2014）。随着量化分析工具的成熟和完善，文献计量分析已成为与文献定性分析相辅相成的必备方式，它既能减少研究者主观信息过滤带来的文献失真和偏见，同时通过量化分析也能为研究者提供更为科学客观的文献规律。文献计量的分析工具多种多样，本书选择美国德雷塞尔大学陈超美教授开发的CiteSpace软件开展描述性统计和共引文分析（Chen, 2006），主要基于以下原因：①描述性统计可以直观地呈现高频研究机构、作者和话题，同时也能反映平台研究的历史趋势。②引文分析能够客观地反映研究基础，并归纳领域内共同关注的热点。③CiteSpace可处理大量文献，无须分别下载文献，只通过提取关键信息（如题目、摘要、关键词、参考文献）就能展开分析，从而降低了人工操作的繁复性和失误概率。

遵循文献计量的原理与程序（Chen, 2006；陈悦 等, 2014），本书以国外平台研究文献为主导开展文献计量分析[①]。基于代表性、关联性和严谨性原则，选取文献既要保证质量（发表在优质期刊），又要保证关联性（与平台、平台企业研究密切相关）和严谨性（也可能有少量发表在一般期刊的优质文章）。本书首先选取英文期刊数据库Web of Science的SSCI类文章，并结合高频发文作者（或平台研究领域知名专家）进行二次挖掘，补充文献分析数据库。随后，本书通过描述性统计和共引文分析讨论平台领域覆盖的研究话题和现状。

（二）数据搜集

本书从Web of Science数据库中筛选1982—2017年的标题与关键词含有"platform"的SSCI（Social Sciences Citation Index, 社会科学引文索引）文献，共得到文献2392篇。然后，本书选取商业、管理和经济（business, management and economics）三个领域的文献，筛选出文献694篇。随后，依据标题、关键词和摘要信息对694篇文献逐一阅读，基于以下条件删除不符

---

[①] 文献计量分析只选取国外文献的原因有：（1）CiteSpace本身是一款英文软件，录入英文数据出错率和出现乱码的概率更低；（2）中文和英文由于文字差异，无法实现CiteSpace软件中直接混合分析；（3）平台研究最早出现在国外文献，相对而言国际研究比国内研究更具代表性。但结合中国情景的研究还需要关注国内进展，为此后文在文献定性梳理时会综合国内外研究来阐述。

合本研究的文献：①摘要、关键词缺失且无法从其他途径获得的文献；②内容信息明显与平台无关的文献；③内容信息包含平台但并非企业内平台或企业间平台，且文献研究重点不在平台本身。基于以上条件再次筛选后，本书得到245篇SSCI平台文献。为保证平台优质研究不遗漏，本书基于高频发文作者和平台研究知名专家[①]再次挖掘非SSCI类文献73篇，最终得到文献318篇。基于上述文献，本书按照"发表年份—发表期数—被引次序"进行编号，并录入作者、单位、标题、期刊、关键词、摘要、主要结论等信息，以文本格式保存，以备文献计量分析。

### （三）文献计量分析

**1.描述性统计**

（1）文献被引情况。检索获得的318篇文献总被引次数9330次，平均被引29.34次，H指数为41。其中，引用率最高的文献是法国图卢兹大学工业经济研究所的Rochet J. C.和Tirole J.发表在杂志 *Journal of European Economic Association* 上的文章《双边市场中的平台竞争》（英文标题为"Platform Competition in Two-sided Markets"）。这篇文章共计获得722次引用，其论文

---

[①] 二次挖掘文献的依据主要包括：（1）最早在SSCI类期刊发表平台研究的研究者，如法国图卢兹大学产业经济研究所教授罗歇（Rochet）；（2）高频次发表平台研究的研究者，如哈佛商学院教授哈丘（Hagiu）；（3）近年来越来越关注平台的研究者（近几年发表平台文献较多），如哈佛商学院副教授朱峰（Zhu Feng）；（4）在平台研究领域发文获得广泛认可的知名专家，如法国图卢兹大学产业经济研究教授、诺贝尔经济学奖得主梯诺尔（Tirole）、麻省理工学院斯隆管理学院教授库苏玛诺（Cusumano）和帝国理工学院教授加威尔（Gawer）。最终根据17位经济管理领域的平台研究专家挖掘出非SSCI类平台优质文献73篇，这17人除上述6人外还包括：佐治亚理工大学特里商学院教授Amrit Tiwana、达特茅斯学院赛耶工程学院教授Geoffrey G. Parker、马萨诸塞大学洛厄尔分校教授Elizabeth J. Altman、波士顿大学奎斯特姆商学院教授Marshall Van Alstyne、波士顿大学管理信息系统教授N. Venkat Venkatraman、哈佛商学院教授Thomas R. Eisenmann和Marco Iansiti、普罗维登斯学院商学院教授David P. Mcintyre、纽约大学斯特恩商学院教授Nicholas S. Economides、LECG公司波士顿办事处全球经济集团的主席David S. Evans和麻省理工学院斯隆管理学院荣誉院长Richard Schmalensee。

合作者Tirole教授还获得了2014年诺贝尔经济学奖。紧随其后的是Robertson D.和Ulrich K. 1998年发表在《斯隆管理评论》上的文章《产品平台规划》。从被引情况来看，前5名的文献引用次数都在230次以上（表2-1）。从被引年份来看，自2000年起，平台研究文献的被引次数几乎呈指数级增长，并在2016年达到峰值（图2-1）。

表2-1 被引次数排名前5位的文献

| 标题 | 作者 | 来源出版物名称 | 年份 | 引用次数 |
| --- | --- | --- | --- | --- |
| Platform Competition in Two-sided Markets | Rochet J. C. and Tirole Jean | Journal of European Economic Association | 2003 | 722 |
| Planning for Product Platforms | Robertson D. and Ulrich K. | MIT Sloan Mangement Review | 1998 | 429 |
| Internal and External Integration for Product Development: The Contingency Effect of Uncertainty, Equivocality, and Platform Strategy | Koufteros X., Vonderembse M., and Jayaram J. | Decision Sciences | 2005 | 291 |
| The Assimilation of Knowledge Platforms in Organizations: An Empirical Investigation | Purvis R. L., Sambamurthy V., and Zmud R. W. | Organization Science | 2001 | 239 |
| How Open is Open Enough? Melding Proprietary and Open Source Platform Strategies | West J | Research Policy | 2003 | 230 |

资料来源：作者根据Web of Science平台研究引用排名整理。

（2）历年发文量统计。从发表文献情况来看，关于"平台"一词最早的文献出现在1994年，由哥伦比亚大学Kogut B.和Kulatilaka N.两位学者发表在《加州管理评论》上名为《实质选择权思考与平台投资——在机会中投资》的论文。随后，该领域的研究文献呈现逐年递增的趋势（图2-2）。特别是在2014年前后，随着Tirole J.获得诺贝经济学奖，双边市场开始获得学术界认同并不断热捧，使得平台领域的研究呈现爆发式增长。仅2017年一年发表平台领域的SSCI论文数就达到35篇，相当于1994—2005年发表论文的总和。

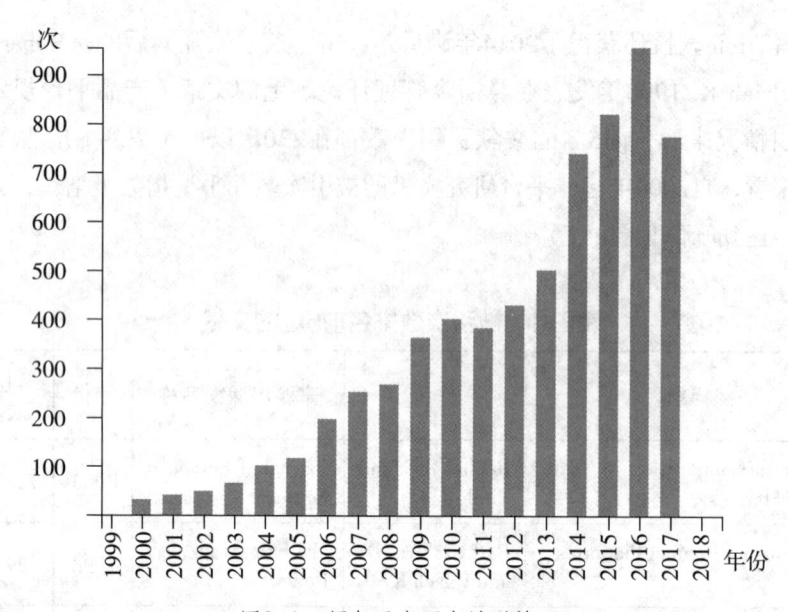

图2-1 历年平台研究被引情况

资料来源：作者根据Web of Science平台研究引用率绘制。

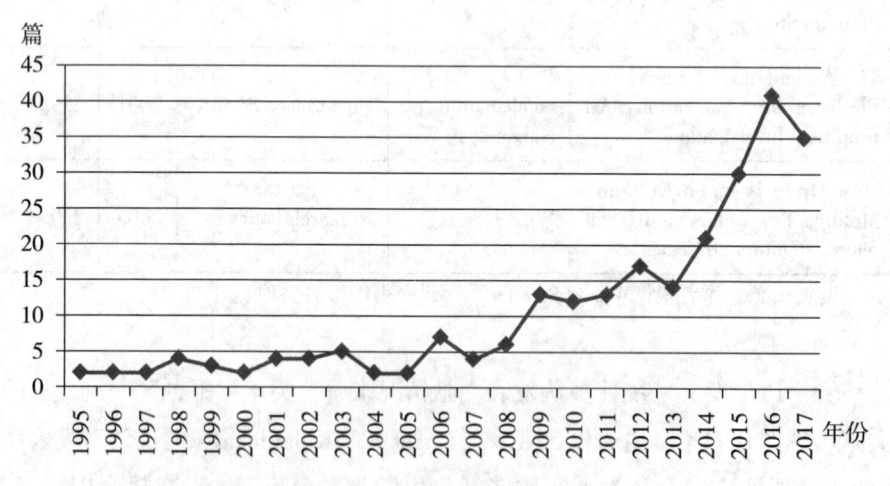

图2-2 平台领域历年发表论文情况

资料来源：作者根据Web of Science平台研究发文数据绘制。

（3）平台研究发文主导期刊。从发表文献的主要期刊阵地来看，平台领域的研究文章多发表在产品创新、信息技术、企业战略等领域的权威刊物，

比如 *Journal of Product Innovation Management*（10篇）、*Journal of Economics & Management Strategy*（9篇）、*Management Science*（9篇）、*Strategic Management Journal*（5篇）、*International Journal of Technology Management*（7篇）、*Journal of Management Information Systems*（6篇）。同时，该领域研究也多与实践结合，常常发表在实践评论性质的权威期刊上，比如 *MIT Sloan Management Review*（10篇）、*Harvard Business Review*（7篇）（图2-3）。

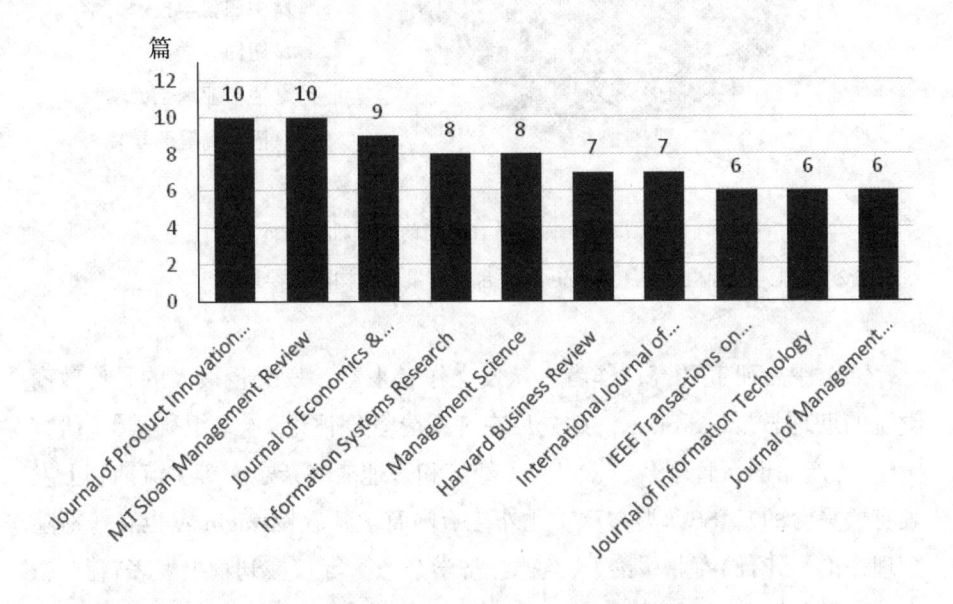

图2-3　发表平台领域研究论文的主要刊物

资料来源：作者根据Web of Science平台研究发文刊物数据绘制。

（4）探讨平台研究的主要研究机构。以发表文献的第一作者所属单位为标准，本书发现平台领域研究的重点单位集中在以欧美顶尖大学为主的研究机构。其中哈佛商学院发文量最高（9篇），哥本哈根商学院（6篇）和伦敦帝国学院（6篇）紧随其后。在发文量最高的前10个研究单位中，美国高校占据6个席位。此外，中国科学技术大学（5篇）也进入平台领域发文最高的前10名研究机构（图2-4）。

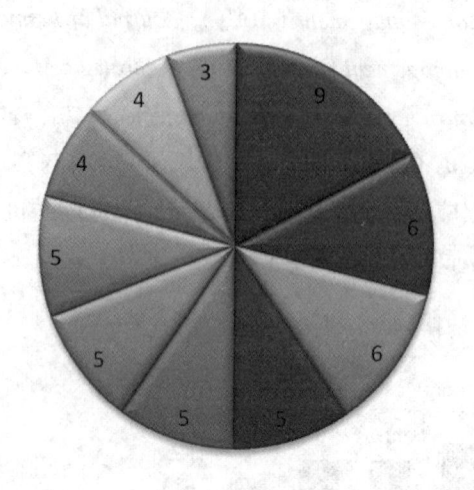

图2-4 探讨平台研究的主要机构

资料来源：作者根据Web of Science平台研究发文机构数据绘制。

（5）平台研究的高产作者。从发文作者来看，发文量最大的是伦敦商学院的助理教授Gawer A.，她先后在《斯隆管理评论》《组织科学》《研究策略》《产品创新管理杂志》以及《经济和管理战略杂志》等主流期刊上发表有关平台的7篇SSCI类文章。此外，哈佛商学院教授Hagiu A.也在《斯隆管理评论》《哈佛商业评论》《兰德经济学杂志》等权威刊物上发表7篇SSCI类讨论平台的文章。不仅如此，在发文量最高的前10位学者中，Gawer A.是Cusumano M. A.在麻省理工学院的学生，他们经常合作发文，并合著《平台领导》一书。Hagiu A.与Altman E. J.于2017年在《哈佛商业评论》杂志合作发表《发现产品中的平台》一文，Hagiu A.还和Evans D. S.等学者合著《看不见的引擎：软件平台驱动下的产业创新和转型》一书。除此之外，Van Alstyne M.和Parker G. G.也在《战略管理杂志》和《哈佛商业评论》上合作发文，并合著《平台革命：改变世界的商业模式》一书。由此可见，平台领域研究已经逐渐形成一批有代表性的学术研究团体，并逐渐演化出各自不同的研究特色。

2. 共引文分析

（1）热点关键词。采用CiteSpace（版本为：5.2.R2.3.26.2018），选取"引

用文献"选项，将阈值设为30，运行稳定后点击"发现聚类"，再点击"关键词"选项，则可得到图2-5的聚类结果。图中同样颜色覆盖的区域代表聚类中的一种类别，圆圈的大小代表被引频次。可以看出，与平台研究有关的热点关键词前五个分别是：架构杠杆（architectural leverage）、临界规模（critical mass）、战略机会（strategic opperutunies）、在线筹资平台（online fundraising platform）和参与平台（engagement platform）。

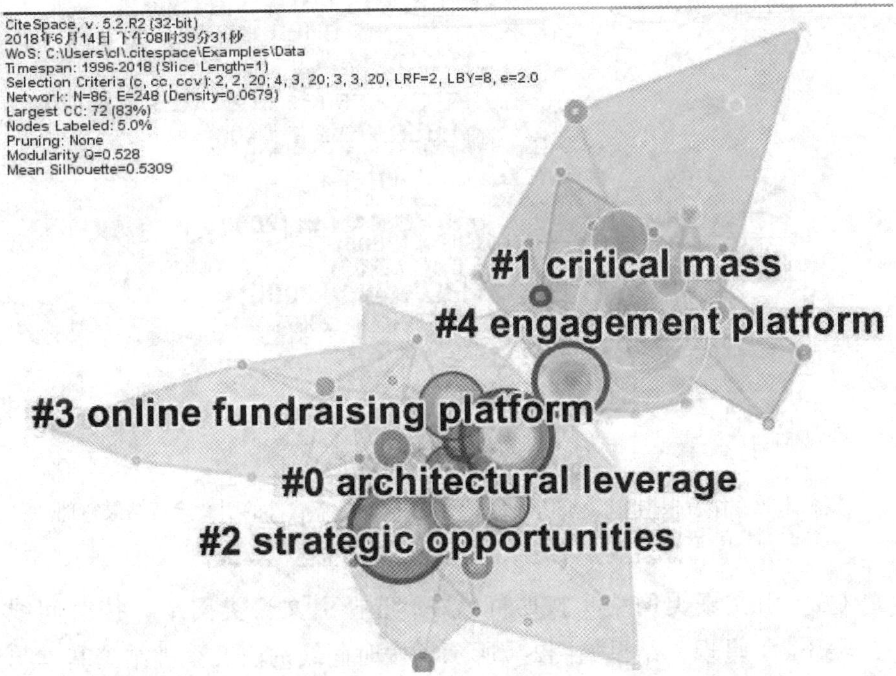

图2-5 热点关键词聚类

资料来源：作者根据318篇SSCI平台文献在CiteSpace软件的关键词聚类运行结果整理。

（2）共被引作者。同样基于文献文本，设置术语标签阈值为30，文章标签阈值为12，选择"引用文献"选项，可得到图2-6。从图中可以看出，共引文献以Rochet（2006）、Tiwana（2010）、Eisenmann（2006）、Gawer（2008）等研究为代表。

图2-6 共被引作者网络聚类

资料来源：作者根据318篇SSCI平台文献在CiteSpaceV软件的引文运行结果整理。

（3）引文聚类网络（按时间线）。选择引文聚类网络，按时间线（Timeline）呈现，结果如图2-7所示。按时间线的引文聚类结论基本与热点关键词一致。根据聚类结果显示，节点$N$=86，连接数$E$=248，网络密度Density=0.0679。模块化值Modularity $Q$=0.528，网络同质性Mean Silhouette=0.5309[①]，各项数值表明网络聚类效果较好。其中，聚类一

---

[①] 模块化值代表形成簇群的程度，越大越好；Silhouette值代表网络同质性程度，越接近1越好。在本书中，由于平台研究相对宽泛，在经济学、管理学等领域存在多个分支，因此聚类模块化程度高但网络同质性低。

architectural leverage频次20，网络同质性系数0.551，核心文献[①]包括Jacobides（2006）、Evans（2007）、Gawer（2009）和Parker（2016）；聚类二critical mass频次20，网络同质性系数0.883，核心文献包括Cusumano（2002）、Iansiti（2004）、Eisenmann（2006）、Armstrong（2007）、Hagiu（2009）和Hagiu（2011）；聚类三strategic oppertunities频次16，网络同质性系数0.752，核心文献包括Yin（2009）、Yoo（2010）、Boudreau（2010）和Mcintyre（2017）；聚类四policy change频次9，网络同质性系数0.735，核心文献包括Cabral（2010）、Mudambi（2010）、Belleflamme（2014）和Gawer（2014）；聚类五engagement platform频次7，网络同质性系数0.98，核心文献包括Van Doorn（2010）、Breidbach（2014）和Hammari（2016）。

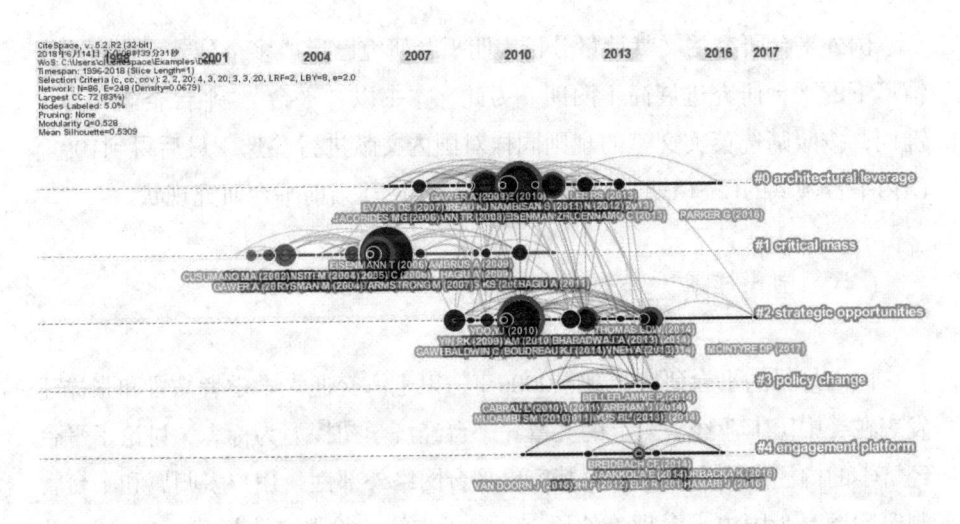

图2-7 按时间线（Timeline）显示的共引文网络

资料来源：作者根据318篇SSCI平台文献在CiteSpace软件的Timeline聚类运行结果整理。

---

① 这里的核心文献是根据软件簇类（cluster）的报告结果，属于合作研究，在软件中只报告第一作者，因此呈现的研究都只有一个作者。详细的术语聚类结果见附录1。

3.文献计量总结

通过文献计量分析本书发现，国外平台研究发端于20世纪90年代，经过20余年的发展，已经形成多个独立的研究领域，激发越来越多经济学、商业学和管理学领域学者的研究兴趣，他们相继在相关国际顶级刊物发表论文，重点关注架构杠杆、临界规模、战略机会、政策变动和参与平台等研究议题，形成了以Tirole、Gawer、Tiwana、Eisenmann、Hagiu和Zhu学者等为代表的研究体系。

## 二、国内平台研究现状

国外平台研究的文献计量分析表明平台研究已形成多个分支，但对中国情境下的平台研究进展尚不明朗。为此，本书以"平台""平台企业"为关键词，按照筛选英文文献的规则同样对国内文献进行筛选，最后得到109篇国内平台领域的CSSCI期刊研究文献[①]，综合论述当前平台研究现状。

### （一）国内平台研究团队与特色

国内最早的平台研究出现在2006年，以上海交通大学学者徐晋和张祥建发表在《中国工业经济》上的文章《平台经济学初探》为标志，讨论了平台经济学的内涵和研究体系，尤其突出平台网络外部性、用户多归属和平台管制等问题，为国内平台理论的研究开启了先河（徐晋、张祥建，2006）。此后，国内学者围绕平台双边市场特性、网络效应、竞合博弈、竞争战略、平台治理与规制等问题深入探讨，逐渐形成了相对成熟的研究体系，并产生

---

[①] 同样依照代表性和严谨性原则，本书选取国内2006—2018年（国内最早的平台文献出现在2006年）发表的平台文献，以期刊为主要参考，选择CSSCI类期刊文献。同时，为遗漏避免其他优质文献，对国内平台领域较为突出的研究团队的研究进行深度挖掘，如浙江大学蔡宁教授研究团队、东北财经大学汪旭晖教授研究团队、上海交通大学陈宏民教授研究团队和中欧商学院陈威如研究团队等，最终得到期刊文献109篇。

了许多有特色的研究团队。其中包括：①以徐晋、陈宏民、纪汉霖、张凯等为代表的研究团队，重点探讨平台市场特点，注重利用经济学分析手段（如博弈论和信息经济学）分析平台竞争互动及其社会福利（如徐晋、张祥建，2006；曹俊浩、陈宏民、孙武军，2010；纪汉霖，2010；张凯、李向阳，2010）；②以汪旭晖、李鹏等为代表的研究团队，重点关注平台市场治理和监管的问题，围绕平台治理的特殊性和有效性展开研究（如汪旭晖、张其林，2016；李鹏，2016；汪旭晖、张其林，2017）；③以蔡宁、王节祥等为代表的研究团队侧重平台战略管理与创新，围绕平台包络、双元平台（创新与交易）、平台战略动机等议题展开研究（如蔡宁 等，2015；蔡宁 等，2017；王节祥 等，2018）；④以罗珉、杨学成、冯华等为代表的研究团队，专注平台商业模式，强调剖析平台企业价值创造与专属的过程来解释平台企业的形成与成长（如罗珉、李亮宇，2015；刘江鹏，2015；冯华、陈亚琦，2016；杨学成、涂科，2017；罗珉、杜华勇，2018）。

（二）国内平台研究视角概览

从研究脉络来看，国内平台研究从经济学范畴逐步转向经济学、管理学综合范畴，研究领域也从双边市场和组织经济学渗透到规制经济学（曲振涛 等，2010；曹洪、郑和平，2012；曲创、刘重阳，2016；单娜、曲创，2017）、战略管理（初翔、仲雁秋，2014；丁宏、梁洪基，2014；张小宁，2015；蔡宁 等，2015）、组织理论（刘林青 等，2015；陈衍泰 等，2015）、制度理论（蔡宁 等，2017）、创业理论（金杨华、潘建林，2014；王节祥 等，2018）等更为微观的视角领域。

（三）国内探讨平台研究的主流刊物

从发表期刊来看，国内平台研究以《中国工业经济》杂志最为突出，发表有关平台话题的文章多达19篇。其次是《经济管理》和《管理工程学报》杂志，分别发表7篇和5篇平台研究的文章。此外，《管理世界》《南开管理评论》和《财经研究》等其他优质期刊也在近几年开始接收平台研究的论文

（如孙军、高彦彦，2016；杨学成、涂科，2017；池毛毛 等，2017）。从平台研究的发文趋势不难看出，平台研究已经逐步获得国内优质学术期刊的认可，并成为国内经济管理领域愈加关注的热点研究话题。

## 三、国内外平台研究焦点议题梳理：平台企业战略互动

综合国内外文献来看，平台研究特别关注平台市场与平台企业特征，以及平台企业在经营与发展过程中的战略选择（Mcintyre and Srinivasan, 2017; Zhu and Liu, 2018）。纵向来看，研究者们多聚焦在四个平台层次，分别是：产品平台（如Pasche and Magnusson, 2011; Skold and Karlsson; Cameron et al., 2017；王浩伦 等，2011；汪敢甫 等，2017）、组织平台或平台企业（Ciborra, 1996; Zhu and Iansiti, 2012; Thomas et al., 2014; Hagiu and Altman, 2017；彭本红、武柏宇，2016；罗珉、杜华勇，2018）、产业平台（Gawer, 2009; Cusumano and Yoffie, 2016；严效民、胡汉辉，2011；董维刚 等，2013）和平台生态系统（Gawer and Cusumano, 2014; Jha et al., 2016; Dalle, 2017；胡岗岚等，2009；李鹏、胡汉辉，2016）。横向来看，以平台企业为主要对象的研究文献更加关注平台企业的具有"平台属性"的战略互动和具体活动，主要围绕平台定义与分类、平台启动与网络效应、平台开放度、平台竞争互动、平台领导策略、平台治理和监管等六个焦点议题展开探讨，具体梳理如下。

### （一）平台的定义与分类

平台的定义是平台与平台企业研究的基石。对于"平台究竟是什么"，国内外学者们展开过大量研究，并给出了自身对平台的理解。最早提出平台定义的是意大利博洛尼亚大学西博拉（Ciborra, 1996）教授，他认为"平台是一种元组织，或形式化结构的构成场景。它可能在高度不稳定环境下表现为科层、矩阵式组织或网络组织，是一种动态演化的惯例。"同时，西博拉

教授还强调（Ciborra, 1996），"平台的特点是出其不意，善于利用即兴、拼凑和修补等手段应对高度环境不确定性。"相比管理学领域的定义，经济学领域早期对平台的定义则与双边市场密切相关，认为"平台是基于双边市场，能够通过促成双边或多边进行交易，并从中获取收益的第三方接入系统或经济主体"（Eisenmann et al., 2006）。其中，双边市场（或多边市场）是指"一个或几个允许多边用户交易的市场，通过适当地从各方收取一定费用使双边（或多边）保留在平台上"（Rochet and Tirole, 2003）。随后，围绕平台实质和定义的讨论层出不穷，表2-2总结了国内外研究解读平台的代表性观点。

表2-2 解读平台的代表性观点

| 研究文献 | 代表性观点 |
| --- | --- |
| Ciborra（1996）；穆胜（2016）；罗珉、杜华勇（2018） | 平台是一种灵活弹性的组织，可以通过平台企业决策应对高度环境不确定 |
| Rochet and Tirole（2003）；Eisenmann et al.（2006）；Armstrong（2006）；Tee and Gawer（2009）；陈玲（2010）；Facin et al.（2016） | 平台是为双边市场提供交易促进服务的主体，以第三方形式为两端用户接触和互动的基础服务 |
| Ordanini et al.（2011）；Van Alstyne, Parker, and Choudary（2016） | 平台不直接参与核心价值创造，而是为参与企业创造价值提供必不可少的系统和条件 |
| Kwark, Chen, and Raghunathan（2017）；汪敢甫 等（2017） | 平台是相对于传统批发零售的一种替代模式（类似于中介模式） |
| Chen, Zhang and Xu（2009）；Roger and Vasconcelos（2014）；汪旭晖、张其林（2015，2017） | 平台是一种特殊监管市场，平台企业与参与者声誉捆绑，平台市场也可能出现"柠檬市场" |
| Perrons（2009）；West and Wood（2013）；金杨华、潘建林（2014）；Casadesus-Masanell and Llanes（2015）；Altman and Tushman（2017） | 平台是开放创新的主体，通过连接多边用户和实施开放式创新共创价值 |
| 王节祥（2017）；王节祥 等（2018） | 平台同时具有交易和创新属性 |
| Altman and Tripsas（2015）；刘江鹏（2015）；万兴、杨晶（2017） | 平台是实现企业成长/增长的一种方式或方案 |

续表

| 研究文献 | 代表性观点 |
| --- | --- |
| Gawer and Cusumano（2014）；Lee, King and Hong（2017）；Evans and Schmalensee（2017）；Fu, Wang and Zhao（2017）；Zhu and Liu（2018）；杨学成、涂科（2017） | 平台具有直接网络效应和间接网络效应，通过激发网络效应和发挥资源互补优势，可以实现平台与参与用户价值共创共享 |

资料来源：作者根据国内外研究文献整理编制。

结合表格分析可以发现，已有研究虽然在平台的定义上存在分歧，却仍然达成了几点共同认识：首先，平台的主体（或创建者）是企业组织，这个平台企业（组织）通过连接来自不同需求的用户群体形成双边或多边市场（Armstrong, 2006; Facin et al., 2016）。其次，平台企业并不直接参与交易、互动等核心价值创造活动，而是通过提供交易场所或空间（以及配套服务）获得"租金"（Van Alstyne, Parker, and Choudary, 2016; Pan, 2017）。最后，平台企业的核心在于通过平台吸引多边用户激发网络效应，并利用多边用户资源、需求的互补性共同创造并分享价值，形成互利共赢的生态系统（Gawer and Cusumano, 2014; Lee, King and Hong, 2017）。

最早讨论平台分类的研究出现在2003年，Evans（2003）在文中将平台分为市场制造者、受众制造者与需求协调者三类。市场制造者旨在促进不同需求群体之间互动和交易；受众制造者连接广告商和关注广告的人群；需求协调者则利用不同需求群体的网络效应提供产品或服务，从而获得收益。Armstrong（2006）按照用户归属性质将平台分为三类：垄断平台、单归属平台和多归属平台。垄断平台指市场上只有一个平台；单归属平台指市场上存在多个相互竞争的平台，但每位用户都只使用一个平台；多归属平台指用户与平台之间形成了不固定的多对多关系（一边用户单一归属，其他边用户多归属，因而单一归属用户成为平台企业间竞争的"瓶颈"）。Jansen 和 Cusumano（2013）根据商业生态系统研究提取四个关键分类因素：基础技术、协调者、延伸市场和可获得性，进而按照这四个标准将平台分为社群驱动的软件（服务）平台、私有软件平台、社群驱动的标准（community driven standard）和私人软件标准。Thomas 等（2014）在回顾以往平台研究时依据研究层次将平台分为组织平台、产品族平台、市场中介平台和平台生态系统四类，并指出前三种平台分别聚焦在生产、创新和交易属性上，而平台生态系统是三者的结合。除此以外，还有研究者按照双边市场类型将平台划分为交易平台、媒体、支付平台和软件平台四类（Rochet and Tirole, 2003；刘启、李明志，2008）。交易平台以达成交易为目的，常见于电子商务平台（如网上商城）；媒体以社交互动为目的，常见于门户网站、文学网站和微信、微博等社交平台；支付平台为交易提供资金结转、支付、理财等服务；软件平台将软件内容作为平台交易标的物，常见于软件商店和视频游戏平台。按照开放程度来看，平台也可以分为开放平台和封闭平台/所有权平台（张晓明、夏大慰，2006；魏如清 等，2013）。按照平台构建方式，还可以将平台划分为涌现型平台、扩张型平台、转型型平台、替代型平台和竞争型平台（段文琪，2010）。综合以上平台分类可以看出，国内外学术界对平台的分类并没有统一的标准，而是根据研究者的切入视角和研究目的确定分类依据和标准，这也为平台理论发展提供了更大的灵活拓展空间。

（二）平台启动与网络效应

平台企业的典型特征之一就是具备直接网络效应和间接网络效应。网络效应最早来自网络外部性的讨论，其实质是社会成本与私人成本（或社会收益与私人收益）的不对等。在经济学中，外部性是造成市场失灵的重要原因之一，当网络外部性被内化时，就会形成网络效应。网络效应（network effect）这个概念最早由杰弗里·罗尔夫斯（Rohlfs,1974）提出，他指出网络效应是需求方规模经济的源泉，即当消费者使用产品的价值（效用）受到其他使用者数量影响时，就表明存在网络效应。卡茨和夏皮罗（Katz and Shapiro, 1985）对网络效应给出了更加明确的定义：随着使用同一产品或服务的用户数量变化，单个用户从消费相同产品或服务中所获得的效用的变化。在现实生活中，网络效应十分普遍，是外部经济性在网络系统中的具体表现。

不同于传统的网络效应，在双边市场理论的研究中，网络效应既包括同边网络效应（即消费者效用水平会受到消费同一产品的消费者数量的影响，也称为直接网络效应），还包括跨边网络效应（也称为间接网络效应）。跨边网络效应指一边用户数量增加会影响另一边使用群体的效用。诸多研究指出，由于网络效应（特别是跨边网络效应）吸引来自不同需求的参与方加入平台，带动平台几何级数的增长，为平台企业发展提供了巨大潜力（Gawer and Cusumano, 2002; Van Alstyne, Parker and Choudary, 2016）。因而，网络效应成为推动平台和生态发展的重要力量（Gawer, 2014）。

由于网络效应（尤其是间接网络效应）能放大平台系统的价值，因而测量网络效应就成为平台研究的重要环节。有的研究从影响因素着手，侧重研究哪些因素最可能显著影响平台网络效应。比如，研究表明，网络参与者间的联系强度（Ties）（Suarez, 2005）、网络和焦点产品的结构特征（Afuah, 2013; McIntyre and Subramaniam, 2009）、用户"多归属"成本或参与多平台（Afuah, 2013; McIntyre and Subramaniam, 2009），以及网络参与者的行为（Afuah, 2013; McIntyre and Subramaniam, 2009）都与网络效应联系紧密。还有研究者注重实证测量，力求精确地衡量网络效应强度及其发挥的作用。Chu 和 Manchanda（2016）以C2C平台为对象，开发了直接网络效应和间接网络效应的测量方法，并发现在C2C平台上间接网络效应并不等对（卖方数量对买方的影响大大超出买方对买方的影响，卖方的影响是买方的3.6倍），而C2C平台的核心动力在卖方。类似地，Srinivasan 和 Venkatraman（2010）采用买卖方数量对另一边用户数量影响的方式测量间接网络效应，发现间接网络效应不仅可以增加互补品供给数量，还有利于实现平台主导（platform doinance）。刘林青（2015）等指出，扩网和聚核是平台企业引导网络效应突破临界规模，实现快速成长的基本策略。罗珉和杜华勇（2018）则揭示了积极网络效应是平台企业利用实质选择权实现平台领导、构筑生态优势的必要通道。

与网络效应息息相关的另一个话题是平台启动。由于平台具有显著的双边市场特性，因此初期如何建设平台，应该先优先引入哪一边用户成为平台启动的初始瓶颈。平台启动的选择困境主要体现在两点：首先，平台的间接网络效应要求任意一边用户加入平台都以另一边用户的存在作为前提，因而双边（多边）用户未加入平台前任意单边用户都没有动力率先加入平台，这一难题也被研究者称为"鸡蛋相生"问题（Caillaud and Jullien, 2003）。其次，形成积极网络效应不仅要求双边用户"同在一条船"，还要求双边用户基础（即在平台的用户数量）达到一定规模（即临界规模，critical mass）（Evans and Schmalensee, 2010）。哪些因素影响平台启动？平台启动策略包括哪些？在这些问题上，研究者们也给出了不同见解。Eisenmann 等（2011）提出一种不同于以前的市场进入策略——平台包络（platform envelopment），即包络者利用已有用户基础、新老业务的功能关系进入在位平台所在的业务市场，从而打破在位平台建立的高进入壁垒。Zhu 和 Iansiti（2012）从平台质量、间接网络效应和消费者期望考察平台市场进入者成功的影响因素。通过建立理论模型，他们发现，平台进入新市场成功与否取决于间接网络效应的强度和消费者在未来应用的折现因素（discount factor）。张小宁（2014）在回顾平台研究文献时将平台进入战略看作平台战略选择首当其冲的工作。汪敢甫等（2017）则认为产品市场风险会影响平台进入的选择。当产品相互独立时，若市场风险高，则电商企业可能采取平台模式；若市场风险低且范围经济强，则电子商务企业可能采取转销模式。Staykova 和 Damsgaard（2016）分析手机支付平台的启动策略发现，成功的移动支付解决方案倾向于以单边平台的形式推出，而后逐步扩展为双边平台。Parker, Van Alstyne 和 Choudary（2016）认为平台启动的核心是设计"病毒式增长"（Viral Growth），且并不存在一种放之四海而皆准的启动策略。为此，他们提出了八种平台启动时最可采用具体策略，分别是：随行战略（the follow-the-rabbit strategy）、背负战略（the piggyback strategy）、植入战略（the seeding strategy）、框选战略（the marquee strategy）、单边战略（the single-side strategy）、生产者布道战略（the producer evangelism strategy）、爆发式采纳战略（the big-bang adoption strategy）以及微观市场战略（the micromarket strategy）。本书认为，相比单一的平台启动策略，Parker, Van Alstyne 和 Choudary（2016）对平台启动的论述更为合理。平台启动与已经具备的初始条件、资源、能力、经验和制度环境等因素都密不可分，因而启动策略也可能依据企业内在要素和环境条件而有所区别。

（三）平台开放度

与传统企业封闭或半开放的组织系统不同（Thompson, 1967），平台企业的开放程度明显更强,且同时在多边市场保持开放(Battistella and Nonino, 2012)。具体而言,从开放的层次体来看,平台企业开放主要体现在:①平台所有者层级开放,这与传统企业开放并无实质区别,主要是为了寻求战略合作伙伴,属于典型的战略联盟形式。换言之,平台可能由一家企业单独建设(封闭),也可能由多家企业共同建设(一定程度开放)(West and Wood, 2013)。②产品供给端开放[①]。不同于传统企业选择一家或少数产品原材料供应商,平台往往允许大量产品供应商加入平台(Blondel and Edouard, 2015)。③需求端开放。平台上产品/服务需求端也允许大量用户加入,这是由于供给端供应商的加入产生间接网络效应,吸引着另一边的消费者加入平台(Benlian, Hilkert, and Hess, 2015)。④其他端口开放。除了产品供给/需求端以外,平台企业还可能基于双边市场嫁接更多衍生业务,吸引第四方乃至第N方加入,形成多边市场(Altman and Tushman, 2017)。比如,平台利用双边市场叠加广告、金融理财、支付结算、旅游出行等关联业务。相对而言,其他端口开放都以双边市场为前提,只有形成互动流量,新加入的业务才能创造价值。

综合目前国外研究来看,平台开放度研究主要围绕以下问题展开:①平台开放的价值和意义。探讨这一话题的研究普遍认为,平台开放能促进创新,增加互补品供给,同时为平台生态系统引入更多生态种群(Eisenmann, Parker, and Van Alstyne, 2009; Gawer and Cusumano, 2014)。此外,平台开放度与平台企业价值创造和价值获取也密切相关。Ondrus, Gannamanenit和Lyytinen(2015)提出平台提供者、技术和用户三个层面的序列开放可以提高企业价值潜力,但每个层面的开放在价值创造和价值获取上都存在一定程度的权衡取舍。②平台过度开放的负面影响。Jeon 和 Rochet(2012)以学术期刊市场为例讨论平台开放的影响,发现期刊免费开放会导致期刊质量水平低于有效质量预期。类似地,Boudreau(2010)在研究平台两种不同开放

---

[①] 也可以称为B端开放,虽然严格意义上平台的供给和需求端都可能既有企业,也有个体参与者,但这并非本书探讨的重点。为了更清晰地界定供给和需求端,本书将平台上产品服务的供给端统称为B(business)端,将产品服务的消费端/需求端统称为C(customer)端,将平台所有者所在端统称为P(platform)端。

程度对创新的影响时发现，相比授权方式，当操作系统平台所有者进一步放弃控制时（而不仅仅是授权允许访问平台），进一步开放对新设备开发的促进作用将不如前者明显。同样讨论不同开放策略的影响，王昭慧、张洪（2011）却得出与Boudreau（2010）不一样的结论。他们发现，相比供应商拥有平台，独立第三方拥有平台是社会福利最大的所有权形式。③平台开放度（开放策略）的影响因素。孙耀吾和王雅兰（2016）探讨了高技术服务创新网络中主导平台最优开放度的决定因素和影响关系。结果发现，网络控制能力、直接网络效应和竞争平台创新能力与最优开放度呈正相关；平台差异化程度与最优开放度呈负相关；间接网络效应和互补者创新能力对平台最优开放度的影响取决于平台创新能力。魏如清等（2013）关注开放与封闭平台的竞争策略，发现硬件厂商数量对平台开放策略及资源占有量有影响。厂商数量越多，开放策略越有利于平台占有更多用户资源。从平台开放度的研究来看，开放度是平台企业价值创造与价值获取的"双刃剑"，既能作为塑造竞争优势、带动平台成长的战略手段（Benlian, Hilkert and Hess, 2015; Parker, Van Alstyne, and Jiang, 2017），也可能因为过度开放失去控制，或是因开放不当造成平台内耗（Gawer and Cusumano, 2002; Zhu and Liu, 2018）。

（四）平台竞争互动

平台竞争互动关注平台内和平台间的竞合博弈过程，强调通过选择最有利的竞争策略迎合环境态势，获得最佳效益。因而，平台竞争策略具有鲜明的情景色彩，也不存在唯一最佳策略。基于此，本书从平台内和平台间两个层次分别梳理平台竞争互动的研究。

①平台间竞争。平台间竞争旨在争夺市场份额、用户基础等存量资源以及用户访问率、平台驻留时间、成交率等流量资源，从而为平台企业创造和获取更大价值。对平台而言，除了将开放策略作为竞争手段外，价格竞争是平台参与竞争最为直接有效的手段。王小芳和纪汉霖（2014）考察了大平台与小平台竞争时定价次序对竞争结果的影响，发现大平台和小平台都更愿意让竞争对手先定价，从而利用后发优势获得更大收益。毕菁佩和舒华英（2016）研究了混合归属（部分用户单归属，部分用户多归属）情境下的平

台企业定价策略和利润。研究发现，当网络效应处于两端时（特别大或特别小），平台企业歧视性定价会降低收益；当网络效应处于中间水平时，平台最有动力采取歧视性定价。除了价格竞争外，平台也会结合采用非价格手段参与竞争。Caillaud和Jullien（2003）提出平台"鸡蛋相生"问题时发现，中介平台之间并不会完全采取价格竞争，还会采取一些非价格手段，比如信息和技术手段。纪汉霖、张永庆（2009）拓展了传统双边市场分析对用户单一归属的假设，分析了用户多归属条件下平台企业的竞争策略，总结出聚焦"竞争瓶颈"、平台差异化、拒绝互联、纵向一体化或战略结盟、排他性策略和强化双边用户监督等一系列竞争策略。Hagiu和Spulber（2013）则发现，在面临有利的消费者预期时，在位平台与新进入平台竞争时会更倾向于投资第一方内容（First-party Content）而非第三方内容（Third-party Content），以此获得更多忠实用户。跳出竞争思路，有的研究者从兼容的角度讨论平台间兼容行为对平台收益的影响，发现开放接口和平台之间相互允许数据传输可以加速用户采纳平台，降低赢家通吃概率（Ruutu, Casey, and Kotovirta, 2017）。

②平台内竞争。从具体的竞争活动来看，平台内竞争又可以进一步细分为两类竞争活动：一是平台与参与企业（B端）的竞争；二是平台内参与企业之间的竞争，表现为负面的直接网络效应。在这两类平台内竞争的看法上，研究者都存在分歧。首先，支持平台与参与企业竞争的研究认为，平台瞄准平台内最成功的产品/互补品供应商，动机在于利用创新获取更大专属价值（Zhu and Liu, 2018）。换言之，平台进入互补者/供应商市场可以充分享受供应商价值滑移带来的溢出收益。相反，平台瞄准最弱势的产品/互补品供应商，动机在于弥补供应产品的质量短板，提高平台市场上平均产品质量（Zhu and Liu, 2018）。此外，平台企业进入互补品市场还可以降低平台对互补品提供者的依赖，避免"挟持"和劣质互补品市场下用户遗弃平台（Gawer and Henderson, 2007; Tiwana, 2015）。

反对平台与参与企业竞争的观点则强调，平台与参与企业竞争不仅模糊了平台的业务边界（Srinivasan and Venkatraman, 2008），还同时扮演着"运动员"和"裁判"的双重角色，降低了平台企业的公允性，难以树立监管治理的合法性（Lee, Kim, and Hong, 2017; 罗珉、杜华勇, 2018）。其次，反对平台内参与企业间竞争的研究认为，平台内参与企业之间的竞争带来了负面网络效应，容易造成"消耗式"互动（Van Alstyne, Parker, and Choudary, 2016）。同时，这种内耗式竞争带来的价值摩擦不仅破坏了平台生态系统的整体价值（尤其是参与企业采取主导战略时），还增加了参与企业多归属的可能性（Iansiti and Levien, 2002; Parker and Van Alstyne, 2009）。相比之下，支持平台内参与企业间竞争的观点则认为，平台内参与企业间相互竞争时的产品价格水平比起零竞争状态的价格水平更低，更有利于平台从中获取价值（Veiga, Weyl, and White, 2017）。不仅如此，平台内参与企业间的竞争格局并非赢家通吃的寡头市场（Cennamo and Santalo, 2013），也并非同质化的完全竞争，而是具有细微差别的垄断竞争格局，相比零竞争状态更有利于激励参与企业创新（增加供给的产品数量和种类）（Hagiu, 2009；张利飞，2013）。

（五）平台领导策略

在研究中，为了突出平台企业围绕生态群落创新驱动的角色功能，有的学者将平台企业称为"平台领导"（platform leadership）（Cusumano and Gawer, 2001）。从内涵来看，平台领导是相比平台企业更为抽象的概念。类似于"组织"的定义（罗珉，2003），"平台领导"可以解读为两个层面：其一，作为名词的"平台领导"，意义接近平台领导企业或平台领导者，但更强调平台企业在多边参与市场中的领导者角色（Gawer and Cusumano, 2002；罗珉、杜华勇，2018）与领导力特质（曹仰锋，2016）；其二，作为动名词的"平台领导"，更突出平台领导行为和领导过程，旨在获取或巩固平台企业的领导权（姚凯 等，2009; Gawer, 2014；刘林青 等，2015）。由于平台领导的特殊内涵，平台领导也被研究者们看作平台企业激励参与者共同创造并从中获取价值的重要环节，甚至形成了以平台领导为核心的技术管理研究视角（Mcintyre and Srinivasan, 2017）。为了贴合"平台领导"的双重内涵，本书按照平台领导的名词和动名词两个层面分别梳理现有研究。

①名词意义的"平台领导"研究。名词意义的平台领导研究主要围绕两方面开展。第一，平台领导者（或平台领导企业）与其他平台参与者的角色定位和关联关系。Gawer和Cusumano（2008）发现，近年来从智能手机到

脸书、聚友网，社交网络等高科技行业都已成为平台领导的战场。他们认为，要成为成功的平台领导者，必须确保能吸引大量互补者（即互补性产品/服务的提供商）加入平台，从而为构筑生态系统提供基础条件。Suarez和Cusumano（2009）则强调，以往的平台研究大多注重产品创新而不注重服务。相比产品而言，平台基础性服务是平台领导者借以影响市场动态、降低新用户采纳平台风险的有效手段。Perrons（2009）回顾平台领导的研究发现，平台领导与参与企业协调关系的基础是信任，但以往的研究忽略了信任和权力等效，因而将平台领导胁迫弱势参与企业的做法看作是协作行为。通过解析英特尔案例，Perrons（2009）提出平台领导者应在建立在信任和权力相对仁慈（Relatively Benevolent Form of Power）的平衡之上谋求互利共赢。陈玲（2010）发现核心市场的平台领导者通过产能结构化、知识结构化和战略结构化奠定市场平台成员的互动基础。金杨华和潘建林（2014）在考察平台领导与用户协同创业的过程中发现存在平台开发、双边市场和混合模式三种用户创业模式，并归纳出平台领导与用户共建的多主体嵌入的开放式创新模型。曹仰峰（2016）提出平台领导需要"唐吉诃德"精神，在思维理念上应具备三个方面的转变：从目标导向转向使命导向，从权力控制转向创智赋能，从利益独享转向利益共享。

第二，平台领导力研究。平台领导力研究主要探讨平台领导力的基本特质和必备条件，同时也关注如何取得或运用平台领导权力。Lee 等.（2010）以Flickr和Salesforce.com两家Web 2.0公司为案例，分析决定平台领导力的主要因素，发现平台领导力取决于五个相互依赖的维度，分别是：创新能力、连通性、互补性、效率和网络效应。Olleros（2008）认为平台领导权的核心在于处理好权力下放（集权与分权）的问题，因为过度分权可能导致平台领导者失去控制。为此，他建议平台领导应对平台核心服务市场有所警觉，以免太重的平台核心影响平台中立性、可扩展性和演化性。Gawer（2011）平台领导的优势不仅在技术优势，还在于平台与参与用户构筑的网络效应，可以成为隔离外部竞争者的进入壁垒。但对平台领导而言，还需要警觉特洛伊木马战略（the trojan horse strategy），因为曾经合作的互补品提供者可能突然成为平台的竞争对手并掠夺平台用户资源，进而破坏平台领导力（Gawer, 2011）。国内学者穆胜（2016）也认同平台领导不同于传统企业领导，他认为培育平台领导力需要从四个方面着力：首先，告别"耳提面命"的父权领导，将平台企业作为平权象征，平等地为多边市场参与者提供平等、高效的基础平台；其次，建设企业资源洼地，高效汇集资源并优化资源部署；再次，洞察人性与设计游戏规则，连接并激励更多互补者加入平台和生态建设；最后，利用风投嗅觉投资有价值潜力的项目并及时收割。

②动名词意义的"平台领导"研究。动名词意义的"平台领导"研究更贴近平台领导策略而非平台领导特质，聚焦平台企业如何通过一系列战略行为选择构筑优势并获取价值。动名词含义的"平台领导"以帝国理工学院加威尔（Gawer）教授和麻省理工学院库苏玛诺（Cusumano）教授两位合作者的研究最具代表性。他们在2002年出版的专著 *Platform Leadership* 一书中就旗帜鲜明地提出，实现平台领导必须处理好四项战略选择：确定市场业务范围、界定产品技术架构、管理平台与外部互补者的关系以及协调内部组织的利益便于平台生态成长（Gawer and Cusumano, 2002）。此后，他们持续在多篇研究论文中发声，强调这四项战略选择对平台企业（平台领导者）和平台生态系统的意义（Gawer, 2009; Cusumano, 2012; Gawer and Cusumano, 2014）。相比国外研究，国内平台领导战略选择的研究则相对更分散。姚凯等（2009）分析网状价值链中平台企业利用平台领导协调网络主体价值创新协调的过程，发现平台领导利用模块化界面规则、横向兼容（互补品创新）和纵向兼容（升级标准）等开放和封闭策略组合，实现价值链主体协同创新。张利飞（2013）通过分析英特尔、思科、微软等案例，发现平台生态都依赖于"平台企业+互补企业"的组织模式，而居于核心的平台企业利用技术标准化、创新激励、互补技术研发和冲突协调等一系列平台领导战略驱动生态系统良性发展。刘青林等（2015）进一步将平台企业从平台生态边缘转向生态核心的平台领导过程称为平台领导的方向盘模型，并指出系统性价值主张是平台企业与其他网络成员连接的界面，增强了诸多网络群体对平台的共同依赖，而去物质化则是重构商业关系，通过扩网与聚合的拆解、液化和价值密集创造平台竞争力。罗珉和杜华勇（2018）突破传统平台竞争研究聚焦在战略管理单一视角的局限，从实质选择权视角探寻平台领导的竞争力内涵和机理。他们的研究表明，平台领导通过嵌入实质选择权，可以利用多边市场构建等四种非对称决策，创造平台战略弹性，并通过提高平台市场有效

性等五种路径取得专属收益。

（六）平台治理和监管

平台企业实现了跨地域、跨行业连接不同需求的用户群体和产品/服务的供给群体，有效消除了信息不对称，避免了逆向选择和道德风险等机会主义行为（Hagiu，2014）。从这层意义来看，平台企业创建了局部有效市场，节约了交易成本，因而获得了大量用户采纳。然而，由于平台市场的特殊属性，平台与用户（特别是参与企业）具有明显的"声誉捆绑"关系。一旦用户对与之交易互动的另一边用户不满，平台就很可能受到牵连，招致负面评价。这种"声誉捆绑"对平台企业之所以能产生强烈的负面影响，主要出于两个原因：①平台企业在平台中介网络中并不直接参与核心价值创造，而是为双边（多边）用户互动提供空间、场所和基础性服务，包括对争议事项做出公允评判。一旦平台涉足互补者市场业务，或是没能及时有效处理争议，平台企业"裁判"角色的合法性和公允性就会遭到质疑（汪旭晖、张其林，2017）。②平台市场也可能存在消极网络效应，消极网络效应会导致平台市场指数级下滑，产生恶性循环（Parker，Van Alstyne，and Choudary，2016）。比如，在滴滴打车平台上，如果乘客发现无车可用或司机未能按约定接乘客，就可能归咎于平台。反过来，司机发现平台上活跃乘客量少，司机长时间不能接单就可能退出平台转向其他打车平台。依照如此循环，滴滴打车平台的交易量会随着司机和乘客退出迅速下滑。因而，有学者呼吁，平台市场也可能存在"柠檬市场"，政府和平台企业应当重点关注平台监管和治理（Tiwana and Bush，2014；汪旭晖、张其林，2017）。

已有的平台治理的研究主要围绕以下两个话题展开：①平台市场治理的重点和必要性。Hagiu 和 Simon（2016）认为平台治理应重点关注网络效应风险，过早轻率进入市场、缺乏信任和安全保障、买卖双方背离平台私下交易以及监管不及时都可能造成平台企业迅速面临淘汰。吴义爽（2014）从交易及竞合关系、整体结构、治理主体三方面论述了平台企业主导下服务交易网络的架构特征，认为风险控制机制是平台治理的关键环节。除了网络效应和风险控制，还有的研究者将平台治理的注意力放到开放度上面，提倡利用开放度治理保障平台健康发展（Wessel, Thies, and Benlian, 2017；王节祥，2017）。②平台治理策略与效果。Belleflamme 和 Toulemonde（2009）发现，平台治理时保留一定程度的负面网络效应也有积极作用。当负面的直接网络效应足够大且不大于积极的直接网络效应时，最有利于用户从老平台向新平台迁移。Boudreau 和 Hagiu（2009）关注多边平台的天然监管属性，他们研究发现多边平台除了价格工具以外，也会采用技术、法律、信息等非价格工具实施监管和治理，他们将多边平台称为"私人监管机构"。Roger 和 Vasconcelos（2014）以道德风险为研究重点，发现平台仅仅依靠交易费用无法有效消除道德风险带来的声誉损失。而平台如果征收注册费，就能克服道德风险。汪旭晖和张其林（2015）则将平台看作一种特殊的市场，受平台规则和律法的双重约束。因此，平台监管既不是单纯的政府反垄断职责，也不是单纯的企业经营准则约束。基于此，他们提出"平台—政府"双元监管模式，外部监管范围由平台和政府的从属关系决定，内部监管则以纵向发展为依据。平台监管要求政府和平台协作，在资源配置、税务征管、定价管理、内外部监管等方面明确职责边界和主次关系，形成多层次协作有序的双元监管体系。汪旭晖和张其林（2017）进一步研究指出，平台由于信息过载、信息缺失和新型委托代理问题，形成了平台"柠檬市场"。为此，他们的研究提出采用以声誉、价格信号、质保认证等为代表的服务策略和以平台规范、介入经营、市场分割为代表的管理策略，有针对性地解决平台"柠檬市场"问题（汪旭晖、张其林，2017）。彭本红和武柏宇（2016）考察平台企业不同治理方式对创新绩效的影响。研究发现，合同治理和关系治理都有利于开放式创新服务绩效，且双强型治理方式的创新效果明显优于单一治理方式。

# 第二节　企业价值创造与价值获取研究回顾

## 一、价值、价值创造与价值获取的内涵

价值既是一个哲学概念，也是一个经济学概念。从哲学视角看，价值是揭示客观世界对于满足人身需求的意义关系的范畴，也是具有特定属性的客体对于主体需要的意义。经济学意义的价值是指具体事物具有的一般规定、本质和性能。客体与主体之间、人与具体事物之间，以及物体与物体之间的相互影响、相互联系、相互统一是价值的具体表现形式。在古希腊时代，人们往往用伦理法则对生物资源进行个人和社会的评价，于是出现了伦理价值（ethical value）的概念，并与经济学意义的价值概念展开了激烈的争论。到公元13世纪时，价值概念成为一个可衡量的内涵（connotation），被更多地赋予了经济学意义。到了16世纪中期，价值成为一个比值，变成一个可以衡量的单元（用货币单位来衡量）。

近代产业革命的兴起，出现了价值创造的概念，人们往往从静态与动态两个方面来看待价值创造的概念。其中，静态观点强调从企业组织的供给端和需求端设计价值创造模式。比如，利用供给端的范围经济（economies of scope）和规模经济（economies of scale），或是利用需求端的范围经济或规模经济等价值创造模式。相对而言，动态的价值创造更突出创新因素，认为创新才是创造价值的关键驱动力量（Amit and Zott, 2001; Ghoshal and Moran, 1999; Jacobides et al., 2006）。

Schumpeter（1934）认为，创新是通过生产要素的重新组合，打破既有市场均衡，以创造性破坏方式，带动经济增长和价值创造。在Schumpeter（1934）看来，基于"创新"的价值创造形式可分为五种类型：创造新市场、开发新产品、获得新材料、研发新工艺、设立新组织。互联网时代，科学技术日新月异，产业脉动频繁，竞争企业随时可能推出优质的新产品和服务。因而，对在位企业而言，充分搜索、检视冗余资源（Penrose, 1959;

Nohria and Gulati, 1996），或是整合既有资源，开发新一代产品响应市场竞争（Dougherty, 1992; Normann, 2001），已成为影响企业持续成长、价值创造与永续经营的重要因素之一。

除了"创造性破坏"的创新内涵以外，以Teece为代表的创新中获利理论（profiting form innovation，PFI）进一步推进了价值创造的"创新"思路。Teece强调，"创新"创造价值不仅体现在以产品和工艺为主的技术创新，也体现在互补性资源的结合方面（Teece, 1986; Dyer and Singh, 1998）。特别是，在组织间关系中，当不同利益相关者提供具有互补性质的资源时，由于专用性资源的互补组合，形成共同专业化资产，从而产生任何企业都无法单独创造的"创新价值"（Teece, 2006; Teece, 2018; Jacobides, Cennamo and Gawer, 2018）。特别是，当后发企业不具备大型企业的技术、资金实力时，往往依靠互补性资产实现跨组织大规模协作，从而创造和获取创新价值（罗珉、赵红梅，2009）。

总体而言，价值创造可分为"合作"与"竞争"两种思路。"合作"思路强调参与方（乃至竞争对手）共同携手，取长补短，发挥各自优势共同做大市场（Gulati and Wang, 2003; Hansen et al., 2008），合作的结果是双赢或多赢（Chatain, 2011）。相对而言，"竞争"思路强调资源、能力或策略上高于竞争对手，从而以稀缺性、难以模仿的优势获得专属租金（Porter, 1980; Barney, 1991; Chen et al, 1992）。

无论以何种方式创造价值，价值获取（value capture）都是价值运动的最终指向。从内涵来看，价值获取包括两层含义：①价值分配（value distribution），强调创造价值总量在利益相关者群体之间的划分方式和依据（Dyer, Singh, and Kale, 2008; Gans and Ryall, 2017）。②价值专属（value appropriation），突出某一个利益关联个体为了争取更大份额的独占价值，通过积极采取行动策略影响最终的价值分配比例（brandenburger and stuart, 1996）。无论是价值分配还是价值专属，都是对价值总量划分比例的考虑。因而不同于竞争或合作思路的价值创造过程，价值获取往往都以竞争逻辑为主导。相比价值创造，价值获取更加关注企业如何在参与价值创造的过程中确保自己尽可能争取更大的权益，以便从创造的价值总量中分得更大比例。在经济学中，厂商的市场势力是决定价值获取的关键因素，因为同等价值总量的情况下，拥有较大市场势力的厂商可以制定垄断高价并限制产品供给，从而攫取更多消费者剩余。沿着这种思路，许多研究往往借用福利经济学的分析范式表达价值创造和价值获取（Brandenburger and Stuart, 1996; Lepak, Smith and Taylor, 2007）。其中，总剩余代表市场出清时创造的价值总和，生产者剩余代表厂商获取的价值份额，消费者剩余代表消费者获取的价值份额（高鸿业，2011）。

## 二、企业价值创造与价值获取研究现状梳理

严格地讲，从厂商理论（fim theory）的观点来看，所有战略管理理论其实都是旨在回答一个"大问题"：即为什么不同的厂商在"价值创造和价值获取"上各有差异？（why do firms differ in value creation and value capture?）（Zajac and Olsen, 1993; Pitelis and Teece, 2009）也就是说，战略管理研究的大前提是要回答企业战略的基本逻辑究竟是什么。

针对这一基本问题，不同的战略管理学家有不同的论述。例如，强调不同的价值创造"活动"的理论，如Porter（1985）认为，企业可以通过价值链上的主要活动和辅助活动，创造顾客价值、获取经济租金；资源基础观（resource-based view, RBV）或资源依赖理论（resource dependence theory, RDT）认为，企业利用有价值、稀缺性、难以模仿、无法复制的异质性资源为基础培育竞争战略，获取李嘉图租金，否则，很可能就会被新进者取代而居于竞争劣势（Barney, Wright, and Ketchen, 2001; Kelliher and Reinl, 2009; Prahalad, 1993; Wagner and Weitzel, 2007）；动态能力理论则认为，企业利用动态能力建立、整合与重新配置资源的过程创造价值和竞争优势（Teece et al., 1997; Eisenhardt and Martin, 2000）；价值基础理论强调，企业通过价值基础战略创造和获取更大价值，核心在于关注消费者支付意愿（willingness-to-pay）和厂商机会成本（opportunity cost）（Brandenburger and Stuart, 1996; Gans and Ryall, 2017）；组织间关系理论的学者主张，建立在组织间竞争/合作逻辑上的价值创造活动，合作导向的价值创造与竞争导向的价值获取，以及特定组织间关系形式的价值创造与价值获取，如合资（JV）的价值创造与价

值获取（Gulati and Wang, 2003; Kumar, 2008），以及战略联盟的价值创造与价值获取（Dyer, Singh and Kale, 2008; Adegbesan and Higgins, 2011）。企业组织还可以通过借用组织间关系网络，获取更大的关系租金（Dyer and Singh, 1998; Dyer, Singh, and Hesterly, 2018）。再如，强调不同的价值创造的"结果"及其如何"分配"的理论，如租金（rent）或"经济馅饼"（pie）的创造与竞争角逐学派（即如何共创经济大饼与如何分饼）（size of the pie and share of the pie）（Gulati and Wang, 2003; Dyer, Singh, and Kale, 2008）；另外，有关组织间私人利益与共同利益的区分（Lavie, 2006; Kumar, 2008; Chatain and Zemsky, 2011; Chatain, 2011）。应当看到，不同的理论视角对企业价值创造和价值获取的理论依据不同，进而形成了不同的解释逻辑。为此，本书基于上述理论视角的研究展开梳理。

（一）交易成本和产业价值链视角下的价值创造与价值获取研究

交易成本经济学（transaction cost economics，TCE）作为最早解释企业性质的理论，分析了组织或治理机制的选择过程。早在1937年，科斯就提出"企业最显著的特征，就是它是价格机制的替代物"。而"企业"替代"价格机制"的主要原因，是通过"一体化经营"的企业可以有效节约交易成本（Coase, 1937），从而应对"市场"的不确定性。交易成本既可能体现在"事前"交易成本，如搜寻、识别和比较方案，以及起草、谈判、保证落实某种契约的成本；也可能体现在"事后"交易成本，如调整契约、重新签订契约和协调冲突的成本（Williamson, 1975; Williamson, 1991）。换言之，"交易成本"是影响交易组织方式选择的重要参数，是决定交易"效率"的重要依据。

当交易成本经济学的分析对象从交易方式的选择迈向企业经营选择时，"市场"（价格机制）还是"企业"（科层权威）的选择问题就转化成了关乎企业价值创造与价值获取的"边界选择"问题：自制还是外购（make or buy）。只不过，做出选择的主体已经设定为企业，只是探讨的问题焦点变成了"企业开展业务是采取自制还是在外部市场购买"，从而延伸出了交易成本经济学的变形——中间组织理论（Langlois, 1984; Langlois, 2003; 罗珉、王雎，2005）。该理论认为，"企业"与"市场"并非严格替代关系，以钱德勒的企业组织结构为主的"看得见的手"（visible hand）和以价格机制为主的"看不见的手"（invisible hand）可以相互融合，从而以最有效率（交易和协调成本最低）的方式变成"消失的手"（vanishing hand）（Langlois, 2003；罗珉、王雎，2005）。换言之，交易成本经济学（TCE）强调企业通过选择最有"效率"的生产组织方式创造和获取价值，其"效率"突出地体现为节约交易成本。

相比交易成本经济学，产业价值链（industrial value chain，IVC）视角分析价值创造和价值获取则更加关注厂商组织活动与战略选择。波特在1980年提出"价值链"理论，强调企业通过价值链上相互关联的一系列活动创造价值（Porter, 1980）。这些活动既包含直接参与产品生产流程的基本活动，如供应、生产、运输、销售和售后服务，也包括为基本活动提供支持的辅助活动，如人力资源、技术开发、基础功能和采购。此外，对于整个产业而言，企业只是产业价值链中的一部分（企业价值链）。除了企业自身以外，还包括其他市场参与力量（上下游企业和平行竞争对手）。因而，企业可以通过一系列战略选择（如一体化战略和多元化战略）增加生产的规模经济优势或范围经济优势（Porter, 1987）。Peter Hines（1993）在波特"价值链"理论的基础上发展出价值链管理理论，强调将原材料与顾客纳入价值链系统，从而使需求侧的规模经济或范围经济分析成为可能。

应当看到，类似于交易成本经济学的分析思路，产业价值链视角也注重组织或战略方式所产生的"效率"价值。比如，当企业整合价值链上的上下游厂商，往往是为了通过"一体化战略"（integration strategy）获取规模经济优势；当企业开发多品种或具有关联性质的业务或产品组合，往往是为了通过"多元化战略"（diversification strategy）降低相关业务的重复投资，获取范围经济优势（Porter, 1987; Panzar and Willig, 1981; Teece, 1980）。无论是一体化还是多元化战略，企业都是为了批量化生产或增强不同业务的资源关联度（Resource relatedness），通过跨业务共享基础要素，有效地降低了资源配置成本（Sakhartov, 2017）。因而，与交易成本经济学类似，产业价值链视角创造价值的核心逻辑是"效率"逻辑，通过扩大"规模经济"和"范围经济"优势创造价值，而获取价值则依靠巧妙的产业定位（选择高附加值的有吸引力的行业），获取超额收益。

因而，从交易成本和产业价值链视角来看，厂商创造价值和价值获取都强调"效率"逻辑：交易成本经济学侧重通过选择"交易成本"最低的方案创造和获取价值，而产业价值链视角则侧重战略选择发挥"规模经济"和"范围经济"优势。

### （二）资源视角下的价值创造与价值获取研究

资源视角下的价值创造与价值获取研究注重有价值、稀缺的、不可复制、难以模仿的核心资源在创造价值和获取超常收益（经济租金）中所起的关键作用，以资源基础观（RBV）研究最为突出。资源基础观强调，应当将厂商组织视为一个资源（resources）或能力（capability）的集合体（Penrose, 1959; Wernerfelt, 1984; Pfeffer and Salancik, 2003）。厂商所拥有的稀有、独特且不可模仿与移动的异质性资源，使厂商可以创造出独特的产品或服务，进而为顾客创造价值并建立独特的竞争优势（Kelliher and Reinl, 2009; Marr, Schiuma, and Neely, 2004; O'Regan and Ghobadian, 2004）。由此可以看出异质性资源、独特能力与价值创造之间存在着密切的关系，而Kaplan与Norton（2000）的战略地图概念也呼应了组织资源与价值创造间的具体链接。

Helfat与Peteraf（2003）进一步指出，资源是厂商基本的要素，也是价值流程的投入项；相对地，企业运用、转换与整合资源的能力包括作业能力及动态能力两类，前者涵盖于公司日常作业活动当中，而后者是指建立、整合及重组作业和调适环境变迁的能力。基本上，能力是属于公司无形资源或无形资产，而无形资源不易使竞争者模仿（如品牌与顾客服务），因此可以形成持久的竞争优势（Bodily and Venkataraman, 2004; Hafeez, Zhang, and Malak, 2002; Ljungquist, 2007, 2008）。

资源基础观所强调的资源也可分为资产（asset）与能力（competency），前者是指企业所拥有或控制的要素，如有形资产与无形资产；后者是指企业建构及配置资源的能力，包括专长与组织能力。资源基础观强调，产品或服务是资源整合的产物，而新产品开发可视为资源组合的过程（Rumelt, 1984; Barney, 1991; Amit and Schoemaker, 1993）。因此，"资源"不仅扮演了新产品开发活动中的关键角色，也是价值创造的核心要素。

价值创造是企业改变资源组合的产物，同时赋予资源创造财富的新能力（Drucker, 1985）。但当企业面临资源困境时，只有敢于突破资源障碍（MacMillan and McGrath, 1997），才能实现资源重组。厂商获取资源的战略行为，主要采用两种不同的方式（Baker, Miner, and Eesley, 2003）：①"资源搜寻型"（resource-seeking），通过外部广泛的搜寻、比较，取得特殊资源，其价值来自成本比较优势，或战略性资源的竞争优势（Dunning, 1993）；②凭借手边既有资源，作为组合基础及拼凑元素的"资源拼凑型"（bricolage）（Baker, Miner, and Eesley, 2003; Cunha, 2005），其价值主要来自既有资源的活用、无中生有（Baker and Nelson, 2005），即开发资源冗余面，跳出资源运用的束缚。

其他特定领域经营模式的研究，包括Amit和Zoot（2001）的e-Business价值创造的4个来源、Mansfield, Fourie和Gever（2005）的网络时代的战略架构。在价值创造形态（经营模式分析）方面，Stabell和Fjeldstad（1998）则提供了3种不同情境的分析工具：价值链、价值商店及价值网。

此外，在分析资源在价值获取过程中的作用机理时，资源视角（特别是资源依赖理论/RDT）侧重分析资源依赖关系对价值获取的重要意义。当组织与其他组织或利益相关者产生联系时，如果二者的依赖关系并不对等（非对称依赖），那么拥有依赖优势一方会掌握更多的议价主动权和关键决策权，从而有利于己方获取价值（Bensaou, Coyne, and Venkatraman, 1999; Pfeffer and Salancik, 2003）。

时隔27年之后，资源基础观的创始人之一Jay B. Barney再次撰文回顾资源基础观视角下的价值创造与价值获取。他发现，资源基础观在解释价值创造与价值获取时也有局限，过去资源基础观认为企业股东是获得价值唯一主体，因而公司经营的目标是股东财富最大化（Barney, 2018）。这种观点忽略了一个前提：企业创造价值的许多关键资源并不在企业内部，因而必须依赖利益相关者群体（如消费者、政府执法部门）。此外，有的利益相关者分配价值的优先顺序往往高于股东（如债权人、职工）。为此，Barney提出应当将利益相关者理论整合进资源基础框架，将利益相关者群体看作创造和分享价值的联合体（Barney, 2018）。

总有来看，以资源基础观为代表的研究抓住了价值创造与价值获取的内在核心要素——资源，发现了核心异质性资源能够创造和获取超额价值。然而，资源视角过于注重资源本身的价值，价值获取也主要依靠占有和控制核心资源形成企业对合作伙伴的依赖优势，相对忽略了价值创造主体的能动作用，致使价值创造与价值获取的过程仍处在"黑箱"状态。

（三）动态能力和创新视角下的价值创造与价值获取研究

相对于资源基础观（RBV）而言，动态能力理论（dynamic capabilities theory，DCT）和创新中获利理论（PFI）是相对明确指出企业能动性在价值创造与价值获取中占据关键作用的理论。早在1867年，马克思在《资本论》第一卷第一篇、第五篇阐述劳动价值论时就对价值和价值创造有独到见解。在劳动价值论中，马克思将价值分为使用价值和交换价值两种，对应具体劳动和抽象劳动。马克思强调，资本获得利润，土地获得租金，工人劳动获得工资。从表象上看是投入要素创造价值，但实质上劳动才是创造价值的唯一源泉。因为劳动（而非劳动力）是将投入要素转化为产出（即创造价值）的唯一能动因素，而交换行为使商品交换价值等于价格，价值创造者也因此获得价值。伴随着交换（交易）实现，生产者失去了使用价值但获得了交换价值，消费者则获得使用价值。从价值创造与价值获取的视角来看，马克思的劳动价值论揭示了价值创造的能动因素——劳动，对价值创造与价值获取研究具有积极推动意义。但劳动价值论只是将劳动分为抽象劳动和具体劳动两种形式，并没有解释清楚企业与企业之间价值创造与价值获取的相互差异。

因此，基于马克思的劳动价值论，动态能力视角研究是价值创造与价值获取研究的重要进展，动态能力理论对企业如何在超竞争环境中构筑竞争优势意义重大。Teece 等（1997）认为，企业可以利用动态能力整合、协调和配置资源，从而响应环境；Eisenhardt 和 Martin（2000）则强调动态能力在适应和创建新市场中的积极作用。一般而言，动态能力（Dynamic Capabilities）是一种柔性能力，企业可以通过动态能力适应乃至影响快速变动环境（Teece, Pisano, and Shuen, 1997），或是构建新竞争优势的能力基础（Ethiraj et al., 2005; Pan et al., 2006; Sanchez, 2004; Zollo and Winter, 2002）。从动态能力的内涵来看，动态能力主要存在四种理解：动态能力是一种层次能力（Ambrosini and Bowman, 2009; Cepeda and Vera, 2007; Wang and Ahmed, 2007）、动态能力是组织学习的过程（Zahra et al., 2006; Zollo and Winter, 2002）、动态能力是渐进与监控的过程（Schreyogg et al., 2007）、动态能力是一种整合能力（Teece et al., 1997）。无论何种解读，都强调灵活运用动态能力识别市场导向、配置网络资源和通过学习提升的过程，动态能力创造价值的关键不仅在于能力的构建过程，还在于能力的灵活运用过程（Teece et al., 1997; Zahra et al., 2006）。

除了动态能力理论，PFI理论也是Teece分析价值创造的另一代表性理论。PFI理论强调，尽管直接的技术创新可以推动企业创造和获取价值，但这个过程还取决于另外两个条件。其一，企业是否具有强有力的占有制度（appropriability regime），保护创新价值不被窃取和模仿（Teece, 1986; Teece, 2006; Teece, 2018）。其二，企业是否具有或引入互补性资产（特别是专用的互补性组合形成共同专业化资产），保证成功的商业化推广。前者决定"创新"价值的专属性，后者决定创新价值的"可实现性"（Teece, 2018; Jacobides, Cennamo, and Gawer, 2018）。因而，获取决定商业成功的互补性资产，既是一种"动态能力"，也是一种"创新"逻辑。这种"创新"，不单单是企业要素或技术层面的创新（Schumpeter, 1934; Teece, 1986），也是利用互补性资源所创造的"创新"价值。从动态能力和创新视角来看，无论采取哪种模型，厂商利用"创新"或"能力"创造和获取价值的内在逻辑都是一致的，那就是通过依据环境条件变迁而灵活应对，不断学习和吸收知识，借助"互补性资产"推动商业化成功，从而在高度动荡的环境中持续创造和获取超额收益。

### （四）组织间关系视角下的价值创造与价值获取研究

相比产业价值链、资源和动态能力等组织内视角，组织间关系视角（inter-organizational relation view, IRV）又将价值创造与价值获取研究推向了更为宏观的研究层次。严格地讲，组织间关系其实是资源基础观的"变形"，将企业之间的互动关系看作一种特殊的异质性资源（Dyer, 1997）。与产业价值链的上下游交易关系不同，组织间关系不仅限于产业链上下游企业，任何可能与企业产生联系的对象都可能成为构建关系并创造关系租金的价值来源（Dyer and Singh, 1998）。

组织间关系视角下突出"价值创造"的研究（Zajac and Olsen, 1993; Ghoshal and Moran, 1996; Dyer, 1997; Madhok and Tallman,1998）多结合资源基础观等理论视角来探讨组织间价值创造和价值分配等问题。这些研究普遍认为，"价值专属"的思路过于强调合作伙伴投机行为对企业间合作的影响，而忽略了企业其他行为特性，如学习与信任机制等（Ghoshal and Moran, 1996）。换言之，侧重"价值创造"的研究者认为组织间长期的关系是交易创造价值的异质性资源，这种长期的信任、互惠和承诺有效降低了参与伙伴的交易成本（Madhok and Tallman, 1998）。

相反，主张"价值专属"思路的研究则强调，尽管并非所有交易伙伴都会采取投机行为，但并不能否认机会主义事实的存在（Ghoshal and Moran, 1996）。在合作过程中，企业要在事前甄别交易伙伴是否有投机情形耗时耗力，而在事后才识别投机行为则可能无法挽回企业损失（Gulati and Singh, 1998; Muthusamy and White, 2005）。因而，设计必要的制度和契约，保障参与各方权益，对于联盟租金分配十分重要（Dyer and Singh, 1998）。Dyer, Singh and Hesterly（2018）时隔20年后重新回顾关系观中的价值创造与价值获取时，发现企业间互补性会随着时间逐渐降低，而原来以企业间资源互补性为价值创造长期动力的命题也需要修改，从而印证了PFI理论对占有制度的考虑。而组织间关系治理，恰好成为识别价值破坏因素、避免价值滑移（Value Slippage）的必要内容（Dyer, Singh and Hesterly, 2018）。同时，组织间关系理论特别强调不对称的关系专用性资产投资和降低伙伴稀缺性对提升厂商事后议价能力的关键作用（Dyer, Singh and Kale, 2008; Dyer, Singh and Hesterly, 2018），从而进一步印证了资源依赖理论关于依赖优势影响价值获取的论断。换言之，在组织间关系视角下，组织间长期的信任互惠关系和互补性资源仍然是创造价值的重要因素，但必要的隔离机制和控制机制（提升依赖优势）却是厂商获取更多价值的关键考虑因素。

## （五）价值基础视角下的价值创造与价值获取研究

价值基础视角或价值基础理论（Value-based Theory，VBT）不同于其他任何管理学理论视角，是沿袭经济学价值理论的产物。因而，价值基础视角下的价值创造与价值获取研究以经济学分析见长，将价值创造和价值获取看作两个序列行动阶段，通过双体博弈[①]（Biform Model）（Brandenburger and Stuart, 2007; Ryall and Sorenson, 2007）分别分析两个阶段的竞争策略。价值基础视角的价值创造与价值获取研究秉承了马克思劳动价值论的基本论断，同样采用使用价值和交换价值区分价值形态。其中，使用价值是用户/消费者对产品性能、外观等参数一定程度上自身需求的评价，属于用户认知价值（Ranjan and Read, 2016; Bosse and Coughlan, 2016; Bridoux and Stoelhorst, 2016），是价值创造的结果表现；交换价值是产品交付/交易时的成交价格（Brandenburger and Stuart, 1996），是价值获取的结果表现。从企业的角度来看，使用价值代表着创造的价值总和；交换价值则表示企业最后获得的价值。不仅如此，价值基础视角的核心逻辑也完全来自经济学范式：价值=支付意愿-机会成本。其中，支付意愿（Willingness-to-Pay，WTP）表示用户愿意支付的最高价格，机会成本（Opportunity Cost，OC）代表厂商生产该产品所有投入要素的机会成本总和。因而，在价值基础视角中，产生获取的价值等于生产者剩余（价格减去机会成本），消费者获取的价值等于消费者剩余（支付意愿减去价格）（Gans and Ryall, 2017）。

从价值基础理论来看，正是基于厂商在特定领域相对于竞争对手具备比较优势，因而获得了高于行业平均水平的经济租金（Brandenburger and Stuart, 1996; Teece, Pisano and Shuen 1997）。这种租金形式可能是以某种"进入障碍"为基础的"张伯伦租金"（Chamberlin, 1933）；可能是基于创新或企业家精神的"熊彼特租金"（Schumpeter, 1934）；也可能是通过稀缺性资

---

[①] 双体博弈是价值基础视角的研究者分析价值创造和价值获取的一种复合博弈思路，他们将价值创造与价值获取拆解成两个阶段独立分析，从而确定整体最优互动策略。这两个阶段包括：以合作博弈（Cooperative Game）为主的价值创造阶段和以非合作博弈（Noncooperative Game）为主的价值获取阶段。

源产生比较优势的"李嘉图租金";还可能是利用组织间长期信任、合作和资产互补形成的"关系租金"(Dyer and Singh, 1998)。

无论何种租金形式,就价值基础视角而言(Brandenburger and Stuart, 1996; Chatain, 2011),厂商组织的经营活动都必须建立在两个基本战略性思考上,即价值创造和价值获取(Gulati and Singh, 1998)。为了创造更大价值,在合作博弈阶段,厂商需要与参与方合作,努力提高用户对自身产品的支付意愿或降低用户对竞争对手产品的支付意愿,或是降低自身的机会成本,同时提高竞争对手的机会成本。此外,为了获取更大价值,在竞争博弈阶段,厂商必须选定恰当的定价策略和控制手段,确保自身顺利获取价值(Gans and Ryall, 2017)。在双体博弈的两个阶段(合作博弈和竞争博弈阶段),价值创造和价值获取要求厂商遵循不同的目标采取因应策略,因而这些提升企业价值创造和价值获取效果的战略也被统称为价值基础战略(Value-based Strategy)(Brandenburger and Stuart, 1996)。

应当看到,价值基础战略为厂商创造和获取价值提供了一般性分析框架。但受限于数理模型,价值基础视角的分析过于简化价值创造和价值获取的参数和条件,也没有深入考虑影响价值创造与价值获取的关键因素,因而在实践应用和理论解释时仍然相对抽象,单独运用时缺乏更为详细的指导意义。

## 三、传统企业价值创造与价值获取研究的意义和局限

从已有的价值创造与价值获取的研究来看,基于不同的理论视角,传统企业价值创造与价值获取的讨论呈现出百家争鸣、百花齐放的繁荣盛景。从研究逻辑来看,有的侧重产业价值链定位(Porter, 1980; Portor, 1985);有的侧重占有和控制核心资源(Wernerfelt, 1984; Barney, 1991; Barney, 2018),有的侧重企业间长期信任关系(Dyer, Singh and Kale, 2008; Dyer, Singh and Hesterly, 2018),有的强调能力的积极影响(Teece, Pisano and Shuen, 1997),有的则关注战略行动在价值创造与价值获取的作用(Brandenburger and Stuart, 2007; Gans and Ryall, 2017)。

然而，从整体研究现状来看，企业价值创造与价值获取的研究还存在一些争议和局限，亟待后来者完善。首先，已有的研究囿于各自的理论基础，分别从价值链、资源、能力、关系、战略等角度分析价值创造和价值获取，割裂地将这两种价值运动看作单一维度，既相对片面，又缺乏足够经验和实证支持。尤其是近年来，一部分研究者开始意识到单一视角看待价值创造与价值获取的局限性，开始尝试整合不同的理论，以更全面的视角考察两项价值运动（Barney, 2018; Jia, Shi and Wang, 2018; Rietveld, 2018）。其次，既有研究大多专注供给侧的价值创造过程，相对忽视需求侧的规模经济优势和社群长尾市场的影响。同样，在价值创造主体上诸多研究虽然都考察了传统企业（尤其是生产制造型企业）在价值创造与价值获取的作用，比如购买商—供应商关系（Elfenbein and Zenger, 2017）和战略联盟（Dyer, Singh and Hesterly, 2018），却忽略了更多利益相关者群体对这两项价值运动的影响（Barney, 2018）。再次，已有研究聚焦的企业对象多数是以价值链（Value Chain）为价值组态（Value Configuration）的传统企业，而价值商店（Value Shop）和价值网络（Value Network）等价值组态是否仍然适用传统企业的价值创造和价值获取法则，值得进一步探究（Stabell and Fjeldstad, 1998）。最后，由于现有价值创造与价值获取的研究相对分散，导致影响价值创造和价值获取的关联要素和维度含混不清[①]，缺乏研究进行系统行梳理。

综合和比较解释价值创造和价值获取的经典理论来看，尽管经典理论在价值创造与价值获取的本质上解释各不相同，但不同理论间仍然具有很高的内在联系：①价值基础理论为价值创造与价值获取分析提供了一般性框架。抛开"竞争优势"来看，价值创造与价值获取遵循提高支付意愿（即使用价值）、降低机会成本和提高定价（交换价值）的一般原则（Brandenburger and Stuart, 1996; Brandenburger and Stuart, 2007; Ryall and Sorenson, 2007）。②以TCE为代表（主要包括TCE和ICV）的理论分析表明，价值创造遵循

---

[①] 从已有的研究文献综合来看，价值创造和价值获取研究大多与投入要素（资源、知识、能力）、参与主体（参与企业、用户/消费者和其他利益相关者）和战略活动（治理、隔离）有关。然而，具体涉及哪些维度（以及是否包含上述内容），现有研究并没有给出解答，更缺乏经验或实证支持。

"效率"逻辑。通过降低交易成本和提高经济优势（规模经济和范围经济），可以有效创造更高价值（Williamson, 1975; Porter, 1987; Williamson, 1991）。③以PFI为代表（主要包括PFI和DCT）的理论分析表明，价值创造遵循"创新"逻辑。通过企业动态能力，可以采取技术创新或互补性资源组合的方式创造超额价值（Teece, 1986; Teece, 2006; Teece, Pisano and Shuen, 1997; Teece, 2018）。④以RDT（主要包括RDT、RBV和IRV）为代表的理论分析表明，隔离机制（占有制度）和不对称依赖关系是创造价值基础上保障价值获取的关键条件，价值获取遵循"依赖优势"逻辑（Wernerfelt, 1984; Pfeffer and Salancik, 2003; Dyer, Singh and Kale, 2008; Dyer, Singh and Hesterly, 2018）。综上所述，尽管理论上解释价值创造与价值获取的经典理论之间存在分期和争议，但不同理论逻辑上的内在联系对推动理论整合、分析企业价值创造与价值获取的主导逻辑和机理具有重要的参考意义。

# 第三节 平台企业价值创造与价值获取研究梳理

## 一、平台企业价值创造与价值获取的嬗变

与传统企业（特别是遵循线性价值链的生产制造企业）相比，平台企业的价值创造与价值获取过程有显著变化。具体而言，从内涵和外延来看，平台企业价值创造与价值获取的差异体现在以下方面。

（1）平台企业往往并不直接参与核心价值创造，而是为交易/互动双方提供价值创造的必要空间和基础性服务（Van Alstyne, Parker, and Choudary, 2016）。这导致平台的价值创造方式并不是"原材料—产品—销售—售后"

的逻辑，而是以平台建设和用户引导为起点，吸引用户加入构造平台与双（多）边市场用户共创价值的生态系统逻辑（Gawer and Cusumano, 2014; Tiwana, 2015）。

（2）平台企业并不是严格按照产业价值链的方式串联上游零部件供应商和下游购买商/消费者。平台多基于中介技术（Mediating Technologies）和密集技术（Intensive Technologies），以价值网络和价值商店的价值组态经营（Thompson, 1967; Stabell and Fjeldstad, 1998）[①]。因而，单纯基于长线技术（Long-linked Technologies）和价值链组态的传统企业的价值创造和价值获取逻辑并不能完全移植到平台企业[②]。

（3）平台企业具有显著的双边市场特性。不同于传统企业的单边市场，双边市场同时存在供给、需求两个市场，导致传统企业在单边市场的定价和经营法则失效。比如，平台企业在单独面向某一端市场时不可能直接采取"成本加成定价法"对产品/服务定价，而是综合双边市场的总体成本和弹性系数定价，甚至对其中一边用户制定"负价格"（也称为交叉补贴），形成平台特有的定价现象："羊毛出在猪身上，狗来付钱"（Rochet and Tirole, 2006）。

（4）平台企业具有显著的间接网络效应（即跨边网络效应）（Katz and Shapiro, 1985）。通过构建平台市场，平台网络外部性被内化为直接网络效应和间接网络效应。积极网络效应会产生"滚雪球"一样的反馈机制，一方面不断引导用户（供给、需求和其他端口的用户）加入平台，另一方面也在不断放大网络内的总体价值（Li and Agarwal, 2017）。为此，有的研究者甚至摒弃了传统的使用价值和交换价值的分析范式，认为使用价值和网络价值才是

---

[①] 有时，有的平台也会在部分经营领域采用纵向一体化战略（半封闭平台）。比如京东的直营店，韩都衣舍既卖自己公司的服装，也卖其他厂家的服装。因而，平台上也可能存在价值链形式的价值组态。

[②] 正如Stabell and Fjeldstad（1998）所指出，基于长线技术的价值链创造价值的逻辑是将输入转化成输出；基于密集技术的价值商店创造价值的逻辑是提出解决客户方案；而基于中介技术的价值网络创造价值的逻辑是通过连接消费者创造价值。可以说，这三种价值组态创造价值的逻辑是截然不同的。

平台企业创造价值和获取价值的源泉（崔晓明等，2014）。

（5）平台企业的开放程度往往高于传统企业，后者多采取相对封闭（一体化企业）或半开放（联盟网络）的策略。比如，电商平台淘宝在供需两端完全开放，任何人只要提供基础材料就可以成为淘宝店主。天猫虽然只允许企业形式的卖家入驻，但在经营范围、企业规模、企业年限等方面都没有硬性要求，任何具备资质的企业都可以加入天猫。相对而言，开放逻辑对平台企业价值创造与价值获取带来巨大变革，一是挑战了资源视角下依靠控制和占有核心资源创造价值的逻辑，二是引入了开放式创新和实质选择权的新逻辑（金杨华，潘建林，2014；罗珉，杜华勇，2018）。此外，平台开放也产生了用户多归属（Multi-homing）的问题。由于用户可以自己加入和退出平台，导致用户可能同时采用多个相似平台，从而改变了平台企业的竞争策略。比如在竞争瓶颈市场（一边用户单一归属其余边用户多归属），单一归属一侧的用户成为相似平台间争夺的资源高地（Armstrong，2006）。

（6）平台企业中价值创造与价值获取的主体不同于传统企业。以资源基础观为主的分析认为，创造价值和获取价值的主体就是厂商（企业），因而以往公司经营遵循股东财富最大化的指导原则（Barney，2018），测量价值创造和价值获取时也以静态测量方式为主（表2-3）（Lieberman et al.，2018）。客观地看，在工业经济时代下，产品供应以产定销，生产企业在价值创造与价值获取过程中占据着绝对主导地位，消费者没有更多选择；到了互联网时代，产品供应以销定产，消费者和用户等更多利益相关者在价值创造与价值获取过程中占据着不可忽视的作用（李海舰等，2014）。在产业高速发展和信息高度发达的互联网时代，生产企业已经无法利用信息优势获得高额收益。产业脉动、平行互动和"牛鞭效应"导致企业不得不专注细分领域，知识的高度分化带动了技术革新进程，同时也要求企业将更多利益相关者纳入价值创造与价值获取的主体，从而避免被市场淘汰。此外，互联网时代长尾经济开始崭露头脚，操作技术（Operational Technologies）、数据技术（Data Technologies）和人工智能（Artificial Intelligence）等新兴技术大举降低了聚合长尾市场的成本，以更加人性、注重体验的方式提高用户的支付意愿（Priem，2007）。这些环境要素嬗变对平台企业而言尤为突出，平台企业并不直接生产产品，而是通过聚集不同需求的多边用户共创价值。因而，用户创造价值、互动创造价值、生态创造价值正在成为新的价值创造元素。

表2-3　价值创造与价值获取的测量

| | 利益相关者价值 | 总经济价值 |
|---|---|---|
| 静态测量（给定时间段的总量）（Brandenburger and Stuart, 1996） | 当前时期利益相关者的回报<br>利润<br>EVA<br>回报比率<br>剩余索取权<br>目前及未来预期回报<br>股价<br>市场资本总额<br>托宾Q值 | 当前时期所有利益相关者回报<br>总剩余/盈余=利润+消费者声誉=支付意愿-机会成本<br><br>个体利益相关者回报<br>量化利益相关者收益<br>雇员租金或准租金<br>议价划分得租金 |
| 动态测量（不同时期的变化）（Lieberman et al., 2018） | 利润、EVA等变化<br>股价变动<br>市场资本总额变动 | 经济收益（Economic Gains） |

资料来源：作者根据Lieberman et al.（2018）研究整理。

（7）影响平台企业价值创造与价值获取的活动不同于传统企业。从影响要素来看，资源、能力、知识等要素仍然在平台企业价值创造过程中发挥重要作用。但相比之下，影响传统企业价值创造与价值获取的战略活动却已经悄然改变。首先，平台构筑优势和隔离的竞争战略开始转变，低成本、差异化、多元化等战略仍然有效，但具体战略活动已经转向新的内涵。平台企业可以通过平台包络实现关联很小的跨界经营，突破了相关多元化战略的基础条件限制（Eisenmann et al., 2011）。比如，阿里巴巴早期从事电子商务领域，后来又加入金融理财、体育、娱乐、旅行等关联度很小的业务。类似地，乐视原本从事数字内容产业，后来却加入看似完全不相关的汽车设计与制造业务。战略边界的模糊使平台战略活动不再像过去的通用竞争战略那么明确，灵活权变反而成为平台战略的核心内涵（陈威如，余卓轩，2013；陈威如，王诗一，2016）。其次，平台启动、平台开放、平台治理等活动成为影响价值创造与价值获取的重要环节。由于平台双边市场的特殊性，平台启动往往面临"鸡蛋相生"难题，平台企业进入市场的难度比传统企业大出许多

（Caillaud and Jullien, 2003）。此外，与传统企业封闭或半封闭系统而言，平台开放是一个多层次的复杂决策。因而，平台开放度成为影响平台企业价值创造和价值获取的"双刃剑"。在治理方面，由于平台与用户的"声誉捆绑"（王勇，戎珂，2018），有效治理平台与参与企业和其他用户的关系也影响着平台企业能否顺利创造和获取价值。

## 二、平台企业价值创造与价值获取研究现状

相比双边市场研究，国内外针对平台企业价值创造与价值获取的系统性研究相对缺乏。尽管当前有大量文献讨论平台启动、网络效应、平台领导、平台开放度、平台治理等焦点议题（如Rochet and Tirole, 2003; Armstrong, 2006; Ordanini et al., 2011; West and Wood, 2013; Lee, King and Hong, 2017），也间接映射了这些战略活动与平台企业价值创造与价值获取的关系，但仍然缺乏系统性解释平台企业价值创造与价值获取的研究。与此同时，从少量以价值创造和价值获取为核心议题的平台领域研究来看，主要讨论三个话题：平台企业价值创造与价值获取的决定因素、平台企业价值创造与价值获取的实践策略以及平台企业价值创造与价值获取的关系。

（1）平台企业价值创造与价值获取的决定因素。Pekkarinen and Ulkuniemi（2008）认为模块化对平台企业价值创造和价值获取有积极作用，因为模块化架构使平台企业能够更灵活有效地识别新服务所需投入的成本。同样强调模块化架构在平台企业价值创造和价值获取时起到积极作用的还有Olleros（2008）、Tee and Gawer（2009）和Spagnoletti et al.（2015）等研究，这些学者们一致认为，模块化架构既保留了系统简洁性，又确保了模组的独立性，增加了平台架构演化和系统升级的价值。Selsky and Parker（2010）研究了不同平台类型获取价值的共同决定要素，发现偏好、学习和权力是最为关键的因素。杨学成和涂科（2017）以滴滴出行为例，探讨平台企业的用户价值共创行为。他们研究发现，价值共创主体和方式在平台不同互动阶段也不尽相同：在连接阶段表现为用户为主的价值共创形态，接触阶段体现为用户为主的用户价值独创形态，分离阶段则展现为以供应者为主的价值共

创形态。随后他们进一步考察平台质量与价值共创的关系（杨学成，涂科，2018），发现平台支持质量（信任、角色明确和平等）正向影响自我决定感（胜任感、自主感和归属感），且自我决定感反映了平台支持质量与用户价值共创的正相关关系。

（2）平台企业价值创造与价值获取的实践策略。圣何塞州立大学商学院教授West（2003）认为，开放度（Openness）就是平台企业创造和获取价值的战略手段，因为开放可以吸引用户加入平台，增加产品品种多样性，而通过控制/专属则可以避免价值滑移，确保平台企业获取价值。哈佛商学院教授安德烈·哈丘研究则发现（Hagiu, 2009），平台供给端生产者的产品品种、市场势力和生产者规模经济性会削弱平台企业获取价值的能力，此时收取变动费用方案更有利于获取价值。Ceccagnoli et al.（2012）的研究将焦点转移到互补者上面，认为平台企业通过激励互补者创新和利用间接网络效应来创造价值。还有的学者关注平台领导策略与价值创造、价值获取的关系。Gawer and Cusumano（2014）在分析平台领导的过程中，发现平台企业价值创造与价值获取离不开四项平台领导策略：一是设计平台基本功能并识别第三方；二是建立模块化技术架构，向第三方分享知识产权，降低连接成本；三是明确角色，提升合法性和平台的中间人声誉；四是确保平台创新内核地位，确保连接价值。

另一部分研究者则更关注动态的平台企业价值创造与价值获取过程。Fu, Wang and Zhao（2017）平台企业价值共创与平台阶段有关：在出现阶段，平台服务创新侧重于构建基础架构。此时平台所有者通过平台服务创新直接刺激网络效应，而不是通过价值共创活动间接地刺激网络效应；在扩展阶段，平台服务创新则集中在平台所有者和参与者的不同侧面之间建立关系，通过共创价值直接激发网络效应。相对平台市场特点为切入视角的研究而言，Thomas et al.（2014）的研究视角更为全面，他们将平台划分为组织平台、产品族平台、市场中介平台和平台生态系统四种平台类型，分别讨论每种平台价值创造与价值专属的方式（表2-4）。他们认为，平台生态系统的主导逻辑是架构杠杆（Architectural Leverage），实质在于有目的地操纵平台，从而厘清平台杠杆的特征与不同杠杆来源间的联系。

表2-4 不同类型平台价值创造与价值获取比较

| 类型 | 组织平台 | 产品族平台 | 市场中介平台 | 平台生态系统 |
|---|---|---|---|---|
| 变体 | 平台投资、平台技术 | 内部平台、供应链平台 | 多边平台、双边平台 | 产业平台 |
| 描述 | 视平台为获取超额绩效的动态能力 | 视平台为形成衍生产品的稳定核心 | 视平台为多方参与的中间人 | 视平台为集合互补性资产的系统或架构 |
| 理论 | 企业战略 | 产品开发 | 产业经济学 | 生态系统理论 |
| 层次 | 企业 | 产品 | 产业 | 系统/产业 |
| 价值创造方式 | 灵活性、动态性 | 灵活性、成本节约、创新 | 市场效率、定价结构、市场势力 | 灵活性、成本节约、创新、外部性、学习、市场势力 |
| 价值专属方式 | 控制资源和能力 | 知识产权；架构控制 | 产权；规则主导 | 架构控制；关键要素产权；合法性 |
| 案例 | 咨询；外包；计算；生物技术 | 汽车制造；机械工具；电子产品 | 视频游戏；信用卡；购物商场 | 信息技术；互联网 |

资料来源：作者根据Thomas et al.（2014）等研究整理。

（3）平台企业价值创造与价值获取的关系。在讨论传统企业价值创造与价值获取两项价值运动的关联关系时存在两种声音：一种观点认为价值创造与价值获取是非此即彼、相互矛盾的关系。因为价值创造以合作逻辑为主，而价值专属则以竞争逻辑为主，两种互斥逻辑导致价值创造与价值获取难以权衡。尤其是在组织间关系研究中，如何极大化价值创造的同时极小化机会主义行为带来的风险，成为两项价值运动研究的关键瓶颈（Dyer and Singh, 1998; Muthusamy and White, 2005）。另一种观点以价值基础战略为主的研究，认为价值创造和价值获取并非两项平行活动，而是相互关联的序列行动。因此，价值创造最大化并不会影响价值获取过程。正是基于这种思路，价值基础视角以双体博弈模型（Biform Model）为基础，分别求解价值创造和价值获取阶段的最佳策略（Brandenburger and Stuart, 2007; Gans and Ryall, 2017）。

同样地，在平台企业价值创造与价值获取的研究中对价值创造和价值获取的关系也持有两种对立的观点。强调二者矛盾关系的研究认为，许多平台战略活动都具有双重作用，在创造更大价值的同时也可能产生价值滑移，减少平台企业从中获取的价值份额（West, 2003; Dyer, Singh and Hesterly, 2018）。比如平台开放策略和兼容策略，选择开放就可能引入更多的外来者，也可以引入稀缺的新资源，而选择兼容则可以减少重复投资，同时可以利用兼容平台的用户基础。然而，过度开放和兼容也可能使平台失去控制，开放意味着复杂性增加、管理协调难度加大，而兼容则面临着知识溢出和用户多归属风险（Ron, Chen and Zhu, 2015; Chowdhury and Martin, 2017; Parker and Van Alstyne, 2018）。因而，具有"双刃剑"性质的平台战略活动在价值创造和价值获取的影响关系上往往表现出互斥影响。

相对而言，强调平台企业价值创造与价值获取并非矛盾关系的研究与价值基础视角的研究类似（Brandenburger and Stuart, 1996），认为平台的价值体现在基础性服务和引导双（多）边用户互动上，也就是说，平台企业创造的并不是产品使用价值，而是平台使用价值和网络价值（崔晓明等，2014）。用户在平台创造并获取了价值，那么平台也因此获得价值，平台与用户不仅表现为"声誉捆绑"，更是"利益捆绑"。因而，平台采取积极行动策略提高了用户创造价值的能力（也称为"赋能"），自身也能从中获益（Gawer and Cusumano, 2002; Ceccagnoli et al., 2012）。比如，Ceccagnoli et al.（2012）研究发现，平台与软件产品供应商之间实现互操作（Interoperability）可以同时增加合作网络参与者创造和获取的价值。

# 第四节 研究述评

## 一、现有研究的不足与空白

现有研究结合不同的理论视角和分析层次对平台及传统企业价值创造与价值获取开展了鸿篇累牍的研究,在国内形成一大批独具特色的研究团队和代表性成果。然而,结合本书梳理,已有研究尚存在许多不足与空白。具体来看,体现在以下方面:

(1)从平台研究的发展脉络来看,起源于双边市场的平台领域研究主要围绕平台企业性质、平台竞争战略、平台网络效应和平台领导策略等核心议题展开。相对而言,平台企业价值创造与价值获取的系统性研究较为缺乏。尽管许多研究者已经逐渐意识到,平台企业在内涵和外延上都与传统企业极为不同,二者在价值组态、基础价值、战略活动、开放程度和产业环境等方面大相径庭,因而传统企业价值创造与价值获取的基本范式不应该完全照搬到平台企业。然而,平台企业的特殊性和复杂性导致平台企业情境下价值创造与价值获取的研究进展缓慢。

(2)从传统企业价值创造与价值获取的研究来看,研究者们分别从产业价值链、资源、动态能力、组织间关系和价值基础等视角解读价值创造与价值获取的主导逻辑。虽然在一定程度丰富和完善了企业价值创造与价值获取的研究,但仍然造成两点局限:首先,不同理论视角的研究在分析方式、立论依据和研究侧重点上各不相同。割裂地看待价值创造与价值获取过程不仅不利于消除争议,反而模糊了企业价值创造和价值获取的内在本质。其次,正如管理学家明茨伯格描述战略管理学派一样,相对分散而独立的研究如同"盲人摸象",既容易导致"一叶障目",又不利于理论研究聚合。因此,从目前研究来看,亟须站在更高的理论层面,整合经典理论,以相对系统而全面的视角看待企业价值创造与价值获取,从而揭开理论"全貌"。

(3)从现有的平台企业价值创造与价值获取的研究来看,现有研究主要从影响因素、实践策略和关联关系等方面探讨两项价值运动。虽然有部分研究解释了平台企业相较传统企业价值创造与价值获取的差异，但大多数研究仍然停留在"平台属性"的分析层面，并没有解释平台企业创造和获取价值的内在逻辑及其与传统理论之间的联系。同时，现有研究在平台企业价值创造与价值获取两项价值运动的关联关系上仍然存在争议，进而模糊了平台企业价值创造与价值获取过程的互动机理。

## 二、构建平台企业价值创造与价值获取范式的必要性

无论平台还是企业价值创造与价值获取，都是关乎企业生存与发展的重要命题，因而成为学术界和实务界最为关心的热点话题（Mcintyre and Srinivasan, 2017; Gans and Ryall, 2017; Dyer, Singh and Hesterly, 2018; Lieberman et al., 2018; Barney, 2018）。然而，从已有的研究来看，当前研究还没有清晰回答这四个问题：第一，平台企业价值创造与价值获取的基本逻辑是什么，与经典理论有何联系？第二，决定平台企业价值创造与价值获取的关键要素有哪些，包含哪些维度和属性？第三，平台企业价值创造与价值获取的关联关系是什么（是矛盾、互补还是其他关系）？第四，实现平台企业价值创造与价值获取极大化的前因构型是什么？哪些因素和路径起到更为关键的作用？

同时，通过解释价值创造与价值获取经典理论的梳理和分析，我们看到不同理论之间的潜在联系：价值创造可能遵循着"效率"和"创新"双重逻辑，分别以TCE和PFI理论为代表；价值获取则可能以"依赖优势"逻辑为主，以RDT理论为代表。然而，平台企业是否遵循上述潜在逻辑、不同逻辑之间的内在联系，以及"平台属性"如何与价值创造和价值获取相结合，还需要结合事实经验探索性地构建理论模型，并通过实证方法检验之，从而形成更为稳健的结论。

此外，结合前文的现实背景来看，平台企业对推动共享经济发展具有重要意义，现实经营中平台企业的经营差异巨大，经常出现"赢家通吃"的市场格局，造成价值创造与价值获取差异的原因也不清晰。为此，解析平台企

业价值创造与价值获取的构成要素，构建平台企业价值创造与价值获取的范式（理论模型），揭秘平台企业的"竞争优势"黑箱，也成为当下企业界最为紧迫的研究话题。

为此，下文将基于已有文献基础和平台企业经营实务，采用质化与量化分析（基于深度访谈的扎根理论建构和模糊集定性比较分析）相结合的方式构建探索平台企业价值创造与价值获取的要素、维度与机理，分析平台企业价值创造与价值获取的前因构型、关键因素和关键路径，以期为平台理论和经营实践提供有益参考。

# 本章小结

本章系统性地梳理了平台、企业价值创造与价值获取的有关文献，发现现有的研究仍然以相对孤立的讨论为主，缺乏更为全面的视角考察价值创造与价值获取。在具体研究中，价值创造与价值获取研究也以传统企业为主要分析对象，学者们对价值创造与价值获取的解释逻辑往往偏执一隅。同时，尽管有许多学者逐渐意识到，相比传统企业，平台企业在价值创造与价值获取的内涵和外延都有差异，但研究仍然以具有"平台属性"的活动本身（平台启动、治理、领导、开放、定价等）为研究焦点，没有厘清这些活动与价值创造和价值获取经典理论的关联关系，更缺乏经验和实证支持。此外，少量专注价值创造与价值获取的系统性研究也在两项价值运动的关联关系上持有争议，价值创造与价值获取的关系究竟是互补还是矛盾尚待验证。为此，本书基于上述研究争议与空白，拟通过探索性扎根理论研究、模糊集定性比较分析（fsQCA）等方法构建平台企业价值创造与价值获取的理论模型，分析平台企业价值创造与价值获取的前因构型，从而解答既有研究无法清晰解释的疑问。

# 第三章 平台企业价值创造与价值获取的要素与机理——基于扎根理论的探索性案例研究

与工业经济时代的传统企业或线性企业（Pipelines）相比，平台企业无论是参与价值创造与价值获取的主体和角色关系，还是价值创造的具体活动都极为不同。从组织机制来看，平台企业既是企业，又是市场。以交易或互动为核心的平台市场虽然是或显性或虚拟的市场空间（Marketplace），具有准市场性质，但这个准市场背后往往由一个或若干个企业实体（或联合体）承担建设、维护、监管市场的大部分职能，同时具有企业性质。因而，平台企业的混合性质增加了分析价值创造和价值获取的复杂性和动态性。此外，由于平台企业本身并不创造核心价值（一般不直接生产产品），平台互动成为平台参与成员共创价值的核心环节。因而，如何激励平台供需双方积极参与平台互动成为平台企业价值创造的难点；而如何增强平台对供需双方用户的控制权力，提高平台企业的专属价值份额，成为平台企业价值获取的难点。相对而言，现有研究大多专注平台特色活动的探讨（缺乏与经典理论对话），或是聚焦于单一视角（运用单一视角并不能完全解释现实现象），并没有清晰解答这两个关键问题。

因而，在本章之中，我们试图通过扎根理论的研究方法提炼决定平台企业价值创造与价值获取的关键要素，并尝试建构平台企业价值创造与价值获取的理论框架，揭示平台企业价值创造与价值获取的内在机理。

# 第一节　研究问题界定与研究方法选择

通过前文对平台理论、价值创造与价值获取理论的梳理，我们认为平台企业在内涵和外延两个层面都与传统企业（Pipelines）有所区别，因而探索平台企业价值创造和价值获取的过程和机理是揭开平台竞争优势"黑箱"的关键环节。具体来看，需要回答以下问题：①哪些要素会影响平台企业价值创造与价值获取？②这些要素之间的关联关系（或者说平台企业价值创造与获取的内在机理）是什么，其主导逻辑分别是什么？③平台企业价值创造与价值获取两项价值运动过程是什么关系？是单纯的序列因果关系？权衡取舍关系？还是其他关系？

由于现有研究大多从更加细致的微观视角独立考察平台企业参与平台市场的竞合活动，相对忽略平台企业价值创造与价值获取过程的全面考察，也相对缺乏与传统价值创造与价值获取理论的对接，从而很难给出有说服力的结论。相比之下，经典的价值创造与价值获取理论体系从多个视角深刻地剖析了工业经济时代传统企业价值创造与价值获取蕴含的种种逻辑，但仍然缺乏理论整合，同时也忽略了互联网时代平台企业在创造和获取价值的过程中内涵与外延的嬗变。因此，本书研究更加关注"What"（影响平台企业价值创造与获取的要素和内在机理是什么？）与"How"（平台企业价值创造与价值获取之间是怎样的关系？）的研究，因而更适合采用探索性案例研究方法。具体而言，本书选择扎根理论研究方法作为基本操作指南。

扎根理论（Grounded Theory）是由社会学研究者Anselm Strauss and Barney Glaser两位学者共同发展出来的一种研究方法，以两位学者1967年合著的专著《扎根理论的发现：质性研究策略》一书为标志[①]。扎根理论是通过运用系统化的程序，针对某一现象来发展并归纳式地引导出扎根理论的一种定性研究方法。本书采用扎根理论的研究方法主要基于以下考虑：①平台研究相对于平台企业经营实践具有一定的滞后性，从企业经营实践反向构建理论[②]并与已有理论对话，不仅可以促成平台实践向认识的转化，也有利于推动平台理论反过来指导企业经营实践。②扎根理论强调研究者基于理论敏感性（Theoretical Sensitivity）与研究对象共同构建和"浮现"理论的过程，通过案例资料、编码分析和理论文献的不断比较（Constant Comparison）与理论抽样（Theoretical Sampling）丰富理论内涵。因而，基于扎根理论研究形成的结论既具有抽象的理论高度，也能紧密贴合案例事实，使研究者在形成理论的过程中也不断证实理论，从而获得稳健的结论。

---

① 扎根理论发展至今大致形成了三种研究范式：以Anselm Strauss and Barney Glaser为代表的经典主义，强调通过严格而标准的编码操作程序构建理论，力求避免研究者主观意见（他们认为研究者主观介入数据获取和分析过程会污染数据，造成研究信效度下降），由实质编码和理论编码两阶段构成；以Juliea Corbin等为代表的实用主义，强调积极研究者（Active Actor）以去偏见的方式参与研究，从而在避免过度主观偏见的同时保持研究的理论敏感性（Theoretical Sensitivity），主要由开放式编码、主轴编码和选择性编码三阶段构成；以Kathy Charmaz等为代表的建构主义，强调从数据资料中建构事实的过程，认为扎根理论研究就是"研究者与被研究对象共同构建理论的过程"，由初始编码和聚焦编码两阶段构成。值得说明的是，虽然有研究者根据研究手段的考察将扎根理论划分为三种基本范式（Matteucci and Gnoth, 2017），但在具体研究中其实并没有刻意强调研究属于哪一种范式，从而使得扎根理论分析方法的运用更加灵活。当然，从本书分析角度来看，本书研究更像实用主义和建构主义的范式，因为平台企业的特殊性质要求研究必须具备大量文献功底，从而保持理论敏感性，捕捉隐匿于案例资料中的有价值信息。更多关于扎根理论范式的讨论参见Matteucci, X., and Gnoth, J. Elaborating on Grounded Theory in Tourism Research [J]. Annals of Tourism Research, 2017, 65(7): 49–59.

② 应当看到，运用扎根理论的分析方法所构建的理论，是一种相对于"宏大理论"（Grand Theory）的"中层理论"（Middle Theory）或"实质理论"（Substantive Theory），更加注重不同情境下行为机制的解释与论证。中层理论要求要能作为一个整体和其他理论相衔接，甚至成为更宏大理论的一部分，即中层理论不能完全局限在个别孤立的范围内，而是可运用、可发展的。本书中，相比适用于传统企业或线性企业的价值创造与价值获取机制，平台企业可以视为一种"变异"样本，因而采用扎根理论的研究方法建立平台企业价值创造与价值获取的理论框架最为适合。

# 第二节 理论抽样与案例选择

不同于概率分布原则的统计抽样方式，理论抽样以理论饱和（Theoretical Saturation）为抽样参考依据。按照Corbin and Strauss（1990）、徐宗国（1997）等人的观点，理论抽样是以已经证实与形成的理论具有相关性的概念为基础所做的抽样。理论抽样主要有开放性抽样（Open Sampling）（与开放式编码对应，抽样具有一定随机性，在许多方面不做明确的抽样标准选择）、关联性抽样（Relational Sampling）（与主轴编码对应，旨在扩大属性和维度上的差异，在第一轮开放式编码结束后就会根据系统考虑确定抽样依据和样本）和区别性抽样（Discriminate Sampling）（与选择性编码对应，旨在进一步明确范畴间的关系和现象的故事线，从而证明和发展理论）（徐宗国，1997）。实质上，由于操作过程中开放式编码、主轴编码与选择性编码可能是不断迭代的过程，因而三种抽样方式也会贯穿整个研究过程，更多地体现为根据研究的理论饱和度（是否已经覆盖所有的范畴和属性）决定是否继续抽样和是否停止抽样，而不是严格地按照三种抽样方式分成三个阶段进行。具体来看，本书的理论抽样过程与案例样本选择如下。

## 一、开放式抽样与案例选择

与量化研究不同，基于扎根理论分析方法的案例研究并不明确研究中涉及的具体变量和相互关系。尽管如此，基于平台理论与价值创造、价值获取基本理论的梳理，我们仍然试图制定一些参考标准，减少开放式抽样随机性带来的研究偏差。具体标准包括：①案例样本必须具有平台双（多）边市场业务，且该业务在平台企业中占据重要战略地位（主要通过创始人对平台业务地位的判断、平台业务占公司营业收入比重、公司近年来对所有主营业务活动的战略调整等方面综合判断）。②案例样本的平台业务应具有一定的经营历史并获得稳定收入，从而确保研究者可以在较长的时间窗口全面考察平台企业的建设与成长过程，也便于梳理价值创造和价值获取的完整过程。③案例企业平台业务已形成竞争力并且可以从数据资料中明确获悉（主要通过资产、收入、用户数量、行业排名等指标综合判断），从而有利于梳理影响价值创造与价值获取的关键要素。④案例企业应具备一定规模和知名度，从而有利于在访谈和内部文档之外通过其他渠道获取关于案例企业的数据信息（如年报、媒体报道和其他对外披露的信息）。

在遵循上述共性抽样原则的基础上，开放式抽样还应确保案例样本在某些特征上有所差异，避免"幸存者偏差"。具体包括：①经营规模差异，从而控制企业规模对平台价值创造与价值获取的影响。②经营行业差异，从而控制行业水平对研究的影响偏差。③经营绩效差异，特别是在价值创造与价值获取的结果方面（比如创新、市场占有率、营业收入、利润、市值等方面），从而相对客观地考察影响要素和机理。同时，为了增强探究的基础实力和可行性，本书研究联合西南财经大学和电子科技大学部分师生组成"平台企业案例研究团队"，由2名教授、2名博士生和4名硕士生构成，从而便于整合资源获取关键数据[①]、分工有序开展分析以及通过学术讨论增强研究的稳健性。

基于上述抽样原则，本研究选出了两家有代表性的平台企业：成都三泰控股集团股份有限公司（以下简称"三泰控股"）和宏图物流股份有限公司（以下简称"宏图物流"），两家企业的基本情况如表3-1所示。

---

① 在研究中，通过整合资源，我们接触企业家和创始人的主要渠道包括：①借助西南财经大学的MBA项目和"巾帼圆梦班"项目。②借助电子科技大学的MBA项目和DBA项目。③两位博士生导师的企业关系资源和政府资源。比如，本书研究后期进一步抽样时，我们通过绵阳市商务局确定了位于绵阳市和成都市的五家备选企业。

表3-1 案例企业与平台业务基本情况描述

| | 案例企业 | 三泰控股 | 宏图物流 |
|---|---|---|---|
| 案例企业基本情况 | 企业性质 | 中小企业板上市公司（2009年上市，代码：002312） | 新三板上市公司（2015年上市，代码：831733） |
| | 主营业务 | 金融科技服务 | 综合物流服务，包括第三方基础物流服务和供应链增值服务 |
| | 成立时间 | 1997年 | 2005年 |
| | 资产总额 | 37.68亿元（2017年年报） | 5.75亿元（2017年半年度报告） |
| | 员工人数 | 9000余人 | 230余人 |
| 平台业务基本情况 | 业务名称 | 速递易 | 拉货宝 |
| | 平台业务收入与占比 | 2017年年末营业收入1.42亿元，占公司主营业务收入的17% | 2017年上半年营业收入5.38亿元，占公司主营业务收入的90% |
| | 业务描述 | 以"速递易"智能快件箱业务为载体的"24小时自助便民服务"网格及平台项目 | 物流业开放式互联网交易集成服务平台 |
| | 竞争力表现 | 2018年快递箱实现一线城市全覆盖、市场占有率第一 | 2017年货运量全国第二、中国物流百强企业、国家高新技术企业 |
| | 面市时间 | 2014年12月（访谈） | 2015年8月（访谈） |

资料来源：作者根据公司内部资料、网站、年报等资料整理；表中数据截止时间为2018年8月。

## 二、关联性抽样与案例选择

在扎根理论分析过程中，本书研究者在获取第一份资料后就展开开放式编码。在此基础上，根据第一轮开放式编码的结果确定下一步抽样（关联性抽样）的方向。为此，本书主要按照两个方向进行进一步抽样和获取数据：①针对有价值的不明确的信息进一步对原来两家案例企业调研，通过访谈、实地观察等方法获得更细致的深度信息；②针对开放式编码归纳的标签、概念和初始范畴考虑哪些范畴和属性尚未饱和（比如初始范畴下概念过少或只考虑到部分情况），从而确定下一步抽样的案例样本的选择。

通过第一轮开放式抽样和编码，本书发现有的范畴和概念尚未饱和（比如，与平台开放有关的初始范畴和概念并不完整）。同时，两家案例企业都是上市公司，其经营与运作的规范性程度较高，平台企业资源条件和经营实力都较强，因而可能会忽略企业性质对平台企业价值创造与价值获取的影响。此外，三泰控股和宏图物流两家企业也都是传统企业，以战略创业的方式构建平台业务，因而是否新建平台企业、是否会增加范畴和属性也不得而知。

为了考察非上市平台企业和新建平台企业是否会增加范畴和属性，本书在关联性抽样时加入了DDD.动动三维公司（以下简称"动动三维"，该公司荣获2017年度"中国最具投资价值企业50强"）和米珈科技有限公司（以下简称"米珈科技"）两家案例样本。这两家企业具有以下共同特征：①二者都是完全新建的平台企业，而并非在位企业二次创业的方式构建平台。②二者都不是上市企业，对资本市场的依赖性都比较低。相反，这两家企业都是创始者通过朋友圈、人际网络等获取资金需求。除此之外，这两家案例企业与三泰控股和宏图物流也都处在不同行业领域，经营规模也各有差异。

## 三、区别性抽样与案例选择

通过开放式编码与主轴编码的不断比较和迭代，本书研究确定了主范畴及其涵盖的初始范畴和核心概念。在依据选择性编码构建范畴关联关系后，还需要进一步抽样（区别性抽样）与原有案例样本一起验证理论、提炼故事线。为此，本书研究根据绵阳市商务局提供的备选企业名单重新选择两家平台企业：长美科技有限公司（以下简称"长美科技"）和万商云集科技股份有限公司（以下简称"万商云集"）。

相对而言，这两家案例企业也符合前述所设的平台企业选择标准：①长美科技属于传统企业创建的平台企业（由四川长虹集团旗下的合肥美菱股份有限公司出资成立），而万商云集则由创始人组建团队新设成立。②万商云集是新三板的上市企业（股票代码：872832），而长美科技则并非上市企业。因而，区别性抽样的两家企业与开放式抽样和关联性抽样选择的样本在选择标准方面具有一致性，能够共同用于验证理论和提炼故事线。

# 第三节 数据搜集与案例简介

## 一、数据搜集

遵循Eisenhardt案例研究数据采集的建议（Eisenhardt, 1989），本研究通过多种方式获取数据，以一手资料和二手资料相结合的方式采集数据资料。其中，一手资料主要通过以下途径获得：①对案例企业进行实地考察，包括对六家企业公司总部的拜访、参观企业产品样品、下载和体验新产品App。②对参与平台企业建设与经营主要成员的半结构化访谈。首先，我们通过已有的资源渠道取得与每家平台企业董事长或创始人联系，并获悉参与平台企业创建与经营过程中的关键高管和亲历平台业务运营的产品经理、运营经理、研发人员、营销人员和用户。③以电话、电子邮件和微信等方式与平台企业相关人员持续沟通，追踪和验证访谈后还需要深入关注的数据信息，同时了解平台企业经营的最新进展。④在案例企业访谈和观察后，根据公司意愿和研究要求，提供宣传手册和其他内部文档。二手数据的搜集方式主要包括：①通过企业官方网站了解平台企业的经营理念和重要新闻稿件。②通过新闻报纸和门户网站等渠道获取关于平台企业的有关报道。③企业对外披露的其他信息和研究平台企业的文献，如年报、研究文献。

在上述数据中，与本书研究关联最为紧密也是最具价值的资料来源于访谈过程①。具体而言，本书研究者按照思路开展访谈和搜集整理数据：①访谈前，研究团队根据不同研究进程的抽样要求设置尽可能开放的访谈提纲②，并根据受访者现场回答追加提问，获取有价值的关键信息。②每次访谈控制在90~120 min，现场根据受访者的回答积极性引导访谈话题和互动身份③。③对公司高管（如创始人、董事长、运营总监）、负责平台具体项目的管理者（如产品经理、市场经理）以及使用平台的供方用户（以多企业为主）和需方用户分别访谈，从而相互弥补和验证同一事件的真实信息。③访谈过程中，本书研究团队至少三人参与访谈，一人主要负责提问，一人主要负责记录，另一人负责录音（记录和录音都是在取得受访者同意的情况下展开）。④访谈结束后，参与访谈的研究者马上根据访谈的鲜活印象完成访谈笔记，主要记录自身从访谈中获得的关键信息以及自己对信息的解读和认识，成为编码和分析参考资料（分析笔记示例见附录4）。⑤访谈完成后，参与访谈的研究者立即着手将录音转录为文字材料，并交给其余两位参与访谈的研究者审核是否有因为口音和理解的误读，从而整理形成最后的访谈资料。

---

① 事实上，由于受企业经营行业、上市性质和高管意愿等方面约束，导致我们获取的案例企业二手资料在数量和质量上参差不齐。比如，动动三维、米珈科技和长美科技三家非上市企业并没有具体的年报信息，企业很多经营数据也存在保密性问题，因而其二手资料更多依靠网络搜集尽力弥补。

② 具体来看，不同抽样阶段的访谈提纲细粒度会有所区别。比如，开放式抽样主要是为了了解平台企业创建与经营的主要过程和关键事件，关联性抽样则更加关注理论饱和度稍差的范畴信息获取，区别性抽样则更加关注已建立的框架体系和范畴关系是否能与新抽取样本匹配（即区别性抽样的案例样本不再会出现新的范畴关系）。合并的访谈提纲详见本书附录2：平台企业价值创造与价值获取研究的访谈提纲。

③ 比如，我们在研究中发现，有的企业受访者在访谈中将他们与我们的关系视为"咨询者—学术专家"的关系身份，因而我们会在访谈中刻意突出访谈者的"白纸"身份和"聊天"气氛，尽量少发表评论（事前也不会向受访者透露访谈提纲和访谈具体信息）。另外，我们也发现有的受访者会以"类学术专家"的身份定位自己，通过猜测"更有价值"或"更易被认同"的论点的方式进行表述。为此，我们会不断强调目前我们在理论上并没有得出哪些平台企业经营更重要，同时我们在访谈中并不会直接提及"价值创造""价值获取"等专业术语，谈及关心的问题时也都尽量规避使用纯学术术语，而是强调了解企业的具体经营实践和想法。

经过开放式抽样、关联性抽样和区别性抽样的多轮抽样和访谈过程，本书最终获得了44次访谈，转录一手文字材料147202字。具体企业的访谈信息如表3-2所示。

表3-2 案例企业访谈数据分布情况

| 企业及平台 | 访谈文字数 | 受访人员层级 | 受访者职务 | 访谈时间 |
| --- | --- | --- | --- | --- |
| 三泰控股（速递易） | 40582 | 集团 | 董事长，创始人 | 2014-06-21<br>2015-08-10<br>2016-08-16 |
| | | 集团 | 副董事长 | 2014-06-21<br>2015-08-10<br>2016-08-16 |
| | | 集团 | 总经理助理 | 2015-08-10 |
| | | 子公司 | 副总经理 | 2015-08-10<br>2016-08-16 |
| | | 子公司 | 拓展部总经理 | 2015-08-10 |
| | | 子公司 | 产品部总经理 | 2016-08-16 |
| | | 供方用户[①] | 快递员<br>商城商家 | 2016-08-16<br>2016-08-16 |
| | | 需方用户 | 社区业主 | 2016-08-16 |
| 宏图物流（拉货宝） | 43163 | 股份公司 | 创始人<br>技术高管<br>市场高管 | 2015-04-20<br>2015-06-18<br>2016-08-10 |
| | | 子公司 | 子公司总经理 | 2015-04-20<br>2016-08-10 |
| | | 子公司 | 产品经理 | 2015-04-20<br>2016-08-10 |

---

① 从平台企业角度来看，无论是个人还是组织，所有参与者都具有共同的用户身份。因而本书相对弱化参与企业和个人的概念，而是使用供方用户和需方用户（平台情境不同，供需方都可能是企业或个人）的概念。

续表

| 企业及平台 | 访谈文字数 | 受访人员层级 | 受访者职务 | 访谈时间 |
|---|---|---|---|---|
| 宏图物流（拉货宝） | 43163 | 股份公司 | 创始人 | 2018-7-30 |
| | | 股份公司 | 市场部经理 | 2018-7-30 |
| | | 供方用户 | 货车司机<br>车后市场商家 | 2018-7-30<br>2018-7-30 |
| | | 需方用户 | 货主 | 2018-7-30 |
| 动动三维（动动三维） | 14034 | 有限公司 | 董事长<br>产品经理 | 2018-7-24<br>2018-7-24 |
| | | 供方用户 | 3D商业设计师 | 2018-7-24 |
| | | 需方用户 | 广告商 | 2018-7-24 |
| 米珈科技（米珈） | 14312 | 有限公司 | 董事长<br>市场部经理 | 2018-7-26<br>2018-7-26 |
| | | 供方用户 | 线下商户 | 2018-7-26 |
| | | 需方用户 | 消费者 | 2018-7-26 |
| 万商云集（万商云集） | 20319 | 股份公司 | 董事长<br>市场部经理<br>品牌总监 | 2018-8-13<br>2018-8-13<br>2018-8-13 |
| | | 供方用户 | SaaS厂商 | 2018-8-13 |
| | | 需方用户 | SaaS需求商 | 2018-8-13 |
| 长美科技（长美科技） | 14792 | 有限公司 | 总经理<br>行政总监<br>技术总监 | 2018-8-16<br>2018-8-16<br>2018-8-16 |
| | | 供方用户 | 食材供应商 | 2018-8-16 |
| | | 需方用户 | 社区业主 | 2018-8-16 |

资料来源：作者根据案例企业访谈整理得出；表中同一企业同时提及集团、股份公司和子公司时，集团或股份公司代表母公司或总公司，而子公司则代表专门负责平台业务的子公司。

## 二、案例企业简介

本书最终选定的六家案例企业都具有平台业务，且平台业务目前都在公司层面占据十分重要的战略地位（要么是主营业收入等指标占据很大一部分，要么是创始人或董事长将平台业务看作维系整个公司未来发展的关键环节），因而进入考察范畴。具体来看，这六家平台企业的基本情况分别如下。

（1）三泰控股简介。成都三泰控股集团股份有限公司（股票代码：002312）成立于1997年，经过20年的发展，已经从早期单一的研制金融自助设备，到提供金融外包服务，现正朝向建设智慧城市社区24小时便民服务平台迈进，提供多种线上线下便民服务，进而提供综合金融便民服务。三泰控股围绕"虚拟银行"发展方向，专注于建设一个全生态的、基于互联网的、开放的社区服务平台，通过集团式管理架构，建设有远大目标和发展前景的资源平台和支柱业务，不断培育和提升企业竞争力。三泰控股投资的成员企业以"速递易"平台为核心，陆续打造了"三泰电子""核桃公社""金保盟""爱意汽车网""维度金融"以及"金惠家""辰通智能"等服务平台与品牌，借助社区"入口""流量""数据"，通过线上、线下拓展，构建开放的社区服务大平台、大数据，并集聚专业的公司、专业的服务通过开放的平台去涵盖社区民众的衣、食、住、行各项服务，如金融保险、社区医疗、社区电商、健康养老、汽车服务、生鲜快递等，从而成为集聚创业活力、整合服务资源的社区"互联网+"平台。2017年，"速递易"业务超越安防和金融等传统业务，营业收入达到1.42亿元，成为三泰控股的支柱性业务之一。

（2）宏图物流简介。宏图物流股份有限公司（股票代码：831733）成立于2005年，注册资本8151万元，一直致力于为工业企业和商贸企业提供一体化的供应链物流运营管理服务，积极打造以物流业为载体，集制造业、商贸业、金融业及其他服务业为一体的生态圈。公司于2015年元月成功登陆资本市场并连续两年进入新三板创新层。公司不断为社会创造价值，得到社会各界的高度认同，先后获得了国家4A级综合性物流企业、全国制造业与物流业联动发展示范企业、商务部物流标准化重点推进企业、中国物流百强企业、国家高新技术企业等荣誉。该公司自主研发的"拉货宝"电商产品定位为B2B的物流服务移动互联平台，专做公路整车运输，通过重新定义利益相关者的交易结构，去除中间环节，降低交易成本，提高交易效率，运用"物流+互联网"的理念打造车货需求智能匹配的电商平台，在提供物流资源信息交互的同时提供物流综合服务，促使货主、司机、企业的利益最大化。2017年上半年，宏图物流推出"SLP"与"拉货宝"双平台版本，通过打通用户的内部管理和外部交易系统，取得了良好的市场地位和竞争实力（在同行业货运量排全国第二，竞争力排四川第一），"拉货宝"业务的营业收入达到5.38亿元，占据公司总营业收入的89.75%。

（3）动动三维简介。动动三维是中国领先的3D/AR内容服务提供商。专注于H5 3D引擎和内容开放平台的研发与创新，拥有完全自主知识产权的交互式H5 3D引擎及内容开放平台产品，是3D/AR产业链中最为核心的软件产品。目前动动三维覆盖的业务范围已经扩展到家居、食品、服装等多个领域，为迪斯尼、阿里巴巴、宝马、宝洁等上百家企业提供了解决方案。在2017年国内影响力最大的投资人及创业者交流会议——2017V武林大会上，动动三维荣获"中国最具投资价值企业50强"。该公司旨在通过完善的3D服务平台增强用户与广告商/厂商的3D交互体验，仅2017年为天猫提供的小游戏中，动动三维就创造了近3亿次AR互动。目前，该公司已经取得11项国家技术发明专利，在突破高技术壁垒的基础上，数据推动也成为公司重要的核心竞争力。

（4）米珈科技简介。米珈科技成立于2013年，公司定位为"无边界商业管理"，即通过提供SaaS[①]商业运营系统、会员电子账户体系和基于交易的米珈算法联盟，为传统线下商业进行大数据赋能。米珈SaaS平台的海量交易数据和闭环收付管理方案是进行新零售供应链管理的底层构架。米珈秉承开放共享理念，打造包括商家、运营合伙人、消费会员的城市数字商圈运营体系。公司目前业务集中在成都市区和省内部分城市，2017年，服务超过20000家商户，年化交易规模30亿元。整个产品系中，包括商家系统（米珈

---

① SaaS是英文"Software as a Service"的简称，中文含义为"软件即服务"，是三种云平台运营模式之一。另外两种云平台运营模式包括PaaS（Platform as a Service,平台即服务）和IaaS（Infrastructure as a Service,基础设施即服务）。

店老板App）、运营者工具（米珈合伙人App）和会员分销（米珈生活App及微信客户端）是米珈的超级收银台+SaaS运营体系，它支持刷卡、微信、支付宝、网银、电子会员储值卡等多种渠道支付，覆盖吃、喝、玩、乐、购等生活服务类商家，还包括汽车、物业、旅游等垂直场景。

（5）万商云集简介。万商云集成立于2004年，总部位于成都，前身为成都蓝海基业信息技术有限公司，为了更好推广平台品牌，2017年10月完成股改更名万商云集（成都）科技股份有限公司，于2018年6月正式实现新三板挂牌，股票代码：872832。公司专注于4000万中小企业市场，万商云集平台基于"共享销售，共享服务"理念解决SaaS厂商获客难、服务成本高、客户选择难、应用难、落地难的市场及行业痛点，依托完全自主研发的一个平台（万商云集平台），三个系统（牛博士业务运营支撑系统，鹊桥微信服务系统，雷达推荐系统），完善的5H标准服务体系为中小企业客户提供基于自主研发的营销SaaS产品K+多屏、K+商城、K+云商、K+小程序，集客营销等系列产品及满足客户多阶段，多层次需求的严选第三方SaaS应用产品的一站式IT应用服务平台。

（6）长美科技简介。长美科技有限公司是由四川长虹集团旗下的合肥美菱股份有限公司投资成立的一家从事城市生活服务的专业公司。公司注册资金5000万元，注册地位于绵阳市科创区。公司主要经营范围包括：计算机软硬件开发、生产销售，物联网设备的技术开发、生产、销售，电子商务软件的开发、维护，互联网信息服务、技术转让、技术服务，国内广告设计、制作、代理、发布，预包装食品、乳制品、日用百货、酒、饮料、农副产品销售，农作物种植，自营货物及技术进出口业务。历年来，长美科技构建了"购食汇"新零售平台、线下全程冷链配送体系、遍布社区的冷链自提站点、自助售货终端机，以生鲜业务为切入点，提供基于"互联网+"的惠民、惠农服务，逐步整合城市地面生活服务商，为用户提供系统、全面的生活服务解决方案。

应当看到，六家案例企业的平台业务都在子公司甚至母（总）公司层面占据着重要的战略地位。为了更清晰直观地比较六家案例企业的平台业务，本书研究者绘制平台业务的双（多）边市场情况如表3-3所示。

表3-3 案例企业平台多边市场基本情况

| 企业及平台 | 初始供给端 | 需求端 | 叠加的其他供给端 |
|---|---|---|---|
| 三泰控股（速递易） | 快递员 | 社区用户 | 洗衣店、商城商户、金融机构 |
| 宏图物流（拉货宝） | 司机或货运车队 | 货主（有货物发布权的机构） | 车后市场经营商户 |
| 动动三维（动动三维） | 3D工业设计师、3D商业设计师 | 品牌商、广告商、3D素材需求商 | 无 |
| 米珈科技（米珈） | 线下商户、摊贩 | 消费者 | 运营者、垂直领域生产企业 |
| 万商云集（万商云集） | SaaS厂商 | SaaS（软件）即（服务）需求企业 | 服务代理商 |
| 长美科技（购食汇） | 生鲜食材供应商 | 社区用户、上班族 | 自主零售加盟商 |

资料来源：作者根据案例企业访谈资料整理得出。

## 第四节 案例分析

按照Struass and Corbin（1990）的扎根理论研究原则，本书研究者在获取第一份资料后就立刻展开编码工作。为防止访谈内容淡忘，所有参与访谈的研究者都在访谈结束后撰写现场笔记，记录下激发研究者思考的观点和依据。同时，为了提高研究的信度和效度，编码过程全部由参与访谈的研究团队小组成员完成，采用背靠背方式，在编码时写下详细的思考过程和编码依据（即编码手册和笔记）。当出现编码概念不一致时，通过成员讨论商定编码概念；编码视角不同且分歧难以达成一致时，研究者则先同时保留几种方案，在后期随着主轴编码的反向比较和选择性编码的理论聚焦再共同决定是否弃用多余的码号。此外，遵循"开放式编码—主轴编码—选择性编码"三级编码的严格程序，笔者根据编码与分析结果判断是否当前案例资料已经覆盖研究议题的主要范畴、属性和维度，从而形成操作笔记，用于指导下一步数据搜集（即关联性抽样和区别性抽样）过程。基于上述操作思路，本书通过理论抽样丰富数据，以及利用持续比较增加编码信效度，直至达到理论饱和。

## 一、开放式编码：概念与初始范畴提取

### （一）第一轮开放式编码：编码概念与初始范畴

通过开放式抽样，本书获取了三泰控股和宏图物流的访谈、年报等数据，并详细了解了案例企业平台业务的构建与经营成长过程。为此，基于第一轮搜集数据，我们展开扎根理论分析程序的第一步——开放式编码（Open Coding）。开放式编码是将资料分解、检视、比较、概念化和范畴化的过程，是使发散的资料串联和收敛的过程（徐宗国，1997）。

在开放式编码的过程中，本书主要按照以下考虑开展编码工作：①逐行逐字阅读访谈等材料原文，梳理转录文字是否真实反映了访谈时的语境和情境。②反复阅读数遍材料，确保研究者对访谈材料较为熟悉，从而保证编码工作参与者对相似（反）观点或其他具有关联关系的观点之间的敏感性。③对有价值信息和观点贴标签，随后再根据标签间的关联关系编码概念，并根据高频（关联）概念提取初始范畴。④除非指向性很强或受访者主动提及，标签中尽量减少纯学术术语。换言之，贴标签尽量使用编码语句原意或直接根据原话进行鲜活编码（In-vivo Coding）。

在具体编码操作上，我们根据材料原文层层解读，贴上编码标签，并通过对比类似或关联标签再编码成概念和初始范畴。比如，宏图物流创始人在2018年7月30日的访谈中提道："赵总当时提出整个信息不对称导致了效率低下。"我们将其贴上标签"察觉信息不对称"；类似地，在2016年8月10日的

访谈中，宏图物流平台项目子公司总经理说道："我们发现在市场上货主天然形成了两种模式，第一种，货主通过第三方物流企业来完成货物的运输，第二种，通过信息中介直接找司机。这两种形式有不同的出发点，第一种，更多要求服务质量、安全，然后才是价格。货主把风险和管理交给三方物流企业。第二种企业出发点就是价格，就是要中间渠道越少越好，安全和服务质量次之。市场鱼龙混杂，要司机提供统一的服务质量是不可能的。货主的需求总结起来就是六个字：安全、质量、价格。但是这三种是悖论的。"据此，我们将其贴上标签"第三方物流成本高"和"中介信息缺乏保障"。在此之上，通过对比可以发现，这两个观点都在论述宏图物流最早发现的市场痛点在哪里。因而，我们进一步将"察觉信息不对称""第三方物流成本高"和"中介信息缺乏保障"这三个标签编码为"识别市场痛点"。参照上述编码思路，通过第一轮开放式编码①，本书编码初步得出的概念和初始范畴如表3-4所示。

表3-4 第一轮开放式编码产生的概念和初始范畴

| 编码标签 ||核心概念|编码频次|初始范畴|
|---|---|---|---|---|
| 三泰控股 | 宏图物流 | | | |
| ①社区快递堆积；②快递配送效率低 | ①第三方调度效率低；②察觉信息不对称；③第三方物流成本高；④中介信息缺乏保障 | a1识别市场痛点 | 12 | AA1甄别市场痛点与盲点 |
| ①国内没有类似产品 | ①国内没有高效物流信息服务；②国内没有代开票据服务市场 | a2洞察市场盲点 | 5 | |
| ①回单柜业务发展受限；②金融安防业务萎缩；③利润空间被压缩 | ①调度低效影响物流周转；②无车承运人行业竞争激烈 | a3察觉经营危机 | 15 | AA2感知环境嬗变 |

---

① 严格来讲，为了避免这两家企业多轮数据编码显得过于冗长，我们在编码时参考的数据并不仅仅包括最初搜集的访谈资料，而是包含整个过程中持续搜集的关于这两家企业的所有材料。因而，这一轮编码出现的概念和范畴来自三泰控股和宏图物流的所有数据。

续表

| 编码标签 | | 核心概念 | 编码频次 | 初始范畴 |
|---|---|---|---|---|
| 三泰控股 | 宏图物流 | | | |
| ①从阿里成功看到线下发展空间 | ①无车承运人行业格局未定 | a4感知环境机遇 | 4 | |
| | ①进入不确定市场就是挖坑和填坑；②鼓励冒险和探索；③失败也可以获得经验 | a5感知环境不确定 | 5 | |
| ①初期资金源自传统业务收入 | ①园区业务为平台输入资金和流量；②园区业务为平台提供试验 | a6传统业务提供资金与流量支持 | 3 | AA3传统业务提供资源 |
| ①创始人见识过国外类似产品；②传统业务植入经验和业务基因 | ①借鉴自营物流业务经验；②以原有研发部为核心开发信息平台 | a7传统业务植入业务基因 | 12 | |
| ①跨界搜索高级IT与互联网人才；②引入资本市场的资金与经验 | ①吸纳海归博士；②跨界搜寻车后市场人才；③跨界搜寻互联网人才和高级研发人才 | a8跨界搜寻资源和习得经验 | 14 | AA4跨界搜寻资源 |
| ①快递员进入速递易没有条件限制；②商城卖家和线下店主要求审核经营许可，但不限制行业 | ①司机要求审核驾照、驾龄；②车后市场只有少部分（油和ETC）卖家可以加入 | a9供方开放 | 11 | AA5平台开放 |
| ①社区业主自动进入平台；②社区业主可通过App购物和存取快递 | ①货主企业要审核营业执照等多种信息 | a10需方开放 | 5 | |
| ①按条件查找；②筛选和排序（关联度）；③用户选择 | ①速递易功能查找；②速递易功能筛选；③速递易功能选择和组合 | a11搜索匹配 | 6 | AA6供需匹配 |
| ①数据关联；②用户画像；③需求预测；④产品查找；⑤精准推送和营销 | ①分析用户交易历史；②推送相似服务 | a12精准推送 | 7 | |

续表

| 编码标签 | | 核心概念 | 编码频次 | 初始范畴 |
|---|---|---|---|---|
| 三泰控股 | 宏图物流 | | | |
| ①快件箱使用备注说明；②现场示范引导用户操作；③将操作流程文档化 | ①降低用户操作频率和复杂性；②配备服务使用说明；③设置咨询方式 | a13信息说明 | 15 | AA7互动引导 |
| ①快递员与社区用户同等重要；②用户申诉和建议经历同样的渠道；③平台根据用户建议及时反馈和公示 | ①用户参与平台规则制定；②用户参与争议判罚；③不同用户遵循相同的申诉和建议渠道 | a14用户平权 | 11 | |
| ①商城鼓励用户提出建议和意见；②用户可以通过多种方式灵活发表个人意见；③商城对个体用户建议信息保密 | ①设置App、网站、电话等多种建议和申诉渠道；②用户可匿名申诉保护隐私信息 | a15互动渠道 | 8 | |
| ①向平台分享建议和想法可以获得奖励；②向平台分享知识可以提升快递配送质量 | ①向拉货宝平台分享建议和想法可以提升效率，获得更好的服务体验 | a16知识分享互惠 | 3 | AA8知识分享 |
| ①愿意就服务体验分享看法和意见；②愿意结合个人知识专长提出改进建议 | ①愿意就互动过程分享看法和意见；②愿意结合个人知识专长提出改进建议 | a17知识分享意愿 | 5 | |
| ①网上店铺装饰；②卖家信誉建设（如消费保障） | ①司机累积交易量；②车后市场在线商铺建设 | a18供方提供互补品 | 12 | AA9互补品供应 |
| ①消费者评价和反馈；②消费者推荐 | ①交易历史数据；②货主评价 | a19需方提供互补品 | 7 | |
| ①追踪企业发展；②跟进平台服务动态；③紧盯平台政策变动 | ①持续关注服务模式；②持续关注货主市场 | a20持续关注 | 11 | AA10持续承诺 |
| ①继续使用速递易；②持续建设自身在商城的声誉；③持续反馈和评价；④持续建设网上店铺 | ①持续使用拉货宝和SLP服务；②向同行推荐该平台；③持续建设个体良好声誉 | a21持续投资 | 18 | |

续表

| 编码标签 | | 核心概念 | 编码频次 | 初始范畴 |
|---|---|---|---|---|
| 三泰控股 | 宏图物流 | | | |
| ①根据快件延期确定提醒和罚金 | ①增加隐藏报价维护熟车交易利益；②设置结算账期维护货主权益 | a22激励规则 | 3 | AA11规则主导 |
| ①审核快递员信息；②审核加盟店主资质；③审核商城商户资质 | ①审核司机资质；②审定货主货物品类质量；③审核货主经营许可；④审核车后市场资质 | a23准入规则 | 14 | |
| ①使用快件箱的业主数量会影响个体业主决策；②业主用户评价影响个体业主决策 | ①其他司机选择的报价方式会影响个体司机是否参与报价 | a24直接网络效应 | 5 | AA12网络效应 |
| ①使用快件箱的快递员数会影响个体业主决策 | ①货物批量影响司机是否持续使用拉货宝；②司机累计交易量会影响货主是否持续使用拉货宝 | a25间接网络效应 | 3 | |
| ①适应了快件箱的配送方式；②快件箱成为快递存取的优先选择 | ①高度依赖拉货宝的交易和管理服务；②认同"宏图物流"在业内的品牌价值 | a26依赖关系 | 10 | AA13用户锁定 |
| ①转换成蜂巢等平台学习成本大；②愿意长期使用该平台（在同类平台中） | ①愿意持续使用拉货宝的系列服务；②在平台上积累的信誉难以转移 | a27转换意图 | 4 | |
| ①提升快递员配送效率；②提高快件存取灵活性；③提高链接服务（商城和洗衣等业务）效率 | ①节约司机成本；②节约货主成本；③增加物流周转效率 | a28平台有用性 | 16 | AA14系统评价 |
| ①App界面简单易学；②快件箱操作简单；③商城下单和配送流程简短 | ①报价机制简单灵活；②拉货宝与SLP双向兼容；③服务模块菜单式勾选 | a29平台易用性 | 13 | |

续表

| 编码标签 | | 核心概念 | 编码频次 | 初始范畴 |
|---|---|---|---|---|
| 三泰控股 | 宏图物流 | | | |
| ①关注速递易服务的未来发展；②关注平台服务模块的变化 | ①愿意投入更多时间参与平台 | a30时间投入 | 7 | AA15支付意愿 |
| ①愿意为现有平台服务付费 | ①愿意在交易成功后支付一定费用；②愿意为拉货宝服务项目付费 | a31货币支付 | 4 | |
| ①收入增长；②股价上升；③竞争力提升 | ①收入增长；②股价上升；③竞争力提升 | a32经营业绩 | 11 | AA16平台绩效 |
| ①注册用户多；②一二线城市全覆盖 | ①注册司机多；②市场覆盖地域 | a33市场规模 | 5 | |
| ①媒体积极报道 | ①媒体积极报道 | a34媒体口碑 | 26 | AA17平台声誉 |
| ①用户认可平台定价；②用户口碑良好 | ①用户口碑良好；②用户认可平台定价 | a35用户口碑 | 7 | |

资料来源：作者根据案例企业访谈资料的编码过程整理得出。

（二）第二轮开放式编码：新增概念与初始范畴

通过对三泰控股和宏图物流两家案例企业的第一轮开放式编码，本书得出甄别市场痛点与盲点、感知环境嬗变、传统业务提供平台建设资源、跨界搜寻获取资源等17个初始范畴与35个核心概念。由于编码数据跨越了从2014—2018年四年时间，因而编码结果相对全面地反映了平台企业建设与经营过程中引导参与用户共创价值与获取价值的过程。然而，从编码的过程和结果来看，本书认为某些编码的初始范畴和概念可能尚未达到理论饱和。比如，就数据样本而样，第一轮开放式编码的两家案例企业同属上市企业，也都是传统企业转型过程中逐步构建和发展平台业务。因而，是否非上市企业和原创型平台企业（即平台企业是完全新创而不是由在位企业创立）会进一步增加初始范畴和核心概念也值得进一步抽样和分析。

基于上述考虑，本书按照关联性抽样和区别性抽样的思路加入了动动三维、米珈科技、万商云集和长美科技四家平台企业。遵循同样的编码思路，本书对这四家案例企业进行了第二轮开放式编码操作。开放式编码结果表明，四家案例企业在核心概念和初始范畴不再出现新的编码①，以初始范畴"甄别市场痛点与盲点"为例，编码情况如表3-5所示。

表3-5 基于进一步理论抽样后的开放式编码

| 编码标签 | | | | 核心概念 | 编码频次 | 初始范畴 |
|---|---|---|---|---|---|---|
| 动动三维 | 米珈科技 | 万商云集 | 长美科技 | | | |
| ①3D设计行业痛点：流量获取难；②市场痛点：信息不对称；③大量重复劳动 | ①商户痛点：难以低成本精准获取新客、难增加回头客；②行业痛点：无法确认新流量来源、商户付费意愿低 | ①供给端痛点：需求了解不清晰、获客成本高、服务碎片化；②需求端痛点：产品选择难、应用难 | ①需求痛点：上班族买菜难；②生鲜食材配送成本高；③食材配送无法灵活交付 | a1识别市场痛点 | 42 | AA1甄别市场痛点与盲点 |
| ①市场盲点：缺乏高效的3D辅助设计和展示工具 | ①市场盲点：缺乏高效的跨界（异业）关联服务 | ①SaaS市场渗透低；②市场空白大 | ①行业盲点：生鲜配送无社区终端 | a2洞察市场盲点 | 27 | |

资料来源：作者根据进一步抽样后的案例企业访谈资料的编码过程整理得出。

通过第二轮抽样后的开放式编码，本书得出的初始范畴和核心概念仍然保持不变。因此，开放式编码最终获得"甄别市场痛点与盲点"等17个初始范畴和"识别市场痛点"等35个核心概念。

---

① 限于文章篇幅，文中只列出了示范性的编码操作和标签，以此说明对编码理论饱和度的进一步工作。这是因为，扎根理论的分析思路不仅仅遵循"复制"逻辑（案例间复制），更注重"覆盖"逻辑，即当前案例及编码是否已覆盖所有与研究主题密切相关的主要理论范畴和概念（属性）。

## 二、主轴编码：主范畴与要素提取

### （一）操作依据与编码结果

在开放式编码确定初始概念和初始范畴后，通过进一步串联"主轴"，将每个初始范畴联系起来，从而使案例资料围绕具体的"主轴"展开。同时，主轴编码通过梳理初始范畴和概念关系，找出主轴的属性和面向（Strauss and Corbin, 1997；王建明，贺爱忠，2011）。基于主轴编码的主范畴、子范畴、内涵和面向（维度）具体如表3-6所示。编码结果表明，主轴编码形成7个主范畴，分别包括创业机遇、资源基础、平台建设、用户参与、平台控制、用户认知价值和平台专属收益。

表3-6 主轴编码及主范畴一览表

| 主范畴 | 子范畴/属性 | 内涵 | 面向/维度 |
| --- | --- | --- | --- |
| A1创业机遇 | AA1甄别市场痛点与盲点 | 企业识别出当前市场亟待解决又缺乏有效方案的细分市场领域，该领域内企业和消费者需求没有得到充分满足 | a1识别市场痛点<br>a2洞察市场盲点 |
| | AA2感知环境嬗变 | 与企业当前业务发展和存续经营有关的市场、政策或其他环境快速变化，很难准确判断未来环境形势 | a3察觉经营危机<br>a4感知环境机遇<br>a5感知环境不确定性 |
| A2资源基础 | AA3传统业务提供资源 | 推出平台业务之前的自营业务为平台业务建设提供资金、用户、技术和试验场所 | a6传统业务提供资金与流量支持<br>a7传统业务植入业务基因 |
| | AA4跨界搜寻资源 | 平台企业跨越原有业务边界，以问题导向式搜索跨业务领域的人才、技术等资源 | a8跨界搜寻资源和习得经验 |
| A3平台建设 | AA5平台开放 | 平台对供/需用户的开放程度，即用户加入平台是否设置进入门槛 | a9供方开放<br>a10需方开放 |
| | AA6供需匹配 | 平台企业将产品/服务需求方与恰好能满足需求的供给方一一匹配 | a11搜索匹配<br>a12精准推送 |

续表

| 主范畴 | 子范畴/属性 | 内涵 | 面向/维度 |
|---|---|---|---|
| A3平台建设 | AA7互动引导 | 平台通过系列措施实现架构优化，为用户创造便捷灵活的平等互动环境 | a13信息说明<br>a14用户平权<br>a15互动渠道 |
| A4用户参与 | AA8知识分享 | 用户愿意在平等互惠的条件下分享知识、想法和建议 | a16知识分享互惠<br>a17知识分享意愿 |
|  | AA9互补品供应 | 用户原意为平台提供具有互补性质的资源（如评价、推荐、声誉建设等） | a18供方提供互补品<br>a19需方提供互补品 |
|  | AA10持续承诺 | 用户愿意持续关注平台企业并继续投入个人资源 | a20持续关注<br>a21持续投资 |
| A5平台控制 | AA11规则主导 | 用户遵循平台制定的界面（互动）规则是用户参与互动的前提条件 | a22激励规则<br>a23准入规则 |
|  | AA12网络效应 | 供/需方用户数量和投入资源会吸引个体用户参与平台的重要因素 | a24直接网络效应<br>a25间接网络效应 |
|  | AA13用户锁定 | 用户形成了对平台的高度信赖并持续使用平台 | a26依赖关系<br>a27转换意图 |
| A6用户认知价值 | AA14系统评价 | 用户通过通俗易懂的方式使用平台，有效满足了自身需求 | a28平台有用性<br>a29平台易用性 |
|  | AA15支付意愿 | 用户基于优质服务体验，愿意为平台服务付出时间和金钱 | a30时间投入<br>a31货币支付 |
| A7平台专属收益 | AA16平台绩效 | 平台企业取得了领先的市场地位和经营业绩 | a32经营业绩<br>a33市场规模 |
|  | AA17平台声誉 | 平台企业获得了舆论媒体和平台用户的一致称赞 | a34媒体口碑<br>a35用户口碑 |

资料来源：作者根据主轴编码过程整理得出。

（二）主范畴描述：平台企业价值创造与价值获取的基本要素

通过案例企业的主轴编码，本书共得到创业机遇等7个主范畴。应当看到，平台企业中平台的创建和互动过程与平台企业价值创造、价值获取息息相关。相对而言，主轴编码的主范畴很大程度上反映了平台企业价值创造与价值获取的基本要素。

具体来看，根据主范畴与子范畴的关联关系和概念内涵，主轴编码浮现的7个主范畴可分为三类要素：投入要素、行为要素和产出要素。①投入要素代表价值创造的输入条件和既定约束，决定着平台企业创造与获取价值的基础环节，主要包括创业机遇和资源基础。其中，平台创业机遇决定平台企业创造价值的基本方向，平台资源基础则影响平台价值创造的可选方案。②行为要素代表平台企业创造价值和获取价值的具体战略实践（行动），是平台企业创造和获取价值过程中最具能动性的基本要素，包括平台建设、用户参与和平台控制3个主范畴。③产出要素代表平台企业价值创造和价值获取的输出结果，包括用户认知价值和平台专属收益两个主范畴。其中，用户认知价值代表了价值创造的输出结果。这是因为，平台企业与供方用户、需方用户等参与成员无论以何种方式共创价值，都是通过用户认知价值的形式来体现。换言之，用户认知价值是平台企业价值创造（共创）向价值实现的终极转换。而获取价值专属则反映了平台企业从平台成员共同创造的价值总量获取了哪些专属的价值。为此，本书针对每个主范畴的内涵和构成逐一分析如下。

1. 创业机遇

主范畴"创业机遇"描述了平台企业创建平台业务的想法来源，即平台企业如何从动态环境中识别潜在市场机遇，由甄别市场痛点和盲点、感知环境威胁嬗变两个子范畴构成。编码分析表明，在不确定环境中，平台企业意识到传统业务（自营业务或非平台业务）的经营危机（察觉经营危机），迫使企业组织扩大搜索范围，寻求新的发展机遇。通过解读有利环境要素和充分了解市场需求（感知环境机遇），平台企业有效识别了现有市场或现有用户需求的痛点和盲点（甄别市场痛点和盲点），从而找到平台企业进入潜在服务市场的业务方向。比如，三泰控股公司创始人发现，传统回单柜业务前景有限、金融安防业务萎缩，因而扩大了关注范围，试图寻求新的发展机会谋求企业转型。其结果是，三泰控股通过关注用户（银行）的用户（社区居民）注意到了社区快递配送的痛点（快递堆积、效率低下、争议不断）和盲点（国内还没有从事社区快递存取的专业服务），从而找到了进入新市场领域的入口（快递箱）。类似地，宏图物流原来作为第三方物流机构也是通过的传统业务威胁（信息调度效率低）试图寻求新的解决方案。随后，他们发现整个行业都存在信息调度效率低的痛点，同时通过深刻剖析货主需求痛点发现货主在选择物流运输方案时往往很难权衡，没法选出最佳方案（通过第三方物流成本太高、通过信息中介方式又缺乏安全保障），从而确定了建设物流运输交易平台的想法。

2.资源基础

主范畴"资源基础"描述了平台企业创建过程中投入的资源禀赋，如资金、技术、经验、能力、关系网络等，由传统业务提供资源和跨界搜寻资源两个子范畴组成。在平台企业创建过程中，由于传统业务和创始人经验如同业务基因一样深深植入新业务领域中，因而在考察到进入新市场的入口以后仍然以一种"业务关联"的思路探索平台业务的创业实践，从而使得平台业务很大程度上依赖和借鉴传统业务资源。然而，随着平台的发展，新业务的资源需求逐渐超出了已有资源基础的利用范畴。因而，跨界搜寻和高效整合社会冗余资源成为助力平台成长的新方式。比如，三泰控股经营回单柜等传统业务的经验深深嵌入新业务"速递易"之中，"速递易"平台的快件箱产品就是回单柜产品的改造和创新。发展到后期，三泰控股发现经营"速递易"不能再依靠产品销售的思路，而是要利用平台思路叠加更多的业务场景。为此，他们通过多轮搜寻聘请了技术人才和互联网人才，重新设计平台架构，增强交互和应用场景（例如，洗衣业务、食材销售、商城业务）。

3.平台建设

主范畴"平台建设"描述了平台企业建设平台双（多）边市场并创造有利互动（Interaction）条件的过程，由平台开放、供需匹配和互动引导三个子范畴构成。因而，"平台建设"旨在创造一个"有效率"的服务市场，为不同"边"用户提供便捷、高效的互动界面和基础架构。比如，米珈科技利用聚合支付的算法体系引导200多家商户加入平台以后，利用交易数据系统实现"交易即数据"的理念。当消费者通过二维码完成支付后，用户信息和消费数据自动进入平台，消费者无须注册就产生了一个虚拟账号。通过商户关联和优惠信息发布，消费者能在不下载App、不注册账号的情况下获得新店消费优惠。因而，以米珈科技为代表的平台企业通过平台系统设计不断降低用户进入平台可能面临的摩擦，从而增加平台用户互动的主动性和便捷性。

具体来看，首先，开放供方和需方市场，有助于平台连接大量产品/服务的供应商和需求群体。平台越开放，越可能加入多样化的服务提供者和需求者（增加生态种群多样性）（Gawer and Cusumano, 2014），撮合交易的"潜在市场规模"（长尾市场）可能越大。但开放度对平台而言是一把"双刃剑"，过度开放可能导致平台失去控制（Gawer and Cusumano, 2002; Zhu and Liu, 2018），同时也不利于平台获取价值。因而，案例企业中较多平台采取了需方完全开放，供方不完全开放的组合开放策略（包括宏图物流、长美科技、万商云集和动动三维）。

其次，平台企业通过市场供需匹配可以迅速提升交易/互动匹配效率，从而节约交易成本和发挥需方范围经济（Economies of Scale）优势。一方面，通过搜索匹配方式，可以实现平台用户快速查找、比较和筛选交易对象，从而快速识别特定产品/服务的供应方或需求方。因而，搜索匹配解决了用户搜寻和匹配交易对象的"主动连接效率"。另一方面，通过基于用户画像（结合历史数据推测用户需求）的精准推送方式，以一种"未预期"的方式提供了满足用户偏好的独特产品/服务，从而提高"二次交易"匹配效率。因而，精准推送挖掘了用户的关联需求，以"一揽子"服务发挥了需求侧的范围经济优势，解决了用户"潜在需求"与"潜在交易对象"匹配的"被动连接效率"。

最后，平台企业通过互动引导可以为平台供/需方用户创造简洁高效的互动环境条件。平台企业通过档案化的信息说明，阐明了平台相关服务功能的运作流程和操作手册，从而降低用户学习和适应平台系统的时间成本和货币成本。此外，平台企业通过扁平化的架构和去中心化的网络，在开放平台的基础上平等看待供/需用户。平台企业的"平权象征"不仅有助于快速建立互动主体之间的信任和互惠，也提升了用户在平台企业价值共创中的核心地位。从这个意义上看，平台企业给予用户决策自主权也为用户积极参与平台互动创造了有利条件。除了用户平权，平台企业还通过多种渠道为用户互动创造有利空间和氛围。比如，开放App、网站、电话、邮件等多个互动渠道，增加用户选择的灵活性（宏图物流）；设置严格的隐私保密系统，确保用户个人信息与数据的安全性（三泰控股）；通过奖励或其他手段鼓励用户参与互动（动动三维）等。因而，平台企业互动引导构造了用户参与互动的优质环境和基础条件，有利于激发用户积极参与价值共创。

4.用户参与

主范畴"用户参与"描述了平台企业的供/需方用户参与平台互动、共同创造价值的过程，由知识分享、互补品供应和持续承诺三个子范畴构成。由于平台市场的双边或多边性质，平台企业往往并不直接参与核心价值创造（即不直接生产面向终端消费者的产品），而是为平台供需方用户提供创造核心价值的界面和场所（Van Alstyne, Parker and Choudary, 2016）。因而，平台企业价值创造（共创）的核心是吸引用户积极参与价值共创过程，而用户价值共创的核心环节便是平台互动（Parker et al., 2016）。从编码来看，用户积极参与互动主要体现在三个维度：知识分享、互补品供应和持续承诺。

从知识分享来看，当平台企业创造有利的互动环境时，用户分享知识的便捷性和主动性就会随之提高。更进一步看，当供需方用户意识到分享知识可能带来互惠性回报时，就更有可能积极分享自己的想法和建议。具体而言，用户分享知识和资源往往表现为互补品供应，包括以声誉建设、店铺建设、专业解答（根据需方用户反馈意见做出专业解答）等为代表的供方提供互补品，具有显著的互惠特性。供方用户在平台上不断包装和完善自身，增加了需方用户差别化判断供方（如品牌信誉、质量水平）的概率，从而提升需方用户的支付意愿。另一方面，互补品供应还可能表现在需方用户。比如，需方用户（消费者）根据消费体验评价供方产品/服务，对新的需方用户判断和比较产品质量提供了有利参考。不仅如此，部分供需方用户可能还具有某些领域的知识专长，其想法和建议（知识分享）不仅结合了交易或消费体验过程，还结合了自身知识专长的理解和判断，对引导其他用户决策具有更积极的作用。除此之外，纵向来看，用户参与互动的积极性还体现在用户对平台的持续承诺，包括用户对平台的持续关注和持续投资。当用户持续关注平台的发展并继续投入个人资源，既提升了价值共创潜力，也由于用户承诺升级形成路径依赖[①]，进一步增强平台用户黏性。

5.平台控制

主范畴"平台控制"描述了平台企业如何在平台参与者共创价值的过程中保持平台对供/需方用户的控制力，由规则主导、网络效应和用户锁定三个子范畴构成。在平台企业所构建的平台市场中，平台与供/需方用户的关系并非线性企业的科层关系，而是自由选择的协作关系。因而，平台市场既是"市场"，又是"企业"。由于无法通过科层式的"命令"或"权威"控制参与者，平台企业就必须建立其他可行的控制机制约束和控制参与者。这是因为，如果平台企业对平台用户失去控制力，一方面平台市场可能出现监管主体缺位，导致"寻租者"扭曲市场，形成"劣币驱逐良币"的"柠檬市场"；另一方面，平台企业很难从平台交易/互动（创造的总体价值）中获得专属收益，从而导致"价值滑移"（Dyer, Singh and Hesterly, 2018）。

从案例编码来看，平台企业主要的控制机制体现在三个方面：①规则主导。在案例企业中，所有的平台都有一套独特的互动规则和标准，这些规则和标准构成了供方用户和需方用户的约束条件。比如，平台企业通过设置进入平台的资质和条件（经营许可、培训学习、缴纳注册费或保证金等等）使用户必须投入资源和成本，增加用户退出平台的机会成本。当然，定价规则也是供需方用户进入市场参与互动的准入条件之一。此外，平台企业也可以通过激励规则影响用户的行为活动。一旦用户没有遵守规则，就可能招致平台的惩罚，从而付出更大的成本。②网络效应。平台市场的网络效应对用户是否使用平台和如何评价平台系统整体价值具有重要作用。比如，在速递易平台的网上商城上，消费同类产品的人群数量（速递易商城的交易量）和累积评价可能会影响用户是否购买该产品或服务（直接网络效应）。类似地，售卖类似产品的商家数量和产品种类也会影响用户是否购买该产品和服务（间接网络效应）。通过激发积极网络效应，平台企业可以提升平台连接

---

[①] 路径依赖最鲜明的例子是Qwerty键盘，Qwerty键盘的排列方式随着用户长期使用逐渐形成习惯，从而使得任何其他新的高效排列方式都很难撼动Qwerty键盘的地位（David,19850）。详细情况参见Paul, A. D. Clio and the Economics of Qwerty[J]. The American Economic Review, 1985, 75(2): 332-337.

网络节点（新的供需方用户）的能力，并形成平台对用户的依赖优势（平台对用户的依赖低于用户对平台的依赖），从而获得"连接红利"（罗珉，杜华勇，2018）。③用户锁定。用户锁定（User Lock-in）指用户长期停留在某个平台而没有转向其他同类平台，表现为用户"单一归属"（Single-homing）（Armstrong, 2006）或低转换意图，以及用户对平台的依赖关系。比如，速递易平台的需方用户高度信赖平台并将速递易平台作为便民生活服务的优先选择（依赖关系），拉货宝平台的需方用户（制造业货主）高度认可宏图物流的品牌信誉，高度依赖拉货宝和SLP同时满足交易和内部管理的功能（依赖关系），承诺持续使用拉货宝平台（转换意图）。因而，通过三种平台控制手段，可以有效提高平台企业对供需方用户的依赖优势，从而提高平台企业获取价值的议价能力。

6.用户认知价值

主范畴"用户认知价值"描述了平台企业与供需方用户共创价值的最终结果，由系统评价和支付意愿两个子范畴构成。平台企业自身并不创造核心价值（生产和销售产品），而是为平台用户提供基础服务，因而平台市场上用户共同创造的价值最终体现为用户对平台的认知价值（即用户基于使用体验对平台系统判断和支付意愿）。高用户认知价值既包括用户对平台系统的认可（从使用平台系统获得了良好的互动体验），也包括用户对平台的支付意愿（原意为平台企业服务支付报酬）。具体来看，系统评价主要涉及平台有效性和平台易用性两个方面。一方面，平台有效性代表用户从平台系统中获得了高于其他形式（即相对于竞争对手的服务方式）的体验价值，具有显著的个性化、情绪化色彩。虽然不同用户对平台的感受不同，但仍然在某些方面对平台系统有效性具有一致判断。比如，三泰控股的速递易平台有效改善了快递员和社区业主的快递存取方式；宏图物流有效改善了低效率的物流信息调度方式；动动三维有效改善了3D设计的优化设计和实时展现方式等。另一方面，编码结果也表明，平台系统是否简单易用，也是权衡用户认知价值的重要依据。简洁友好的交互界面、实时反馈的交互系统、通俗易懂的操作指南等都是平台系统易用性的体现。案例企业中，不论平台系统后端复杂或是简单，多数企业在前台端（用户界面）都尽量简化和通俗化，多以菜单式（宏图拉货宝平台的车后市场商城）或搜索式（三泰速递易平台的网上商城）呈现，通过后台强大的数据分析系统或算法体系（米珈科技的数据中心）为用户决策赋能。因而，用户对平台系统的评价是用户认知价值的体现。

除了系统评价，用户支付意愿也是平台价值共创结果的重要体现。正是用户从平台企业服务中获得了独特的体验价值，超出了用户的"预期"，因而用户愿意为相关服务支付费用。具体来看，用户对平台的支付意愿体现在两个维度：时间支付意愿和货币支付意愿。时间支付意愿反映了用户是否愿意将大量时间投入平台，在平台上积极活跃表现；货币支付意愿则代表用户是否愿意为平台服务付费，以确保平台继续提供优质服务。应当看到，用户支付意愿不等于平台定价（通常高于平台定价）。相同定价的情况下，用户支付意愿越高，用户获得的剩余价值越多，也反映平台参与主体间共同创造的更高价值。

7.平台专属收益

主范畴"平台专属收益"旨在描述在平台企业与用户共同创造的价值总量中，平台企业最终获得了哪些独有价值。从编码结果来看，平台企业获取的专属价值主要体现在两个方面：①经营声誉。平台声誉提升主要体现在用户口碑、媒体报道、用户对平台定价合理性的判断等关乎平台声誉的方方面面。比如，米珈科技的用户将米珈科技比喻为"线下淘宝"，认为米珈科技的收费费率（3%）远远低于美团等其他O2O平台（美团的费率大概在7%~8%）。②经营绩效。平台绩效提升主要关注平台企业获得了哪些实际绩效，比如净利润、股价、竞争力排名等。比如，根据三泰控股年报显示，2017年三泰控股在"速递易"平台项目上实现营业收入14246.9万元，毛利率达到23.63%；类似地，宏图物流2017年上半年在"拉货宝"平台项目实现营业收入51812.5万元，占公司主营业务收入的89.75%。对于部分尚未全面盈利的平台，也取得了良好的绩效。比如，根据创始人报告，动动三维平台项目2017年营业收入突破1000万元，并取得了11项国家技术发明专利，荣获"中国最具投资价值企业50强"。因而，平台专属收益反映了平台企业价值获取的最终结果，代表了平台企业是否从价值共创顺利转向价值专属（价值获取）。

## 三、选择性编码：构建平台企业价值创造与价值获取的理论框架

经过主轴编码，本书得出"创业机遇""资源基础""平台建设""用户参与""平台控制""用户认知价值"和"平台专属收益"7个主范畴，并归纳为投入要素、行为要素和产出要素三类平台企业价值创造与价值获取的基本要素。基于上述结果，本书再次通过范式模型提炼7个主范畴之间的关系，从而通过选择性编码归纳故事线，构建理论框架，形成实质理论。

贴合案例和编码事实，本书提出选择性编码的范式模型如下：在"创业机遇"与"资源基础"（因果/干预条件）的双重触发作用下，平台企业选择进入特定平台市场（现象），并通过"平台建设"和"用户参与"（行动/互动）等一系列平台行动，创造"用户认知价值"（结果1），并在"平台控制"（行动/互动）的基础上从中获取"平台专属收益"（结果2）。

根据选择性编码的范式模型，本书编码的故事线大致如下：平台企业在解读环境过程中发现了潜在平台市场的痛点和盲点，并在资源与能力约束下进入特定服务市场。进入市场后，平台企业通过平台开放、供需匹配、互动引导等策略构建平台市场效率，为用户参与平台互动创造优质条件。基于此，平台供方用户和需方用户进入平台，通过知识分享、互补品供应和持续承诺等互动行为，共同创造和提升平台用户的认知价值。与此同时，平台企业通过规则主导、网络效应和用户锁定三种平台控制机制，创造平台企业对用户的依赖优势，从而确保平台企业获取平台专属收益。基于选择性编码梳理的主范畴关系如表3-7所示。

表3-7 基于选择性编码的主范畴关系梳理

| 关系结构 | 关系内涵 | 案例示例 |
| --- | --- | --- |
| 创业机遇×资源基础→平台建设 | 甄别潜在市场痛点和盲点，以及企业内外部资源基础条件触发了平台建设 | 三泰控股通过老板经历（国外见过快件箱）和市场痛点（社区快递堆积如山），结合资源条件（回单柜业务基础和上市公司丰裕的资源条件）进入快件箱平台市场，并对快递员和社区业主完全开放 |

续表

| 关系结构 | 关系内涵 | 案例示例 |
| --- | --- | --- |
| 平台建设→用户参与 | 平台企业通过建设有效率的服务市场和积极的互动空间促进了用户参与行动 | 米珈科技通过开放运营者市场将商户关联活动交付给参与用户负责,提升了关联商户的运营效率,促进商户开放更多优惠活动 |
| 平台建设→用户认知价值 | 平台企业通过建设有效率市场提升了用户体验,提高了用户对平台的认知价值 | 宏图物流通过司机与货主的搜索匹配,降低了供/需方用户的交易成本,从而获得了用户对拉货宝系统的认可 |
| 用户参与→用户认知价值 | 用户通过持续参与平台互动和分享资源、知识,从而形成创新协同,改善用户服务体验,进而提高了用户对平台的认可和支付意愿 | 米珈科技的消费者(需方用户)通过消费互动和上传关联注册信息,使平台对用户需求预测更准确,推出的关联商户(服务)更符合用户偏好。因而,平台为商户(供方用户)带来新流量,商户愿意付费 |
| 用户认知价值→平台专属收益 | 用户认可和高支付意愿增加了平台定价的合理性,从而保证平台获取专属收益 | 米珈科技商户和消费者认为米珈提供了简单高效的服务平台,同时认为米珈是"线下淘宝",收费率也远远低于美团等相似平台 |
| 平台控制×用户认知价值→平台专属收益 | 平台企业利用控制机制提升了平台依赖优势,在共创价值的基础上增加了平台事后议价能力,提高平台企业获取的收益份额 | 由于设计师和品牌商具有高转换成本(无法在其他平台享受海量3D素材库和优质设计工具带来的网络效应优势),且动动三维是国内3D设计第一家平台。因而,平台在收入分成上有绝对主导权。目前平台收入已突破千万元 |

注:表中关系符号"×"表示"和",符号"→"表示"导致"或"产生"。比如,关系结构"创业机遇×资源基础→平台建设"表示:当创业机遇与资源基础同时存在时,可能"导致""平台建设"出现。

为此,本书根据范畴间关系和基本故事逻辑绘制平台企业价值创造与价值获取的理论框架如图3-1所示。

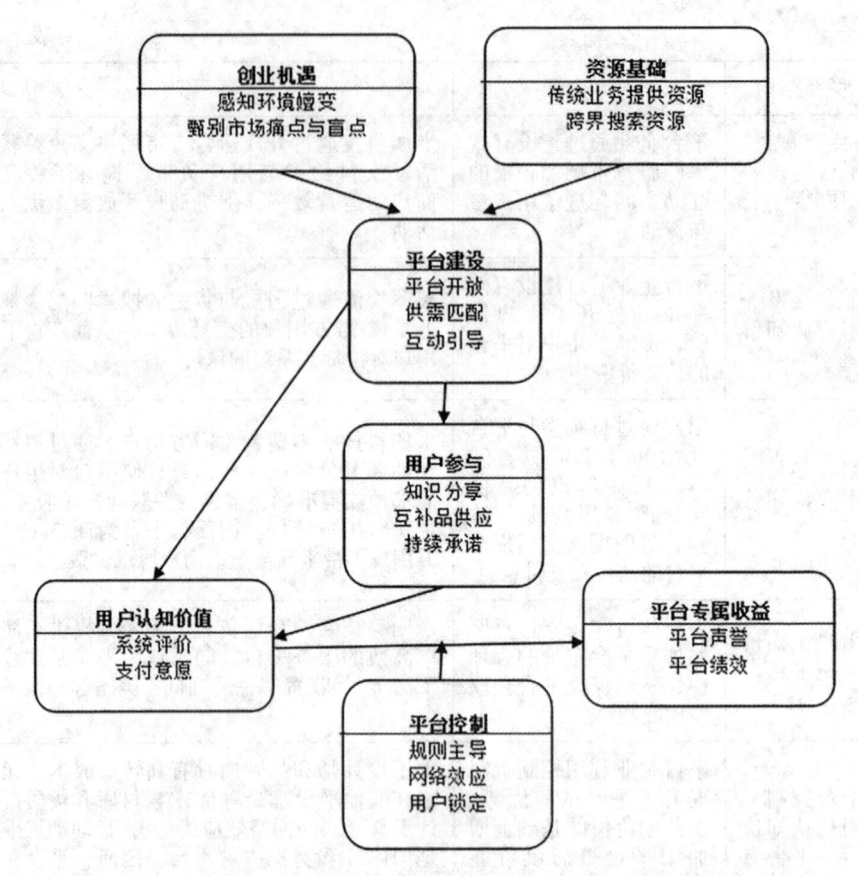

```
┌─────────────┐       ┌─────────────┐
│  创业机遇   │       │  资源基础   │
│ 感知环境嬗变│       │传统业务提供资源│
│甄别市场痛点与盲点│   │ 跨界搜索资源│
└──────┬──────┘       └──────┬──────┘
       │                     │
       └──────────┬──────────┘
                  ▼
           ┌─────────────┐
           │  平台建设   │
           │  平台开放   │
           │  供需匹配   │
           │  互动引导   │
           └──────┬──────┘
                  ▼
           ┌─────────────┐
           │  用户参与   │
           │  知识分享   │
           │  互补品供应 │
           │  持续承诺   │
           └──────┬──────┘
                  ▼
┌─────────────┐       ┌─────────────┐
│ 用户认知价值│──────▶│ 平台专属收益│
│  系统评价   │       │  平台声誉   │
│  支付意愿   │       │  平台绩效   │
└─────────────┘       └─────────────┘
           ▲
           │
    ┌─────────────┐
    │  平台控制   │
    │  规则主导   │
    │  网络效应   │
    │  用户锁定   │
    └─────────────┘
```

图3-1 平台企业价值创造与价值获取的理论框架

资料来源：作者根据选择性编码的基本结论整理得出。

## 四、理论饱和度检验

本书遵循扎根理论研究方法的必要原则和步骤展开案例分析。在扎根分析过程中，本书通过三轮理论抽样逐步丰富范畴、属性和面向（维度），从而确保研究结论真实可靠。本书研究表明，以关联性抽样（包括动动三维和米珈科技两家案例企业）为基础的编码分析不再产生新的范畴和概念，而以区别性抽样（包括万商云集和长美科技两家案例企业）为基础的编码分析也没有出现新的范畴和概念。据此，本书认为，基于6家案例企业的扎根理论分析已基本达到理论饱和。

为了进一步增强研究结论的稳健性，本书研究团队再次通过绵阳市商务局调研了新的平台企业——深圳市有芯电子有限公司绵阳子公司（简称有芯电子）[1]，获悉该公司目前有Right IC和IC2China两个电子元器件交易平台。随后，我们根据运营中心总监和子公司经理的访谈获得一手资料（转录访谈文字15498字）。对访谈文字材料的编码结果表明，新加入的案例没有出现新的范畴和核心概念。至此，本书判定基于扎根理论的分析过程已经达到理论饱和。

## 第五节　理论对话：平台企业价值创造与价值获取的内在机理

本书基于扎根理论的分析方法，试图探索平台企业价值创造与价值获取的要素与机理。扎根理论的编码分析表明，平台企业价值创造和价值获取的要素包括三类：①产出要素：以用户认知价值为代表的价值创造结果和以平台专属收益为代表的价值获取结果；②投入要素：以创业机遇和资源基础为代表；③行为要素：以平台建设、用户参与和平台控制为代表。另外，本书揭示了主范畴之间的逻辑关系，发现创业机遇和资源基础是推动平台建设的触发条件（或干预条件）。同时，平台建设和用户参与是决定平台企业能否

---

[1] 该子公司承担了总公司与所有子公司的运营职能（即运营中心）。同时，两个平台项目也在绵阳成立和运营。基于以上两种考虑，研究团队选择奔赴绵阳（而非深圳总部）访谈运营总监和子公司经理。

与供需方用户共创价值的关键要素，用户认知价值和平台控制则构成平台价值获取的关键要素。

虽然我们从扎根编码过程构建了平台企业价值创造与价值获取的理论框架，但还需要将构建的理论框架与已有理论和文献对话，才能将研究形成的实质理论进一步理论化，提高建构理论的外部效度（扩展性）。为此，下文针对理论框架与文献对话，提炼平台企业价值创造与价值获取的内在机理（主导逻辑）。

## 一、研究平台企业价值创造与价值获取的理论依据

正如前文综述中提到的，在解释传统企业价值创造的逻辑和机理时，由于受研究视角的限制，企业价值创造的逻辑众说纷纭。比如，产业价值链理论强调，线性企业的价值创造过程就是将原材料等投入转成产出产品的过程，遵循生产导向的逻辑（Porter, 1980; 1985）；资源基础观强调，有价值的、稀缺性、难以模仿、难以替代的资源创造价值，突出资源障碍（难以流动和模仿的异质性资源）创造价值（Wernerfelt, 1984; Barney, 1991; O'Regan and Ghobadian, 2004）；动态能力理论则强调企业适应、学习、整合和洞察市场和需求的动态能力创造价值（Teece, Pisano and Shuen, 1997; Teece, 2007）；组织间关系理论强调企业与企业之间的长期信任关系可以成为应对环境不确定性的缓冲机制，从而节约交易成本，创造超额价值（Gulati and Singh, 1998）。理论的纷争和单一视角的局限使研究者们很难站在更高的视角看待价值创造和价值获取。

近年来，随着研究的深入，一些学者开始意识到企业价值创造过程需要站在更高的视角全面理解，而不是"管中窥豹"或"盲人摸象"（明茨伯格等，2002）式的理解。具体来看，研究思路的变化体现在三个方面：首先，20世纪末，以Brandenburger and Stuart等为代表的研究者提出"价值基础理论"（Value-based Theory），主张回归价值创造的基本问题（Brandenburger and Stuart, 1996; 2007）。从价值基础理论来看，企业价值创造过程可以用一个通行公式来表示，$V=WTP-OC$，创造价值等于支付意愿（Willingness to

Pay）减机会成本（Opportunity Cost），其中企业获取价值份额（$P-OC$）（$P$ 为企业定价或分成比例），用户/消费者获取价值份额（$WTP-P$）。支付意愿即用户/消费者愿意为商品/服务给出的最高价格（即保留价格），而机会成本则表示厂商投入的所有成本。因而，提升价值创造的思路聚焦在提升本企业（或降低竞争对手）的消费者支付意愿和厂商机会成本两个方面，从而形成四种价值基础战略（Value-based Strategy），而在创造价值基础上争取获取价值则取决于定价（Brandenburger and Stuart, 1996）。

其次，价值创造与价值获取的研究伴随着研究者引入消费者收益体验视角（Consumer Benefit Experienced，CBE）或消费者视角，消费者或用户在企业价值创造过程中的作用越来越凸显，同时也更加突出价值共创（Value Co-creation）或价值互动（Value Interaction）的概念（Lepak, Smith and Taylor, 2007; Pitelis, 2009; Priem, 2007）。换言之，价值共创是通过利益相关者的互动，组合互补性资源创造价值（Wang and Wei, 2007）。在平台情境下，由于平台企业并不直接创造价值，因此用户参与价值共创的现象更加明显（Van Alstyne et al., 2016）。

再次，近期以来，价值创造和价值获取部分主流理论的倡导者开始重新反思，提出企业价值创造（共创）研究需要结合不同的理论视角，从而探寻更有价值的内在逻辑。比如，资源基础观（Resource Based View，RBV）的代表人物乔伊·巴尼提出，资源基础观在解释收益专属时应当结合利益相关者理论，将利益相关者看作创造和分享价值的主体（Barney, 2018; Jia, Shi and Wang, 2018）。类似地，动态能力理论也强调整合基于互补性资产（互补品）的创新获利理论（Profit from Innovation，PFI理论）对平台企业创造和获取价值的重要性（Teece, 2018）；组织间关系视角探讨价值创造与价值获取时也需要更为动态、更加全面地看待和衡量价值创造与价值获取过程（Dyer, Singh and Hesterly, 2018; Lieberman et al., 2018）。

基于价值创造与价值获取研究的三种转变趋势可以看出，当下企业价值创造与价值获取的研究注重：①从更具一般性质的视角（价值基础理论）讨论价值创造与价值获取的本质；②从多主体参与（特别是用户/消费者参与）的角度，考察价值共创与价值独占（争取更大价值份额）逻辑；③从经典理论整合的角度，揭开价值创造与价值获取的黑箱。我们认为，在平台企业情境下，结合这三种研究趋势探讨十分必要。从表现方式来看，平台企业并不是生产者，但却连接了超出生产范畴的多边市场资源。从创造逻辑看，平台企业已有资源基础虽然仍然是影响平台建设的基础条件，但却并不是决定平台价值创造的核心要素。案例编码表明，平台跨界搜寻资源和平台特有的连接能力使平台可控制的资源大大超出产权范畴。因而，自有资源不再是约束平台企业创造价值的瓶颈。因此，探索平台企业价值创造与价值获取的内在机理，对推进企业价值创造与价值获取的研究意义重大。基于上述分析，本书以价值基础理论为核心，在扎根理论框架的基础上结合理论整合提炼平台企业价值创造与价值获取的内在机理（主导逻辑）。

## 二、平台企业价值创造的内在机理：效率与创新双重逻辑

### （一）平台企业价值创造的结果：用户认知价值

价值基础理论强调，企业创造价值的核心在于提升用户支付意愿和降低厂商机会成本（Brandenburger and Stuart, 1996）。对平台企业而言，平台用户为平台功能和服务付费，付费者可能是供方用户（如三泰控股和宏图物流），也可能是需方用户（如动动三维），用户支付意愿既可能是货币支付意愿，也可能是时间支付意愿。无论是用户何种形式的支付意愿，其本质上是一种认知价值或基于体验的使用价值（Vlaue-in-Use），是消费者对产品满足自身需求和预期的估值（Bosse and Coughlan, 2016; Bridoux and Stoelhorst, 2016; Kohtamäki and Rajala, 2016; Marcos-Cuevas et al., 2016）。

以传统厂商为核心分析单元的价值创造理论，往往强调供给侧因素主导创造价值。比如，独特资源、专有技术、动态能力和社会资本（关系网络）可以凭借稀缺性、有价值、难以模仿、难以替代的要素禀赋创造经济租金。这些异质性资源之所以创造独特价值，是因为通过异质性资源配置，可以大大节省投入成本，为生产企业创造供给侧的规模经济优势和范围经济优势。

比如，企业通过一体化战略，可以有效整合上游市场，利用控制产业链关键环节实现规模经济；企业还可以通过多元化战略生产多品类产品，从而实现资源、工艺等基础设施共享，从而获得范围经济。此外，大型生产企业还可以通过组建内部市场，节约交易成本，从而获得经济优势。由于工业经济时代企业与企业、企业与用户角色明确，用户处在价值创造的末端，因而价值创造就等同价值实现（尤其以生产导向观念最为明显）。

然而，在平台市场上，供需方用户往往并不关心商品的功能价值，也不关心厂商为此投入的成本多少，而是关心产品所提供的功能多大程度上满足甚至超出用户对产品或服务体验的预期。因而，价值创造不再等同于价值实现，消费者对价值实现有绝对话语权，反过来也会影响价值创造过程。因而，平台企业价值创造的过程已经大大超出以生产企业为核心的供给侧价值创造范式，提升用户认知价值既是平台企业创造价值的结果，也是平台企业力图实现的目标。编码分析表明，平台用户的认知价值主要由两个维度构成：系统评价和支付意愿。系统评价反映了用户根据使用平台系统评估的体验价值，而支付意愿则直接反映用户在时间和货币方面的付费意愿（Haile and Altmann, 2016）。基于此，本书提出如下命题。

**命题1：平台企业价值创造的结果表现为用户认知价值，由系统评价和支付意愿两个维度组成。**

（二）平台企业价值创造逻辑一：效率逻辑

结合编码分析，我们认为，平台企业提升用户认知价值的关键路径有两条：平台建设和用户参与。平台建设是通过提升平台市场效率创造价值（提高用户认知价值）。具体来看，平台企业价值创造的"效率"逻辑体现在三个方面：①平台企业通过开放平台市场，可以连接大量供方用户和需方用户。大量供需方用户进入平台既增加了同类业务的市场厚度（Market Thickness）（Langlois, 2003），也增加平台生态系统的种群多样性（Eisenmann, Parker and van Alstyne, 2009; Gawer and Cusumano, 2014），从而提高了每个用户比较交易伙伴的选择权，降低了"敲竹杠"的风险。②平台企业通过用户主导的"搜索匹配"和平台主导的"精准推送"两种供需匹配方式，大大降低了供需方用户搜寻、识别、比较和筛选方案的复杂性和成本，以简单高效的匹配方式提供满足用户个性化、情绪化需求的长尾产品或服务，从而提升用户认知价值。其中，以"搜索匹配"为代表的匹配方式提升了"用户主动连接效率"，从而节约交易成本；而以"精准推送"为代表的匹配方式提升了"用户被动连接效率"，从而扩大了需求端的范围经济优势（通过同时满足同类用户的不同需求，以"一揽子"服务降低用户分别搜寻和交易的"鞋底成本"）。③平台企业通过信息说明、用户平权和互动渠道等互动引导行动，增加了供需方用户参与互动的便利性和积极性，从而提升用户对平台系统的评价口碑。结合交易成本经济学（Transaction Cost Economics，TCE）等理论来看，无论是开放平台增加市场厚度、供需匹配提升匹配效率，还是互动引导增加用户信任，其实质都是节约用户（交易主体）在平台上互动（交易）的成本（Williamson，1975；Williamson，2008），从而充分发挥平台市场的范围经济优势，为供需双方用户提供高效的平台服务系统，增加了用户对平台有用性和平台易用性的评价。因而，本书提出如下命题。

**命题2**：平台企业通过平台建设（平台开放、供需匹配和互动引导），提升平台市场效率，从而节约供需方用户交易成本，提高用户认知价值。

### （三）平台企业价值创造逻辑二：创新逻辑

平台企业价值创造的第二种逻辑是利用用户参与的"创新"逻辑。创新本质上是企业家实施"创造性破坏"、打破市场均衡。企业通过创新创造价值可能体现在多个层面，比如开发新产品、取得新材料、革新工艺和生产方式、设立新组织等（Schumpeter，1934）。在传统企业中，创新主要以差异化战略为重要手段，通过差别化地提供新产品、新技术，提高用户对产品或服务的独特体验（Porter，1987），从而创造增加价值。相对而言，资金实力薄弱的企业就很难通过原创性的技术创新创造超额价值，更加依靠与其他企业合作，通过打造互补性资产（Complementary Assets）的方式，创造创新价值（罗珉，赵红梅，2009）。因而，基于互补性资产创造价值的从技术创新转向了更为广泛的企业间创新，被研究者们称为"创新中获利理论"

(Profiting form Innovation)(Teece,1986; Teece, 2018)。在传统企业中，企业间联结互补性资产主要是为了实现跨组织大规模协作（Interorganizational Mass Collaboration），通过提升集体效率创造租金。互补性资产的本质，仍在于资产之间高度协同性，A资产加入提升了B资产的价值，且AB联合产出大于A、B单独产出的总和。

进入平台企业情境下，互补性资产已经悄然转向互补品（Complementarity），且平台互补品的概念也超出了传统互补性资产的范畴。首先，平台上供方企业提供的产品和服务就是平台的互补品之一，产品和服务种类更丰富，进入平台的消费者就拥有更大的选择权。供需方的选择权越大，就意味着平台市场的交易效率越高，生产者和消费者福利越大。其次，平台供方企业装饰网上店铺、培训、学习和累积的交易数据也是平台的互补品，因为这些供方投入的资源可以帮助消费者有效区分出"优质"供应商（比如，消费者可以通过商家累积信誉和店铺装饰找到更符合预期的商家）。类似地，消费者（需方用户）积极参与商品质量评价和使用体验描述，也构成平台的互补品，因为累积评价信息可以帮助新用户合理判断和辅助决策，从而降低平台市场信息不对称程度。再次，平台企业通过连接功能互补性质的服务模块，使得平台市场整体价值得到提升，包括平台的支付、结算、物流配送及其他互补性质的运营模块。比如，本书案例中的米珈科技平台，通过开放运营者市场，让外部专职人员负责商户之间的关联活动，从而实现平台与用户协同创造价值。

从PFI理论来看，互补品包括许多不同种类。比如，Teece（2018）将互补品分为六类：生产互补品（Production Complementarity）、消费互补品（Consumption Complementarity）、资产价格互补品（Asset Price Complementarity）、投入垄断互补品（Input Oligopoly Complementarity）、技术互补品（Technological Complementarity）和创新互补品（Innovational Complementarity）。其中，生产互补品指X价格下降会增加Y的需求（也称为希克斯互补）；消费互补品指X需求量增加导致Y需求量也增加（也称为埃奇沃思互补）；资产价格互补品指对创新潜在影响的预判所产生的金融套利机会（也称为赫舒拉发互补）；投入垄断互补品指如果公司能合谋实现利润最大化，投入X和Y的售价就会更低（也称为古诺互补）；技术互补品则指解锁创新的全部价值需要在一个或多个横向或纵向互补品中进行额外创新（也称为提斯互补）；创新互补品指下游应用中通用技术的改进导致生产力提升（Teece，2018）。

Jacobides, Cennamo and Gawer（2018）对平台生态系统互补品的划分则更具有平台特色，他们将平台生态系统中的互补品划分为独特（严格）互补品（Unique/Strict Complementarity）和一般互补品（Generic Complementarity）。独特互补品意味着这两种资产除非一起使用，否则是没有生产力的，这就使得对这两种资产的投资协调对于最大限度地实现投资的边际收益至关重要（Hart and Moore，1990）。一般性互补品则强调，虽然产生复杂的价值主张或创新可能需要某种特定的商品或服务，但这种商品或服务可能是通用的（即标准化的），足以使企业不担心治理结构或侵占风险而放心利用。一般性互补品是防范契约风险和促进生产的重要方式（Helfat and Lieberman，2002）。换言之，互补品之间有明确的边界，互补品组合不依靠复杂的协调方式，互补品之间嵌入性（或资产联结）弱。

从价值共创的角度来看，无论是理念共创、共同推荐、资金众筹还是知识共创，都集中体现为以消费者/用户为核心的利益相关者群体参与从生产到消费的各个环节（Barney，2018；Rietveld，2018；Jia, Shi and Wang，2018），价值共创的关键环节仍然是用户互动（Rindova and Fombrun，1999；Parker et al.，2016）。结合编码分析来看，在平台企业情境下，大量供需方用户进入平台市场，利用自身知识专长，通过知识分享、互补品供应和持续承诺的方式积极参与互动，其核心逻辑仍然是通过提供具有协同作用的互补品资源。因而，平台的兴衰荣辱，很大程度上取决于平台供需方用户是否积极提供互补品资源（Gawer and Henderson，2007；Li and Agarwal，2017；Zhu and Liu，2018）。结合PFI理论和价值共创理论来看，用户参与互动并提供各种互补性资源是平台企业价值共创的"创新"逻辑，这种"创新"的实现并非强调平台企业直接的技术创新或产品创新，而是突出平台企业如何激励供需方用户创新，其"创新"过程体现为供需方用户持续参与和分享互补性资源。

从本书编码结论来看，平台企业利用用户参与提供互补性资源进而实现价值共创的"创新逻辑"体现在三个方面：①知识分享。正如三泰控股等案例情形，平台市场往往不是单一产品服务市场，它连接着大量门类齐全的供方用户和需方用户。平台既不可能具备所有细分市场完全知识，也不可能深入了解每个细分市场（受资源和精力约束）。换言之，平台提供基础服务，平台功能体系完善依赖大量供需方用户建言献策。用户结合自身知识专长和经验分享意见和想法，既能增加平台功能体系的完备性，同时也提升了用户自身的服务体验，形成双赢局面（Kim and Tse, 2011; Enz and Lambert, 2012）。②互补品供应。平台互补品（即并非由平台提供的具有互补性质的资产）主要体现为供方提供互补品和需方提供互补品。供方用户提供的互补品以多样化产品、店铺装修、声誉建设、专业咨询解答等为代表，需方用户提供的互补品则以共同推荐、评价反馈等为代表。在供需双方提供的互补品中，既有一般互补品，也有严格互补品（Jacobides, Cennamo and Gawer, 2018）。一般互补品（产品或服务种类和数量）增加了平台用户的选择方案，从而通过提升选择权提高用户价值创造的积极性，增加了平台系统的局部价值；而严格互补品则通过高度嵌入的互补模块，提升了平台市场整体运营效率，增加平台系统的整体价值（Teece, 2018）。③持续承诺。平台供需用户基于高效的平台服务体验，承诺继续关注平台动态并持续投入资源。一方面，持续承诺本身就是平台供需方用户对平台系统的认可（直接指向平台系统评价）。另一方面，承诺升级会形成用户路径依赖，增加用户转换成本和退出障碍（Tiwana, 2015; Celata, Hendrickson and Sanna, 2017），从而进一步推动用户价值共创循环，增加平台用户支付意愿。

应当看到，平台企业价值创造的"创新"逻辑，就是用户参与互动并持续投入互补性资源，从而创造平台市场的创新活力。基于上述分析，本书提出如下命题。

**命题3：平台企业通过用户参与（知识分享、互补品供应和持续承诺）过程，供需方用户积极参与平台互动并持续提供互补性资源，从而以"创新"逻辑提高用户认知价值。**

（四）平台企业价值创造双重逻辑互动："创新"以"效率"为前提

前文分析表明，平台企业价值创造是平台企业与供需方用户共同创造价值的过程，该过程隐含着双重主导逻辑：①以平台企业为主体的平台市场"效率"逻辑，通过平台建设（平台开放、供需匹配和互动引导）降低用户交易成本，从而提高用户对平台的认知价值（平台有效性和平台易用性）；②以供需方用户为主体的平台市场"创新"逻辑，侧重用户参与（知识分享、互补品供应和持续承诺）提供互补性资源，从而增强平台系统功能服务的完备性，并进一步提升用户认知价值（系统评价和支付意愿）。

结合扎根编码和文献对话来看，我们认为，平台企业价值创造的双重逻辑不是非此即彼的替代关系，而是序列因果关系。尽管用户积极参与平台互动的"创新"逻辑是平台企业共创价值的关键逻辑，但这种"创新"必须以"效率"为前提。这是因为：①平台企业创建了高效率的平台市场，是用户加入平台的初始条件。三泰控股的快递员和社区业主加入"速递易"，是因为通过快件箱的快递配送效率远远高于传统方式；宏图物流的货车司机和货主加入"拉货宝"，也是因为"拉货宝"的交易方式大大节约交易成本。换言之，如果平台企业没有解决行业痛点，没有提升服务效率，用户也不会采纳平台。②平台企业高度互惠的平台系统是供需方积极投资互补性资源的内在动力。在平台市场上，平台企业与供需方用户并不具备竞争关系，用户积极参与互动并投入互补性资源（特别是严格互补品），都能使包括自身在内的平台网络成员同时受益。比如，"速递易"商城卖家针对买家评论专门答复（而不是使用系统自动回复），不仅增加了买家判断卖家服务水平的"依据"，也提高了卖家的信誉。类似地，还有的平台通过激励政策鼓励用户积极互动，增加平台价值共创潜力。比如，动动三维将历史销量最好的设计师作品优先推送；米珈科技给门店新用户折扣返点等。因而，平台企业是否建设有效率市场，是否创造有利的互动环境，是影响平台用户参与和持续创新的前提条件。基于此，本书提出如下命题。

命题4：平台企业建设有效市场和有利互动环境影响供需方用户进入平台和参与互动的过程，因而平台企业价值创造的"效率"逻辑是"创新"逻辑的前提条件。

## 三、平台企业价值获取的内在机理：依赖优势逻辑

按照价值基础理论和价值获取理论（Value Capture Theory），在机会成本一定的情况下，价值创造总量取决于用户支付意愿，企业获取的价值份额取决于企业定价（即分成比例）（Brandenburger and Stuart, 1996; 2007; Gans and Ryall, 2017）。价值基础理论强调，两类资源在企业价值获取过程中占据着十分关键的作用，即竞争性资源（Competitive Resources）和说服性资源（Persuasive Resources）。竞争性资源指企业投资于竞争互动过程，通过创造对手难以复制和模仿资源取得竞争优势；说服性资源则指企业投资于共创价值过程，用于提升企业对其他利益相关者的控制和说服力（Gans and Ryall, 2017）。竞争性资源创造了企业与对手之间的隔离机制（Isolating Mechanism），使企业用户和利益相关者无法通过其他方式获得同类优质高效的产品和服务；说服性资源则通过增加企业对利益相关者的控制，取得事后议价能力。

在平台企业情境下，平台企业与供需方参与用户的关系更加复杂，组织间关系从对偶关系（比如，供应商—购买商关系）转变成三角关系（平台—供方—需方）。因而，价值获取的博弈逻辑也发生了改变，平台企业如何利用三方博弈获取专属价值成为难点。我们认为，从资源依赖理论（Resource Dependence Theory, RDT）的角度看，平台企业无论投资竞争性资源（创造隔离机制）还是投资说服性资源（提升议价能力），都是通过提升平台企业对供需方用户的依赖优势获得专属收益。依赖优势是非对称依赖（Asymmetric Interdependence）的一种体现形式，强调优势方对劣势方的依赖程度低于劣势方对优势方的依赖（Bensaou, Coyne and Venkatraman, 1999; Pfeffer and Salancik, 2003）。在组织间关系中，依赖优势往往表现为参与主体之间在关键决策权力、资源分配使用和收益划分的不对称性，造成这种不对称的源泉是优势方难以替代的异质性资源（Dyer and Singh, 1998）。因而，根据资源依赖视角，企业投资说服性资源和竞争性资源都是通过提升企业对利益相关者的依赖优势，从而主导收益（租金）分配。

结合本书编码结论，我们发现，平台企业通过依赖优势逻辑获取价值的过程主要体现在平台控制的三个方面：①规则主导。在平台市场上，每个平

台企业都制定了一套独有的互动（界面）规则，包括准入规则和激励规则。在准入规则方面，平台企业通过设置准入条款增加供需用户进入平台的初试承诺（如用户缴纳保证金、注册、签订契约和学习流程）。在激励规则方面，平台企业通过设置定价方式和奖惩规则约束供需方用户的行为空间。遵守界面规则成为供需方平台接纳用户的必备条件。换言之，平台企业的互动（界面）规则是一种说服性资源。通过规则主导，平台企业可以增加平台对供需方用户的依赖优势。②网络效应。平台企业连接供需方用户、匹配双边需求，同时积极引导用户互动，也是不断激发和扩大网络效应的过程（Parker et al., 2016）。一方面，网络效应吸引了同边和跨边用户进入平台，同时也会影响平台内用户的决策；另一方面积极网络效应（直接和间接网络效应）本身就是一种先占优势，具有强大网络效应的平台市场往往容易形成赢家通吃（Winner-Take-All）局面（Cennamo and Santalo, 2013; Anderson, Parker and Tan, 2014）。③用户锁定。平台企业通过创造高效的服务市场和完备的功能体系，增加了用户对平台的适应、认同和信赖。一方面，由于平台市场不可替代的体验价值和优质的互补资源（简洁高效的系统和品类丰富的产品），用户对平台的依赖关系越发明显。另一方面，随着用户学习和适应平台并不断投入专用性互补资源，用户的路径依赖和转换成本不断强化，转换意愿变得更低。当平台成为用户单一归属（Single-homing）或多归属的优先选择时，平台企业就相比竞争对手控制了竞争瓶颈，从而拥有更大依赖优势（Armstrong, 2006）。不仅如此，相比平台企业提供标准的接口和界面，用户投入互补性资源（互补品）的专用性程度更高（专用于平台、难以转移）。通过引导供需方用户参与互动和提供互补资源，平台企业增加了平台供需方用户投资专用性程度的不对称性[①]，从而有利于增加用户锁定、提高价值获取份额（Dyer, Singh and Hesterly, 2018）。

因而，平台企业类似于投资竞争性资源和说服性资源的方式，通过平台

---

[①] Dyer, Singh and Hesterly（2018）将其称为"非对称关系专用性资产投资"（Asymmetric investments in relation-specific assets），通过专用性程度的差异，优势方可以借此增加依赖优势和事后议价能力。详见Dyer, J. H., Singh, H. M., and Hesterly, W. S. The Relational View Revisited: A Dynamic Perspective on Value Creation and Value Capture[J]. Strategic Management Journal, 2018,39(3):1-23.

控制方式（规则主导、网络效应和用户锁定）增加了平台企业对供需方用户的依赖优势，从而获取专属收益。基于此，本书提出如下命题。

**命题5**：平台企业通过平台控制（规则主导、网络效应和用户锁定），提升平台"依赖优势"，从而获取平台专属收益。

## 四、平台企业价值创造与价值获取的互动关系

通过扎根理论的编码方法与价值创造、价值获取机理的解读，本书发现平台企业价值创造与价值获取的关系既不是简单的非此即彼的交替关系，也不是简单的前后行动序列关系（Brandenburger and Stuart, 2007; Gans and Ryall, 2017）。具体来看，平台企业价值创造与价值获取的互动关系应包括以下几个方面。

（1）从平台内竞合关系的角度看，价值创造与价值获取在竞合思路的侧重点各有不同。平台企业价值创造的核心是"价值共创"，因而如何与参与成员合作，激发"创新"和提升"效率"，成为价值创造的主导逻辑。相比之下，平台企业价值获取的核心是"价值专属"或"价值独占"，因而如何创造和提升平台企业的"依赖优势"，成为价值获取的主导逻辑。基于此，平台企业在考虑竞合关系上面临价值创造与价值获取的权衡。

（2）尽管价值获取与价值创造在竞合关系上存在权衡，但二者也存在许多互补特性。首先，平台企业往往很少参与核心价值创造，而是为用户提供创造核心价值公共服务市场或交易空间。因而，激励参与用户创造价值是平台企业获取价值的内在动力，平台企业与参与用户的利益一致性程度相对较高。其次，平台企业在获取价值的过程中如果定价过高或定价不合理（用户口碑），就可能影响用户继续创造价值的意愿，进而破坏平台企业持续获取价值。因而，参与用户价值创造的持续性会约束平台企业价值获取合理性，从而有效降低价值创造与价值获取的矛盾。

（3）平台企业获取价值要求平台企业具备依赖优势和有效的控制（隔离）机制。平台企业和参与用户在平台上共同创造的优势为平台价值实现创造了条件。当这种平台共同优势无法形成有效隔离时，就可能导致对手快速

转移、抢占或复制优势资源,从而导致价值滑移(即创新价值从原创者手中流向竞争对手)。类似地,平台企业无法通过巩固平台领导权等方式创造依赖优势时,参与用户对平台的依赖程度降低,用户多归属甚至遗弃平台的概率也会随之上升。因此,平台企业能否顺利获取最大价值也取决于平台企业的核心竞争优势。换言之,平台企业创造价值只是平台企业获取价值的必要条件,平台企业创造价值并构筑核心竞争优势(依赖优势和有效隔离)才是平台企业获取价值的充要条件。

(4)价值获取理论和价值基础理论将价值创造和价值获取视为两项序列行动,从而通过双体博弈模型(Biform Model)求解价值创造与价值获取的最佳组合方案(Brandenburger and Stuart, 2007)。我们认为,双体博弈过于理想化价值创造和价值获取过程,忽略了实践经营中价值创造与价值获取平行存在的事实。事实上,平台企业价值创造与价值获取并不是理想的前后序列关系,而是并行存在的动态调整过程。特别是对于盈利性企业而言,企业家在只看到市场机遇(盲点和痛点)而看不到潜在收益的情况下往往不会草草进入市场。否则,一旦缺乏现实可行的控制机制(隔离机制),平台企业就可能"为他人做嫁衣",导致平台创造的价值大部分都滑移给后进入市场的竞争对手。通过案例企业编码我们也发现,现实企业经营过程中,价值创造与价值获取往往被企业家置于同一范畴(商业模式)下同时考虑,并通过经营过程的不断迭代,发展成相对成熟的价值创造方式和价值获取方式。比如,三泰控股的"速递易"平台最早进入市场时仅定位"服务于快递员和买家用户"的平台,并尝试向买家用户、物业和快递员收费。后来发现,买家用户和物业都不愿意支付,快递员也只在快递交付困难的情况下(如大件物品、配送时买家用户不在社区)使用付费的快件箱服务。因而,三泰控股通过调研和分析,发现了用户对快件箱的更多使用场景,从而推出快件寄送、广告、线下洗衣、食材配送等基于快件箱存取的新业务,从而解决了收费难、收费单一的问题。基于上述分析,本书提出如下命题。

**命题6**:平台企业价值创造(共创)(用户认知价值)是平台企业价值获取的前提条件,且价值创造与价值获取在空间上并存、在互动关系上互为补充。

# 第六节 平台企业价值创造与价值获取的理论模型

基于前文理论对话和分析，本书绘制平台企业价值创造与价值获取的主导理论模型如图3-2所示。从本书提炼的理论模型来看，传统理论在解释企业价值创造的过程中虽然都从投入要素（如资源基础观/RBV倡导的稀缺性资源、创新中获利/PFI倡导的互补性资产）和行为参数（如交易成本经济学/TCE和组织间关系/IOR强调节约交易成本）等方面解释价值创造，但往往都只能部分解释企业价值创造的过程，尤其没有揭开平台企业情景（不参与核心价值创造）下如何激发平台供需方用户共同创造价值。类似地，解释传统企业价值获取的过程中，虽然经典理论也聚焦在不同的视角（如组织间关系/IOR强调实施不对称的关系专用性资产投资，价值获取理论/VCT强调投资竞争性资源和说服性资源，资源依赖理论/RDT强调利用不对称依赖提升关键决策的控制权等），研究结论偏执一隅，也没有清晰解释平台企业情境下企业如何在已创造的价值总量内争取更多专属收益。

为此，本书发现近年来逐渐受研究者欢迎的价值基础视角（或价值基础理论），虽然主要基于数学/经济学推导，却通过两个公式 $VCR=WTP-OC$（创造价值等于支付意愿减去机会成本）和 $VCR=P-OC$（企业获取价值等于定价减去机会成本）清晰描述了价值创造与获取的一般过程。但受限于经济学推导和理想化的假设条件，研究者们没有分析企业提升 $WTP$ 和降低 $OC$ 的价值创造主导逻辑和关键要素，也没有提炼出在已创造价值（即 $WTP$ 和 $OC$ 确定）的情形下，哪些因素有助于企业获取专属价值。

本书认为，价值基础视角为企业价值创造与获取构建了清晰的基础架构，而经典理论体系（TCE、PFI、RDT、VCT等）又为企业创造和获取价值提供了各自不同的解释依据。因而，基于价值基础的基本框架，本书通过基于访谈案例的扎根理论分析和基于文献对话的理论整合，构建了平台企业情境下价值创造和价值获取的理论模型，揭开了平台企业价值创造与价值获取的过程"黑箱"，形成了具有更强解释力的实质理论。研究发现，平台企业价值创造过程隐含着"效率"和"创新"双重逻辑。其中，以平台企业为行动主体的"效率"逻辑，通过平台开放、供需匹配和互动引导，构建了有效的平台服务市场，从而为激发用户互动创造有利条件，其理论依据主要源于交易成本经济学（TCE）；以平台供需端用户为主体的"创新"逻辑，通过知识分享、互补品供应和持续承诺，积极参与互动并持续提供互补性资源，从而提升用户认知价值，其理论依据主要源于创新中获利理论（PFI）。类似地，本书发现，在创造价值的基础上，平台企业通过规则主导、网络效应和用户锁定，以竞争性资源（隔离机制）和说服性资源的方式提高平台企业对供需端用户的依赖优势，从而提升议价能力，争取平台专属收益，其理论依据主要来源于资源依赖理论（RDT）。

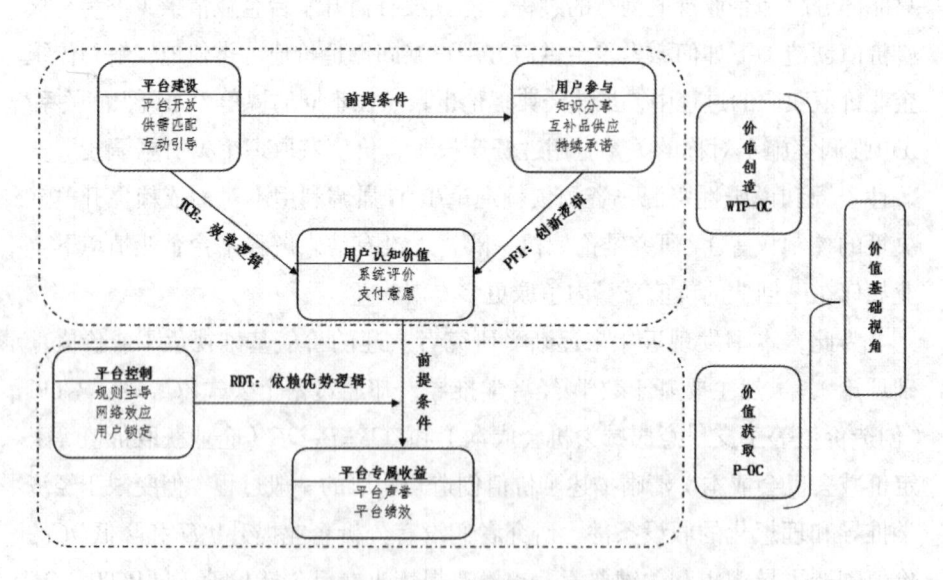

图3-2 平台企业价值创造与价值获取的理论模型

同时，本书还发现，平台企业价值创造（共创）的双重逻辑并非非此即彼的替代关系，而是具有互补性质的并存关系，且"效率"逻辑是"创新"逻辑的前提条件。换言之，平台企业能否提供高效的平台服务市场和有利的互动环境是决定供需端用户是否积极参与互动并持续投入互补性资源的必要条件。类似地，平台企业价值创造与价值获取也具有互补性质，且价值创造结果（提升用户认知价值）是价值获取（获取平台专属收益）的前提条件。

# 本章小结

本章通过扎根理论的分析方法探索了平台企业价值创造与价值获取的基本要素和内在机理，并结合理论文献对话构建了平台企业价值创造与价值获取的理论模型。基于扎根理论编码和理论分析，本章主要得出以下基本结论。

（1）通过基于案例理论抽样的开放式编码和主轴编码，发现平台企业价值创造和价值获取的7个基本要素，其中包括："创业机遇"和"资源基础"两个投入要素；"平台建设""用户参与"和"平台控制"三个行为要素；"用户认知价值"和"平台专属收益"两个产出要素。其中，"创业机遇"和"资源基础"是平台企业进入市场和创造价值的干预条件，而"用户认知价值"和"平台专属收益"则是分别反映价值创造与价值获取的表现结果。

（2）通过选择性编码搭建了平台企业价值创造与价值获取的理论框架，发现平台企业创造与获取价值的过程，就是在"平台创业机遇"与"平台资源基础"（因果条件）的双重触发作用下，平台企业选择进入特定平台市场（现象），并通过"平台建设"和"用户参与"（行动/互动）等一系列平台行动，带动平台参与成员积极互动，提升"用户认知价值"（结果1），并在此基础上利用"平台控制"（行动/互动）获取"平台专属收益"（结果2）。

（3）通过编码结论与已有理论文献的对话和整合，提炼了平台企业价值创造与价值获取的内在机理与理论模型。本章研究发现，平台企业价值创造与价值获取过程遵循着不同的主导逻辑。其中，平台企业价值创造过程隐含着"效率"和"创新"双重逻辑。具体来看，以平台企业为行动主体的"效率"逻辑，通过平台开放、供需匹配和互动引导，构建了有效的平台服务市场，从而为激发用户互动创造有利条件，其理论依据主要源于交易成本经济学（TCE）；以平台供需端用户为主体的"创新"逻辑，通过知识分享、互补品供应和持续承诺，积极参与互动并持续提供互补性资源，从而提升用户认知价值，其理论依据主要源于创新中获利理论（PFI）。类似地，本书发现，在创造价值的基础上，平台企业通过规则主导、网络效应和用户锁定，以竞争性资源（隔离机制）和说服性资源的方式提高平台企业对供需端用户的依赖优势，从而提升议价能力，争取平台专属收益，其理论依据主要来源于资源依赖理论（RDT）。

（4）本章解释了平台企业价值创造与价值获取不同主导逻辑的互动关系。具体来看，价值创造的"效率"和"创新"双重逻辑具有互补性，且"创新"以"效率"为前提。类似地，价值创造（用户认知价值）也是价值获取（平台专属收益）的前提条件。已创造价值的基础上，通过"平台控制"取得的"依赖优势"决定平台企业能否获得更多"平台专属收益"。

# 第四章　平台企业价值创造与价值获取构型分析——基于fsQCA的实证研究设计

本书上一章探索了影响平台企业价值创造与价值获取的基本要素与维度，并根据扎根理论的分析方法构建了平台企业价值创造与价值获取的理论模型。研究发现，平台企业价值创造的主导逻辑在于：提升平台市场效率和推动平台市场创新（供需方投入互补性资源），并通过提升用户认知价值的方式实现价值创造。平台价值获取的主导逻辑在于：通过系列规则主导、网络效应和用户锁定提升平台企业对参与用户（供方和需方）的依赖优势，从而提高议价能力，获得平台专属收益。

从研究结论来看，本书探索性案例研究揭示了平台企业价值创造和价值获取的过程"黑箱"，但仍然存在一些疑点：①前文基于扎根理论分析和文献对话提出的理论模型是否具有很好的外部效度，即是否能得到量化实证支持？②扎根理论得出的要素和条件在影响平台企业价值创造和获取的过程中有哪些构型或组态（Configuration）？概括起来，就是要回答：验证价值创造与价值获取的主导逻辑，并分析价值创造与价值获取的前因构型。因此，本章在已有研究基础上，基于模糊集定性比较分析法（fsQCA），设计平台企业价值创造与价值获取的构型研究，提出研究假设和变量测量，搜集相关数据并作简要分析，为下一步（fsQCA）实证分析做充分准备。

# 第一节 研究问题界定与研究方法选择

　　本章要解决的核心问题是影响平台企业价值创造与价值获取的关键变量是什么，以及这些变量在实证过程中有哪些组态或构型。总体而言，研究都在围绕"是什么"（What）展开，因而实证逻辑最为适合。由于变量/条件筛选和构型分析是本章的核心内容，因而采用定性比较分析（Qualitative Comparative Analysis，QCA）方法最为适合。

　　具体来看，原因主要在于：①定性比较分析方法侧重多重复杂因果关系，以集合为核心的"组态效应"[①]思想替代"净效应"，输出结果是条件组合而不是"控制其他变量讨论单个变量对结果的净影响"，更加符合经验事实。②在因果构型上，QCA强调因果等效性，即多种不同的原因组合可能导致相同的结果，同时相同条件在不同的案例中发挥的作用也不完全相同。因而，本书更适合用QCA方法分析价值创造与价值获取的不同条件组合。③QCA方法在分析导向上更加灵活，既可以是案例导向（重在分析产生相同结果的案例——组间相似性和案例内相同条件的不同影响——组内差异性），也可以是实证导向（重在揭示普遍规律），还可以是二者的结合。④QCA方法将"逻辑余项"（Logical Remainder）引入实证分析过程中，大大降低了实证研究对案例样本量的依赖性，从而使得小样本（10个以下案

---

[①] 构型、组态或配置一词源于英文"configuration"，只不过研究者根据研究情境对其翻译方式不同，这一点类似于QCA分析法中对"逻辑余项""余项""反事实分析"的称呼，都是指"理论上存在现实中却没有观察到的条件组合案例"，详见文献：杜运周，贾良定.组态视角与定性比较分析（QCA）：管理学研究的一条新道路[J].管理世界，2017(6):155-167.

例）实证成为可能。⑤由于QCA方法分析导向的灵活性，使得QCA分析对数据类型和条件测量的包容性更强，从而增加了理论研究的灵活性。在数据类型上，可以采用根据数据资料直接赋值（如王节祥，2017；郝瑾、王凤彬、王璁，2017），也可以采用问卷法（池毛毛等，2017），还可以采用客观数据（Dwivedi, Joshi and Misangyi, 2018）。在条件/变量测量上，既可以采用成熟测量，也可以根据研究需要开发测量（Fiss, 2011；王凤彬、江鸿、王璁，2014）。此外，QCA方法又可以划分为清晰集定性比较分析（crisp-set Qualitative Comparative Analysis，csQCA）、多值定性比较分析（multi-value Qualitative Comparative Analysis，mvQCA）和模糊集定性比较分析（fuzzy-set Qualitative Comparative Analysis，fsQCA）。相对而言，模糊集定性比较分析在校准（Calibration）[①]过程中将隶属程度划分为0~1区间的多个离散值或连续值，对隶属程度的划分细粒度更高，因而更适合挖掘复杂的因果组态关系。

综上所述，由于本书研究以理论发展为核心，更加关注平台企业价值创造与价值获取的构型，因而选用模糊集定性比较分析法（fsQCA）。

# 第二节　条件选择与研究假设

## 一、条件选择与实证模型

QCA分析的基础是变量条件，既包括输入条件（类似于自变量），也包

---

[①] 校准（Calibration）是QCA的重要环节，通过将原始数据转化为变量的隶属程度（隶属得分），从而刻画具体取值在多大程度上反映了变量高低优劣程度。比如，A、B两家企业收入分别为100万元和80万元，从原始数据只能得出A比B收入高，但不能据此判断A是高绩效，B是低绩效。校准就是从理论上寻找证明高绩效、低绩效和无法判断绩效高低的三个刻度值，并依据刻度判断隶属程度。

括输出条件（类似于因变量）。通过前文构建的理论模型，共得到平台建设、用户参与、平台控制、用户认知价值和平台专属收益5类关键条件，包含平台开放、供需匹配、互动引导、知识分享、互补品供应、持续承诺、规则主导、网络效应和用户锁定共9个行动变量；以及系统评价、支付意愿、平台声誉和平台绩效4个结果变量（前两个反映平台企业价值创造的结果——用户认知价值，后两个反映平台企业价值获取的结果——平台专属收益）。

条件筛选是QCA分析的首要工作，如果考虑因素太少，很难反映平台企业实践（尤其本书分析主要以案例为导向）；考虑因素太多，又增加了"逻辑余项"的比例和研究复杂性，从而导致有限多样性（Limited Diversity）问题（Greckhamer, Misangyi and Fiss, 2013; Greckhamer et al., 2018）。为此，QCA的开创者查尔斯·拉金教授和伯努瓦·里豪克斯教授建议，以理论为导向筛选，将研究主题涉及的条件尽量缩小到少数核心理论上（里豪克斯，拉金，2017）。本书基于拉金教授等人的建议，将前文理论模型的条件纳入分析范畴。同时，为了避免条件过多造成"过度拟合"问题，本章根据上一章理论模型拆解成两个子模型，分别如图4-1和图4-2所示。其中，图4-1表示平台企业论价值创造双重主导逻辑及其互动关系，而图4-2表示价值获取的主导逻辑，以及价值创造与价值获取的互动关系。

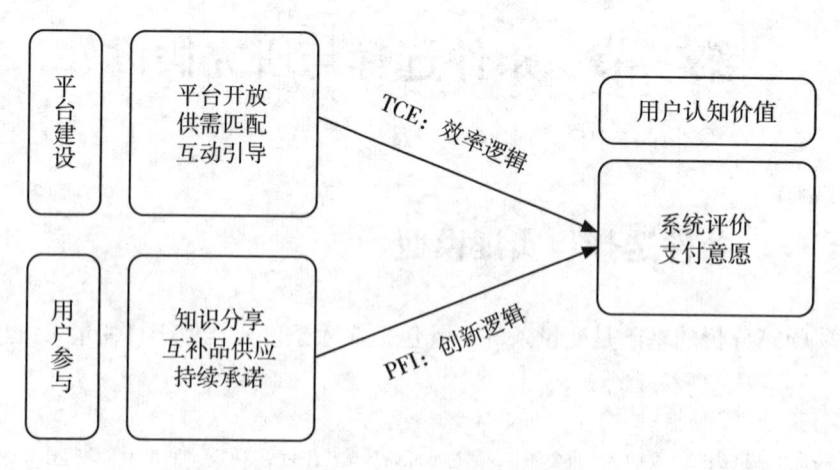

图4-1 平台企业价值创造的理论模型

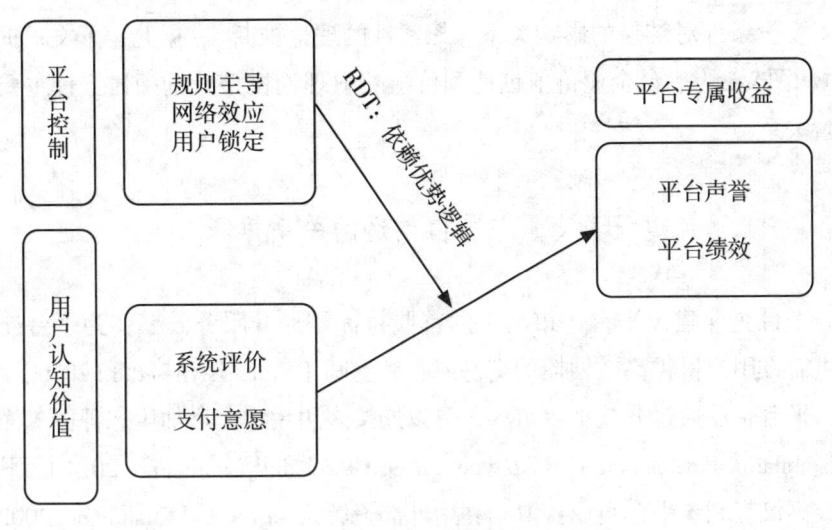

图4-2 平台企业价值获取的理论模型

## 二、研究假设

平台企业价值创造与价值获取是近年来战略管理领域研究者重点关注的热点话题（Vuori and Okkonen, 2012; Huber, Kude and Dibbern, 2017; Gans and Ryall, 2017; Teece, 2018）。基于案例理论抽样的扎根理论分析方法，前文得出了反映和影响平台企业价值创造与价值获取的关键因素和理论维度，并基于文献对话构建了变量间的关联逻辑。然而，从实证的角度来看，一方面，以案例事实为起点的理论模型是否具有较强的实证稳健性，能否得到实证支持尚待验证。另一方面，是否所有变量条件在不同样本案例中都发挥同等重要的作用（即变量在不同情境下是核心条件、辅助条件还是无关条件），变量间交互影响结果（价值创造和价值获取）的过程中的可能组态也需要进一步探明。因而，在研究假设部分，尽管无法事前判断可能的条件组态，但可以就变量条件对结果的影响关系作探索性的理论推断[①]。据此，下文根据图4-1和图4-2的平台企业价值创造和价值获取理论模型分别探讨五种主要的变量关系。

### （一）平台建设类变量与价值创造的关系推断

平台企业建设平台（市场）的首要目标是提升服务效率，为平台连接的供需方用户提供高效便捷的交易或互动空间（Van Alstyne et al., 2016）。首先，平台企业通过开放平台市场，可以连接多边用户，增加生态种群多样性（Eisenmann, Parker and Van Alstyne, 2009; Gawer and Cusumano, 2014）。平台开放不仅有利于平台企业获取和利用外部资源（Gawer and Cusumano, 2002），拓展资源和能力边界，同时也增加了用户平台企业对平台基础服务的需求（Alexy et al., 2018）。已有研究表明，平台开放与企业价值潜力具有显著的正相关关系（Ondrus, Gannamaneni and Lyytinen, 2015）。相比封闭选择而言，开放平台可以同时发挥平台与用户的优势，形成优势互补。比如，通过开放平台连接不同需求的消费者和不同产品/服务的生产厂商，可以充分发挥平台供给侧和需求侧的规模经济和范围经济优势（Pasche and Magnusson, 2011; Gawer, 2014），从而提升平台用户对平台系统的整体评价和支付意愿。因而，平台开放能促进平台企业创造更高价值。

其次，平台企业通过强大的功能后台保障平台供需方用户快速搜索、识

---

[①] 事实上，QCA研究强调组态思维，并不主张撰写研究假设（因为该分析方法认为并不存在理想的控制其他变量时，探讨某个变量对结果的"净影响"）。从已有的QCA研究来看，有的研究选用理论推导或理论推断的方式结合文献对可能的影响过程做"猜想"。如Crilly, Zollo and Hansen(2012); 郝瑾、王凤彬、王璁（2017）; Santos, Mota and Baptista (2018)。也有一部分研究沿用研究假设的方式，独立的讨论变量的影响，再观察和解释变量的条件组态和影响过程。如王节祥（2017）、池毛毛等（2017）。本书沿用量化分析的思路，提出研究假设，但实证的重点仍然关注变量组态。上述范文详情参见：Santos, J. N., Mota, J., and Baptista, C. S. Understanding Configurations of Value Creation Functions in Business Relationships Using a Fuzzy-set QCA[J]. Journal of Business Research, 2018, 89:429–434.

别、比较和筛选信息，从而有效节约交易成本（Rochet and Tirole, 2003）。在搜索匹配为主的连接模式下，平台企业通过平台系统界面协助用户查找和比较交易方案等信息，从而降低供需方的信息不对称程度，提高供需方用户的匹配效率（Hagiu, 2014; Sriram et al., 2015）；在以平台精准推送为主的连接模式下，平台企业通过用户历史数据和信息的关联分析，构建起平台对用户的行为画像，从而以更加多元、更加精准的数据分析预测用户认知偏好，推送符合用户喜好的个性化产品或服务（Hagiu and Jullien, 2014）。因而，平台企业通过供需匹配，可以有效降低用户的交易成本并提高用户对平台的认知价值和支付意愿。

再次，平台企业积极优化平台系统，通过简洁易用的互动界面提高用户对平台的支付意愿。平台企业可以通过详细的说明文件、引导程序和操作演示等方式降低用户对平台系统相关功能的学习障碍（Gawer, 2014）。同时，平台企业还可以通过增加互动界面的方式提高用户参与平台的灵活性（Ranjan and Read, 2016）。在互动过程中，平台企业还通过一系列算法体系为用户信息加密，确保用户信息安全性和可靠性（Kox, Straathof and Zwart, 2017）。清晰的使用说明增加了用户使用平台的便捷性，多样化的互动方案增加用户参与的选择权，而完善的信息加密技术则确保用户信息安全，降低用户参与平台的机会成本。因而，平台企业通过互动引导可以促进平台市场效率并提升用户认知价值和支付意愿。综上所述，本书提出如下假设：

H1a：平台开放能促进平台企业创造价值（提高系统评价和支付意愿）。

H1b：平台供需匹配能促进平台企业创造价值（提高系统评价和支付意愿）。

H1c：平台互动引导能促进平台企业创造价值（提高系统评价和支付意愿）。

（二）用户参与类变量与价值创造的关系推断

平台企业创造价值的第二种主导逻辑是利用用户参与，通过提供互补性资源创造平台价值。由于组织合作伙伴提供的互补性资源促进了企业间联盟的整体价值上升，因而也被PFI（从创新中获利）理论视为"创新"属性。

早在1986年，Teece就在PFI理论的基本框架中提到，互补性资产是后发企业克服技术/产品创新劣势、快速成长和赶超对手的关键要素（Teece, 1986）。这种"创新"，并不像产品和技术创新那样突变式的、颠覆性的"熊彼特创新"，而是利用合作伙伴间资源高度互补创造超额价值（Dyer, Singh and Hesterly, 2018; Teece, 2018）。在平台情景下，最可能创造超额价值并形成赢家通吃市场格局的企业往往是拥有最完善互补性资源的平台企业（Teece, 2018; Agarwal and Kapoor, 2017）。因而，在创新逻辑下，用户以何种形式提供什么样的互补性资源对平台企业创造价值至关重要。

首先，知识资源是用户提供的最基础的互补性资源。平台用户可能是追随消费主流市场的一般购买者，也可能是追求个性化体验的长尾市场用户（Jiang, Jerath and Srinivasan, 2011）。由于企业搜寻和识别成本很高，相比主流市场，长尾市场更难甄别和满足。然而，在平台情境下，长尾用户由于需求的特殊偏好和累积消费行为，形成了更多知识专长和辨别经验。长尾用户分享知识的过程（建议和想法）降低了平台捕捉长尾需求的难度。特别是，当具备知识专长的用户感觉能从知识分享行为中获得互惠性质的回报时（声誉或物质激励），其知识分享意愿更为强烈（Maciuliene and Skarzauskiene, 2016）。因而，用户在平台上的知识分享行为促进了平台企业价值创造过程。

其次，平台上供需方提供的互补品（Complementarity）可以增加用户对平台系统的好评并提高支付意愿。通过一般性互补品（用户点赞、销量、积分、产品种类和数量等）可以增加用户对交易伙伴（另一方用户）的选择权（Jacobides, Cennamo and Gawer, 2018），从而使用户互动或交易的参考空间更大（也被称为"希克斯互补品"）（Teece, 2018）。但相比之下，严格互补品（用户评论、追加评价、商家人工服务等）则具有更强的资产专用性，组合后的互补性资源难以转移、难以复制和模仿，具有战略性资源的独特价值（Jacobides, Cennamo and Gawer, 2018）。比如，在电商平台，用户是否选择交易往往不仅取决于同类产品和商家的数量（市场厚度），还取决于是否具有完善的互补品（其他用户对实物的评价是否符合商家描述）。换言之，供需方用户提供的一般互补品可以增加用户对潜在交易对象（伙伴）的注意力，而严格互补品可以直接促成用户购买决策（支付意愿）和好评度（系统评价）。因而，互补品供应也可以促进平台企业价值创造。

再次，从用户投入平台企业价值创造过程积极性的角度来看，知识分享和互补品供应刻画了互补性资源的投入类型，而持续承诺则直接反映了用户投入互补性资源的强度。持续承诺是承诺升级的典型体现，代表着用户投入资源和关注平台的延续性，这种延续性的互补性资源投资行为能够产生较强的路径依赖（Gawer and Henderson, 2007; Altman, 2017）。一方面，用户持续关注平台本身就是一种时间支付（将有限的注意力资源投入平台）（Brockner, 1992）。另一方面，用户持续积极地参与互动提高了平台市场的运转效率，通过"累积式互动"增加了平台网络的整体价值（Parker and Van Alstyne, 2018）。因而，用户持续承诺有利于平台企业创造价值。综合上述分析，本书提出如下假设：

H2a：用户知识分享能促进平台企业价值创造（系统评价和支付意愿）。

H2b：互补品供应能促进平台企业价值创造（系统评价和支付意愿）。

H2c：用户持续承诺能促进平台企业价值创造（系统评价和支付意愿）。

（三）平台建设类变量与用户参与类变量的关系推断

尽管平台用户提供互补性资源增加了平台"创新"属性，从而促进平台企业价值创造，但并不意味着用户是完全的利他主义，愿意自发为平台提供互补性资源。前文的理论命题指出，平台企业"效率"逻辑是"创新"逻辑的前提条件。这是因为，尽管不同用户参与平台的初始动机不尽相同，但仍然以"利己"思路决定是否参与平台和是否提供互补性资源。首先，平台企业是否提供了一个"有效"的交易空间决定用户是否愿意使用平台并分享知识。只有当平台相比外部市场大幅度降低用户的搜寻和交易成本（减少信息不对称和发挥规模经济、范围经济优势）时，平台才会成为"性价比"更高的优质方案（Pasche and Magnusson, 2011; Gawer, 2014）。其次，平台企业是否创造了"有利"的互动条件决定了用户参与互动和提供互补性资源的积极性（Ceccagnoli et al., 2012）。只有当平台企业提供了具有互惠性质的互动规则和易于开展的互动界面，才可能激发用户积极提供互补性资源（Vuori and Okkonen, 2012）。此外，平台企业是否"充分"开放决定着用户进入平台的难易程度，从而影响了用户加入平台的意愿。只有充分开放、易于进入的平台才能减少用户进入摩擦，增加用户认知价值（Parker et al., 2016）。比如，前文的案例企业——米珈科技，以聚合支付的方式，通过消费向商户的支付行为自动进入平台系统，避开了直接要求用户下载App和注册的过程，从而广受消费者好评。换言之，无论用户以何种形式提供互补性资源（知识分享、互补品供应和持续承诺），平台建设（平台开放、供需匹配和互动引导）都是用户参与的必要条件。

H3：平台建设（包括平台开放、供需匹配和互动引导）是用户参与（包括知识分享、互补品供应和持续承诺）的必要条件。

（四）价值创造与价值获取的关系推断

在传统企业的战略管理研究中，价值创造与价值获取似乎是一对难以调和的"矛盾体"。价值创造遵循合作思路，主张通过参与企业间密切协作创造更大价值；价值获取则遵循竞争思路，主张通过参与主体间的谈判和议价分配价值，同时力求自身获得尽可能多的专属收益（Dyer and Singh, 1998; Muthusamy and White, 2005）。从竞合关系的角度看待价值创造和价值获取，会使研究者无法跳出权衡价值创造与价值获取的"藩篱"，只有站在更全局的视角才可能看清二者的互动关系。

以价值基础理论为代表的研究提出，价值创造与价值获取可以简化为两项独立活动，通过双体博弈思路分别求解最优行动策略，从而构成理性行动组合（Brandenburger and Stuart, 2007; Gans and Ryall, 2017）。从实践来看，价值创造与价值获取仍然属于两项空间上并存的活动，似乎并不适合通过分解的方式衡量。但从影响序列来看，价值创造往往先于价值获取，或者说，价值获取的前提条件是已经创造了价值（Brandenburger and Stuart, 1996）。如果混淆来谈价值创造和价值获取，就可能无法清晰解释哪些因素直接指向价值创造，哪些因素直接指向价值获取，从而更侧重二者的权衡取舍（Ceccagnoli et al., 2012; Ondrus, Gannamaneni and Lyytinen, 2015）。

通过分解看待价值创造与获取，一方面可以分别考察价值创造与价值获取的关键影响因素，另一方面也更能清晰地认识平台企业创造价值对于获取价值的必要性。具体来看，在平台企业上，用户的认可和支付意愿是平台提高声誉和提升绩效的必备要素。用户基于使用和体验的认知价值提升（对平台系统有效性和易用性的评价），也反映了平台在用户群体中的良好口碑（平台声誉）（Kohtamäki and Rajala, 2016; Marcos-Cuevas et al., 2016; Haile and Altmann, 2016）。同时，平台用户是否愿意花时间和金钱为平台服务付费，也直接决定着平台定价是否合理，以及能否顺利获得用户的实际支付，从而提升平台经营绩效（Haile and Altmann, 2016）。因而，基于上述分析，本书提出如下平台企业价值创造假设：

H4：平台企业价值创造（系统评价和支付意愿）是平台专属收益（平台声誉和平台绩效）的必要条件。

### （五）平台控制类变量与价值获取的关系推断

类似于控制变量的思想，讨论影响平台企业价值创造的关键变量时，这些变量/因素对价值获取的影响。但仔细审视可以发现，有的因素促进了平台企业价值创造过程，却不一定有利于价值获取过程。比如，伴随着平台开放度增加，平台连接的用户类型和数量增加，平台管理的复杂性随之上升。与此同时，完全开放的平台系统可能削弱平台企业对用户的控制力（Boudreau, 2010），导致平台价值滑移给生态内的参与用户或生态外的竞争对手（Dyer, Singh and Hesterly, 2018）。因而，在创造价值的基础上，平台企业获取专属价值要求平台必须具备良好的控制机制和专属制度（Appropriability Regimes），确保平台企业获取尽可能多的价值份额（Teece, 2018）。从资源依赖的角度来看，平台企业可以通过投资竞争性资源（Competitive Resources）和说服性资源（Persuasive Resources）的方式实现增加用户对平台的依赖优势（平台对用户的依赖低于用户对平台的依赖）（Bensaou, Coyne and Venkatraman, 1999; Pfeffer and Salancik, 2003）。这种依赖优势不是产品或技术的依赖，而是价值基础的依赖（Altman, 2017），具有不可替代性。其中，竞争性资源指企业投资与竞争互动过程，通过创造对手难以复制和模仿的资源取得竞争优势；说服性资源则指企业投资与共创价值过程，用于提升企业对其他利益相关者的控制和说服力（Gans and Ryall, 2017）。

在平台情境下，增加平台企业依赖优势的方式主要分两种：一种是利用规则主导，降低平台对用户的依赖；另一种是利用网络效应和用户锁定（隔离机制），提升用户对平台的依赖。首先，由于平台企业居于平台网络或平台生态的核心地位，因而往往由位于中心的平台公司提供协调机制、规则、知识产权和金融资本，以便为其所寻求的市场或生态系统创造结构和动力（Teece, 2018）。从平台与用户的对偶关系看，平台企业占据着平台市场的规则主导权，集中体现在规则拟定、修订、执行和解释过程中（Huber, Kude and Dibbern, 2017）。因而，平台企业规则主导的情形下，用户往往是规则的积极或消极服从者，话语权相对较小，平台对用户的依赖性也随之降低。

除了规则主导，平台企业还可以利用网络效应和用户锁定打造隔离机制，增加用户对平台的依赖，同时防止价值向竞争对手滑移。平台企业服务的平台市场往往瞄准传统行业或需求痛点，通过创造性的高效服务模式为参与用户赋能（陈威如，王诗一，2016）。与此同时，平台企业通过网络效应吸引用户不断参与互动并提供互补性资源，从而积累形成具有时间压缩非经济特性的战略性资源（具有显著的难以替代、无法转移、难以复制的资源特性）（Dierickx and Cool, 1989），从而使平台系统成为平台用户的最佳选择。另一方面，伴随着用户不断投入互补性资源，用户转换成本逐渐上升，从而在持续承诺等行动下强化用户自身的路径依赖特性。当平台企业创造的不可替代资源和用户路径依赖同时增强时，就会导致用户锁定，形成以意愿为基础的隔离机制（Willingness-based Isolating Mechanisms, WIM）（Jonsson and Regner, 2009; Madhok et al., 2010），进而增加用户对平台的依赖性。基于上述分析，本书提出如下平台控制类变量与价值获取（平台声誉和平台绩效）的推断关系：

H5a：在创造价值的基础上，平台规则主导促进平台获取专属收益（平台声誉和平台绩效）。

H5b：在创造价值的基础上，平台网络效应促进平台获取专属收益（平台声誉和平台绩效）。

H5c：在创造价值的基础上，平台用户锁定促进平台获取专属收益（平台声誉和平台绩效）。

# 第三节 变量定义与测量

根据上一章扎根理论的主轴编码，本书确定了各变量的内涵和维度。基于这一基础架构，本书结合理论与实证研究文献确定有关变量的测量。

## 一、平台建设类变量的定义和测量

平台建设主要考察平台企业提供哪些行动建设有效平台市场，同时创造积极有利的用户互动环境。"平台建设"主要由平台开放、供需匹配和互动引导三个变量组成。从平台开放类型来看，平台开放（Platform Openness，PO）指平台系统对用户的开放程度，包括供方开放和需方开放两个维度（王节祥，2017）；从开放的衡量过程来看，主要以需方用户感知为主，测量也主要依靠问卷为主，测量感知平台开放度（Percived Platform Openness，PPO）（Benlian, Hilkert and Hess, 2015）；从开放度的衡量依据来看，研究者多采用进入难度（Eisenman, Parker and Van Alstyne., 2009）、实名注册要求（Eisenman, Parker and Van Alstyne., 2009）、排他性[①]（Jacobides, Knudsen and Augier, 2006）等依据进行测量。基于上述研究及测量题项，本书仍然沿用成熟的平台开放度测量问卷，从注册要求、排他性和资质条件三个方面分别测量平台开放度。

供需匹配（Demand Matching，DM）指平台企业将产品/服务需求方与恰好能满足需求的供给方一一匹配。换言之，平台企业如何通过行动措施实现供给（供方用户提供的产品/服务）与需求（需方用户的需求和诉求）的适配。供需匹配体现在搜索匹配和精准推送两个维度，前者考察用户是否能

---

① 这里的排他性是指用户进入平台时，平台是否要求或限制用户只能在同类平台中使用一个平台。

通过平台系统在较短时间（或较低成本）下搜索、识别、比较和筛选方案，从而获得相对满意的信息（Rochet and Tirole, 2003; Hagiu, 2007; Hagiu, 2014; Sriram et al., 2015）。后者考察平台给用户推送的产品或服务或其他信息链接（转移搜索）是否符合用户诉求（恰好是符合用户偏好和急切需要的信息）（Hagiu and Jullien, 2011; Hagiu and Jullien, 2014）。因而，结合上述研究，本书从搜索匹配和精准推送两个维度衡量供需匹配。

互动引导（Interaction Guidance，IG）指平台通过系列措施实现架构优化，为用户创造便捷灵活的平等互动环境。根据扎根理论编码，互动引导可能体现在三个维度。首先，详细的信息说明和制度化的指南和手册降低了用户学习平台知识的难度（显性知识易于学习和吸收）（Ranjan and Read, 2016），从而使供需方用户易于连接和学习平台基本功能（Gawer, 2014）。其次，平台通过传播平权意识使用户感受到用户与用户、用户与平台地位和权力的平等性，从而增加用户决策的自由度（Olleros, 2008; 曹仰峰, 2016），也是建立平台与供需方用户良好信任的重要方式（Perrons, 2009）。再次，平台企业通过多样化形式的互动渠道建设（如网站、邮箱、App等）形成灵活可选的互动界面（Ranjan and Read, 2016），也通过隐私保护降低了用户参与互动的信息安全忧虑（Kox, Straathof and Zwart, 2017）。因而，本书主要参考上述三个方面测量互动引导。

根据已有理论与实证研究，结合本书扎根编码结论，得出平台建设类变量的测量如表4-1所示。为了更好地识别不同样本的潜在差异，表中所有测量均采取李克特7点量表测量（受访者根据题项描述打分，1~7分别表示分从非常不赞同到非常赞同）。

表4-1 平台建设类变量的测量

| 类别 | 变量 | 测量 | 参考文献 |
| --- | --- | --- | --- |
| 平台建设 | 平台开放（Platform Openness） | PO1用户进入平台不要烦琐的注册程序（无须实名制、注册周期短、不涉及隐私信息）<br>PO2用户进入平台不需要严格的审核和基础条件（资质与证明）<br>PO3用户加入平台后也可以同时使用类似平台 | Benlian, Hilkert and Hess, 2015; Eisenman, Parker and Van Alstyne., 2009; Jacobides, Knudsen and Augier, 2006 |

续表

| 类别 | 变量 | 测量 | 参考文献 |
|---|---|---|---|
| 平台建设 | 供需匹配（Demand Matching） | DM1用户在平台上可以在短时间（或较低成本）内搜索、识别、比较和筛选方案，从而获得相对满意的信息<br>DM2平台给用户推送的产品、服务或其他信息链接正是用户喜欢或急切需要的信息 | Hagiu, 2007; Hagiu, 2014; Sriram et al., 2015; Hagiu and Jullien, 2011; Hagiu and Jullien, 2014 |
| | 互动引导（Interaction Guidance） | IG1平台提供了详细的说明、手册或指南，使用户易于学习平台的具体功能<br>IG2用户在平台可以自由决定进出平台和自主选择方案<br>IG3用户可以通过多种安全的渠道（App、网站、邮件等）与平台或其他用户平等交流 | Gawer, 2014; Ranjan and Read, 2016; Olleros, 2008; Perrons, 2009; Kox, Straathof and Zwart, 2017 |

## 二、用户参与类变量的定义和测量

用户参与描述了平台企业供需方用户通过参与平台互动与持续提供互补性资源的过程。通过物理或虚拟的触点（Touch Points）和界面，可实现不同生态主体（供需方用户）的资源整合和交换等互动行为，由此改善平台系统性能，共创生态价值（Breidbach, Brodie and Hollebeek, 2014）。从参与互动的过程来看，用户参与包括知识分享、互补品供应和持续承诺三个变量。

知识分享（Knowledge Sharing, KS）表明目前和未来需求的过程中由共享用户知识、想法和创造性组成的基本运作资源（Zhang and Chen, 2008）。测量知识分享时，研究者们大多从知识分享意愿的角度衡量（Ranjan and Read, 2016）。知识分享意愿反映了平台供需方用户参与知识互动的主动性（Kim and Tse, 2011; Maciuliene and Skarzauskiene, 2016）。同时，知识分享的互惠性增加了供需侧用户的预期回报，从而提高参与者的知识分享意愿（Vuori and Okkonen, 2012）。因而，本书结合知识分享意愿和知识分享互惠性两个维度测量平台用户的知识分享过程。

互补品供应（Complementarity Supply, CS）指供需方用户为平台提供具有互补性质的资源（如评价、推荐、声誉建设等）。从互补品供应主体来看，平台市场的互补品除了平台自行提供以外，还包括供方用户提供互补品和需方用户提供互补品。产品供应、店铺装饰、商家咨询解答等都属于供方提供互补品;而消费者评价、推荐、点赞等都属于需方提供互补品。从互补性质来看,供需方用户提供的互补品既可能是独特(严格)互补品(Unique/Strict Complementarity),也可能是一般互补品(Generic Complementarity)(Jacobides, Cennamo and Gawer, 2018; Teece, 2018)。一般互补品和严格互补品在资源用途和资产联结(Assets Interconnection)上表现不同(Jacobides, Cennamo and Gawer, 2018):一般互补品对于平台的专用性程度低,互补品与平台的资产联结不紧密,以多样化的、相似性的商品、商家(供方用户)自动评价和买家(需方用户)点赞为代表;严格互补品对于平台的专用性程度更高,互补品与平台的资产联结紧密,资源绑定后难以分割,以买家(需方用户)体验评价(如图文详评、追加评论等)为代表。为了使研究更聚焦,本书选用四种最典型的互补品测量供需方用户提供的互补品:消费者(需方用户)点赞和评分(或评星级)、商家(供方用户)产品种类、消费者图文详细评价、商家针对性解答。前两种属于一般互补品,后两种则属于严格互补品。

持续承诺(Continual Commitment, CC)指供需方用户继续关注平台并持续投入资源的过程。持续承诺类似于承诺升级(Escalation of Commitment)概念,强调即便在失利的情形下,决策者仍然坚持原来的方案持续投入资源和维持决策准则(Brockner, 1992)。一方面,用户持续承诺表现为供需方用户持续关注平台动态,注意力的中心仍然聚焦在原有的互动环节(Denrell, J., Fang, C., and Levinthal, 2004)。另一方面,用户持续承诺也表现为用户持续投入资源和重复原有的互动模式,继续提供互补性资源,致力于产品与平台的改进和升级(Tiwana, 2015)。比如,消费者(需方用户)在平台上二次购买相似产品并基于体验给出详细评价,或是在已经评价的内容上继续追加评价。因而,本书结合持续关注平台和持续投入资源两个维度衡量持续承诺。

表4-2总结了本书根据实证和理论文献整合的用户参与类变量的测量。表中所有题项均采用李克特7点量表衡量(1~7分分别表示以非常不赞同到非常赞同)。

表4-2 用户参与类变量的测量

| 类别 | 变量 | 测量 | 参考文献 |
|---|---|---|---|
| 用户参与 | 知识分享（Knowledge Sharing） | KS1为了帮助提升平台上的产品和流程，用户愿意花时间向企业分享想法和建议<br>KS2平台为用户提供了适当的环境和机会，有利于用户提出建议和想法<br>KS3平台会根据用户提供的建议和想法给予适当奖励或鼓励 | Ranjan and Read, 2016; Maciuliene and Skarzauskiene, 2016; Vuori and Okkonen, 2012 |
| 用户参与 | 互补品供应（Complementarity Supply） | CS1消费者在平台上愿意为相关产品和服务点赞或评分<br>CS2消费者愿意基于产品使用体验在平台上使用图片文字等手段做出详细评价<br>CS3平台上商家提供了种类齐全的产品<br>CS4商家对消费者建议和评价做出了针对性的详细解答 | Jacobides, Cennamo and Gawer, 2018; Teece, 2018 |
| 用户参与 | 持续承诺（Continual Commitment） | CC1用户会持续关注平台的发展动态<br>CC2用户愿意为平台上产品和服务改进升级持续提供想法（如消费者在产品使用一段时间后追加评论）<br>CC3用户愿意按照熟悉方式继续使用平台 | Brockner, 1992; Denrell, J., Fang, C., and Levinthal, 2004; Tiwana, 2015 |

## 三、平台控制类变量的定义和测量

平台控制描述了平台企业利用控制机制提升平台企业对供需方用户的依赖优势，从而推动价值获取的过程。通过控制机制，打造平台与参与用户的非对称依赖（Asymmetric Dependency），不仅有利于平台企业获取资源（Mukhopadhyay, de Reuver and Bouwmanc, 2016），同时也是平台企业巩固领导权和提升议价能力（West and Wood, 2013）的重要依据。从依赖属性来看，平台企业的主导依赖优势并非技术依赖或信息依赖，而是价值基础依赖（Value-based Dependency），即用户创造价值必须依靠平台提供的界面和场所（Altman, 2017）。在平台企业情景中，价值基础依赖来源于三个方面：规则主导、网络效应和用户锁定。

尽管在平台与用户共同组成的平台生态系统中，互动规则可能跟随情境变化动态调整：从执行规则发展为延伸规则，从延伸规则发展到修订规则（Huber, Kude and Dibbern, 2017）。但无论规则如何变化，平台企业始终掌握平台界面规则主导权。具体来看，可能体现在选择用户类型的准入规则、激励用户参与和约束用户行为的奖惩规则以及确定平台与用户收益分配的定价规则（Parker, Van Alstyne and Choudary, 2016）。由于遵循平台规则是用户进入平台和参与互动的基本条件，因而平台企业往往通过规则主导掌握规则制定、执行、修订和解释的权力（Altman, 2017）。因而，本书侧重从规则制定、修订和解释等方面衡量平台企业的规则主导（Rule Dominance，RD）。

网络效应（Network Effect，NE）指随着使用同一产品或服务的用户数量变化，每个用户从消费此产品或服务中所获得的效用的变化（Katz and Shapiro, 1985）。在平台企业中，网络效应既包括同边网络效应（即消费者效用水平会受到消费同一产品的消费者数量的影响，也称为直接网络效应），也包括跨边网络效应（也称为间接网络效应）。换言之，一边平台用户数量的增加不仅会响应同一边用户使用产品或服务的效用，也会影响另一边使用群体的效用。因而，在实际测量中，研究者们也多分为直接网络效应和间接网络效应，分别测量一方用户数量（规模）对同一方用户和另一方用户的影响（Srinivasan and Venkatraman, 2010; Chu and Manchanda, 2016）。本书旨在分析网络效应对价值获取的影响，因而本书沿用已有的测量方式。

用户锁定（User Lock-in，UL）描述了用户持续使用产品或平台的现象（Kauffman and Lally, 1994）。平台情境下，用户锁定主要体现在两个维度：信赖或依恋关系（Ranjan and Read, 2016）和转换意愿（Hsu, 2014; Wu et al., 2014; Lin et al., 2017）。在平台用户互动的过程中，由于需求的相互依赖建立了各方之间的合作关系，从而形成了一系列相互关联的实践，它们本身就是价值的来源（Archpru Akaka and Chandler 2011; Williams and Aitken 2011）。因而，通过使用平台系统的良好体验和合作使用户更加适应和依赖平台，这种依恋关系源于用户个性化、情绪化的需求得以满足（Haile and Altmann, 2016; Altman, 2017）。当平台用户持续投入专用性资源时，由于资源不可撤销，用户转换成本逐渐增加，从而降低用户转换意愿，形成用户锁定。因而，本书结合信赖（依恋）关系和转换意愿测量用户锁定。

表4-3总结了根据理论与实证文献整合的平台控制类变量测量，表中所有题项均采用李克特7点量表衡量（1~7分分别表示从非常不赞同到非常赞同）。

表4-3 平台控制类变量的测量

| 类别 | 变量 | 测量 | 参考文献 |
|---|---|---|---|
| 平台控制 | 规则主导（Rule Dominance） | RD1在平台规则制定过程中用户的权限有限<br>RD2在平台规则修订的过程中用户的权限有限<br>RD3用户必须遵守平台规则，违背规则会招致平台严厉惩罚<br>RD4平台（企业）拥有规则的最终解释权 | Parker, Van Alstyne and Choudary, 2016; Altman, 2017; Huber, Kude and Dibbern, 2017 |
| | 网络效应（Network Effect） | NE1在平台上，同一边（相同或相似）用户数量越多，会越吸引个体用户使用平台。<br>NE2在平台上，另一边（潜在的交易对象）数量越多，会越吸引个体用户使用平台 | Katz and Shapiro, 1985; Srinivasan and Venkatraman, 2010; Chu and Manchanda, 2016 |
| | 用户锁定（User Lock-in） | UL1用户感受到了对平台（企业）的依恋或依赖关系<br>UL2通常有一个用户组成的社群或网络，成员都是平台（企业）的粉丝<br>UL3用户不会考虑从该平台转向另一个相似平台 | Ranjan and Read, 2016; Hsu, 2014; Wu et al., 2014; Lin et al., 2017 |

## 四、用户认知价值与平台专属收益的定义和测量

用户认知价值描述了平台企业价值创造的结果，即用户在使用和体验产品后对产品/服务价值的判断。在平台企业情境下，用户认知价值可以分解成两种形态：系统评价和支付意愿。其中系统评价（System Evaluation，SE）指用户对平台系统可用性的评价，包括感知有用性（Perceived Usefulness）和感知易用性（Perceived Ease of Use）两个维度（Haile and Altmann, 2016）。其中，感知有用性衡量平台企业是否提供了有效的服务功能和系统，而感知易用性则衡量该平台系统是否易于使用。而支付意愿（Willingness to Pay，WP）则衡量了平台供需方用户是否愿意为平台企业的相关服务支付，既包

括时间的支付意愿，也包括货币支付意愿（Haile and Altmann, 2016）。因而，参考Haile and Altmann（2016）的研究，本书采用系统评价和支付意愿两个变量衡量价值创造的结果——用户认知价值。

平台参与者通过价值共创提升的用户认知价值是一种主观的、难以直接测量的价值。相比之下，平台企业价值获取的测量则更加直接和客观。为此，结合前文扎根理论分析，本书通过平台声誉（Platform Reputation）（Roger and Vasconcelos, 2014）和平台绩效（Platform Performance）（Cennamo, 2018）两个变量测量平台专属收益。其中平台声誉采用问卷法测量，在问卷中设置"是否认同当前平台的定价"以及"是否愿意向别人推荐该平台"衡量用户口碑。平台绩效的测量则参考成熟方法，以市场排名（市场占有率为主）、综合平台收入和用户基础[1]（Boudreau, 2010; Cennamo, 2018; Zhu and Liu, 2018）等指标赋值隶属程度（属于高绩效的隶属程度），作为测量依据。其中，市场占有率在50%（行业排名第一）则赋值为1（完全隶属）；市场占有率在10%~50%且排名在行业前两名，则赋值0.67（偏隶属）；市场占有率在10%[2]以下，则赋值0.33（偏不隶属）；市场占有率在3%以下，则赋值0（完全不隶属）。

表4-4总结了基于理论与实证文献整合的用户认知价值和平台专属收益的测量。除平台绩效外其余变量均采用李克特7点量表衡量（1~7分分别表示从非常不赞同到非常赞同）。

---

[1] 之所以选用市场占有率及排名作为主要指标，将平台收入和用户基础作为辅助指标，一是因为不同行业、不同成熟度（成立时间）的平台在收入和用户基础上可能相去深远；二是因为受数据样本限制，部分成立时间较晚的平台和未上市的平台无法取得完全数据。相比之下，市场占有率及排名在不同行业、不同时期都具有较强的可比性。

[2] 选择10%作为标准，是因为平台市场具有赢家通吃特性（即行业前两名占据大部分市场份额，第三名市场份额通常在10%以下）。

表4-4　用户认知价值和平台专属收益类变量的测量

| 类别 | 变量 | 测量 | 参考文献 |
| --- | --- | --- | --- |
| 用户认知价值 | 系统评价（System Evaluation） | SE1平台为用户提供了高效的服务系统<br>SE2平台系统很容易学习和使用 | Haile and Altmann, 2016 |
| | 支付意愿（Willingness to Pay） | WP1用户愿意花时间投入平台<br>WP2用户愿意为平台服务付费 | Haile and Altmann, 2016 |
| 平台专属收益 | 平台声誉 Platform Reputation | PR1用户认为平台定价是合理的（低于类似平台）<br>PR2用户愿意向身边的人推荐该平台 | Roger and Vasconcelos, 2014 |
| | 平台绩效（Platform Performance） | 主要根据市场占有率和市场占有率排名赋值：占有率在50%（即行业排名第一）则赋值为1（完全隶属）；市场占有率在10%~50%且排名在行业前两名，则赋值0.67（偏隶属）；市场占有率在10%以下或排名在第二名以后，则赋值0.33（偏不隶属）；市场占有率在3%以下，则赋值0（完全不隶属） | Boudreau, 2010;<br>Cennamo, 2018;<br>Zhu and Liu, 2018 |

# 第四节　数据搜集与数据校准

## 一、样本选择与数据搜集

本章关注的核心问题是"平台企业价值创造与价值获取的前因构型"，因而数据分析单元是平台企业。由于前文讨论的很多变量难以直接测量，因而选用问卷调查的方式获取第一手数据。同时，针对平台绩效等客观指标，本书通过搜集二手数据确认平台经营情况。具体来看，本书在数据搜集和获取过程中主要基于以下考虑：①从数据源来看，本书分析的层次是平台企业，但数据的获取方式主要通过平台用户的问卷调查取得，因而需要事先拟定样本企业名单，再根据名单向平台用户发放和回收问卷。同时，问卷回收后，按照所属平台情况将问卷分类，以便后续处理数据。②结合研究团队的数据获取能力和获取难度，数据样本尽量选取面向大众用户的日常平台企业，且这些企业的二手数据可以公开获得，如外卖平台、电商平台、出行平台等。③尽量覆盖多种案例间差异，甚至失败/解体的平台也进入考察范围，如乐居商城。④确定合理的案例数。虽然QCA可以将逻辑余项（未观察到的案例）纳入分析过程，对案例样本要求很低，既可以采用小样本（10个以下），也可以采用中等样本（10~50个）和大样本（50个以上）。但为了尽可能贴合案例事实，案例样本数量选择还是应当参考条件个数。在本书两个模型中，最大条件个数为6个，因而适合采用中等样本（Greckhamer et al., 2018）。⑤覆盖不同行业，避免因为行业因素造成分析偏差。⑥成立时间在半年以上，规避新创平台观察不到关键数据的情况。⑦数据应同时包含纯平台（只有平台业务，没有自营业务）和混合平台（同时包含平台业务和自营业务），以控制经营模式对结果的影响。

  根据上述筛选原则，本书初步筛选出全国性B2C电商平台企业4家，包括阿里巴巴的天猫、京东、拼多多、唯品会；互联网（O2O）外卖行业平台企业3家，包括美团外卖、饿了么和百度外卖；网约车平台企业5家，包括滴滴出行、首汽约车、神州专车、易到和曹操专车；涉足网络文学行业的平台企业5家，包括掌阅科技（掌阅）、阅文集团（QQ阅读）、阿里文学（书旗小说）、百度文学（百度阅读）、宜搜科技（宜搜小说）；区域性服务平台企业2家，包括乐居商城、食商优购。在此基础上，加入前文扎根理论分析的7个案例（平台）：三泰控股（速递易）、宏图物流（拉货宝）、动动三维（动动三维）、米珈科技（米珈科技）、万商云集（万商云集）、长美科技（购食汇）、有芯电子（IC2China）。表4-5总结了26个案例的基本情况。其中，乐居商城、食商优购及前期调研的7家案例企业通过访谈等方式获得一手数据。由于缺乏市场占有率和排名数据，这9家调研企业的绩效赋值结合交易量、收入、用户基础等指标①综合判断。

表4-5 案例样本基本情况

| 平台名称 | 编码 | 所述行业 | 市场占有率 | 市场排名 | 绩效赋值 |
|---|---|---|---|---|---|
| 天猫 | TMCS | 电子商务 | 52.73% | 1 | 1 |
| 美团外卖 | MTWM | 互联网外卖 | 53.9% | 1 | 1 |
| 滴滴出行 | DDCX | 网约车 | 58.6% | 1 | 1 |
| 掌阅 | ZYKJ | 网络文学 | 24% | 1 | 0.67 |
| 京东 | JDDS | 电子商务 | 32.5% | 2 | 0.67 |
| 饿了么 | ELWM | 互联网外卖 | 29.8% | 2 | 0.67 |
| QQ阅读 | QQYD | 网络文学 | 15% | 2 | 0.67 |
| 书旗小说 | SQXS | 网络文学 | 7% | 3 | 0.33 |
| 百度外卖 | BDWM | 互联网外卖 | 13.7% | 3 | 0.67 |
| 拼多多 | PDDS | 电子商务 | 2.5% | 5 | |
| 百度阅读 | BYYD | 网络文学 | 5% | 4 | 0.33 |
| 宜搜小说 | YSXS | 网络文学 | 4% | 5 | 0.33 |
| 首汽约车 | SQYC | 网约车 | 2.6% | 2 | 0 |
| 唯品会 | WPDS | 电子商务 | 3.25% | 3 | 0.33 |
| 神州专车 | SZZC | 网约车 | 2.2% | 3 | 0 |
| 易到 | YDYC | 网约车 | 1.6% | 4 | 0 |
| 曹操专车 | CCZC | 网约车 | 1.3% | 5 | 0 |
| 速递易 | SDPT | 快递柜 | 7.7万组柜体 | 1 | 1 |
| 拉货宝 | LHPT | 无车承运人 | 货运量11亿元 | 2 | 0.67 |

① 原则上，区域性占有率和排名的赋值要低于全国性排名的赋值，交易量和用户基础大的平台企业绩效赋值也高于交易量和用户基础小的平台。类似地，区域性家装服务平台乐居商城营业收入低于上述平台，且处于亏损状态，因而赋值0（完全不隶属）。

续表

| 平台名称 | 编码 | 所述行业 | 市场占有率 | 市场排名 | 绩效赋值 |
|---|---|---|---|---|---|
| 动动三维 | DDSW | 3D设计 | 交易量1000万元 | 1 | 0.33 |
| 米珈科技 | MKKJ | 聚合支付 | 交易规模30亿元 | 1（区域） | 0.67 |
| 万商云集 | WSYJ | SaaS软件 | 交易量4707万元 | 无 | 0.67 |
| 购食汇 | CMKJ | 区域生鲜服务 | 交易量2000万元 | 无 | 0.33 |
| 食商优购 | SSYG | 区域生鲜服务 | 13%（区域） | 无 | 0.33 |
| IC2China | YXDZ | 电子元器件 | 交易量10亿元 | 无 | 0.67 |
| 乐居商城 | LJSC | 区域家装服务 | 营业收入400万元 | 无 | 0 |

资料来源：表中数据主要来自行业研究报告、公司年报和访谈。其中，速递易及以下9家案例来自创始人访谈，速递易以上的17家案例主要来自公司年报和行业研究报告。研究报告主要包括《中国网约车前景及投资机会研究报告》《中国网络文学行业分析报告》《中国网络零售市场数据监测报告》和《中国网民网络外卖服务调查报告》，所有报告年度均选用2017年。

在明确数据获取范围后，本书开展下一步的问卷数据搜集工作。按照研究难易程度，本书共分三轮搜集数据。第一轮数据搜集：研究团队向访谈的9家案例企业分别发放10份纸质问卷，案例企业协助向其用户说明，要求其填写并返回[①]。第二轮数据搜集：本书研究团队走访成都市高校，根据受访者（主要是成都市的在校大学生）的平台使用经历，选择性发放并回收纸质问卷[②]。第三轮数据搜集：针对数据不足（填写问卷数不足10份）的平台，

---

[①] 要求案例企业协助完成该工作，主要基于两点：①这9家访谈的平台相比其余17家平台具有专用性，较难搜寻和查找专业用户（比如，宏图物流的需方用户是制造企业）。相对而言，其余平台的需方用户都可能是一般消费者，数据搜集相对容易。②这9家企业的创始人都与研究团队有更紧密的联系（如参加过研究团队院校的MBA项目和DBA项目等）。

[②] 我们将纸质问卷加上某一个平台的标记，通过询问受访者熟悉或曾经使用过哪些平台，发放贴有对应标记的问卷，从而确保每一份问卷都具有指向性。换言之，每一份问卷只能对一个平台做出评价。

邀请研究团队指导的若干SRTP（本科生科研训练计划）成员下载相关平台的App并试用体验，根据体验填写问卷。经过三轮数据搜集工作，本书共得到26个平台的324份有效问卷（每个平台至少10份），共访问190人。除9个（访谈过创始人的）案例企业协助访问的90人以外，研究团队在高校访问的100名受访者填写了剩余17个平台的234份问卷。数据表明，平均每名受访者至少使用2个以上平台。具体案例的样本数如表4-6所示。

表4-6 26家平台的问卷调查数据样本分布

| 平台 | 样本数 | 数据源 | 平台 | 样本数 | 数据源 |
| --- | --- | --- | --- | --- | --- |
| 天猫 | 24 | 研究者调查 | 唯品会 | 14 | 研究者调查 |
| 美团外卖 | 18 | 研究者调查 | 神州专车 | 10 | 研究者调查 |
| 滴滴出行 | 22 | 研究者调查 | 易到 | 10 | 研究者调查、SRTP |
| 掌阅 | 18 | 研究者调查 | 曹操专车 | 12 | 研究者调查 |
| 京东 | 14 | 研究者调查 | 速递易 | 10 | 企业协助调查 |
| 饿了么 | 16 | 研究者调查 | 拉货宝 | 10 | 企业协助调查 |
| QQ阅读 | 14 | 研究者调查 | 动动三维 | 10 | 企业协助调查 |
| 书旗小说 | 10 | 研究者调查 | 米珈科技 | 10 | 企业协助调查 |
| 百度外卖 | 10 | 研究者调查、SRTP | 万商云集 | 10 | 企业协助调查 |
| 拼多多 | 12 | 研究者调查 | 购食汇 | 10 | 企业协助调查 |
| 百度阅读 | 10 | 研究者调查 | 食商优购 | 10 | 企业协助调查 |
| 宜搜小说 | 10 | 研究者调查、SRTP | IC2China | 10 | 企业协助调查 |
| 首汽约车 | 10 | 研究者调查、SRTP | 乐居商城 | 10 | 企业协助调查 |

资料来源：表中数据根据数据搜集结果整理得出。其中，研究者调查代表研究团队独立开展问卷调查获得数据，SRTP代表不足10份数据的样本通过项目团队指导的SRTP项目成员下载App试用或体验后给予评价，企业协助调查则代表案例企业协助研究团队完成数据搜集工作。

## 二、数据处理和数据校准

### （一）测量信度与效度

对已搜集数据按照QCA的方法和原理进行处理以前，需要检验测量数据是否具有良好的信度和效度。其中，测量信度主要参考内部一致性和合成信度（主要采用Cronbach's Alpha值和Construct Reliability值衡量，以下简称CA和CR），而测量效度则通过结构效度和聚合效度（主要采用Kaiser-Meyer-Olkin值、Average Variance Extracted值和因子载荷综合衡量，以下简称KMO、AVE和因子载荷）[①]。结合SPSS 20.0和AMOS 18.0软件对测量量表进行信效度分析。其中，由于平台绩效数据由客观数据（市场占有率等指标）通过赋值法获得，因而无须纳入量表信效度分析。通过两个软件分别执行探索性因子分析（EFA）和验证性因子分析（CFA）过程，得出主要信效度衡量数据如表4-7所示。分析结果表明，所有变量的CA系数均在0.7以上，CR（合成信度）值均超过0.7，表明数据测量信度良好；同时，所有题项因子载荷都大于0.6（大部分高于0.7），变量KMO值均超过0.7，AVE（平均提取方差）均超过0.5，表明变量测量效度良好。

表4-7 变量测量的信度和效度指标

| 变量 | 题项 | 因子载荷 | CA | CR | AVE | KMO |
| --- | --- | --- | --- | --- | --- | --- |
| 平台开放 | PO1 | 0.723*** | 0.857 | 0.758 | 0.509 | 0.796 |
| | PO2 | 0.728*** | | | | |
| | PO3 | 0.689** | | | | |

---

[①] 按照Hair et al.（1998）、Fornell and Larcker(1981)等人建议，Cronbach's Alpha值和CR值一般在0.7以上较为适合；KMO值一般在0.7以上适合做因子分析，而AVE一般在0.5以上较适合，因子载荷一般在0.6以上可以通过检验。

续表

| 变量 | 题项 | 因子载荷 | CA | CR | AVE | KMO |
|---|---|---|---|---|---|---|
| 供需匹配 | DM1 | 0.735*** | 0.747 | 0.727 | 0.571 | 0.800 |
|  | DM2 | 0.776*** |  |  |  |  |
| 互动引导 | IG1 | 0.718*** | 0.783 | 0.797 | 0.567 | 0.818 |
|  | IG2 | 0.746*** |  |  |  |  |
|  | IG3 | 0.793*** |  |  |  |  |
| 知识分享 | KS1 | 0.732*** | 0.811 | 0.820 | 0.604 | 0.778 |
|  | KS2 | 0.827*** |  |  |  |  |
|  | KS3 | 0.770*** |  |  |  |  |
| 互补品供应 | CS1 | 0.717*** | 0.775 | 0.822 | 0.510 | 0.753 |
|  | CS2 | 0.758*** |  |  |  |  |
|  | CS3 | 0.665* |  |  |  |  |
|  | CS4 | 0.786*** |  |  |  |  |
| 持续承诺 | CC1 | 0.827*** | 0.899 | 0.859 | 0.669 | 0.824 |
|  | CC2 | 0.833*** |  |  |  |  |
|  | CC3 | 0.794*** |  |  |  |  |
| 规则主导 | RD1 | 0.636** | 0.772 | 0.802 | 0.511 | 0.736 |
|  | RD2 | 0.747*** |  |  |  |  |
|  | RD3 | 0.755*** |  |  |  |  |
|  | RD4 | 0.694*** |  |  |  |  |
| 网络效应 | NE1 | 0.755*** | 0.759 | 0.759 | 0.611 | 0.786 |
|  | NE2 | 0.808*** |  |  |  |  |
| 用户锁定 | UL1 | 0.872*** | 0.909 | 0.874 | 0.698 | 0.811 |
|  | UL2 | 0.842*** |  |  |  |  |
|  | UL3 | 0.791*** |  |  |  |  |

续表

| 变量 | 题项 | 因子载荷 | CA | CR | AVE | KMO |
|---|---|---|---|---|---|---|
| 系统评价 | SE1 | 0.779*** | 0.715 | 0.714 | 0.556 | 0.814 |
| | SE2 | 0.711** | | | | |
| 支付意愿 | WP1 | 0.868*** | 0.902 | 0.789 | 0.653 | 0.803 |
| | WP2 | 0.743*** | | | | |
| 平台声誉 | PR1 | 0.673** | 0.836 | 0.722 | 0.568 | 0.764 |
| | PR2 | 0.826*** | | | | |

注：表中*、**、和***分别代表$p<0.05$，$p<0.01$和$p<0.001$的显著性水平。

（二）数据处理

基于26家案例企业用户的324份问卷数据，本书参考已有的QCA研究方式（池毛毛等，2017），做如下处理：①对同一平台的不同用户在同一题项上的评分取均值（即反映用户对同一平台的平均评价），从而构成每个题项测量的原始得分；②对反映同一变量不同维度的题项评分取平均值，从而构成每个变量的原始得分。经过两次取平均值处理后，本书获得了26个案例在不同变量上的原始得分数据（保留两位有效数字）（表4-8）。

表4-8　26个案例在不同变量的原始得分

| 编码 | 平台建设 ||| 用户参与 ||| 平台控制 ||| 用户认知价值 || 平台专属收益 |
|---|---|---|---|---|---|---|---|---|---|---|---|---|
| | PO | DM | IG | KS | CS | CC | RD | NE | UL | SE | WP | PR | PP |
| TMCS | 6.51 | 6.14 | 6.26 | 6.30 | 6.71 | 6.42 | 6.23 | 5.81 | 5.94 | 6.50 | 6.23 | 6.42 | 1.00 |
| MTWM | 5.13 | 6.29 | 5.84 | 4.49 | 6.39 | 5.49 | 6.59 | 6.40 | 5.33 | 5.61 | 6.53 | 6.06 | 1.00 |
| DDCX | 4.83 | 6.49 | 6.21 | 5.40 | 5.19 | 6.19 | 6.28 | 6.23 | 5.36 | 6.18 | 5.97 | 4.83 | 1.00 |
| ZYKJ | 6.55 | 5.52 | 5.73 | 3.33 | 4.26 | 5.67 | 6.03 | 6.33 | 6.19 | 6.17 | 6.13 | 5.94 | 0.67 |
| JDDS | 6.19 | 5.68 | 6.00 | 5.67 | 5.42 | 6.23 | 6.30 | 6.01 | 5.64 | 6.11 | 5.90 | 6.27 | 0.67 |

| 编码 | 平台建设 PO | 平台建设 DM | 平台建设 IG | 用户参与 KS | 用户参与 CS | 用户参与 CC | 平台控制 RD | 平台控制 NE | 平台控制 UL | 用户认知价值 SE | 用户认知价值 WP | 平台专属收益 PR | 平台专属收益 PP |
|---|---|---|---|---|---|---|---|---|---|---|---|---|---|
| ELWM | 4.77 | 5.33 | 5.56 | 4.60 | 5.99 | 5.62 | 6.50 | 6.26 | 4.78 | 5.66 | 6.13 | 5.47 | 0.67 |
| QQYD | 6.18 | 5.15 | 4.57 | 3.27 | 5.14 | 5.98 | 5.88 | 6.37 | 6.06 | 5.85 | 5.82 | 5.68 | 0.67 |
| SQXS | 6.36 | 2.84 | 3.67 | 2.67 | 3.39 | 3.35 | 5.21 | 5.34 | 4.10 | 4.45 | 4.27 | 3.03 | 0.33 |
| BDWM | 4.54 | 5.14 | 5.05 | 3.23 | 4.56 | 4.80 | 6.51 | 5.81 | 3.86 | 5.64 | 5.25 | 5.72 | 0.67 |
| PDDS | 5.72 | 4.29 | 3.13 | 2.64 | 3.40 | 3.32 | 5.04 | 4.83 | 3.52 | 4.51 | 3.39 | 2.24 | 0.00 |
| BYYD | 6.20 | 4.89 | 3.94 | 3.20 | 3.33 | 3.26 | 5.86 | 4.17 | 4.87 | 5.32 | 4.29 | 4.05 | 0.33 |
| YSXS | 4.78 | 4.38 | 3.70 | 3.50 | 3.73 | 3.98 | 5.79 | 4.75 | 4.76 | 4.65 | 4.17 | 4.64 | 0.33 |
| SQYC | 4.83 | 2.38 | 2.58 | 2.18 | 2.35 | 2.24 | 6.41 | 6.46 | 2.25 | 4.13 | 2.91 | 3.06 | 0.00 |
| WPDS | 6.42 | 2.78 | 4.27 | 3.24 | 4.21 | 3.69 | 6.40 | 4.08 | 5.72 | 4.33 | 4.50 | 3.82 | 0.33 |
| SZZC | 5.80 | 2.21 | 1.98 | 2.58 | 2.17 | 2.72 | 6.12 | 2.12 | 2.24 | 3.70 | 1.81 | 2.10 | 0.00 |
| YDYC | 5.77 | 3.50 | 2.46 | 2.59 | 3.50 | 2.54 | 5.87 | 3.47 | 2.33 | 3.50 | 2.82 | 2.35 | 0.00 |
| CCZC | 5.82 | 4.11 | 3.44 | 2.39 | 3.47 | 2.13 | 5.82 | 4.99 | 2.39 | 3.85 | 3.05 | 2.83 | 0.00 |
| SDPT | 5.87 | 6.65 | 5.17 | 6.04 | 5.32 | 6.43 | 6.10 | 6.70 | 5.99 | 6.33 | 6.16 | 6.71 | 1.00 |
| LHPT | 3.83 | 4.73 | 5.18 | 5.29 | 3.27 | 6.80 | 5.32 | 2.83 | 6.58 | 5.41 | 6.19 | 5.43 | 0.67 |
| DDSW | 5.04 | 4.39 | 3.58 | 4.14 | 5.09 | 4.98 | 6.16 | 3.59 | 4.61 | 5.25 | 4.53 | 3.74 | 0.33 |
| MKKJ | 5.43 | 3.71 | 5.24 | 5.88 | 5.12 | 5.85 | 6.29 | 4.82 | 6.18 | 5.73 | 6.75 | 5.83 | 0.67 |
| WSYJ | 3.35 | 4.89 | 5.51 | 5.12 | 5.61 | 5.33 | 5.02 | 4.25 | 5.92 | 4.70 | 6.09 | 5.35 | 0.67 |
| CMKJ | 2.47 | 5.23 | 4.82 | 2.25 | 4.99 | 5.36 | 5.86 | 5.51 | 5.49 | 4.83 | 4.50 | 4.11 | 0.33 |
| SSYG | 5.47 | 4.40 | 3.55 | 3.53 | 2.77 | 3.68 | 5.89 | 2.65 | 4.66 | 3.75 | 3.76 | 3.42 | 0.33 |
| YXDZ | 3.87 | 6.01 | 5.31 | 4.58 | 5.35 | 5.82 | 5.49 | 5.99 | 5.90 | 5.76 | 5.50 | 5.07 | 0.67 |
| LJSC | 3.28 | 1.10 | 1.81 | 1.70 | 3.13 | 2.03 | 4.66 | 5.89 | 2.39 | 2.36 | 1.92 | 2.61 | 0.00 |

资料来源：根据问卷同一平台同一题项评分取均值处理，再将同一平台同一变量的不同题项取均值处理。

## （三）数据校准

QCA方法与多元回归分析、结构方程模型等其他量化研究方法的关键不同点之一，就体现在分析数据的校准过程。校准（Calibration）本身是指运用工具设备和量尺来读取数据，从而使之匹配或符合可靠的已知标准（杜运周、贾良定，2017）。未经校准的数据往往缺乏参考标准，只能以依靠数据/案例彼此作为参照。参照物改变，数据读取就会随之发生改变。相比之下，校准通过寻求数据的测量尺度，将数据转化为隶属得分（是否属于高/低取值的隶属程度），从而赋予数据表征意义。比如，如果缺乏100℃作为沸点的参考标准，101℃的水和99℃的水都无法判断是否属于开水，只能判断101℃的水温高于99℃的水温。换言之，利用100℃作为沸点校正水是否属于开水（101℃是开水，99℃不是开水）的过程就是校准过程。

数据校准的关键在于确定参考刻度，即（至少）确定两个关键锚点：完全隶属和完全不隶属。然而，在csQCA分析中，由于数据隶属得分取值是0（完全不隶属）或1（完全隶属），因而可能出现交叉点0.5（即无法判断隶属程度高低）。因而，在fsQCA分析中，为了避免模糊点，常常4个或6个锚点（模糊分数）将原始数据转换为模糊集。参照该标准，本书选用4个锚点作为校准参考，分别是0（完全不隶属）、0.33（偏不隶属）、0.67（偏隶属）、1（完全隶属）（里豪克斯、拉金，2017）。

有效的校准是半概念性、半经验性地识别阈值，有意义地代表不同类型和不同案例之间的程度差异（Greckhamer et al., 2018）。在确定锚点的过程中，可以结合理论知识和经验知识判断，也可以在缺乏理论知识的情况下结合专家小组意见或利用样本特性确定锚点（Misangyi et al., 2017）。结合本书来看，由于数据采集多基于李克特7点量表，数据本身就反映了偏好程度，因而校准可以参考量表取值范围。然而，结合搜集的数据结果和经验知识，我们发现部分数据锚点并不能照搬李克特量表的测量。比如，案例企业在平台规则控制得分上均超过4分，且大部分得分在5~7分之间。这是因为，平台企业在平台成立之时就在设计、修订和解释规则上占据绝对主导权，因而案例间差异较小。为了捕捉类似的细微差异，需要根据变量的分布情况综合理论知识加以判断（Ragin, 2008）。

（1）从平台建设类变量来看，平台建设类变量虽有显著差异（标准差分别为1.105、1.42和1.325），但偏度较高（数据呈偏态分布），因而锚点取值过低可能造成观察样本全部进入高隶属区间。综合理论知识来看，平台企业开放度相对较高（所有平台都开放了供需方双边市场），且都针对某个市场痛点展开服务，因而在供需匹配和互动引导方面也可能平均得分高。因而，结合理论知识和数据分布，本书将平台建设类变量（平台开放、供需匹配和互动引导）的校准参考设置为：原始得分4分以下划分为完全不隶属（0）；4~5分划分为偏不隶属（0.33）；5~6分划分为偏隶属（0.67）；6~7分划分为完全隶属（1）。

（2）从用户参与类变量来看，样本间差异显著（标准差分别是1.3518、1.244和1.536），且数据分布较为均匀（最大偏度0.35）。结合理论知识来看，不同平台用户参与动机可能不同，用户感知的平台吸引力也不同，可能造成用户不同的参与积极程度（体现在知识分享、互补品供应和持续承诺方面）。因而，本书将用户参与类变量的校准参考设置为：原始得分3分以下划分为完全不隶属（0）；3~4分划分为偏不隶属（0.33）；4~5.5分划分为偏隶属（0.67）；5.5~7分划分为完全隶属（1）。

（3）从平台控制类变量来看，"网络效应"和"用户锁定"的样本间差异显著（标准差分别为1.31和1.42），规则控制的样本件差异不显著（标准差0.51），且样本呈偏态分布（偏度分别为–0.88、–0.76和–0.74）。结合理论知识来看，平台企业在规则拟定、修改、解释方面往往普遍占有主动权，平台网络效应（特别是跨边网络效应是吸引平台用户的关键手段），而平台通过提高用户转换成本等方式增加用户路径依赖也是平台锁定用户的必要手段。因而这三个变量评分可能普遍较高。为了考察不同平台的细微差异，本书将平台控制类变量的校准参考设置为：规则主导——原始得分5.5分以下划分为完全不隶属（0）；5.5~6分划分为偏不隶属（0.33）；6~6.5分划分为偏隶属（0.67）；6.5分以上划分为完全隶属（1）。网络效应——原始得分4分以下划分为完全隶属（0）；4~5分划分为偏隶属（0.33）；5~6分划分为偏隶属（0.67）；6分以上划分为完全隶属（1）。用户锁定——原始得分4分以下划分为完全不隶属（0）；4~5分划分为偏不隶属（0.33）；5~6分划分为偏隶属（0.67）；6分以上划分为完全隶属（1）。

（4）从用户认知价值的两个变量来看，"系统评价"的样本间差异较小（标准差1.043），"支付意愿"的样本间差异较大（1.472），且样本呈现偏态分布（偏度分别为-0.649和-0.565）。结合理论知识来看，平台企业所构建的平台市场往往具有跨界性质，是对传统低效率服务模式的颠覆，因而平台服务往往能够获得系统有用性的积极评价。同时平台提供匹配用户心理预期和个性化、情绪化需求（而不是单纯改善效率）的服务，可以因此获得用户支付。因而，本书将用户认知价值类变量的校准参考设置为：原始得分4分以下划分为完全不隶属（0）；4~5分划分为偏不隶属（0.33）；5~6分划分为偏隶属（0.67）；6分以上划分为完全隶属（1）。

（5）从平台专属收益的两个变量来看，由于"平台绩效"已经按照隶属程度赋值，无须再进行校准。而"平台声誉"的样本件差异显著（标准差1.449），且偏度较低（-0.216），可以采取类似用户参与类变量的校准尺度。因而，本书对平台声誉的校准参考设置为：原始得分3分以下划分为完全不隶属（0）；3~4分划分为偏不隶属（0.33）；4~5.5分划分为偏隶属（0.67）；5.5~7分划分为完全隶属（1）。

（四）数据模糊集矩阵

经过上述的数据搜集、处理和校准后，本书最终形成fsQCA分析的变量数据模糊集矩阵，如表4-9所示。从表中来看，26家案例企业在不同变量隶属程度上分布较为均匀，且案例间差异较大。天猫商城、美团外卖、滴滴打车、速递易等平台大部分变量指标得分都在0.67及以上，而乐居商城、神州专车和易到等平台则大部分变量指标得分都在0.33及以下。总体来看，案例样本数据涵盖了较多的不同变量（条件）组合，为后续fsQCA分析提供了较好的观测空间。

表4-9 变量隶属得分的模糊集

| 案例 | PO | DM | IG | KS | CS | CC | RD | NE | UL | SE | WP | PR | PP |
|---|---|---|---|---|---|---|---|---|---|---|---|---|---|
| TMCS | 1.00 | 1.00 | 1.00 | 1.00 | 1.00 | 1.00 | 0.67 | 0.67 | 0.67 | 1.00 | 1.00 | 1.00 | 1.00 |
| MTWM | 0.67 | 1.00 | 0.67 | 0.67 | 1.00 | 0.67 | 1.00 | 1.00 | 0.67 | 0.67 | 1.00 | 1.00 | 1.00 |
| DDCX | 0.33 | 1.00 | 1.00 | 0.67 | 0.67 | 1.00 | 0.67 | 1.00 | 0.67 | 1.00 | 0.67 | 0.67 | 1.00 |
| ZYKJ | 1.00 | 0.67 | 0.67 | 0.33 | 0.33 | 1.00 | 0.67 | 1.00 | 1.00 | 1.00 | 1.00 | 1.00 | 0.67 |
| JDDS | 1.00 | 0.67 | 1.00 | 1.00 | 0.67 | 1.00 | 0.67 | 1.00 | 0.67 | 1.00 | 0.67 | 1.00 | 0.67 |
| ELWM | 0.33 | 0.67 | 0.67 | 0.67 | 1.00 | 1.00 | 0.67 | 1.00 | 0.33 | 0.67 | 1.00 | 0.67 | 0.67 |
| QQYD | 1.00 | 0.67 | 0.33 | 0.33 | 0.67 | 1.00 | 0.33 | 1.00 | 1.00 | 0.67 | 0.67 | 1.00 | 0.67 |
| SQXS | 1.00 | 0.00 | 0.00 | 0.00 | 0.33 | 0.33 | 0.00 | 0.67 | 0.33 | 0.33 | 0.33 | 0.33 | 0.33 |
| BDWM | 0.33 | 0.67 | 0.67 | 0.33 | 0.67 | 0.67 | 1.00 | 0.67 | 0.00 | 0.67 | 0.67 | 1.00 | 0.67 |
| PDDS | 0.67 | 0.33 | 0.00 | 0.00 | 0.33 | 0.33 | 0.00 | 0.33 | 0.00 | 0.33 | 0.00 | 0.00 | 0.00 |
| BYYD | 1.00 | 0.33 | 0.00 | 0.33 | 0.33 | 0.33 | 0.33 | 0.33 | 0.33 | 0.67 | 0.33 | 0.67 | 0.33 |
| YSXS | 0.33 | 0.33 | 0.00 | 0.33 | 0.33 | 0.33 | 0.33 | 0.33 | 0.33 | 0.33 | 0.33 | 0.67 | 0.33 |
| SQYC | 0.33 | 0.00 | 0.00 | 0.00 | 0.00 | 0.00 | 0.67 | 1.00 | 0.00 | 0.33 | 0.00 | 0.33 | 0.00 |
| WPDS | 1.00 | 0.00 | 0.33 | 0.33 | 0.67 | 0.33 | 0.67 | 0.33 | 0.67 | 0.33 | 0.33 | 0.33 | 0.33 |
| SZZC | 0.67 | 0.00 | 0.00 | 0.00 | 0.00 | 0.00 | 0.67 | 0.00 | 0.00 | 0.00 | 0.00 | 0.00 | 0.00 |
| YDYC | 0.67 | 0.00 | 0.00 | 0.00 | 0.33 | 0.00 | 0.33 | 0.00 | 0.00 | 0.00 | 0.00 | 0.00 | 0.00 |
| CCZC | 0.67 | 0.33 | 0.00 | 0.00 | 0.33 | 0.00 | 0.33 | 0.33 | 0.00 | 0.00 | 0.00 | 0.00 | 0.00 |
| SDPT | 0.67 | 1.00 | 0.67 | 1.00 | 0.67 | 1.00 | 0.67 | 1.00 | 0.67 | 1.00 | 1.00 | 1.00 | 1.00 |
| LHPT | 0.00 | 0.33 | 0.67 | 0.67 | 0.33 | 1.00 | 0.00 | 0.00 | 1.00 | 0.67 | 1.00 | 0.67 | 0.67 |
| DDSW | 0.67 | 0.33 | 0.00 | 0.67 | 0.67 | 0.67 | 0.67 | 0.00 | 0.33 | 0.67 | 0.33 | 0.33 | 0.33 |
| MKKJ | 0.67 | 0.00 | 0.67 | 0.00 | 0.67 | 1.00 | 0.67 | 0.33 | 1.00 | 0.67 | 1.00 | 1.00 | 0.67 |

续表

| 案例 | PO | DM | IG | KS | CS | CC | RD | NE | UL | SE | WP | PR | PP |
|---|---|---|---|---|---|---|---|---|---|---|---|---|---|
| WSYJ | 0.00 | 0.33 | 0.67 | 0.67 | 1.00 | 0.67 | 0.00 | 0.33 | 0.67 | 0.33 | 1.00 | 0.67 | 0.67 |
| CMKJ | 0.00 | 0.67 | 0.33 | 0.00 | 0.67 | 0.67 | 0.33 | 0.67 | 0.67 | 0.33 | 0.33 | 0.67 | 0.33 |
| SSYG | 0.67 | 0.33 | 0.00 | 0.33 | 0.00 | 0.33 | 0.00 | 0.33 | 0.00 | 0.00 | 0.33 | 0.33 |
| YXDZ | 0.00 | 1.00 | 0.67 | 0.67 | 0.67 | 1.00 | 0.00 | 0.67 | 0.67 | 0.67 | 0.67 | 0.67 | 0.67 |
| LJSC | 0.00 | 0.00 | 0.00 | 0.33 | 0.00 | 0.00 | 0.67 | 0.00 | 0.00 | 0.00 | 0.00 | 0.00 |

## 第五节 描述性统计、相关性分析与案例样本对比分析

### 一、描述性统计与相关性分析

基于平台企业价值创造与价值获取13个变量的原始得分（即表4-8的数据）的描述性统计结果，如表4-10所示。从表中可以看出，平台企业在规制主导（RD）方面差异很小，均值高达5.909。同时，平台控制类变量（规则主导、网络效应和用户锁定）均呈偏态分布（得分高于4的点超过一半），也进一步说明了平台企业在规则、网络和用户方面的积极关注。从数据整体分布来看，数据间虽然极端值差异很大，但总体上整体右偏。这是由于，选取变量的很多特征重在刻画平台企业价值创造与价值获取过程的独特性（如平台开放、规则主导、网络效应等），使得整体取值偏高。换言之，由于案例企业都是平台企业，因而都比较符合问卷描述特征，只是特征的反映程度可能在不同平台间有细微或显著的差异。

表4-10 基于变量原始得分的描述性统计

| | 平均 | 标准误差 | 中位数 | 标准差 | 方差 | 峰度 | 偏度 | 最小值 | 最大值 |
|---|---|---|---|---|---|---|---|---|---|
| PO | 5.193 | 0.217 | 5.450 | 1.105 | 1.221 | 0.042 | −0.849 | 2.47 | 6.55 |
| DM | 4.547 | 0.278 | 4.810 | 1.420 | 2.016 | −0.012 | −0.658 | 1.10 | 6.65 |
| IG | 4.406 | 0.260 | 4.695 | 1.325 | 1.756 | −0.887 | −0.433 | 1.81 | 6.26 |
| KS | 3.839 | 0.266 | 3.415 | 1.358 | 1.843 | −1.129 | 0.356 | 1.70 | 6.30 |
| CS | 4.379 | 0.244 | 4.410 | 1.244 | 1.547 | −0.948 | 0.007 | 2.17 | 6.71 |
| CC | 4.612 | 0.301 | 5.155 | 1.536 | 2.361 | −1.346 | −0.352 | 2.03 | 6.80 |
| RD | 5.909 | 0.100 | 5.960 | 0.510 | 0.260 | 0.120 | −0.884 | 4.66 | 6.59 |
| NE | 5.064 | 0.258 | 5.425 | 1.314 | 1.727 | −0.441 | −0.765 | 2.12 | 6.70 |
| UL | 4.733 | 0.278 | 5.100 | 1.416 | 2.005 | −0.771 | −0.744 | 2.24 | 6.58 |
| SE | 5.011 | 0.204 | 5.285 | 1.043 | 1.087 | −0.059 | −0.649 | 2.36 | 6.50 |
| WP | 4.791 | 0.289 | 4.890 | 1.472 | 2.167 | −0.812 | −0.565 | 1.81 | 6.75 |
| PR | 4.492 | 0.284 | 4.735 | 1.449 | 2.099 | −1.335 | −0.216 | 2.10 | 6.71 |
| PP | 0.475 | 0.067 | 0.500 | 0.343 | 0.118 | −1.105 | −0.017 | 0.00 | 1.00 |

表4-11显示了研究变量的相关系数矩阵。从表中数据来看，平台企业价值创造与价值获取有关的各项变量之间大部分具有显著的相关关系。一方面，这说明变量间彼此并不完全独立，而是具有密切的关联关系（大部分变量间的相关系数高于0.7），并不适用于线性回归模型分析单因素对结果的"净效应"（因为这样可能产生多重共线性问题）。另一方面，变量间关联显著也为fsQCA分析提供了有利条件（因为QCA分析注重多个变量交互影响结果，以"组态效应"取代"净效应"，从而回避了潜在的共线性问题）。

表4-11 变量相关系数矩阵

| | DM | IG | 知识分享 | 互补品供应 | 持续承诺 | RD | EN | UL | PO | 系统评价 | 支付意愿 | PR | PP |
|---|---|---|---|---|---|---|---|---|---|---|---|---|---|
| DM | 1.00 | 0.841** | 0.669** | 0.734** | 0.794** | 0.338 | 0.412* | 0.674** | 0.034 | 0.847** | 0.776** | 0.762** | 0.814** |
| IG | 0.841** | 1.00 | 0.787** | 0.822** | 0.896** | 0.365 | 0.457* | 0.835** | 0.002 | 0.879** | 0.947** | 0.894** | 0.919** |
| KS | 0.669** | 0.787** | 1.00 | 0.699** | 0.828** | 0.289 | 0.165 | 0.724** | 0.085 | 0.755** | 0.819** | 0.791** | 0.836** |
| CS | 0.734** | 0.822** | 0.699** | 1.00 | 0.770** | 0.34 | 0.526** | 0.652** | −0.056 | 0.729** | 0.803** | 0.776** | 0.807** |
| CC | 0.794** | 0.896** | 0.828** | 0.770** | 1.00 | 0.27 | 0.329 | 0.884** | −0.085 | 0.878** | 0.923** | 0.887** | 0.900** |
| RD | 0.338 | 0.365 | 0.289 | 0.342 | 0.27 | 1.00 | 0.207 | 0.141 | 0.356 | 0.470* | 0.33 | 0.390* | 0.367 |
| EN | 0.412* | 0.457* | 0.165 | 0.526** | 0.329 | 0.207 | 1.00 | 0.206 | −0.013 | 0.472* | 0.412* | 0.500** | 0.460* |
| UL | 0.674** | 0.835** | 0.724** | 0.652** | 0.884** | 0.141 | 0.206 | 1.00 | −0.002 | 0.769** | 0.886** | 0.813** | 0.802** |
| PO | 0.034 | 0.002 | 0.085 | −0.056 | −0.085 | 0.356 | −0.013 | −0.002 | 1.00 | 0.216 | 0.032 | 0.031 | 0.036 |
| SE | 0.847** | 0.879** | 0.755** | 0.729** | 0.878** | 0.470* | 0.472* | 0.769** | 0.216 | 1.00 | 0.886** | 0.865** | 0.864** |
| WP | 0.776** | 0.947** | 0.819** | 0.803** | 0.923** | 0.33 | 0.412* | 0.886** | 0.032 | 0.886** | 1.00 | 0.926** | 0.926** |
| PR | 0.762** | 0.894** | 0.791** | 0.776** | 0.887** | 0.390* | 0.500** | 0.813** | 0.031 | 0.865** | 0.926** | 1.00 | 0.921** |
| PP | 0.814** | 0.919** | 0.836** | 0.807** | 0.900** | 0.367 | 0.460* | 0.802** | 0.036 | 0.864** | 0.926** | 0.921** | 1.00 |

注：* 表示在0.05水平（双侧）上显著相关，** 表示在0.01水平（双侧）上显著相关。

## 二、案例样本对比分析

从案例情况来看，本书搜集的平台企业数据包括9家访谈的平台、4家B2C电商平台、3家外卖平台、5家网络文学平台和5家网约车平台。从市场格局来看，除了访谈的平台涉及不同具体行业，其余四类相同行业的平台都无一例外地呈现了平台市场赢家通吃（Winner-Take-All）的市场格局。其中，B2C电商领域，天猫和京东就分别占据了52.73%和32.5%的市场份额，而唯品会和拼多多虽然排名第三和第五，却分别只占3.25%和2.5%的市场份额。在O2O外卖行业，美团一家平台就占据53.9%，饿了么排名第二，占据29.8%，百度外卖以13.7%列居第三。在网约车行业赢家通吃格局更加明显，滴滴出行平台就占58.6%的市场份额，排在第2~5名的首汽约车、易到、神州专车和曹操专车总共占据不到10%的市场份额（总计7.7%）。相比之下，网络文学行业的独占格局相对不明显，排名第一的掌阅平台占据24%的市场份额，排名第二的QQ阅读占据15%，排名第3~5名的书旗小说、百度阅读和宜搜小说都占据不到10%的市场份额（分别为7%、5%和4%）。

为了更直观地比较不同类别平台的用户评分情况，本书通过变量类别的均值化处理，分别比较五类平台在平台建设、用户参与、平台控制、用户认知价值、平台声誉和平台绩效方面的差异。具体做法是：将同一平台下同一类变量取平均值，代表（用户视角下）该平台在某一方面的得分情况。其中，由于平台专属收益下的"平台绩效"变量通过直接赋值的方式取得，因而将"平台声誉"与"平台绩效"单独列出。同时为了使平台绩效与其他指标可比较，我们将平台绩效在区间[0-1]的赋值乘以系数7。图4-3、图4-4和图4-5分别显示了五类平台的得分对比情况。

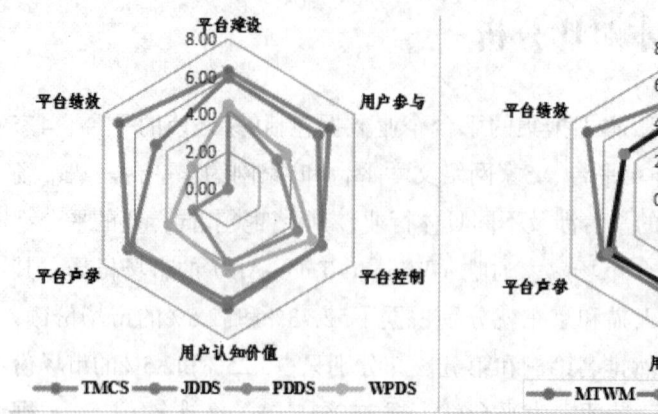

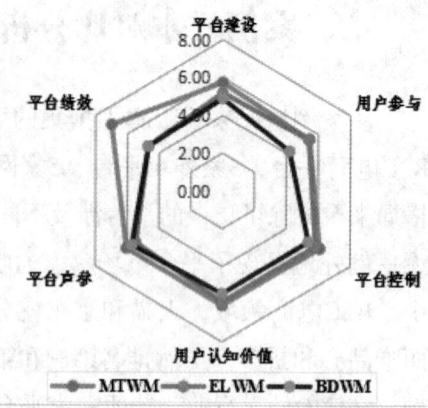

图4-3　B2C电商平台与外卖平台得分情况对比

注：左图为4家B2C电商平台的得分情况比较，右图为3家外卖平台的得分情况比较。

从图4-3来看，在B2C电商行业（左图）中，天猫、京东、唯品会和拼多多这4家平台的得分情况差异显著。通过用户的问卷评分可以看到，天猫和京东属于价值创造与价值获取良好的第一梯队，这两家平台在平台建设、平台控制和平台声誉方面差距很小。在用户参与、用户认知价值和平台绩效方面，天猫占据优势。相比之下，唯品会和拼多多则属于第二梯队，这两家平台在六项属性上均显著低于天猫和京东，尤其以拼多多最为突出。拼多多平台虽然也创造了一个有效率的市场，但该平台低价低质量产品较多。虽然这种价值创造模式能吸引部分长尾用户的注意，但并不能因此构建有效的用户参与和平台控制机制。换言之，如果提供低价山寨产品，只有在用户经济水平有限时才会选择其作为折中或替代方案。因而，用户参与和平台控制的劣势可能是拼多多平台价值创造（用户认知价值）和价值获取（平台绩效和平台声誉）评分低的主要原因。

相比之下，O2O外卖行业的3家平台则更为接近。从图4-3中的右图来看，O2O外卖平台以美团外卖经营最为突出，在平台建设、用户参与、平台声誉、平台绩效等方面均高于另外两家平台，四项数据得分分别为5.75、5.46、6.06和7.00。饿了么和百度外卖在各项数值上都较为接近，但饿了么在用户参与和用户认知价值方面仍相比百度外卖占据显著优势（分别为5.40∶4.20

和5.90∶5.45）。

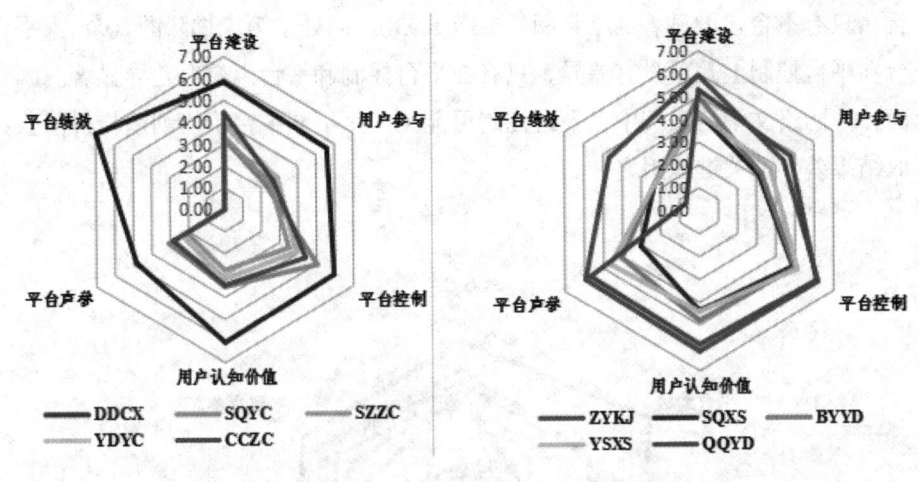

图4-4 网约车与网络文学平台得分情况对比

注：左图为5家网约车平台的得分情况比较，右图为5家网络文学平台的得分情况比较。

图4-4展示了网约车领域与网络文学领域案例企业的用户评分情况。从左图来看，网约车领域滴滴出行与其余4家平台差异甚大，在六项属性上得分分别为：5.84、5.59、5.96、6.07、4.83和7.00。其中，平台声誉得分远低于其他属性得分。结合案例事实经验来看，滴滴平台在2018年三个月时间就发生两起乘客被司机杀害的命案，使滴滴平台声誉严重受损，因而该项得分低于其他评分也非常符合事实。相对而言，除了滴滴出行平台，首汽约车、易到、神州专车和曹操专车4家网约车平台在六项属性上得分都比较低（四个平台六项属性最高得分5.04，没有一个平台所有属性得分超过4）。将这四个平台与滴滴出行相比，我们发现，在结果上差距最大的就是用户认知价值和平台绩效，而在行为上差距最大的是用户参与。因而，用户参与可能是导致网约车平台价值创造与机制获取差异的重要原因之一。

从图4-4中的右图来看，网络文学行业的价值创造与价值获取过程更为复杂。以掌阅和QQ阅读为代表的第一梯队在用户参与、平台控制和用户认知价值方面都显著高于其余3家平台（掌阅和QQ阅读在这三项属性上的得分分别为4.42∶4.79、6.18∶6.10、6.15∶5.84）。其中，QQ阅读各方面数据都十分接近掌阅，却在平台绩效方面得分差距很大。从其平台行动属性的数据看，只有平台建设显著低于掌阅（5.3∶5.93）。而处于第二梯队的其余3家平台在平台控制上几乎没有差异，只有在平台控制和平台声誉上差异显著。因而，在网络文学的案例中，平台控制可能是产生不同平台价值创造与价值获取结果差异的关键原因之一。

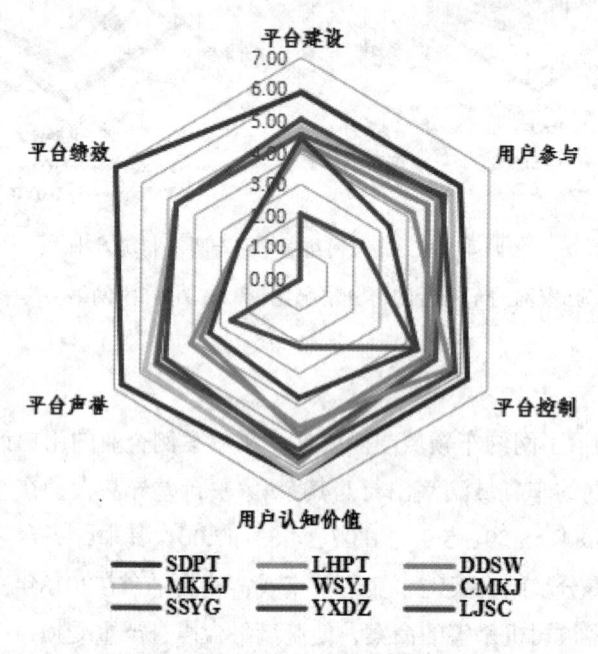

图4-5　9家访谈平台的得分情况对比

图4-5展示了研究团队访谈的9家平台（分别是速递易、拉货宝、动动三维、米珈科技、万商云集、购食汇、食商优购、IC2China和乐居商城）。结合图表和数据，大致可以通过得分情况将这9家平台分为四个梯队：以速递易为代表的第一梯队，各项属性得分遥遥领先（六项指标得分分别为5.89、5.93、6.26、6.24、6.71和7.00）；以拉货宝、米珈科技、万商云集、IC2China为代表的第二梯队（六项指标得分较为均匀，得分基本都在5～6分）；以动动三维、购食汇和食商优购为代表的第三梯队（六项属性得分基

本都在3~4分）；以乐居商城为代表的第四梯队（除了平台控制为4.31分，其余指标得分均在3分以下）。从行动指标来看，9家平台在用户参与的得分上区分最为明显（几乎没有重合）；从结果指标来看，9家平台在平台声誉和用户认知价值的得分上区分度也最明显。因而，在访谈的9家平台案例中，用户参与可能对平台企业价值创造与价值获取的解释力更强。

基于描述性统计和案例间指标得分对比，本书推测，平台建设和用户参与对平台企业价值创造与获取可能具有较强的解释力，而平台控制本身对价值获取的解释力可能不是十分显著（案例间平台控制的差异相对较小），只有在控制价值创造（即用户认知价值）的基础上才可甄别平台控制与用户认知价值的交互作用对价值获取（平台声誉和平台绩效）的显著影响。

# 本章小结

本章论述了平台企业价值创造与价值获取构型研究设计的有关内容。具体来看，本章的主要工作及结论如下：①明确本书尚待研究的问题以及适用的研究方法，将研究问题聚焦在"平台企业价值创造与价值获取的前因构型"，选取模糊集定性比较分析法（fsQCA）作为研究主要采用的实证分析方法。②基于上一章构建的理论模型提取平台建设、用户参与、平台控制、用户认知价值和平台专属收益五类研究变量，构建研究假设（变量间关系）并形成实证分析的理论模型。③基于扎根理论研究结果，结合理论与实证文献，明确变量的定义（内涵）与测量方式。④基于变量测量和研究问题，进行案例样本抽样并搜集、数据处理（测量信效度验证和数据转换）和数据校准（模糊集转换）。⑤对已搜集的数据做简要统计学分析（描述性统计和相关性分析）和案例间对比分析（分成五类平台分别对比分析指标得分情况）。研究发现，样本企业在部分变量指标（如规则主导、平台开放等）上差异较小。为此，作者根据不同的数据分布和理论依据提供不同的校准标准，从而确保下一步fsQCA分析可以尽量捕捉案例间细微差异。另外，本章基于26个平台企业的324份平台用户问卷调查数据，通过同一行业不同平台的对比分析发现，四类同行业平台（分别涉及B2C电商行业、O2O外卖行业、网约车行业、网络文学行业）基本都表现出极强的赢家通吃格局（行业第一占据半数以上市场份额，行业第三市场份额往往不到10%），而研究团队访谈的9家平台也体现出了明显的评分差异（四个档次）。同时，尽管在不同平台类别中，平台企业间的差距各不相同，但总体来看，用户参与在五类平台中都显现了较为明显的差距。因而，用户参与类变量可能是影响平台企业价值创造的核心条件。

# 第五章　平台企业价值创造与价值获取构型分析——基于fsQCA的实证分析与结果讨论

本书上一章基于研究主题"平台企业价值创造与价值获取构型分析"按照fsQCA分析的要求和程序讨论了理论模型、研究假设、案例选择、数据搜集、数据处理与校准。同时，就已搜集数据进行了简单统计分析和案例间对比分析，发现变量间相互关联程度很高，且不同案例在变量取值的差异程度上各不相同，从而为fsQCA的构型分析提供了有利的数据条件。

基于上一章处理后的模糊集数据，本章通过fsQCA实证分析过程，主要解决以下问题：①验证上一章所提出的研究假设，主要验证：平台建设类变量、用户参与类变量对价值创造的影响关系；平台控制类变量对价值获取的影响关系；平台建设类变量对用户参与类变量的必要性；价值创造对价值获取的必要性。②基于因果等效性原则和因果不对称原则，探索平台企业价值创造与价值获取的前因构型。其中包括：促进平台企业价值创造的前因构型；促进平台企业价值获取的前因构型；抑制平台企业价值创造的前因构型；抑制平台企业价值获取的前因构型。通过本章实证分析，可以进一步验证平台企业价值创造与价值获取的内在机理和主导逻辑，并在此基础上提炼前因变量构型，归纳价值创造与价值获取的关键因素和关键路径。

# 第一节　fsQCA主要分析过程

模糊集定性比较分析（fsQCA）主要涉及两大关键分析过程：必要性检验与路径构型分析。必要性检验用于分析变量条件是否构成结果变量的充分/必要条件，而路径构型分析则分析导致同一结果的关键因素和关键路径有哪些（Misangyi et al., 2017）。具体来看，本书运用fsQCA分析主要遵循6大分析步骤：①录入数据；②开展必要性检验；③转换真值表（truth table）；④设置频数阈值和一致性阈值；⑤开展构型分析；⑥绘制路径构型表与解读。

## 一、录入数据

QCA分析方法可以录入原始数据（客观或主观数据），也可以录入校准后的数据（即模糊集矩阵），多通过Excel数据文档导入的方式直接接入数据，操作简单灵活。QCA录入数据一般要求格式为.csv的文档，可以通过Excel文档另存的方式将数据文档存储到QCA软件下的resources文件夹中，以备后续调取数据。

需要注意的是，当QCA录入数据为问卷题项数据时，需要事先加权或均值化处理，聚合成单一维度的变量数据。同时，数据样本的分析对象是案例企业，需要根据分析单元调整数据指标。在本书中，由于分析对象是平台企业，因而需要将不同用户对同一平台的评价分数均值化处理（否则分析单元就变成了平台中的个体用户了）。因而，经过数据处理和校准（采用四值法校准），最终得到26个案例样本的数据模糊集（详见第4章表4-8）。此外，如果录入数据是原始数据，那么数据校准过程应尽量捕捉案例间细微差异，同时尽量多覆盖隶属得分情况（本书所有变量均覆盖了0、0.33、0.67和1四种隶属得分情况）。这是因为，更高细粒度的隶属划分方式更有利于区分案例组态，从而降低矛盾组态[①]出现的可能性。

## 二、必要性检验

必要性检验是开展QCA分析的第一步工作，它一方面可用于直接验证前因条件对结果的充分性和必要性，另一方面也可以验证变量数据是否适用于路径构型分析。必要性检验的操作也相对简单，通过fsQCA分析软件的Analyze下拉菜单，选择Necessary Conditions选项，并将要检验的前因变量和结果变量分别录入Conditions和Outcome的小窗口中，点击确认即可输入必要性与充分性分析结果。其中，前因和结果均涉及存在和缺乏两类条件。比如，本书的变量"平台开放"用英文简称PO表示。在QCA分析中，PO就表示"平台开放""存在"（present），而~PO则表示"平台开放""缺乏"（absent）。

从必要性检验的输出结果来看，必要性分析会输出每个前因变量对结果的一致性系数（consistency）和覆盖率系数（coverage）。必要性检验中，一致性系数反映了前因变量对结果的充分性，而覆盖率则反映了前因变量对结果存在的必要性程度。当充分性和必要性系数等于1，说明前因变量构成结果的充分条件（前因集合是结果集合的真子集，有因一定有果）或必要条件（结果集合是前因集合的真子集，有果一定有因）。当充分性和必要性系数大于0.9且小于1，则前因变量构成结果的近似充分/必要条件（Rihoux and Ragin, 2009）。当一致性和覆盖率大于0.6小于0.9，则说明变量对结果具有较强的解释力（变量对结果有促进作用）（Schneider and Wagemann, 2012），但并不能完全解释结果。从构型分析的角度来看，当变量对结果的充分性和必

---

[①] 在QCA分析中，矛盾组态指组态间因果逻辑明显矛盾的情况，比如：相同的前因条件组合产生了不同结果；或是造成相同结果的大部分条件组态相同，但某个条件在两个案例中分别出现了正面和反面情况，造成组态自相矛盾。解决矛盾组态时，学者们建议可以通过：①增增案例个数；②增删变量条件；③调整校准或赋值；④删除或修改矛盾条件等方式增加案例逻辑的一致性程度（杜运周，贾良定，2017；Ragin, 2008）。

要性处于（0~1）之间，说明变量与结果有集合联系，但单个变量并不能完全解释结果，因而适合采用QCA路径构型分析，探讨多个变量对结果的"组态效应"。

## 三、转换真值表

真值表是列明前因条件所有可能的因果逻辑组合的数据矩阵，表中所有变量在同一案例上的取值均为0或1（Ragin, 2008）。其中，0表示变量"缺乏"，1表示变量"存在"。在清晰集定性比较分析（csQCA）中，变量隶属得分矩阵与真值表几乎等同（因为校准时就直接采用0和1两个取值的方式获得）；在模糊集定性比较分析（fsQCA）中，可以通过软件菜单自动将模糊集矩阵转化为真值表得分矩阵。大致操作为：点击Analyze下拉菜单，选择Truth Table Algorithm选项，并将拟纳入构型分析的前因变量和结果变量分别录入Casual Conditions和Outcome的小窗口中，点击确定即输出真值表。

真值表的输出结果主要包含真值表和案例组态情况、符合组态的案例数、原始覆盖率（raw coverage）、PRI一致性系数（PRI consistency）和SYM（SYM consistency）一致性系数。其中，案例组态和案例数反映了所有观察案例（即数据样本）构成了多少组态，以及每种组态有多少个观察案例支持。原始覆盖率表明组态情况占据总体样本的比例，PRI一致性系数衡量案例组态在逻辑上的一致性。PRI一致性系数越大，说明案例组态的矛盾性越小，一般要求至少高于0.75（Greckhamer, 2016）。

## 四、设置频数阈值和一致性阈值

在获得前因变量与结果的真值表后，还需要设定频数阈值和一致性阈值才能进入路径分析环节。案例频数阈值和一致性阈值指决定进入路径构型分析的组态类型和数量。其中，案例频数阈值指符合某种组态的事实案例[①]数。从理论上看，N个前因变量的可能组态数是$2^N$种，但由于实践观察有限（尤其是N比较大的情况下），不太可能完全覆盖所有组态情况，因而就需要引入反事实案例或反事实分析。因而，设置每种组态至少符合的最低案例数，成为分析QCA路径构型的第一步。除了设定案例频数阈值，还需要设置一致性阈值，一般要求raw coverage值超过0.8。

结合本书研究来看，由于本书在价值创造和价值获取两个理论模型中分别涉及6个和5个前因变量，而案例总数为26个。案例样本相对于变量的倍数不高（分别是4.3倍和5.2倍），因而选择1作为频数阈值。同时，为了增加案例组态的逻辑一致性，本书将最低一致性阈值设置为0.8。

## 五、开展路径构型分析

QCA分析的核心环节是路径构型分析，旨在分析前因变量在影响结果变量过程中的关键组态或构型，从而提供最优路径解（Rihoux and Ragin, 2009）。由于QCA假定变量在影响结果的过程中具有因果非对称性（造成结果成功的组态和造成结果失败的组态可能不相同），路径分析可以选择只分析成功的（即造成结果"存在"的）因果路径，也可以同时分析成功和失败的因果路径。路径构型分析的操作也相对简单，在设置好真值表频数和一致性阈值后，点击菜单右下角的Standard Analyses就进入分析页面（如果弹出矛盾组态则需要选择统一的逻辑），选择变量Present or Absent选项（即所有变量都可能以"存在"或"缺乏"形式进入分析），点击确定就能在大窗口获得fsQCA路径构型分析结果。

---

[①] 事实案例就是观察案例，指抽样搜集的案例数据。在QCA分析中，除了事实案例，反事实案例（Counterfactual Cases）也可以进入分析。反事实案例也称为逻辑余项，指实践并未观察到但理论上仍然存在的案例情况。

## 六、绘制路径构型表与解释

fsQCA路径构型分析汇报的结果主要有三种路径解：复杂解（complex solution）、中间解（intermediate solution）和简约解（parsimonious solution）。复杂解完全基于事实案例（没有加入任何反事实案例），中间解则加入了相对"容易"的反事实案例（easy counterfactual cases），而简约解则纳入了所有可能的反事实案例（包含"困难"的反事实案例）（Ragin, 2008）。因而，简约解往往构成的变量条件最少，也是影响结果的核心条件；而中间解次之，构成条件相对更多；复杂解最多，其变量条件大多为辅助条件。在实际研究中，路径构型分析一般汇报简约解和复杂解（王节祥，2017）。

根据简约解和复杂解的输出结果，可以通过绘制路径构型表的方式清晰直观地呈现路径构型情况，也方便研究者解释和比较。其中，核心条件"存在"用大号黑色实心圆圈"●"表示，核心条件"缺失"用大号带×的空心圆圈"⊗"表示，辅助条件[①]"存在"用小号黑色实心圆圈"●"表示，辅助条件"缺失"用小号带×的空心圆圈"⊗"表示（Misangyi and Acharya, 2014）。同时，路径类型由简约解的组态个数决定，路径个数由复杂解的组态个数决定。当复杂解组态个数超过简约解组态个数（一般都会超出）时，就可能出现不同类型路径下的多条路径$1a$、$1b$、……$1n$。根据上述原则，最终绘制的路径构型表大致如表5-1所示（假设有6个前因条件，简约解只有1种组态，复杂解有5种组态）。

表中汇报的结果除了路径构型（即，列$1a \sim 1e$）以外，还需要汇报6个数值：观察案例数、原始覆盖率（raw coverage）、唯一覆盖率（unique coverage）、一致性（consistency）、解的覆盖率（solution coverage）和解的一致性（solution consistency）。观察案例数[②]反映符合特定组态的案例样本数；

---

[①] 辅助条件的英文表述为"Contributing Conditions"，也有的研究将辅助条件称为"边缘条件"或"贡献条件"，如（杜运周，贾良定，2017）。

[②] 需要说明的是，某个组态的观察案例数并不一定等于（一般小于）原始覆盖率乘以总观察案例数。这是因为，设定案例频数和一致性阈值后，部分观察案例并没有进入复杂解的路径构型分析。

原始覆盖率和唯一覆盖率则类似于回归分析中的$R^2$和$\Delta R^2$；路径一致性系数反映特定组态对结果变量的解释力度；解的覆盖率和一致性则综合反映特定解（复杂解、中间解或简约解）对结果变量的解释力度。总体来看，观察案例可能大量符合某种组态，也可能只有1个案例符合。除了案例观察数，其余五个指标越大，越能说明某种组态或解对结果变量的解释力。同时，在解释路径构型时，既要基于观察案例的样本特征，也要结合理论依据。

表5-1 fsQCA路径构型表（样表）

| 自变量 | 因变量（Y） | | | | |
|---|---|---|---|---|---|
| | 1a | 1b | 1c | 1d | 1e |
| X1 | | ⊗ | | ● | ● |
| X2 | | ⊗ | ● | | ● |
| X3 | ● | | | | |
| X4 | | ● | ⊗ | ● | ⊗ |
| X5 | ● | | | | ⊗ |
| X6 | ⬤ | ⬤ | ⬤ | ⬤ | ⬤ |
| 观察案例数 | | | | | |
| 原始覆盖率 | | | | | |
| 唯一覆盖率 | | | | | |
| 路径一致性 | | | | | |
| 解的覆盖率 | | | | | |
| 解的一致性 | | | | | |

# 第二节 前因变量必要性检验

## 一、平台企业价值创造的前因变量必要性检验

前文分析已指出，平台企业价值创造的结果变量是用户认知价值类变量，包含系统评价（SE）和支付意愿（WP）两个变量；影响平台企业价值创造的前因变量是平台建设类变量和用户参与类变量，包括平台开放（PO）、供需匹配（DM）、互动引导（IG）、知识分享（KS）、互补品供应（CS）和持续承诺（CC）。在开展6个前因变量对两个结果变量的构型分析前，需要首先验证前因变量对价值创造的充分性和必要性（同时也可验证前文提出的理论假设）。通过fsQCA3.0软件录入校准后的数据模糊集（见第四章表4-8）并遵循必要性分析步骤操作，分析结果如表5-2所示。

表5-2 平台企业价值创造前因变量的充分性和必要性检验

| 变量条件 | 系统评价 一致性 | 系统评价 覆盖率 | 支付意愿 一致性 | 支付意愿 覆盖率 |
| --- | --- | --- | --- | --- |
| PO | 0.72414 | 0.65804 | 0.59940 | 0.54428 |
| ~PO | 0.47376 | 0.55830 | 0.49963 | 0.58834 |
| DM | 0.74963 | 0.85763 | 0.72543 | 0.82933 |
| ~DM | 0.49775 | 0.46304 | 0.44786 | 0.41632 |
| IG | 0.72564 | 0.96607 | 0.70218 | 0.93413 |
| ~IG | 0.52174 | 0.43554 | 0.42161 | 0.35169 |
| KS | 0.74963 | 0.90909 | 0.75019 | 0.90909 |
| ~KS | 0.52249 | 0.46467 | 0.44786 | 0.39800 |
| CS | 0.79985 | 0.78054 | 0.84996 | 0.82882 |

续表

| 变量条件 | 系统评价 | | 支付意愿 | |
|---|---|---|---|---|
| | 一致性 | 覆盖率 | 一致性 | 覆盖率 |
| ~CS | 0.49700 | 0.53771 | 0.42236 | 0.45661 |
| CC | 0.94978 | 0.82648 | 0.95049 | 0.82648 |
| ~CC | 0.29760 | 0.37207 | 0.22281 | 0.27835 |

资料来源：作者根据fsQCA必要性分析输出结果整理，表中大于0.85的数值以均匀黑色加粗字体标注。表中"~"表示变量"缺失"（即取变量反面条件，或变量的低隶属情况）。

从表5-2来看，平台开放（PO）、供需匹配（DM）、互动引导（IG）、知识分享（KS）、互补品供应（CS）和持续承诺（CC）6个前因变量的正面条件对系统评价（SE）和支付意愿（WP）的一致性系数和覆盖率系数基本都在0.6以上，1以下。同时，6个前因变量的"缺失"或反面条件（即~PO、~DM、~IG、~KS、~CS和~CC）对价值创造结果（SE和WP）的一致性系数和覆盖率系数都在0.6以下，说明前因变量（正面条件）对价值创造（正面条件）的解释力较好，假设1a（部分支持）、1b、1c和2a、2b、2c得到验证。

具体来看，在系统评价（SE）方面，DM、IG和KS对SE的覆盖率系数都接近或超过0.9，构成系统评价的近似必要条件；CC对SE的一致性系数为0.94978，构成系统评价的近似充分条件。在支付意愿（WP）方面，DM、IG和KS对WP的覆盖率系数分别为0.82933、0.93413和0.90909，构成支付意愿的近似必要条件；CC对WP的一致性系数为0.95049，构成支付意愿的近似充分条件。综合系统评价和支付意愿两个结果变量来看，供需匹配（DM）、互动引导（IG）和知识分享（KS）构成价值创造（SE和WP）的近似必要条件，用户持续承诺（CC）构成价值创造（SE和WP）的近似充分条件。此外，价值创造的两个结果变量的近似充分条件和近似必要条件完全相同，表明通过系统评价和支付意愿衡量价值创造具有很高的内在一致性。

## 二、平台建设类变量对用户参与类变量的必要性检验

前文扎根理论分析和假设推导部分提到，在平台企业价值创造的过程中，以平台建设为主的"效率"逻辑是以用户参与为主的"创新"逻辑的前提条件。为了在实证上验证该假设，本书加入了平台建设类变量（平台开放/PO、供需匹配/DM、互动引导/IG）对平台参与类变量（知识分享/KS、互补品供应/CS和持续承诺/CC）的必要性检验。遵循相似的必要性检验操作步骤，fsQCA3.0软件输出结果如表5-3所示。

表5-3 "效率"逻辑对"创新"逻辑的必要性检验

| 变量条件 | 知识分享 一致性 | 知识分享 覆盖率 | 互补品供应 一致性 | 互补品供应 覆盖率 | 持续承诺 一致性 | 持续承诺 覆盖率 |
| --- | --- | --- | --- | --- | --- | --- |
| PO | 0.65546 | 0.62111 | 0.657644 | 0.61240 | 0.62949 | 0.65736 |
| ~PO | 0.514545 | 0.50000 | 0.559620 | 0.67580 | 0.49967 | 0.67668 |
| DM | 0.756364 | 0.85355 | 0.731529 | 0.85763 | 0.71755 | 0.94340 |
| ~DM | 0.543636 | 0.417015 | 0.53402 | 0.50907 | 0.45466 | 0.48605 |
| IG | 0.789091 | 0.86627 | 0.63497 | 0.86627 | 0.65362 | 1.00000 |
| ~IG | 0.480909 | 0.331039 | 0.58230 | 0.49812 | 0.45401 | 0.43554 |

资料来源：作者根据fsQCA必要性分析输出结果整理，表中大于0.85的数值以均匀黑色加粗字体标注。表中"~"表示变量"缺失"（即，取变量反面条件，或变量的低隶属情况）。

根据表5-3的数据结果，所有平台建设类变量的正面条件（PO、DM和IG）对用户参与类变量的正面条件（KS、CS和CC）的一致性系数和覆盖率系数均超过0.6，且所有平台建设类变量的反面条件（~PO、~DM和~IG）对用户参与类变量的正面条件（KS、CS和CC）的一致性系数和覆盖率系数均低于0.6，说明平台建设类变量对平台参与类变量具有较强的解释力。

具体来看，在知识分享（KS）方面，DM和IG对KS的覆盖率分别为0.81355和0.86627，接近0.9，构成知识分享的近似必要条件；在互补品供应（CS）方面，DM和IG对KS的覆盖率分别为0.85763和0.86627，构成互补品供应的近似必要条件；在持续承诺（CC）方面，DM对CC的覆盖率系数为

0.94340，构成近似必要条件，而IG对CC的覆盖率系数为1，构成持续承诺的绝对必要条件。

综合三个用户参与类变量（知识分享、互补品供应和持续承诺）来看，平台建设类变量对用户参与类变量的解释力较强（且供需匹配和互动引导构成用户参与类变量的近似必要条件）。因而，研究假设3（H3）得到支持。此外，三个用户参与类变量的近似必要条件（没有近似充分条件）构成成分完全相同，表明通过知识分享、互补品供应和持续承诺衡量用户参与具有很高的内在一致性。

## 三、价值创造对价值获取的必要性检验

前文分析（扎根理论分析和研究假设）提到，价值创造是平台企业获取价值（争取获得更大价值/收益份额）的前提条件，且价值创造很大程度上影响着价值获取，但不能完全解释价值获取（即价值创造是价值获取的近似必要条件）。为了验证平台企业价值创造（系统评价/SE和支付意愿/WP）与价值获取（平台声誉/PR和平台绩效/PP）的这一关联关系，本书加入了价值创造对价值获取的必要性检验。遵循类似的检验程序，fsQCA3.0软件输出的必要性检验结果如表5-4所示。

表5-4 平台企业价值创造对价值获取的必要性检验

| 变量条件 | 平台声誉 | | 平台绩效 | |
|---|---|---|---|---|
| | 一致性 | 覆盖率 | 一致性 | 覆盖率 |
| SE | 0.82212 | 0.92504 | 0.91896 | 0.85008 |
| ~SE | 0.41972 | 0.49763 | 0.42869 | 0.41785 |
| WP | 0.82212 | 0.92573 | 0.94652 | 0.87622 |
| ~WP | 0.35376 | 0.41910 | 0.32091 | 0.31255 |

数据来源：作者根据fsQCA必要性分析输出结果整理，表中大于0.85的数值以均匀黑色加粗字体标注。表中"~"表示变量"缺失"（即，取变量反面条件，或变量的低隶属情况）。

从表5-4的数据结果得知，价值创造结果的正面条件（SE和WP）对价值获取结果的正面条件（PR和PP）的一致性系数和覆盖率系数均超过0.6，且价值创造结果的反面条件（~SE和~WP）对价值获取结果的正面条件（PR和PP）的一致性系数和覆盖率系数均低于0.6，表明平台企业价值创造对价值获取的解释力较强。

具体而言，在平台声誉（PR）方面，SE和WP对PR的覆盖率系数分别为0.92504和0.92573，构成平台声誉的近似必要条件；在平台绩效（PP）方面，SE和WP对PP的一致性系数分别为0.91896和0.94652，SE和WP对PP的覆盖率系数分别为0.85008和0.87622，构成平台绩效的近似充分必要条件。综合来看，平台企业价值创造（系统评价和支付意愿）构成价值获取（平台声誉和平台绩效）的近似必要条件，假设4得到支持。

## 四、平台控制类变量对价值获取的必要性检验

由于平台企业利用平台建设和用户参与创造价值以后，并不能完全解释平台企业价值获取（价值创造是价值获取的近似必要条件），还需要检验平台控制类变量（规则主导/RD、网络效应/NE和用户锁定/UL）对价值获取（平台声誉/PR和平台绩效/PP）的必要性。按照类似的操作，fsQCA软件输出的必要性检验结果如表5-5所示。

表5-5 平台控制类变量对价值获取的必要性检验

| 变量条件 | 平台声誉 一致性 | 平台声誉 覆盖率 | 平台绩效 一致性 | 平台绩效 覆盖率 |
| --- | --- | --- | --- | --- |
| RD | 0.62159 | 0.79880 | 0.70259 | 0.74229 |
| ~RD | 0.57628 | 0.60405 | 0.59157 | 0.50978 |
| NE | 0.75483 | 0.79065 | 0.81037 | 0.69784 |
| ~NE | 0.39907 | 0.51328 | 0.43031 | 0.45501 |

续表

| 变量条件 | 平台声誉 | | 平台绩效 | |
| --- | --- | --- | --- | --- |
| | 一致性 | 覆盖率 | 一致性 | 覆盖率 |
| UL | 0.75550 | 0.94421 | 0.81118 | 0.85347 |
| ~UL | 0.48634 | 0.52180 | 0.48298 | 0.42602 |

资料来源：作者根据fsQCA必要性分析输出结果整理，表中大于0.85的数值以均匀黑色加粗字体标注。表中"~"表示变量"缺失"（即，取变量反面条件，或变量的低隶属情况）。

根据表5-5的数据结果，平台控制类变量的正面条件（RD、NE和UL）对价值获取结果的正面条件（PR和PP）的一致性系数和覆盖率系数均超过0.6，且平台控制类变量的反面条件（~RD、~NE和~UL）对价值获取结果的正面条件（PR和PP）的一致性系数和覆盖率系数基本低于0.6，表明平台控制类变量对价值获取的解释力较强，假设5a、5b、5c得到验证。

具体而言，在平台声誉（PR）方面，UL对PR的覆盖率系数为0.94421，构成平台声誉的近似必要条件；在平台绩效（PP）方面，UL对PP的覆盖率系数分别为0.85347，构成平台绩效的近似充分必要条件。综合来看，只有一个平台企业控制类变量（用户锁定）构成价值获取（平台声誉和平台绩效）的近似必要条件，表明平台控制无法单独解释平台企业价值获取。因而，价值创造（系统评价和支付意愿）和平台控制（规则主导、网络效应和用户锁定）适合采用路径构型分析，验证多个因素对价值获取的复杂影响路径。同时，两个价值获取结果变量的近似必要性条件（没有近似充分条件）构成成分一致，表明通过平台声誉和支付意愿衡量平台企业价值获取具有较高的内在一致性。

# 第三节 平台企业价值创造的构型分析
# （促进构型）

本书通过前因变量必要性检验，发现价值创造的6个前因变量并不能完全单独解释价值创造结果（系统评价和支付意愿），因而非常适合fsQCA路径构型分析。由于fsQCA假定前因变量对结果具有不对称因果关系（即促进结果和抑制结果的路径构型并不完全相同），因此本书不仅需要关注平台企业价值创造的推动/促进构型，还需要关注平台企业价值创造的抑制构型，从而相对完善地解释促进和抑制平台企业价值创造的关键路径。从操作的层面来看，需要分别验证平台企业价值创造结果变量正面条件（SE和WP）的路径构型和反面条件（~SE和~WP）的路径构型。本节分析了促进平台企业价值创造（SE和WP）的路径构型。

## 一、系统评价（SE）的路径构型分析（促进构型）

根据6个价值创造前因变量（PO、DM、IG、KS、CS和CC）和结果变量（SE）的模糊集矩阵，通过fsQCA3.0软件的真值表算法功能可以转化出构型分析的真值表（见附录6中的附表6-1），26个观察案例共组成13种组态[1]。在设定频数阈值（1）和一致性阈值（0.8）后，共有10种组态进入复杂解的路径分析。遵循路径构型分析的操作步骤，fsQCA软件输出的中间解和简约解分别如表5-6和表5-7所示。

---

[1] 理论上 $N$ 个前因变量的可能组态数为 $2^N$ 种。因而，文中所描述案例组态都指的是观察的案例组态而非反事实案例。

表5-6 价值创造（系统评价）促进路径的复杂解

模型：SE = f（DM, IG, KS, PO, CS, CC）
算法：Quine-McCluskey

--- 复杂解 ---

频率阈值：1
一致性阈值：0.829146

|  | 原始覆盖率 | 唯一覆盖率 | 一致性 |
| --- | --- | --- | --- |
| IG*KS*CS*CC | 0.574962 | 0.1514240 | 0.957553 |
| ~DM*IG*KS*~PO*CC | 0.149175 | 0.0254873 | 0.854077 |
| DM*~IG*~KS*CS*CC | 0.347076 | 0.0254873 | 0.931589 |
| ~DM*KS*PO*CS*CC | 0.298351 | 0.0254873 | 1 |
| DM*IG*~KS*PO*~CS*CC | 0.124438 | 0.0254873 | 1 |
| DM*~KS*~PO*CS*CC | 0.297601 | 0 | 0.921114 |
| DM*IG*~PO*CS*CC | 0.324588 | 0 | 1 |
| 解的覆盖率 | | 0.826087 | |
| 解的一致性 | | 0.94188 | |

资料来源：作者根据fsQCA构型分析输出结果整理。表中"~"表示变量"缺失"（即取变量反面条件，或变量的低隶属情况），"*"表示布尔逻辑运算"and"。

表5-7 价值创造（系统评价）促进路径的简约解

模型：SE = f（DM, IG, KS, PO, CS, CC）
算法：Quine-McCluskey

--- 简约解 ---

频率阈值：1
一致性阈值：0.829146

|  | 原始覆盖率 | 唯一覆盖率 | 一致性 |
| --- | --- | --- | --- |
| CC | 0.949775 | 0.949775 | 0.826484 |
| 解的覆盖率 | | 0.949775 | |
| 解的一致性 | | 0.826484 | |

资料来源：作者根据fsQCA构型分析输出结果整理。

结合表5-6和表5-7的复杂解和简约解，绘制平台企业价值创造（系统评价）的路径构型表（促进），如表5-8所示。

表5-8 平台企业价值创造（系统评价）的路径构型（促进）

| 条件 | 用户认知价值：系统评价（SE） | | | | | | |
|---|---|---|---|---|---|---|---|
| | 1a | 1b | 1c | 1d | 1e | 1f | 1g |
| PO | | ⊗ | • | ● | | ⊗ | |
| DM | | ⊗ | • | ⊗ | ● | • | |
| IG | ● | | ⊗ | | | | |
| KS | ● | | ⊗ | • | ⊗ | | |
| CS | ● | | • | • | ⊗ | | |
| CC | ● | ● | ● | ● | ● | ● | ● |
| 观察案例数 | 9 | 2 | 2 | 2 | 1 | 2 | 4 |
| 原始覆盖率 | 0.575 | 0.149 | 0.347 | 0.298 | 0.124 | 0.298 | 0.325 |
| 唯一覆盖率 | 0.151 | 0.025 | 0.025 | 0.025 | 0.025 | 0 | 0 |
| 路径一致性 | 0.958 | 0.854 | 0.932 | 1 | 1 | 0.921 | 1 |
| 解的覆盖率 | 0.826 | | | | | | |
| 解的一致性 | 0.942 | | | | | | |

资料来源：作者根据fsQCA构型分析的复杂解和简约解整理。其中，"●"表示核心条件"存在"，"⊗"表示核心条件"缺失"，"•"表示辅助条件"存在"，"⊗"表示辅助条件"缺失"，空白单元格表示该条件存在或缺失都不影响结果。表中数据均保留三位有效数字。

结合表5-8来看，以结果变量"系统评价"为基础的价值创造前因变量构型分析得出1类路径，包含7种具体路径。构型分析的总体一致性系数为0.942，大于0.8的阈值，且总体覆盖率达到0.826，表明分析效果较为理想。具体来看，系统评价（SE）的路径构型包含一个共同的核心条件：持续承诺（CC），在共享核心条件下组成7种分路径。

路径1a的解释力最高（唯一覆盖率达到0.151），同时也是覆盖观察案例最多的路径（覆盖9个观察案例）。路径1a表明，用户持续承诺（CC）对实现高系统评价（SE）具有核心作用。同时，互动引导（IG）、知识分享（KS）和互补品供应（CS）是促进该路径的辅助条件。换言之，当平台参与（PO）与供需匹配（DM）程度较低时，在保持较高的用户持续承诺前提下，高水平的互动引导、知识分享和互补品供应有利于实现提升用户对平台系统的积极评价。

路径1b的解释力较路径1a更弱（唯一覆盖率为0.025），覆盖了2个观察案例。路径2a表明，平台开放和供需匹配的反面条件（~PO和~DM）、互动引导（IG）和知识分享（KS）构成促成该路径的辅助条件。这说明，在保持较高的用户持续承诺的前提下，低水平的平台开放和供需匹配、高水平的互动引导和知识分享同样有利于提升用户对平台系统的积极评价。

路径1c的解释力与路径1b等同，覆盖2个观察案例。路径1c表明，在核心条件CC存在的前提下，DM、~IG、~KS和CS构成促进该路径的辅助条件。这说明，在保持较高用户承诺的前提下，低水平的互动参与和知识分享、高水平的供需匹配和互补品供应有利于用户对平台系统的积极评价。

路径1d的解释力也为0.025，覆盖2个观察案例。路径1d表明，在核心条件CC存在的前提下，PO、~DM、KS和CS是促进该路径的辅助条件。这说明，在保持较高用户承诺的前提下，低水平的供需匹配、高水平的平台开放、知识分享和互补品供应有利于用户对平台系统的积极评价。

路径1e中所有条件都进入路径构型，覆盖1个观察案例。路径1e表明，在核心条件CC存在的前提下，PO、DM、IG、~KS和~CS是促进该路径的辅助条件。换言之，在保持较高用户承诺的前提下，低水平的知识分享和互补品供应搭配高水平的平台开放、供需匹配和互动引导可以促进用户对平台系统的积极评价。

路径1f和路径1g的解释力不强，但同样构成提升系统评价的路径构型（原始覆盖率和一致性程度较高）。路径1f和1g表明，在核心条件CC存在的前提下，DM、~KS、~PO、CS和DM、IG、~PO、CS分别构成两条路径的辅助条件。换言之，在保持较高用户承诺的前提下，高水平的供需匹配和互补品供应可以弥补知识分享和平台开放程度不高的影响，而高水平的供需匹配、互动引导和互补品供应也可以成为弥补平台开放不足的影响，从而提升用户对平台系统的积极评价。综合上述实证结论，可以提出如下构型：

价值创造构型SE1：用户持续承诺是提升用户对平台系统积极评价的核心条件。在持续承诺下，平台开放、供需匹配、互动引导、知识分享和互补品供应构成辅助条件，分7种形式共同促进用户对平台系统的积极评价。

## 二、支付意愿（WP）的路径构型分析（促进构型）

用户支付意愿（WP）是衡量平台企业价值创造的另一个变量。为此，本书同时分析支付意愿的前因变量路径构型。利用fsQCA3.0的真值表算法可得出前因和结果变量（PO、DM、IG、KS、CS、CC和WP）的真值表（见附录6中的附表6-3）。在此基础上，通过设定频率阈值（1）和一致性阈值（取0.8，实际阈值为0.815934），利用fsQCA3.0展开路径构型分析，输出的复杂解和简约解如表5-9和表5-10所示。

表5-9 价值创造（支付意愿）促进路径的复杂解

模型：WP = f（DM, IG, KS, PO, CS, CC）
算法：Quine-McCluskey

|  | --- 复杂解 --- |  |  |
|---|---|---|---|

频率阈值：1
一致性阈值：0.815934

|  | 原始覆盖率 | 唯一覆盖率 | 一致性 |
|---|---|---|---|
| IG*KS*CS*CC | 0.600900 | 0.1515380 | 1 |
| ~DM*IG*KS*~PO*CC | 0.174794 | 0.0255064 | 1 |
| DM*~IG*~KS*CS*CC | 0.322581 | 0.0255064 | 0.865191 |
| ~DM*KS*PO*CS*CC | 0.273068 | 0 | 0.914573 |
| DM*IG*~KS*PO*~CS*CC | 0.124531 | 0.0255064 | 1 |
| DM*~KS*~PO*CS*CC | 0.273068 | 0 | 0.844548 |

续表

模型：WP = f ( DM, IG, KS, PO, CS, CC )
算法：Quine-McCluskey

|  | --- 复杂解 --- |  |  |
| --- | --- | --- | --- |
| 频率阈值：1<br>一致性阈值：0.815934 | | | |
|  | 原始覆盖率 | 唯一覆盖率 | 一致性 |
| DM*IG*~PO*CS*CC | 0.324831 | 0 | 1 |
| 解的覆盖率 | 0.801951 | | |
| 解的一致性 | 0.913675 | | |

资料来源：作者根据fsQCA构型分析输出结果整理。表中"~"表示变量"缺失"（即，取变量反面条件，或变量的低隶属情况），"*"表示布尔逻辑运算"and"。

### 表5-10 价值创造（支付意愿）促进路径的简约解

模型：WP = f ( DM, IG, KS, PO, CS, CC )
算法：Quine-McCluskey

|  | --- 简约解 --- |  |  |
| --- | --- | --- | --- |
| 频率阈值：1<br>一致性阈值：0.829146 | | | |
|  | 原始覆盖率 | 唯一覆盖率 | 一致性 |
| CC | 0.950488 | 0.950488 | 0.826484 |
| 解的覆盖率 | 0.949775 | | |
| 解的一致性 | 0.826484 | | |

资料来源：作者根据fsQCA构型分析输出结果整理。

根据表5-9和表5-10的复杂解和简约解，绘制平台企业价值创造（支付意愿）的路径构型表（促进）如表5-11所示。

表5-11 平台企业价值创造（支付意愿）的路径构型（促进）

| 条件 | 用户认知价值：支付意愿（WP） | | | | | | |
|---|---|---|---|---|---|---|---|
| | 1a | 1b | 1c | 1d | 1e | 1f | 1g |
| PO | | ⊗ | | ● | ● | ⊗ | ⊗ |
| DM | | ⊗ | ● | ● | ⊗ | ● | ● |
| IG | ● | | ⊗ | ● | ● | ● | ● |
| KS | ● | | ● | ● | ⊗ | ⊗ | |
| CS | ● | | ● | ● | ⊗ | ● | ● |
| CC | ● | ● | ● | ● | ● | ● | ● |
| 观察案例数 | 9 | 2 | 2 | 2 | 1 | 2 | 4 |
| 原始覆盖率 | 0.601 | 0.175 | 0.323 | 0.273 | 0.125 | 0.273 | 0.325 |
| 唯一覆盖率 | 0.152 | 0.026 | 0.026 | 0 | 0.026 | 0 | 0 |
| 路径一致性 | 1 | 1 | 0.865 | 0.915 | 1 | 0.845 | 1 |
| 解的覆盖率 | 0.802 | | | | | | |
| 解的一致性 | 0.914 | | | | | | |

资料来源：作者根据fsQCA构型分析的复杂解和简约解整理。其中，"●"表示核心条件"存在"，"⊗"表示核心条件"缺失"，"●"表示辅助条件"存在"，"⊗"表示辅助条件"缺失"，空白单元格表示该条件存在或缺失都不影响结果。表中数据均保留三位有效数字。

结合表5-11来看，以结果变量"支付意愿"为基础的价值创造前因变量构型分析得出1类路径，包含7种具体路径。构型分析的总体一致性系数为0.914，大于0.8的阈值，且总体覆盖率达到0.802，表明分析效果较为理想。具体来看，支付意愿（WP）的路径构型包含一个共同的核心条件：持续承诺（CC），在共享核心条件下组成7种分路径。

路径1a的解释力最高（唯一覆盖率达到0.152），同时也是覆盖观察案例最多的路径（覆盖9个观察案例）。路径1a表明，用户持续承诺（CC）对实现高支付意愿（WP）具有核心作用。同时，互动引导（IG）、知识分享

（KS）和互补品供应（CS）是促进该路径的辅助条件。换言之，当平台参与（PO）与供需匹配（DM）程度较低时，在保持较高的用户持续承诺前提下，高水平的互动引导、知识分享和互补品供应有利于实现提高用户的支付意愿。

路径1b的解释力较路径1a更弱（唯一覆盖率为0.026），覆盖了2个观察案例。路径2a表明，平台开放和供需匹配的反面条件（~PO和~DM）、互动引导（IG）和知识分享（KS）构成促成该路径的辅助条件。这说明，在保持较高的用户持续承诺的前提下，低水平的平台开放和供需匹配、高水平的互动引导和知识分享同样有利于提高用户的支付意愿。

路径1c的解释力与路径1b等同，覆盖2个观察案例。路径1c表明，在核心条件CC存在的前提下，DM、~IG、~KS和CS构成促进该路径的辅助条件。这说明，在保持较高用户承诺的前提下，低水平的互动参与和知识分享、高水平的供需匹配和互补品供应有利于提高用户的支付意愿。

路径1e中所有条件都进入路径构型，覆盖1个观察案例。路径1e表明，在核心条件CC存在的前提下，PO、DM、IG、~KS和~CS是促进该路径的辅助条件。换言之，在保持较高用户承诺的前提下，低水平的知识分享和互补品供应搭配高水平的平台开放、供需匹配和互动引导可以提高用户的支付意愿。

路径1d、1f和路径1g的解释力不强，但同样构成提升系统评价的路径构型（原始覆盖率和一致性程度较高）。路径1d、1f和1g表明，在核心条件CC存在的前提下，PO、~DM、KS和CS构成路径1d的辅助条件，DM、~KS、~PO和CS构成路径1f的辅助条件，而DM、IG、~PO和CS构成路径1g的辅助条件。换言之，在保持较高用户持续承诺的前提下，高水平的平台开放、知识分享和互补品供应可以弥补供需匹配不足的影响，高水平的供需匹配和互补品供应可以弥补知识分享和平台开放程度不高的影响，而高水平的供需匹配、互动引导和互补品供应也可以弥补平台开放不足的影响，从而提升用户的支付意愿。综合上述实证结论，可以提出如下构型。

价值创造构型WP1：用户持续承诺是提高用户支付意愿的核心条件。在持续承诺下，平台开放、供需匹配、互动引导、知识分享和互补品供应构成辅助条件，分7种形式共同提高用户对平台的支付意愿。

通过比较两类价值创造的促进构型，可以发现，尽管价值创造的体现结果不同（分别为系统评价和支付意愿），但二者在前因构型上完全重合，从而间接表明通过系统评价和支付意愿衡量价值创造的稳健性。基于两类构型分析，本书提出平台企业价值创造的路径构型（促进）如下。

价值创造的路径构型（促进）：用户持续承诺是促进平台企业价值创造的核心条件，平台开放、供需匹配、互动引导、知识分享和互补品供应构成辅助条件，分7种路径共同提升价值创造结果（系统评价和支付意愿）。

## 第四节 平台企业价值获取的构型分析（促进构型）

前文必要性检验时已指出，价值创造的结果（系统评价和支付意愿）与平台控制类变量（规则主导、网络效应和用户锁定）都不能单独完全解释价值获取结果（平台声誉和平台绩效）。因而，在路径构型分析部分，需要综合考察五个前因变量（SE、WP、RD、NE和UL）对价值获取结果（PR和PP）的影响构型，从而理解影响平台企业价值获取的关键路径。从操作层面来看，需要分别验证平台企业价值获取结果变量正面条件（PR和PP）的路径构型（即促进构型）和反面条件（~PR和~PP）的路径构型（即抑制构型）。本节分析了促进平台企业价值获取（PR和PP）的路径构型。

# 一、平台声誉（PR）的路径构型分析（促进构型）

利用fsQCA3.0软件可以得出平台声誉（PR）在前因变量（SE、WP、RD、NE和UL）上的真值表（见附录6中的附表6-5）。通过设定频数阈值（1）和一致性阈值（系统默认为0.8，实际为0.853448）。按照构型分析的操作过程，可得出平台声誉促进路径的复杂解和简约解，如表5-12和表5-13所示。

表5-12　价值获取（平台声誉）促进路径的复杂解

模型：PR = f ( SE, WP, RD, NE, UL )
算法：Quine–McCluskey

--- 复杂解 ---

频率阈值：1
一致性阈值：0.853448

|  | 原始覆盖率 | 唯一覆盖率 | 一致性 |
| --- | --- | --- | --- |
| SE*WP*UL | 0.644237 | 0.0899400 | 1 |
| SE*~WP*~NE*~UL | 0.198534 | 0.0226516 | 0.816438 |
| WP*~RD*~NE*UL | 0.287142 | 0.0226516 | 0.928879 |
| SE*WP*RD*NE | 0.489007 | 0.0255064 | 1 |
| ~SE*~WP*RD*~NE*UL | 0.131912 | 0.0219853 | 0.853448 |
| ~SE*~WP*~RD*NE*UL | 0.176549 | 0.0226516 | 1 |
| 解的覆盖率 | | 0.801466 | |
| 解的一致性 | | 0.899776 | |

资料来源：作者根据fsQCA构型分析输出结果整理。表中"~"表示变量"缺失"（即，取变量反面条件，或变量的低隶属情况），"*"表示布尔逻辑运算"and"。

表5-13 价值获取（平台声誉）促进路径的简约解

模型：PR = f ( SE, WP, RD, NE, UL )
算法：Quine-McCluskey

--- 简约解 ---

频率阈值：1
一致性阈值：0.853448

| | 原始覆盖率 | 唯一覆盖率 | 一致性 |
|---|---|---|---|
| SE | 0.822119 | 0.177881 | 0.925038 |
| UL | 0.755496 | 0.111259 | 0.944213 |
| 解的覆盖率 | | 0.933378 | |
| 解的一致性 | | 0.893495 | |

资料来源：作者根据fsQCA构型分析输出结果整理。

根据表5-12和表5-13的复杂解和简约解，绘制平台企业价值获取（平台声誉）的路径构型表（促进）如表5-14所示。

表5-14 平台企业价值获取（平台声誉）的路径构型（促进）

| 条件 | 平台专属收益：平台声誉（PR） | | | | | |
|---|---|---|---|---|---|---|
| | 1a | 1b | 1c | 2a | 2b | 2c |
| SE | ● | ● | ● | | ⊗ | ⊗ |
| WP | ● | ⊗ | ● | ● | ⊗ | ⊗ |
| RD | | | ● | ⊗ | ● | ⊗ |
| NE | | ⊗ | | ⊗ | | ● |
| UL | ● | ⊗ | | ● | ● | ● |
| 观察案例数 | 10 | 2 | 2 | 8 | 1 | 1 |
| 原始覆盖率 | 0.644 | 0.199 | 0.489 | 0.287 | 0.132 | 0.177 |
| 唯一覆盖率 | 0.090 | 0.023 | 0.045 | 0.023 | 0.022 | 0.023 |

续表

| 条件 | 平台专属收益：平台声誉（PR） | | | | | |
|---|---|---|---|---|---|---|
| | 1a | 1b | 1c | 2a | 2b | 2c |
| 路径一致性 | 1 | 0.816 | 1 | 0.929 | 0.853 | 1 |
| 解的覆盖率 | 0.801 | | | | | |
| 解的一致性 | 0.900 | | | | | |

资料来源：作者根据fsQCA构型分析的复杂解和简约解整理。其中，"●"表示核心条件"存在"，"⊗"表示核心条件"缺失"，"●"表示辅助条件"存在"，"⊗"表示辅助条件"缺失"，空白单元格表示该条件存在或缺失都不影响结果。表中数据均保留三位有效数字。

从表5-14来看，平台声誉（PR）路径构型的总体一致性系数为0.900，大于0.8的阈值，覆盖率达到0.801，表明分析效果较为理想。从构型路径来看，促进平台声誉提升的路径包括两类：以系统评价（SE）为核心条件的路径1a、1b、1c，以及以用户锁定（UL）为核心条件的路径2a、2b和2c。

具体来看，第一类路径共享核心条件"系统评价"（含1a、1b、1c），解释力较强（唯一覆盖率分别为0.09、0.023和0.045）。路径1a覆盖观察案例最多（10个），路径1a中WP和UL是促成该路径的辅助条件，表明当平台用户系统评价较高时，高支付意愿和系统锁定有利于平台企业提高声誉。路径1b覆盖2个观察案例，~WP、~NE和~UL构成该路径的辅助条件，表明当平台用户系统评价较高时，低水平的支付意愿、网络效应和系统锁定也可能有助于提高平台声誉。路径1c覆盖2个案例，WP、RD和NE构成该路径的辅助条件，表明当平台用户系统评价较高时，高水平的支付意愿、规则主导和网络效应有助于提升平台声誉。

第二类路径共享核心条件"用户锁定"（含2a、2b和2c），解释力较强（唯一覆盖率分别为0.023、0.022和0.023）。其中，路径2a覆盖的观察案例最多（8个），WP、~RD和~NE构成该路径的辅助条件，表明当用户锁定程度较高时，高支付意愿、低规则主导和较弱的网络效应可以提升平台声誉。路径2b覆盖1个观察案例，~SE、~WP、RD和~NE构成该路径的辅助条件，表明当用户锁定程度较高时,较弱的网络效应搭配低水平系统评价、支付意愿和高水平规则主导同样有助于提升平台声誉。路径2c覆盖1个观察案例,~SE、~WP、~RD和NE构成该路径的辅助条件,表明当用户锁定程度较高时,较强的网络效应搭配低水平系统评价、支付意愿和规则主导也有利于提升平台绩效。综合上述实证结论,本书提出如下平台声誉的路径构型。

价值获取构型PR1:系统评价是促进高平台声誉的核心条件,支付意愿、规则主导、网络效应和系统锁定构成该构型的辅助条件,分3种路径共同提升平台声誉。

价值获取构型PR2:用户锁定是促进高平台声誉的核心条件,系统评价、支付意愿、规则主导和网络效应构成该构型的辅助条件,分3种路径共同提升平台声誉。

## 二、平台绩效（PP）的路径构型分析（促进构型）

利用fsQCA3.0软件可以得出平台绩效（PP）在前因变量（SE、WP、RD、NE和UL）上的真值表（见附录6中的附表6-7）。通过设定频数阈值（1）和一致性阈值（系统默认为0.8,实际为0.853448）。按照构型分析的操作过程,可得出平台绩效促进路径的复杂解和简约解,如表5-15和表5-16所示。

表5-15 价值获取（平台绩效）促进路径的复杂解

模型：PP= f（SE, WP, RD, NE, UL）
算法：Quine-McCluskey

|  | --- 复杂解 --- | | |
| --- | --- | --- | --- |
| 频率阈值：1 一致性阈值：0.853448 | 原始覆盖率 | 唯一覆盖率 | 一致性 |
| SE*WP*UL | 0.756888 | 0.0826580 | 0.965874 |
| SE*~WP*RD*~NE*~UL | 0.160454 | 0 | 0.853448 |

续表

模型：PP= f（SE, WP, RD, NE, UL）
算法：Quine-McCluskey

--- 复杂解 ---

频率阈值：1
一致性阈值：0.853448

|  | 原始覆盖率 | 唯一覆盖率 | 一致性 |
| --- | --- | --- | --- |
| WP*~RD*~NE*UL | 0.349271 | 0.0275527 | 0.928879 |
| SE*WP*RD*NE | 0.594814 | 0.0551054 | 1 |
| ~SE*~WP*RD*~NE*UL | 0.160454 | 0.0267423 | 0.853448 |
| ~SE*~WP*~RD*NE*UL | 0.187196 | 0 | 0.871698 |
| 解的覆盖率 | | 0.893031 | |
| 解的一致性 | | 0.867716 | |

资料来源：作者根据fsQCA构型分析输出结果整理。表中"~"表示变量"缺失"（即，取变量反面条件，或变量的低隶属情况），"*"表示布尔逻辑运算"and"。

表5-16 价值获取（平台绩效）促进路径的简约解

模型：PP= f（SE, WP, RD, NE, UL）
算法：Quine-McCluskey

--- 简约解 ---

频率阈值：1
一致性阈值：0.853448

|  | 原始覆盖率 | 唯一覆盖率 | 一致性 |
| --- | --- | --- | --- |
| UL | 0.811183 | 0.2439220 | 0.833472 |
| SE*RD | 0.649109 | 0.0818477 | 0.922811 |
| 解的覆盖率 | | 0.893031 | |
| 解的一致性 | | 0.804967 | |

资料来源：作者根据fsQCA构型分析输出结果整理，"*"表示布尔逻辑运算"and"。

结合表5-15和表5-16所显示的平台绩效促进路径的复杂解和简约解，绘制平台企业价值获取（平台绩效）的路径构型表（促进），如表5-17所示。

表5-17 平台企业价值获取（平台绩效）的路径构型（促进）

| 条件 | 平台专属收益：平台绩效（PP） | | | | | |
|---|---|---|---|---|---|---|
| | 1a | 1b | 1c | 1d | 2a | 2b |
| 系统评价 | ● | | ⊗ | ⊗ | ● | ● |
| 支付意愿 | ● | ● | ⊗ | | ● | ⊗ |
| RD | | ⊗ | ● | ⊗ | ● | ● |
| NE | | | ⊗ | ⊗ | | |
| UL | ● | ● | ● | ● | | ⊗ |
| 观察案例数 | 10 | 2 | 1 | 1 | 8 | 1 |
| 原始覆盖率 | 0.757 | 0.349 | 0.160 | 0.187 | 0.595 | 0.160 |
| 唯一覆盖率 | 0.083 | 0.028 | 0.027 | 0 | 0.055 | 0 |
| 路径一致性 | 0.966 | 0.929 | 0.853 | 0.872 | 1 | 0.853 |
| 解的覆盖率 | 0.893 | | | | | |
| 解的一致性 | 0.868 | | | | | |

资料来源：作者根据fsQCA构型分析的复杂解和简约解整理。其中，"●"表示核心条件"存在"，"⊗"表示核心条件"缺失"，"●"表示辅助条件"存在"，"⊗"表示辅助条件"缺失"，空白单元格表示该条件存在或缺失都不影响结果。表中数据均保留三位有效数字。

从表5-17可以得知，平台绩效（PP）路径构型的总体一致性系数为0.868，大于0.8的阈值，覆盖率达到0.893，表明分析效果较为理想。从构型路径来看，促进平台绩效提升的路径包括两类：以用户锁定（UL）为核心条件的路径1a、1b、1c和1d，以及同时以系统评价（SE）和规则主导（RD）为核心条件的路径2a和2b。

具体来看，第一类路径共享核心条件"用户锁定"（包括1a、1b、1c和1d），除1d外其余三条分路径解释力较强（唯一覆盖率分别为0.083、0.028和0.027）。其中，路径1a覆盖观察案例最多（10个），构成条件数最少（3个）。SE和WP构成路径1a的辅助条件，表明当用户锁定程度较高时，高水平的价值创造结果有利于提升平台绩效。路径1b覆盖2个观察案例，WP、~RD和~NE构成该路径的辅助条件，表明当用户锁定程度较高时，高支付意愿搭配低规则主导和弱网络效应同样有利于提升平台绩效。路径1c覆盖1个观察案例，~SE、~WP、RD和~NE构成该路径的辅助条件，表明当用户锁定程度较高时，强势规则主导搭配低系统评价、低支付意愿和弱网络效应也可以促进平台绩效提升。路径1d也覆盖1个观察案例，~SE、~WP、~RD和NE构成该路径的辅助条件，表明当用户锁定程度较高时，强网络效应搭配低系统评价、低支付意愿和低规则主导也有利于提升平台绩效。

第二类路径同时共享核心条件"系统评价"和"规则主导"（含2a和2b），路径2a的解释力较强（唯一覆盖率为0.055），而路径2b的解释力较弱。其中，路径2a覆盖8个观察案例，WP和NE构成该路径的辅助条件，表明当系统评价和规则主导较高时，高水平支付意愿和强网络效应有利于提升平台绩效。路径2b覆盖1个观察案例，~WP、~NE和~UL构成该路径的辅助条件，表明当系统评价和规则主导较高时，低支付意愿、弱网络效应和低用户锁定也可能促进平台绩效提高。综合上述实证分析结论，本书提出如下平台绩效的路径构型。

价值获取构型PP1：用户锁定是促进高平台绩效的核心条件，系统评价、支付意愿、规则主导和网络效应构成该构型的辅助条件，分4种路径共同提升平台绩效。

价值获取构型PR2：系统评价和规则主导是同时促进高平台绩效的核心条件，支付意愿和网络效应构成该构型的辅助条件，分2种路径共同提升平台绩效。

通过比较四类价值获取的促进构型，可以发现，尽管价值获取的体现结果不同（分别为平台声誉和平台绩效），但不同价值获取结果在前因构型上重合度[①]非常高（复杂解重合度为83.33%），从而间接表明通过平台声誉和平台绩效衡量价值获取的稳健性。基于两类构型分析，本书提述平台企业价值获取的路径构型（促进）如下。

价值获取的路径构型（促进）：系统评价和用户锁定分别构成两类促进平台声誉提升的核心条件。在系统评价为核心条件时，支付意愿、规则主导、网络效应和用户锁定构成辅助条件，分3种路径提升平台声誉；在用户锁定作为核心条件时，系统评价、支付意愿、规则主导和网络效应构成辅助条件，分3种路径提升平台声誉。同时，系统评价和规则主导以及用户锁定分别构成两类促进平台绩效提升的核心条件。当用户锁定作为核心条件时，系统评价、支付意愿、规则主导和网络效应构成辅助条件，分4种路径提升平台绩效；当系统评价和规则主导同时作为核心条件时，支付意愿、网络效应和用户锁定作为辅助条件，分2种路径提升平台绩效。

---

[①] 本书按照如下算法手工计算价值创造或价值获取情形下不同结果组态的重合度：①分别输出复杂解和简约解；②计算不同结果变量的复杂/简约解中完全相同的构型数占两个变量总构型数的比例。以价值获取构型（促进）的复杂解为例，平台声誉的复杂解包括六种构型：SE*WP*UL、SE*~WP*~NE*~UL、WP*~RD*~NE*UL、SE*WP*RD*NE、~SE*~WP*RD*~NE*UL和~SE*~WP*~RD*NE*UL。而平台绩效（度量价值获取结果的另一个变量）的复杂解也包括六种构型：SE*WP*UL、SE*~WP*RD*~NE*~UL、WP*~RD*~NE*UL、SE*WP*RD*NE、~SE*~WP*RD*~NE*UL和~SE*~WP*~RD*NE*UL。通过对比可以发现，平台声誉与平台绩效的复杂解共有12种，同时出现在两个变量的构型结果的构型有5种（即两个变量重合的构型总数为10）。因而价值获取（平台声誉和平台绩效）的复杂解组态重合度等于10/12=83.33%。依照此算法，可以同样求解价值创造路径构型（促进）的复杂解重合度和简约解重合度（后文重合度计算均采用该算法，不再一一赘述）。

# 第五节 平台企业价值创造的构型分析（抑制构型）

在分析促进平台企业价值创造与价值获取的路径构型以后，还需要再分析抑制平台企业价值创造与价值获取的构型，才能得出比较完善和稳健的结论。这是因为：①fsQCA分析假定前因变量与结果变量具有不对称因果关系，即造成"良好"结果的因素组合与造成"失败"结果的因素组合往往并不完全相同。或者说，促进正面结果产生的构型（促进构型）和促进反面结果产生的构型（即抑制正面结果产生的构型，简称抑制构型）不完全等同。②同时分析"成功"和"失败"的过程更有助于发展理论和指导实践。为此，我们不仅需要探索"成功过程"，也需要探索"失败过程"，从而为避免陷入"失败"和主动追求"成功"提供良好的理论参考。为此，本章通过第五节和第六节分别验证抑制平台企业价值创造和价值获取的路径构型。

## 一、系统评价（~SE）的路径构型分析（抑制构型）

利用fsQCA3.0软件可以得出系统评价的反面条件（~SE）在前因变量（PO、DM、IG、KS、CS和CC）上的真值表（见附录6中的附表6-2）。通过设定频数阈值（1）和一致性阈值（系统默认为0.8，实际为0.946372）。按照构型分析的操作过程，可得出系统评价抑制路径的复杂解和简约解，如表5-18和表5-19所示。

表5-18 价值创造（系统评价）抑制路径的复杂解

模型：~SE = f ( PO, DM, IG, KS, CS, CC )
算法：Quine-McCluskey

|  | --- 复杂解 --- |  |  |
| --- | --- | --- | --- |

频率阈值：1
一致性阈值：0.946372

|  | 原始覆盖率 | 唯一覆盖率 | 一致性 |
| --- | --- | --- | --- |
| ~DM*~IG*~KS*~CS*~CC | 0.632701 | 0.1327010 | 0.922811 |
| PO*~DM*~IG*~KS*~CC | 0.500790 | 0.0268562 | 0.949102 |
| ~PO*DM*~IG*~KS*CS*CC | 0.287520 | 0.0789889 | 1 |
| ~PO*~DM*IG*KS*CS*CC | 0.157188 | 0.0529225 | 1 |
| 解的覆盖率 |  | 0.869668 |  |
| 解的一致性 |  | 0.942637 |  |

资料来源：作者根据fsQCA构型分析输出结果整理。表中"~"表示变量"缺失"（即，取变量反面条件，或变量的低隶属情况），"*"表示布尔逻辑运算"and"。

表5-19 价值创造（系统评价）抑制路径的简约解

模型：~SE = f ( PO, DM, IG, KS, CS, CC )
算法：Quine-McCluskey

|  | --- 简约解 --- |  |  |
| --- | --- | --- | --- |

频率阈值：1
一致性阈值：0.946372

|  | 原始覆盖率 | 唯一覆盖率 | 一致性 |
| --- | --- | --- | --- |
| ~PO*~IG | 0.576619 | 0.0529226 | 0.95675 |
| ~PO*~DM*CS | 0.339652 | 0.0268562 | 1 |
| ~CC | 0.789889 | 0.0260663 | 0.937207 |
| ~DM*~KS | 0.815956 | 0.0260663 | 0.885935 |
| 解的覆盖率 |  | 0.973934 |  |
| 解的一致性 |  | 0.881344 |  |

资料来源：作者根据fsQCA构型分析输出结果整理。表中"~"表示变量"缺失"（即，取变量反面条件，或变量的低隶属情况），"*"表示布尔逻辑运算"and"。

根据表5-18和表5-19的系统评价抑制路径的复杂解和简约解，绘制平台企业价值创造（系统评价）的路径构型表（抑制），如表5-20所示。

表5-20 平台企业价值创造（系统评价）的路径构型（抑制）

| 条件 | 用户认知价值：系统评价（~SE） | | | |
|---|---|---|---|---|
| | 1 | 2 | 3 | 4 |
| PO |  | ● | ⊗ | ⊗ |
| DM | ⊗ | ⊗ | ● | ⊗ |
| IG | ⊗ | ⊗ | ⊗ | ● |
| KS | ⊗ | ⊗ |  |  |
| CS | ⊗ |  | ● | ● |
| CC | ⊗ | ⊗ | ● | ● |
| 观察案例数 | 9 | 7 | 1 | 1 |
| 原始覆盖率 | 0.633 | 0.501 | 0.286 | 0.157 |
| 唯一覆盖率 | 0.133 | 0.027 | 0.079 | 0.053 |
| 路径一致性 | 0.923 | 0.949 | 1 | 1 |
| 解的覆盖率 | 0.870 | | | |
| 解的一致性 | 0.943 | | | |

资料来源：作者根据fsQCA构型分析的复杂解和简约解整理。其中，"●"表示核心条件"存在"，"⊗"表示核心条件"缺失"，"●"表示辅助条件"存在"，"⊗"表示辅助条件"缺失"，空白单元格表示该条件存在或缺失都不影响结果。表中数据均保留三位有效数字。

从表5-20可以得知，系统评价反面条件（~SE）路径构型的总体一致性系数为0.943，高于0.8的阈值，总体覆盖率达到0.870，表明分析效果较为理想。从构型路径来看，系统评价反面条件的路径构型分为四类：①以供需匹配缺失（~DM）和知识分享缺失（~KS）同时作为核心条件的路径1；

②以持续承诺缺失（~CC）作为核心条件的路径2；③以平台开放缺失（~PO）和互动引导缺失（~IG）同时作为核心的路径3；④以平台开放缺失（~PO）、供需匹配缺失（~DM）和互补品供应（CS）同时作为为核心条件的路径4。

具体来看，路径1的解释力最强（唯一覆盖率为0.133），覆盖的案例数也最多（9个）。在~DM和~KS作为核心条件下，~IG、~CS和~CC构成该路径的辅助条件，表明当缺乏良好的供需匹配和知识分享时，低互动引导、低互补品供应和低持续承诺会推动用户对平台系统的消极评价。

路径2覆盖了7个观察案例，解释力比路径1更弱（唯一覆盖率为0.027）。~CC构成该路径的核心条件，PO、~DM、~IG和~KS构成该路径的辅助条件。这说明，当平台缺乏用户持续承诺时，高平台开放、低供需匹配、低互动引导和低知识分享将推动用户对平台系统的消极评价。

路径3覆盖了1个观察案例，解释力较强（唯一覆盖率为0.079）。~PO和~IG同时构成该路径的核心条件，DM、~KS、CS和CC构成该路径的辅助条件。这说明，当平台开放程度和互动引导程度都十分低时，高供需匹配、低知识分享、高互补品供应和高持续承诺也会促进用户对平台系统的消极评价。

路径4也覆盖了1个观察案例，解释力较强（唯一覆盖率为0.053）。~PO、~DM和CS共同构成该路径的核心条件，IG、KS和CC构成该路径的辅助条件。这表明，当平台开放程度和供需匹配程度很低，且互补品供应程度较高时，高互动引导、高知识分享和高持续承诺也会推动用户对平台系统的消极评价。综合上述实证分析结论，本书提出如下系统评价的路径构型（抑制）。

价值创造构型~SE1：供需匹配缺失和知识分享缺失同时作为抑制用户对平台系统积极评价的核心条件，平台开放、供需匹配缺失、互动引导缺失和知识分享缺失构成辅助条件，推动用户对平台系统的消极评价。

价值创造构型~SE2：持续承诺缺失作为抑制用户对平台系统积极评价的核心条件，平台开放、供需匹配缺失、互动引导缺失和知识分享缺失构成辅助条件，推动用户对平台系统的消极评价。

价值创造构型~SE3：平台开放缺失和互动引导缺失作为抑制用户对平台系统积极评价的核心条件，供需匹配、知识分享缺失、互补品供应和持续承诺缺失构成辅助条件，推动用户对平台系统的消极评价。

价值创造构型~SE4：平台开放缺失、供需匹配缺失和互补品供应作为抑制用户对平台系统积极评价的核心条件，互动引导、知识分享和持续承诺构成辅助条件，推动用户对平台系统的消极评价。

## 二、支付意愿（~WP）的路径构型分析（抑制构型）

利用fsQCA3.0软件可得出支付意愿的反面条件（~WP）在前因变量（PO、DM、IG、KS、CS和CC）上的真值表（见附录6中的附表6-4）。通过设定频数阈值（1）和一致性阈值（系统默认为0.8，实际为1）。按照构型分析的操作过程，可得出支付意愿抑制路径的复杂解和简约解，如表5-21和表5-22所示。

### 表5-21 价值创造（支付意愿）抑制路径的复杂解

模型：~WP = f ( PO, DM, IG, KS, CS, CC )
算法：Quine-McCluskey

| | --- 复杂解 --- | | |
|---|---|---|---|
| 频率阈值：1 一致性阈值：1 | | | |
| | 原始覆盖率 | 唯一覆盖率 | 一致性 |
| ~DM*~IG*~KS*~CS*~CC | 0.685083 | 0.1846880 | 1 |
| PO*~DM*~IG*~KS*~CC | 0.527230 | 0.0268351 | 1 |
| 解的覆盖率 | 0.711918 | | |
| 解的一致性 | 1 | | |

资料来源：作者根据fsQCA构型分析输出结果整理。表中"~"表示变量"缺失"（即，取变量反面条件，或变量的低隶属情况），"*"表示布尔逻辑运算"and"。

表5-22 价值创造（支付意愿）抑制路径的简约解

模型：~WP = f ( PO, DM, IG, KS, CS, CC )
算法：Quine-McCluskey

| | --- 简约解 --- | | |
|---|---|---|---|
| 频率阈值：1 一致性阈值：1 | | | |
| | 原始覆盖率 | 唯一覆盖率 | 一致性 |
| ~CC | 0.790055 | 0.0260457 | 0.938144 |
| ~DM*~KS | 0.790055 | 0.0260457 | 0.858491 |
| 解的覆盖率 | 0.816101 | | |
| 解的一致性 | 0.839286 | | |

资料来源：作者根据fsQCA构型分析输出结果整理。表中"~"表示变量"缺失"（即，取变量反面条件，或变量的低隶属情况），"*"表示布尔逻辑运算"and"。

根据表5-21和表5-22的支付意愿抑制路径的复杂解和简约解，绘制平台企业价值创造（支付意愿）的路径构型表（抑制），如表5-23所示。

表5-23 平台企业价值创造（支付意愿）的路径构型（抑制）

| 条件 | 用户认知价值：支付意愿（~WP） | |
|---|---|---|
| | 1 | 2 |
| PO | | ● |
| DM | ⊗ | ⊗ |
| IG | ⊗ | ⊗ |
| KS | ⊗ | ⊗ |
| CS | ⊗ | |
| CC | ⊗ | ⊗ |
| 观察案例数 | 9 | 7 |

续表

| 条件 | 用户认知价值：支付意愿（~WP） ||
|---|---|---|
|  | 1 | 2 |
| 原始覆盖率 | 0.685 | 0.527 |
| 唯一覆盖率 | 0.185 | 0.027 |
| 路径一致性 | 1 | 1 |
| 解的覆盖率 | 0.712 ||
| 解的一致性 | 1 ||

资料来源：作者根据fsQCA构型分析的复杂解和简约解整理。其中，"●"表示核心条件"存在"，"⊗"表示核心条件"缺失"，"●"表示辅助条件"存在"，"⊗"表示辅助条件"缺失"，空白单元格表示该条件存在或缺失都不影响结果。表中数据均保留三位有效数字。

从表5-23来看，支付意愿反面条件（~WP）的路径构型的总体一致性系数为1，超过阈值0.8，覆盖率为0.712，表明分析效果较为理想。从构成路径来看，支付意愿反面条件的路径构型分为两类：以持续承诺缺失（~CC）为核心条件的路径1；以供需匹配缺失（~DM）和知识分享缺失（~KS）同时作为核心条件的路径2。

具体来看，路径1覆盖9个观察案例，解释力很强（唯一覆盖率达到0.185）。除了~CC作为核心条件，~DM、~IG、~KS和~CS构成该路径的辅助条件。这表明，当平台缺乏持续承诺时，低供需匹配、低互动引导、低知识分享和低互补品供应会联合降低用户的支付意愿。

路径2覆盖7个观察案例，解释力较路径1更弱（唯一覆盖率0.027）。除了~DM和~KS同时作为核心条件，PO、~IG和~CC构成该路径的辅助条件。换言之，当平台缺乏供需匹配和知识分享时，高平台开放、低互动引导和低持续承诺会联合降低用户的支付意愿。综合上述实证分析结论，本书提出如下支付意愿的路径构型（抑制）。

价值创造构型~WP1：持续承诺缺失作为抑制用户支付意愿的核心条件，供需匹配缺失、互动引导缺失、知识分享缺失和互补品缺失构成辅助条件，共同降低用户的支付意愿。

价值创造构型~WP2：供需匹配缺失和知识分享缺失同时作为抑制用户支付意愿的核心条件，平台开放、互动引导缺失和持续承诺缺失构成辅助条件，共同降低用户的支付意愿。

通过比较六类抑制价值创造的路径构型可以发现，尽管价值创造的结果不同（包括系统评价和支付意愿），但两种结果在前因路径构型上重合度较高（复杂解重合度为66.7%），从而印证抑制价值创造组态的稳健性。结合价值创造的六种抑制构型，本书提出如下平台企业价值创造的路径构型（抑制）。

价值创造的路径构型（抑制）：在价值创造过程中，抑制系统评价的构型有4类，抑制用户支付意愿的构型有2类。其中，当供需匹配缺失和知识分享缺失同时作为抑制用户对平台系统积极评价的核心条件时，平台开放、供需匹配缺失、互动引导缺失和知识分享缺失构成辅助条件，推动用户对平台系统的消极评价；当持续承诺缺失作为抑制用户对平台系统积极评价的核心条件时，平台开放、供需匹配缺失、互动引导缺失和知识分享缺失构成辅助条件，推动用户对平台系统的消极评价；当平台开放缺失和互动引导缺失作为抑制用户对平台系统积极评价的核心条件时，供需匹配、知识分享缺失、互补品供应和持续承诺缺失构成辅助条件，推动用户对平台系统的消极评价；当平台开放缺失、供需匹配缺失和互补品供应作为抑制用户对平台系统积极评价的核心条件时，互动引导、知识分享和持续承诺构成辅助条件，推动用户对平台系统的消极评价；当持续承诺缺失作为抑制用户支付意愿的核心条件时，供需匹配缺失、互动引导缺失、知识分享缺失和互补品缺失构成辅助条件，共同降低用户的支付意愿；当供需匹配缺失和知识分享缺失同时作为抑制用户支付意愿的核心条件时，平台开放、互动引导缺失和持续承诺缺失构成辅助条件，共同降低用户的支付意愿。

# 第六节 平台企业价值获取的构型分析（抑制构型）

前文分析表明，系统评价、支付意愿、规则主导、网络效应和用户锁定五种因素在推动平台企业价值获取的过程中扮演着或核心或辅助的组态角色。这五种因素对抑制平台企业价值获取的过程是否发挥相同的作用，还有待实证检验。据此，本节内容通过平台声誉（~PR）和平台绩效（~PP）两个结果变量的路径构型分析，寻求导致价值获取"失败"的不利因素组合，从而为平台企业价值获取分析提供更加稳健的结论。

## 一、平台声誉（~PR）的路径构型分析（抑制构型）

基于fsQCA3.0软件可得出平台声誉的反面条件（~PR）在前因变量（SE、WP、RD、NE和UL）上的真值表（见附录6中的附表6-6）。通过设定频数阈值（1）和一致性阈值（系统默认为0.8，实际为0.815934）。遵循构型分析的操作过程，可得出平台声誉抑制路径的复杂解和简约解，如表5-24和表5-25所示。

表5-24 价值获取（平台声誉）抑制路径的复杂解

模型：~PR = f ( SE, WP, RD, NE, UL )
算法：Quine-McCluskey

|  | --- 复杂解 --- |  |  |
| --- | --- | --- | --- |

频率阈值：1
一致性阈值：0.815934

|  | 原始覆盖率 | 唯一覆盖率 | 一致性 |
| --- | --- | --- | --- |
| ~WP*~NE*~UL | 0.636033 | 0.0309372 | 0.873750 |

模型：~PR = f ( SE, WP, RD, NE, UL )
算法：Quine-McCluskey

--- 复杂解 ---

频率阈值：1
一致性阈值：0.815934

| | 原始覆盖率 | 唯一覆盖率 | 一致性 |
| --- | --- | --- | --- |
| ~SE*~WP*~UL | 0.787989 | 0.1828930 | 0.928189 |
| ~SE*~WP*RD*~NE | 0.332120 | 0.0309372 | 0.917085 |
| ~SE*WP*~RD*~NE*UL | 0.270246 | 0.0600545 | 0.815934 |
| 解的覆盖率 | | 0.909918 | |
| 解的一致性 | | 0.856164 | |

资料来源：作者根据fsQCA构型分析输出结果整理。表中"~"表示变量"缺失"（即，取变量反面条件，或变量的低隶属情况），"*"表示布尔逻辑运算"and"。

表5-25 价值获取（平台声誉）抑制路径的简约解

模型：~PR = f ( SE, WP, RD, NE, UL )
算法：Quine-McCluskey

--- 简约解 ---

频率阈值：1
一致性阈值：0.815934

| | 原始覆盖率 | 唯一覆盖率 | 一致性 |
| --- | --- | --- | --- |
| ~WP*~UL | 0.878981 | 0.2738850 | 0.852604 |
| ~SE*~NE | 0.696087 | 0.0909919 | 0.820815 |
| 解的覆盖率 | | 0.969973 | |
| 解的一致性 | | 0.799700 | |

资料来源：作者根据fsQCA构型分析输出结果整理。表中"~"表示变量"缺失"（即，取变量反面条件，或变量的低隶属情况），"*"表示布尔逻辑运算"and"。

根据表5-24和表5-25的平台声誉抑制路径的复杂解和简约解，绘制平台企业价值获取（平台声誉）的路径构型表（抑制），如表5-26所示。

表5-26　平台企业价值获取（平台声誉）的路径构型（抑制）

| 条件 | 平台专属收益：平台声誉（~PR） | | | |
| --- | --- | --- | --- | --- |
| | 1a | 1b | 2a | 2b |
| SE | | ⊗ | ⊗ | ⊗ |
| WP | ⊗ | ⊗ | ⊗ | ● |
| RD | | | ● | ⊗ |
| NE | ⊗ | | ⊗ | ⊗ |
| UL | ⊗ | ⊗ | | ● |
| 观察案例数 | 8 | 9 | 2 | 1 |
| 原始覆盖率 | 0.636 | 0.788 | 0.332 | 0.270 |
| 唯一覆盖率 | 0.031 | 0.183 | 0.031 | 0.060 |
| 路径一致性 | 0.874 | 0.928 | 0.917 | 0.816 |
| 解的覆盖率 | 0.910 | | | |
| 解的一致性 | 0.856 | | | |

资料来源：作者根据fsQCA构型分析的复杂解和简约解整理。其中，"●"表示核心条件"存在"，"⊗"表示核心条件"缺失"，"●"表示辅助条件"存在"，"⊗"表示辅助条件"缺失"，空白单元格表示该条件存在或缺失都不影响结果。表中数据均保留三位有效数字。

从表5-26来看，平台声誉反面条件（~PR）的路径构型的总体一致性系数为0.856，大于0.8的阈值，总体覆盖率达到0.910，表明分析效果较为理想。从输出路径来看，平台声誉反面条件的路径构型分为两类：以支付意愿缺失（~WP）和用户锁定（~UL）缺失同时作为核心条件的路径1（含1a和1b）；以系统评价缺失（~SE）和网络效应缺失（~NE）为核心条件的路径2（含2a和2b）。

具体来看，第一类路径同时共享两个核心条件：~WP和~UL。其中，路径1a覆盖8个观察案例，对平台声誉反面条件的解释力较强（唯一覆盖率为0.031），~NE构成路径1a的辅助条件。这表明，当用户支付意愿和系用户锁定程度都很低时，弱网络效应会降低平台声誉。路径1b覆盖9个观察案例，对平台声誉反面条件的解释力最强（唯一覆盖率达到0.183），~SE构成该路径的辅助条件。这说明，当用户支付意愿和系用户锁定程度都很低时，消极的系统评价也会降低平台声誉。

第二类路径共享核心条件~SE和~NE。其中，路径2a覆盖2个观察案例，对平台声誉反面条件的解释力较强（唯一覆盖率为0.031），~WP和RD构成该路径的辅助条件。这表明，当平台企业同时存在消极系统评价和弱网络效应时，低支付意愿和强规则主导同样会降低平台声誉。路径2b覆盖1个观察案例，解释力比路径2a更强（唯一覆盖率为0.060），WP、~RD和UL构成该路径的核心条件。这表明，当平台企业同时存在消极系统评价和弱网络效应时，高支付意愿、弱规则主导和高用户锁定也会降低平台声誉。综合上述实证分析结论，本书提出如下平台声誉的路径构型（抑制）。

价值获取构型~PR1：支付意愿缺失和系用户锁定缺失是降低平台声誉的核心条件，系统评价和网络效应的反面条件构成辅助条件，分2种路径联合降低平台声誉。

价值获取构型~PR2：系统评价缺失和网络效应缺失是降低平台声誉的核心条件，支付意愿、规则主导和用户锁定的正面或反面条件构成辅助条件，分2种路径联合降低平台声誉。

## 二、平台绩效（~PP）的路径构型分析（抑制构型）

结合fsQCA3.0软件的真值表算法可得出平台绩效的反面条件（~PP）在前因变量（SE、WP、RD、NE和UL）上的真值表（见附录6中的附表6-8）。通过设定频数阈值（1）和一致性阈值（系统默认为0.8，实际为0.831234）。基于构型分析的操作过程，可得出平台绩效抑制路径的复杂解和简约解，如表5-27和表5-28所示。

表5-27 价值获取（平台绩效）抑制路径的复杂解

模型：~PP = f ( SE, WP, RD, NE, UL )
算法：Quine-McCluskey

--- 复杂解 ---

频率阈值：1
一致性阈值：0.831234

|  | 原始覆盖率 | 唯一覆盖率 | 一致性 |
| --- | --- | --- | --- |
| ~WP*~NE*~UL | 0.585652 | 0.0497804 | 1 |
| ~SE*~WP*~UL | 0.683016 | 0.0732065 | 1 |
| ~SE*~WP*RD*~NE | 0.291362 | 0.0248903 | 1 |
| ~SE*~WP*~RD*NE | 0.340410 | 0.0490484 | 1 |
| WP*~RD*~NE*UL | 0.241581 | 0.0724744 | 0.711207 |
| 解的覆盖率 | | 0.879209 | |
| 解的一致性 | | 0.899625 | |

资料来源：作者根据fsQCA构型分析输出结果整理。表中"~"表示变量"缺失"（即，取变量反面条件，或变量的低隶属情况），"*"表示布尔逻辑运算"and"。

表5-28 价值获取（平台绩效）抑制路径的简约解

模型：~PP = f ( SE, WP, RD, NE, UL )
算法：Quine-McCluskey

--- 简约解 ---

频率阈值：1
一致性阈值：0.831234

|  | 原始覆盖率 | 唯一覆盖率 | 一致性 |
| --- | --- | --- | --- |
| ~WP | 0.879209 | 0.4158130 | 0.947908 |
| ~RD*~NE | 0.535871 | 0.0724744 | 0.845266 |
| 解的覆盖率 | | 0.951684 | |
| 解的一致性 | | 0.866667 | |

资料来源：作者根据fsQCA构型分析输出结果整理。表中"~"表示变量"缺失"（即，取变量反面条件，或变量的低隶属情况），"*"表示布尔逻辑运算"and"。

根据表5-27和表5-28显示的平台绩效抑制路径的复杂解和简约解，绘制平台企业价值获取（平台绩效）的路径构型表（抑制），如表5-29所示。

表5-29 平台企业价值获取（平台绩效）的路径构型（抑制）

| 条件 | 平台专属收益：平台绩效（~PP） | | | | |
| --- | --- | --- | --- | --- | --- |
| | 1a | 1b | 1c | 1d | 2a |
| 系统评价 | | ⊗ | ⊗ | ⊗ | |
| 支付意愿 | ⊗ | ⊗ | ⊗ | ⊗ | ● |
| RD | | | ● | ⊗ | ⊗ |
| NE | ⊗ | | ⊗ | ● | ⊗ |
| UL | | ⊗ | ⊗ | | ● |
| 观察案例数 | 8 | 9 | 2 | 3 | 2 |
| 原始覆盖率 | 0.586 | 0.683 | 0.291 | 0.340 | 0.242 |
| 唯一覆盖率 | 0.050 | 0.073 | 0.025 | 0.049 | 0.072 |
| 路径一致性 | 1.000 | 1.000 | 1.000 | 1.000 | 0.711 |
| 解的覆盖率 | 0.879 | | | | |
| 解的一致性 | 0.900 | | | | |

资料来源：作者根据fsQCA构型分析的复杂解和简约解整理。其中，"●"表示核心条件"存在"，"⊗"表示核心条件"缺失"，"●"表示辅助条件"存在"，"⊗"表示辅助条件"缺失"，空白单元格表示该条件存在或缺失都不影响结果。表中数据均保留三位有效数字。

结合表5-29来看，平台绩效路径构型分析（抑制）的总体一致性系数为0.900，总体覆盖率达到0.879，表明构型分析效果较为理想。从构成路径看，平台绩效反面条件的路径构型分为两类：以支付意愿缺失（~WP）为核心条件的路径1（含1a、1b、1c和1d）；以规则主导缺失（~RD）和网络效应缺失（~NE）同时作为核心条件的路径2。

具体来看，路径1只共享一个核心条件：~WP。其中，路径1a覆盖8个观察案例，对平台绩效反面条件的解释力较强（唯一覆盖率为0.050），~NE和~UL构成该路径的辅助条件。这表明，当平台用户支付意愿较低时，缺乏网络效应和低用户锁定会导致低平台绩效。路径1b覆盖观察案例最多（9个），对平台绩效反面条件的解释力也最强（唯一覆盖率达到0.073），~SE和~UL构成该路径的辅助条件。这表明，当平台用户支付意愿较低时，消极的系统评价和低用户锁定也会导致低平台绩效。路径1c覆盖2个观察案例，对平台绩效反面条件的解释力相对更弱（唯一覆盖率为0.025），~SE、RD和~NE构成该路径的辅助条件。这说明，当平台用户支付意愿较低时，消极系统评价、强规则主导和弱网络效应同样会导致低平台绩效。路径1d覆盖3个观察案例，对平台绩效反面条件的解释力较强（唯一覆盖率为0.049），~SE、~RD和NE构成该路径的辅助条件。这说明，当平台用户支付意愿较低时，消极系统评价、弱规则主导和强网络效应也会导致低平台绩效。

路径2包括两个核心条件：~RD和~NE，覆盖2个观察案例，对平台绩效反面条件的解释力很强（唯一覆盖率达到0.072）。WP和UL构成该路径的辅助条件。这表明，当平台企业占据弱规则主导和弱网络效应时，高支付意愿和高用户锁定也会导致低平台绩效。综合上述实证分析结论，本书提出如下平台绩效的路径构型（抑制）。

价值获取构型~PP1：支付意愿缺失是造成低平台绩效的核心条件，系统评价、规则主导、网络效应和用户锁定的正面或反面条件构成辅助条件，分4种路径联合降低平台绩效。

价值获取构型~PP2：规则主导缺失和网络效应缺失是同时造成平台低绩效的核心条件，高支付意愿和高系统锁定构成辅助条件，联合降低平台绩效。

类似地，将抑制平台企业价值获取的四类构型比较可以发现，尽管价值获取的结果不同（体现为平台声誉和平台绩效），但两种结果的反面条件（~PR和~PP）的构型重合度较高（复杂解重合度66.67%），表明抑制平台企业价值获取的前因变量构型稳健性良好。结合四类构型结论，本书提出如下平台企业价值获取的路径构型（抑制）：

价值获取的路径构型（抑制）：在价值获取过程中，抑制平台声誉的构型有2类，抑制平台绩效的构型有2类。其中，当支付意愿缺失和用户锁定缺失作为降低平台声誉的核心条件时，系统评价和网络效应的反面条件构成辅助条件，分2种路径联合降低平台声誉；当系统评价缺失和网络效应缺失作为降低平台声誉的核心条件，支付意愿、规则主导和用户锁定的正面或反面条件构成辅助条件，分2种路径联合降低平台声誉；当支付意愿缺失作为低平台绩效的核心条件时，系统评价、规则主导、网络效应和用户锁定的正面或反面条件构成辅助条件，分4种路径联合降低平台绩效；当规则主导缺失和网络效应缺失同时作为平台低绩效的核心条件时，高支付意愿和高系统锁定构成辅助条件，联合降低平台绩效。

# 第七节 结果讨论

## 一、fsQCA构型分析稳健性

本书通过模糊集定性比较分析方法（fsQCA）验证前因变量组合对价值创造结果（系统评价与支付意愿）和价值获取结果（平台声誉与平台绩效）的路径构型，力求为解释平台企业经营"成功"与"失败"提供理论参考。从研究稳健性的角度来看，本书主要基于以下工作提升或验证研究的稳健性。

（1）在变量/条件选取方面，由于缺乏成熟的平台企业价值创造与价值获取理论体系，因而本书通过扎根理论的方式，结合7家案例企业第一手访谈材料开展编码分析过程，通过探索性的案例分析确定前因变量和作用机制。

（2）在变量测量方面，结合已有的理论和实证研究，整合出前因及结果变量的测量方式，并通过探索性因素分析和验证性因素分析确保研究测量具备良好的信度和效度。同时，改变一致性门槛值（提高至0.85）和改变校准方式（完全不隶属、交叉点和完全隶属调整为25%、50%和75%分位数）后依旧可以呈现清晰的组态关系，组态类型基本不变，只有系数的微小变化。

（3）在数据抽样方面，探索前因变量时以理论抽样为主要准则，力求尽可能覆盖不同范畴和维度（理论饱和）；在验证变量关系时，通过不同行业（B2C电商、O2O外卖、网约车、网络文学等多个行业）、不同企业性质（上市企业与非上市企业）和不同规模的平台样本，控制抽样带来的研究偏误。同时，为了避免不同量级对变量赋值和校准产生影响，本书大部分数据都通过问卷评分的方式获得，并力求同一用户对多个平台进行有比较的评价。在客观数据（平台绩效）的选取上，作者根据已有研究也选取了具有更强可比性的指标（市场份额和排名），从而避免数据量级差异造成数据校准偏误。

（4）在fsQCA研究分析中，为了避免单一变量（维度）衡量价值创造和价值获取的主观性和片面性，作者在价值创造和价值获取的结果上都同时采用两个变量作为衡量方式。通过前文分析可以得知，尽管不同结果的核心条件不尽相同，但就完全以26个观察案例为分析样本的复杂解而言，不同结果的复杂解构型重合度都超过了50%，表明基于fsQCA分析的价值创造和价值获取前因构型稳健性良好（见表5-30）。

表5-30 价值创造与价值获取复杂解构型重合情况

| 分析过程 | 比较构型 | 重合构型表达式 | 构型重合度 |
|---|---|---|---|
| 价值创造 | 促进构型：<br>系统评价与支付意愿 | IG\*KS\*CS\*CC<br>~DM\*IG\*KS\*~PO\*CC<br>DM\*~IG\*~KS\*CS\*CC<br>~DM\*KS\*PO\*CS\*CC<br>DM\*IG\*~KS\*PO\*~CS\*CC<br>DM\*~KS\*~PO\*CS\*CC<br>DM\*IG\*~PO\*CS\*CC | 14/14<br>100.00% |
| | 抑制构型：<br>系统评价与支付意愿 | ~DM\*~IG\*~KS\*~CS\*~CC<br>PO\*~DM\*~IG\*~KS\*~CC | 4/6<br>66.67% |

续表

| 分析过程 | 比较构型 | 重合构型表达式 | 构型重合度 |
|---|---|---|---|
| 价值获取 | 促进构型：平台声誉与平台绩效 | SE*WP*UL<br>WP*~RD*~NE*UL<br>SE*WP*RD*NE<br>~SE*~WP*RD*~NE*UL<br>~SE*~WP*~RD*NE*UL | 10/12<br>83.33% |
| | 抑制构型：平台声誉与平台绩效 | ~WP*~NE*~UL<br>~SE*~WP*~UL<br>~SE*~WP*RD*~NE | 6/9<br>66.67% |

资料来源：作者根据fsQCA输出结果计算所得，表中数据均保留两位有效数字。表中"~"表示变量"缺失"（即，取变量反面条件，或变量的低隶属情况），"*"表示布尔逻辑运算"and"。

## 二、平台企业价值创造与价值获取的假设验证

本书基于fsQCA的验证方法，首先利用必要性检验程序验证了价值创造和价值获取理论模型涉及的5类研究假设。结合本章第二节对表5-2（平台企业价值创造前因变量的充分性和必要性检验）、表5-3（"效率"逻辑对"创新"逻辑的必要性检验）、表5-4（平台企业价值创造对价值获取的必要性检验）和表5-5（平台控制类变量对价值获取的必要性检验）的分析，可得知前文提出的5类假设基本得到验证，平台价值创造的"效率"和"创新"逻辑成立，价值获取的"依赖优势"逻辑亦成立。此外，必要性检验表明，单一变量对结果产生具有促进作用，但不能完全解释结果（除了平台开放对支付意愿的覆盖率低于0.6，所有变量正面条件对结果的覆盖率都在0.6~1之间），因而适用于fsQCA构型分析。具体的假设验证情况如表5-31所示。

表5-31　变量关系假设验证情况

| 假设类别 | 假设关系 | 验证情况 |
| --- | --- | --- |
| 平台建设类变量与价值创造 | H1a：平台开放能促进平台企业创造价值（提高系统评价和支付意愿） | 部分支持 |
| | H1b：平台供需匹配能促进平台企业创造价值（提高系统评价和支付意愿） | 支持 |
| | H1c：平台互动引导能促进平台企业创造价值（提高系统评价和支付意愿） | 支持 |
| 用户参与类变量与价值创造 | H2a：用户知识分享能促进平台企业价值创造（系统评价和支付意愿） | 支持 |
| | H2b：互补品供应能促进平台企业价值创造（系统评价和支付意愿） | 支持 |
| | H2c：用户持续承诺能促进平台企业价值创造（系统评价和支付意愿） | 支持 |
| 平台建设类变量与用户参与类变量 | H3：平台建设（包括平台开放、供需匹配和互动引导）是用户参与（包括知识分享、互补品供应和持续承诺）的必要条件 | 支持 |
| 价值创造与价值获取 | H4：平台企业价值创造（系统评价和支付意愿）是平台专属收益（平台声誉和平台绩效）的必要条件 | 支持 |
| 平台控制类变量与价值获取 | H5a：平台规则主导促进平台获取专属收益（平台声誉和平台绩效） | 支持 |
| | H5b：平台网络效应促进平台获取专属收益（平台声誉和平台绩效） | 支持 |
| | H5c：平台用户锁定促进平台获取专属收益（平台声誉和平台绩效） | 支持 |

## 三、平台企业价值创造构型分析的主要结论

经过两轮fsQCA构型分析，本书共得到20种影响价值创造结果的构型。其中，促进系统评价的构型有7种，促进支付意愿的构型有7种，抑制系统评价的构型有4种，抑制支付意愿的构型有2种。在这20种构型中，促进价

值创造（系统评价和支付意愿）的核心条件有一组（CC），同时抑制价值创造两种结果的核心条件有一组（~DM*~KS）。同时，单独抑制系统评价的核心条件有两组（~PO*~IG和~PO*~DM），单独抑制支付意愿的核心条件有一组（~CC）。结合表5-32，通过比较平台企业价值创造的促进构型和抑制构型来看，可以得出如下结论。

表5-32 平台企业价值创造的构型组成

| | 促进构型 | 抑制构型 |
|---|---|---|
| 系统评价 | IG*KS*CS*CC<br>~DM*IG*KS*~PO*CC<br>DM*~IG*~KS*CS*CC<br>~DM*KS*PO*CS*CC<br>DM*IG*~KS*PO*~CS*CC<br>DM*~KS*~PO*CS*CC<br>DM*IG*~PO*CS*CC | ~DM*~IG*~KS*~CS*~CC<br>PO*~DM*~IG*~KS*~CC<br>~PO*DM*~IG*~KS*CS*CC<br>~PO*~DM*IG*KS*CS*CC |
| 支付意愿 | IG*KS*CS*CC<br>~DM*IG*KS*~PO*CC<br>DM*~IG*~KS*CS*CC<br>~DM*KS*PO*CS*CC<br>DM*IG*~KS*PO*~CS*CC<br>DM*~KS*~PO*CS*CC<br>DM*IG*~PO*CS*CC | ~DM*~IG*~KS*~CS*~CC<br>PO*~DM*~IG*~KS*~CC |

资料来源：作者根据价值创造的输出构型整理。表中"~"表示变量"缺失"（即，取变量反面条件，或变量的低隶属情况），"*"表示布尔逻辑运算"and"。

（一）平台企业价值创造的前因构型具有因果不对称特性

通过表5-32可以发现，尽管促进价值创造和抑制价值创造的条件具有相似性，但在（复杂解）路径构型和（简约解）核心条件上仍然完全不同。以系统评价正面条件（SE）为结果的路径构型（即促进构型）包括7种，都以用户持续承诺作为核心条件，而以系统评价反面条件（~SE）为结果的路径构型（即抑制构型）却是完全不同的另外4种，核心条件也完全不同（平台开放、供需匹配、互动引导和知识分享的反面条件在4种路径下构成核心条件）。

类似地，以支付意愿正面条件（WP）为结果的路径构型（即促进构型）也包括7种，也都以持续承诺作为核心条件，而当支付意愿反面条件（~WP）作为结果的路径构型（即抑制构型）时，表现为完全不同的另外2种路径，核心条件也不相同（分别以持续承诺、供需匹配和知识分享的反面条件作为核心条件）。因而，平台企业价值创造前因构型具有因果不对称特性的猜想得到验证。为此，需要分别探讨促进平台企业创造价值的关键因素和抑制平台企业价值创造的关键因素（即导致价值创造失败的关键因素）。

（二）用户参与类变量是促进平台企业价值创造的关键因素

从影响因素来看，结合表5-32来看，在14种促进价值创造的构型中，用户参与类变量占据着绝对主导地位，这是因为：①影响价值创造的不同结果的核心条件都是用户持续承诺，表明用户持续承诺是促进价值创造的最核心要素。②当用户参与类变量（特别是互补品供应和用户持续承诺）以正面条件（CS*CC）出现在路径构型时，其他条件（平台开放、供需匹配、互动引导和知识分享）的要求明显放宽（可以以反面条件的形式出现在构型中）；当互补品供应和知识分享以反面条件（~KS*~CS）出现在构型时，则要求平台建设类变量全部取正面条件（PO*DM*IG），才能显著促进价值创造（例如，组态DM*IG*~KS*PO*~CS*CC）。③用户持续承诺在所有促进价值创造的构型中都以正面条件存在，表明用户高持续承诺是平台企业创造价值不可或缺的必要条件。综合上述分析，用户参与类变量是促进平台企业价值创造的关键因素。

从影响路径构型来看，结合前文表5-6和表5-8来看，路径SE1a和路径WP1a（即IG*KS*CS*CC）对系统评价和支付意愿的解释力都最强（唯一覆盖率分别为0.151和0.152），覆盖观察案例数也最多（均覆盖9个案例）。这说明，路径IG*KS*CS*CC是促进平台企业价值创造的核心路径。在该路径中，用户持续承诺是核心条件，高互动引导、高知识分享和高互补品供应构成辅助条件。

通过对比可以发现，核心路径的四个组成条件都与用户参与平台互动紧密相关。其中，互动引导（IG）决定平台是否为用户创造了有利的互动空间和环境,而知识分享(KS)、互补品供应(CS)和持续承诺(CC)则是用户不同程度上参与互动和提供互补性资源的体现。这也进一步印证了用户参与是促进平台企业创造价值的关键因素的论断。

(三)平台建设类变量(反面条件)是抑制平台企业价值创造的关键因素

就影响因素而言,结合表5-32来看,在6种抑制价值创造的构型中,平台建设类变量占据着主导地位。这是因为:①在6种抑制价值创造的构型中,以平台建设类变量为核心条件的情况占83.33%,表明平台建设类变量相比用户参与类变量对抑制平台企业价值创造起着更为显著的核心作用。②在6种构型中,当平台开放以反面条件(~PO)出现时,相同路径中的其他条件可以取正面条件(如路径~PO*DM*~IG*~KS*CS*CC和~PO*~DM*IG*KS*CS*CC);当平台开放以正面条件(PO)出现时,相同路径的其他条件则全部为反面条件(如路径PO*~DM*~IG*~KS*~CC)。这说明,相比其他条件,平台开放的反面条件(~PO)更显著地抑制平台企业价值创造的积极结果。结合前文平台企业价值创造的理论框架和必要性检验来看,在平台企业创造价值的过程中,"效率"逻辑(以平台建设类变量为主)是"创新"逻辑的必要条件。因而,当平台开放程度不高、供需匹配不完善或是互动引导不积极时,由于连接的用户规模和网络价值有限,此时即便存在忠实用户的积极互动,也不利于平台企业创造价值。综上所述,平台建设类变量(反面条件)是抑制平台企业价值创造的关键因素。

从路径构型来看,结合前文表5-20和表5-23,路径~SE1a和路径~WP1(即~DM*~IG*~KS*~CS*~CC)对系统评价的反面条件和支付意愿的反面条件解释力最强(唯一覆盖率分别为0.133和0.185),覆盖观察案例也最多(均覆盖9个案例)。这说明,路径~DM*~IG*~KS*~CS*~CC是抑制平台企业价值创造的核心路径。在该路径中,供需匹配缺失和知识分享缺失构成抑制系统评价的核心条件,低互动引导、低互补品供应和低持续承诺构成辅助条件;而持续承诺缺失则构成抑制支付意愿的核心条件,低供需匹配、低互动引导、低知识分享和低互补品供应构成辅助条件。

从构成核心路径五个条件来看，缺乏积极的平台建设（~DM*~IG）和缺乏积极的用户参与（~KS*~CS*~CC）共同构成抑制平台绩效提升的关键组态。综合上述分析可以发现，平台建设类变量的反面条件对抑制平台企业价值创造具有更显著的作用，在组态上仍然以平台建设和用户参与联合影响为主。

### （四）持续承诺是同时影响平台企业价值创造"成""败"的重要条件

尽管平台企业价值创造在前因变量的路径构型上具有明显的因果不对称特性，但透过构型路径的比较仍然可以识别某些"对称"影响。首先，促进价值创造正面结果（SE和WP）产生的变量组成条件以正面条件为主（正面条件占比[①]71.43%），导致价值创造反面结果（~SE和~WP）的变量组成条件也以反面条件为主（反面条件占比71.88%）。其次，用户持续承诺在所有促进和抑制价值创造的构型中都出现，且在促进价值创造的构型中全为正面条件，在抑制价值获取的构型中也多以反面条件呈现。这表明，用户持续承诺（CC）的不同条件状态是同时影响平台企业价值创造"成""败"（即促进与抑制）的重要条件。

结合文献来看，用户持续承诺通过持续关注和持续投入资源来衡量，反映着"承诺升级"和"路径依赖"的特性（Gawer and Henderson, 2007; Altman, 2017），是用户参与互动和提供互补性资源的最高层次。一方面，用户持续关注平台本身就是一种时间支付（将有限的注意力资源投入平台）（Brockner, 1992）。另一方面，用户持续积极地参与互动提高了平台市场的运转效率，通过"累积式互动"增加了平台网络的整体价值（Parker and Van Alstyne, 2018）。反观之，当平台不存在用户持续承诺时，用户多归属的概率增加。由于可以使用"替代平台"，因而用户对平台系统的积极评价和

---

[①] 正面或反面条件占比的计算采用公式：$P = \dfrac{\text{所有路径正/反面条件数}}{\text{所有路径总条件数}}$。

支付意愿必然随之降低。因此，用户持续承诺是同时影响平台企业价值创造"成""败"的重要条件。

## 四、平台企业价值获取构型分析的主要结论

经过两轮fsQCA构型分析，本书共得到21种影响价值获取结果的构型。其中，促进平台声誉的构型有6种，促进平台绩效的构型有6种，抑制平台声誉的构型有4种，抑制平台绩效的构型有5种。在这21种构型中，促进价值获取（平台声誉和平台绩效）的核心条件有一组（UL），单独促进平台声誉的核心条件有一组（SE），单独促进平台绩效的核心条件有一组（SE*RD）。此外，同时抑制平台声誉和平台绩效的核心条件有两个（~WP和~NE），单独抑制平台声誉的核心条件包括~SE和~UL，而单独抑制平台绩效的核心条件为~RD。结合表5-33，通过比较平台企业价值获取的促进构型和抑制构型，可以得出如下结论。

表5-33 平台企业价值获取的构型组成

|  | 促进构型 | 抑制构型 |
| --- | --- | --- |
| 平台声誉 | SE*WP*UL<br>SE*~WP*~NE*~UL<br>SE*WP*RD*NE<br>WP*~RD*~NE*UL<br>~SE*~WP*RD*~NE*UL<br>~SE*~WP*~RD*NE*UL | ~WP*~NE*UL<br>~SE*~WP*~UL<br>~SE*~WP*RD*~NE<br>~SE*WP*~RD*~NE*UL |
| 平台绩效 | SE*WP*UL<br>SE*~WP*RD*~NE*~UL<br>SE*WP*RD*NE<br>WP*~RD*~NE*UL<br>~SE*~WP*RD*~NE*UL<br>~SE*~WP*~RD*NE*UL | ~WP*~NE*UL<br>~SE*~WP*~UL<br>~SE*~WP*RD*~NE<br>~SE*~WP*~RD*NE<br>WP*~RD*~NE*UL |

资料来源：作者根据价值创造的输出构型整理。表中"~"表示变量"缺失"（即取变量反面条件，或变量的低隶属情况），"*"表示布尔逻辑运算"and"。

## （一）平台企业价值获取的前因构型具有因果不对称特性

结合表5-33来看，尽管促进平台企业价值获取和抑制平台企业价值获取的条件具有相似性，但在（复杂解）路径构型和（简约解）核心条件上仍然完全不同。具体来看，以平台声誉正面条件（PR）为结果的路径构型（即促进构型）包括6种，分别以系统评价和用户锁定作为核心条件，而以平台声誉反面条件（~PR）为结果的路径构型（即抑制构型）却是完全不同的另外4种，核心条件也完全不同（支付意愿与用户锁定的反面条件，以及系统评价与网络效应的反面条件分别在4种路径下构成核心条件）。

类似地，以平台绩效正面条件（PP）为结果的路径构型（即促进构型）也包括6种，分别以系统评价和规则主导，以及用户锁定作为核心条件，而当平台绩效反面条件（~PP）作为结果的路径构型（即抑制构型）时，则表现为完全不同的另外5种路径，核心条件也不相同（分别以规则主导和网络效应的反面条件，以及支付意愿的反面条件作为核心条件）。因而，平台企业价值获取前因构型具有因果不对称特性的猜想得到验证。为此，需要分别探讨促进平台企业获取价值的关键因素（导致价值获取成功的因素）和抑制平台企业获取价值的关键因素（即导致价值获取失败的因素）。

## （二）平台控制类变量是促进平台企业价值获取的关键因素

就影响因素而言，结合表5-33来看，在12种促进价值获取的构型中，平台控制类变量占据主导地位，这是因为：①促进平台声誉和平台绩效的12种构型中，平台控制类变量作为核心条件的构型数最多（9种构型）；②当用户参与类变量（特别是用户锁定）以正面条件（UL）出现在路径构型时，其他条件（系统评价、支付意愿、规则主导和网络效应）的要求明显放宽（可以以多个反面条件的形式出现在构型中）（如构型~SE*~WP*RD*~NE*UL和构型~SE*~WP*~RD*NE*UL）；当用户锁定以反面条件（~UL）出现时，则要求作为核心条件的变量必须为正面条件，才能显著促进价值获取（例如，构型SE*~WP*~NE*~UL和构型SE*~WP*RD*~NE*~UL）；但用户锁定不出现时，则要求所构成条件为正面条件（如SE*WP*RD*NE）。综合上述分析，平台控制类变量是促进平台企业价值获取的关键因素。

从影响路径构型来看，结合前文表5-14和表5-17来看，路径PR1a和路径PP1a（即SE*WP*UL）对平台声誉和平台绩效的解释力都最强（唯一覆盖率分别为0.090和0.083），覆盖观察案例数也最多（均覆盖10个案例）。这说明，路径SE*WP*UL是促进平台企业价值获取的核心路径。在该路径中，系统评价是促进平台声誉的核心条件，高支付意愿和高用户锁定构成辅助条件。同时，用户锁定是促进平台绩效的核心条件，高系统评价和高支付意愿构成辅助条件。

通过对比可以发现，核心路径的三个组成条件都与用户意愿紧密相关。其中，系统评价（系统是否简洁有效）决定用户对平台的使用意愿，支付意愿直接反映用户付费的倾向，而用户锁定间接反映用户对平台的依赖和转换意愿，是平台控制的具体体现。综合上述分析，平台控制类变量对促进平台企业价值获取具有关键作用。

### （三）用户认知价值（反面条件）是抑制平台企业价值获取的关键因素

从抑制平台企业价值获取的9种构型来看（表5-33），用户认知价值[①]有关的变量（系统评价和支付意愿）的反面条件占据主导作用。具体来看，主要基于以下原因：①在9种抑制价值获取的构型中，用户认知价值类变量的反面条件占核心条件的情况就占了8种；②当用户认知价值类变量（特别是支付意愿）取反面条件时，平台控制类变量（规则主导、网络效应和用户锁定）可以以正面条件的形式出现在构型中（如~SE*~WP*RD*~NE和~SE*~WP*~RD*NE）；当支付意愿以正面条件出现时，则要求作为核心条件的平台控制类变量必须取反面条件，才能显著抑制平台声誉和平台绩效

---

[①] 前文已指出，价值创造的结果是提升用户认知价值，由系统评价和支付意愿构成。此处为了避免使用"价值创造类变量"的说法引起误解，作者使用"用户认知价值"表示系统评价和支付意愿两个变量的类别。

（如~SE*WP*~RD*~NE*UL和WP*~RD*~NE*UL）。综上所述，用户认知价值类变量的反面条件是抑制价值获取的关键因素。

从影响路径构型来看，结合表5-26和表5-29可知，路径~PR1b和路径~PP1b（即~SE*~WP*~UL）对平台声誉的反面条件（~PR）和平台绩效的反面条件（~PP）的解释力最强（唯一覆盖率分别为0.183和0.073），覆盖观察案例也最多（均为9个）。这表明，路径~SE*~WP*~UL是抑制平台企业价值获取的核心路径。同时，该路径在抑制平台声誉和平台绩效的构型上都以~WP为核心条件，以~SE为辅助条件，只是在抑制平台声誉的构型中~UL同时构成核心条件，在抑制平台绩效的构型中~UL构成辅助条件。换言之，在用户认知价值较低搭配低用户锁定最可能显著降低平台声誉和平台绩效。

应当看到，在核心路径（~SE*~WP*~UL）中，用户认知价值的反面条件不仅作为核心条件起着关键作用，同时平台控制的另外两个变量（规则主导和网络效应）并没有出现在该路径中，进一步印证了用户认知价值的反面条件是抑制价值获取的关键因素。

（四）用户锁定是同时影响平台企业价值获取"成""败"的关键因素

与价值创造构型相类似，尽管平台企业价值获取在前因变量的路径构型上也具有明显的因果不对称特性，但透过构型路径的比较也可以识别某些"对称"影响。首先，促进价值获取正面结果（PR和PP）产生的变量组成条件以正面条件为主（正面条件占比56.86%），导致价值获取反面结果（~PR和~PP）的变量组成条件也以反面条件为主（反面条件占比78.79%）。其次，出现在促进价值获取的核心路径构型中的变量，与抑制价值获取的核心路径构型中的变量完全相同，状态条件刚好相反（核心路径分别为SE*WP*UL和~SE*~WP*~UL），且变量"用户锁定"同时作为促进价值获取和抑制价值获取的核心条件（UL和~UL）。这表明，用户锁定的不同条件状态是同时影响平台企业价值获取"成""败"（即促进与抑制）的重要条件。

结合文献来看，平台企业的用户锁定是通过隔离机制（投资竞争性资源）（Gans and Ryall, 2017），增加对平台价值基础的依赖（Altman, 2017）。

平台企业服务的平台市场往往瞄准传统行业或需求痛点，通过创造性的高效服务模式为参与用户赋能（陈威如、王诗一，2016）。与此同时，平台企业通过网络效应吸引用户不断参与互动并提供互补性资源，从而积累形成具有时间压缩非经济特性的战略性资源（具有显著的难以替代、无法转移、难以复制的资源特性）（Dierickx and Cool, 1989），从而使平台系统成为平台用户的最佳选择。另一方面，伴随着用户不断投入互补性资源，用户转换成本逐渐上升，从而在持续承诺等行动下强化用户自身的路径依赖特性。当平台企业创造的不可替代资源和用户路径依赖同时增强时，就会导致用户锁定，形成意愿为基础的隔离机制（willingness-based isolating mechanisms, WIM）（Jonsson and Regner, 2009; Madhok et al., 2010），进而增加用户对平台的依赖性。反观之，当平台无法建立有效的隔离机制时，平台利用高效服务市场激发用户共同创造的价值，就很可能滑移给竞争对手（通过对手的快速模仿、复制或平台包络）（Eisenmann, Parker, and Van Alstyne, 2011）。因此，通过隔离机制（或投资竞争性资源）实现用户锁定是同时影响平台企业价值创造"成""败"的重要条件。

# 本章小结

在上一章搜集和简要分析数据的基础上，本章利用模糊集定性比较分析方法（fsQCA）系统性地分析了平台企业价值创造与价值获取的前因构型。具体来看，本章的主要工作及基本结论如下。

（1）参照fsQCA分析的指导文献（如Ragin, 2008; Rihoux and Ragin, 2009; Greckhamer, 2016; Misangyi et al., 2017）论述本书开展fsQCA遵循的分析过程与选择依据。同时，利用前因变量的必要性检验过程，验证前一章提出的研究假设（验证结果如表5-31所示）。结果表明，研究假设基本得到验证，平台企业价值创造的"效率"和"创新"逻辑，以及平台企业价值获取的"依赖优势"逻辑均成立。研究还发现，单一变量都无法完全解释结果，因而非常适合采用路径构型分析。

（2）参照构型分析的必要步骤（转换真值表、设定阈值、根据结果绘制路径构型表），利用fsQCA3.0软件分别分析了促进平台企业价值创造的路径构型（包括系统评价SE和支付意愿WP）、促进平台企业价值获取的路径构型（包括平台声誉PR和平台绩效PP）、抑制平台企业价值创造的路径构型（包括系统评价的反面条件~SE和支付意愿的反面条件~WP）、抑制平台企业价值获取的路径构型（包括平台声誉的反面条件~PR和平台绩效的反面条件~PP），发现平台企业价值创造和价值获取的前因构型具有因果不对称特性，作用路径和核心条件完全不同（价值创造和价值获取构型组成见表5-32和表5-33）。

（3）通过分析和讨论实证研究结论，找到促进平台企业价值创造和价值获取的关键因素（分别是用户参与类变量和平台控制类变量）以及抑制平台企业价值创造与价值获取的关键因素（平台建设类变量的反面条件和用户认知价值类变量的反面条件）。同时，通过结果分析讨论，本章还识别了同时影响价值创造"成""败"的关键条件（用户持续承诺）和关键路径（促进价值创造的关键路径为IG*KS*CS*CC，抑制价值创造的关键路径为~DM*~IG*~KS*~CS*~CC），以及同时影响价值获取"成""败"的关键条件（用户锁定）和关键路径（促进价值获取的关键路径为SE*WP*UL，抑制价值获取的关键路径为~SE*~WP*~UL）。

# 第六章　平台企业价值创造与价值获取研究结论

本书围绕"平台企业价值创造与价值获取"这一研究主题开展分析,基于扎根理论分析,构建了平台企业价值创造与价值获取的理论模型(见图3-2),并通过模糊集定性比较分析(fsQCA)验证了平台企业价值创造与价值获取的主导逻辑和前因构型,从而从理论与实证维度同时进行价值创造与价值获取的研究。为此,本章系统性地总结本书研究的主要结论,并基于本书研究工作探讨本书研究在理论和实践方面的启示。同时,在讨论本书的贡献与不足的基础上,基于研究的延续性和相关性,讨论未来平台理论研究和价值创造与价值获取研究值得持续关注的核心问题。

# 第一节 主要研究结论

## 一、平台企业价值创造与价值获取的构成要素

已有的价值创造与价值获取研究大多关注单一视角（如资源基础观、动态能力理论、交易成本经济学等）剖析企业价值创造的过程（Portor, 1985; Barney, 1991; Barney, 2018; Dyer, Singh, and Hesterly, 2018）。相比之下，平台企业情境下的价值创造与价值获取研究更关注具有双边市场特色的平台活动（包括平台开放、网络效应、平台启动、平台领导、平台竞争和平台治理等方面）（Rochet and Tirole, 2003; Armstrong, 2006; Gawer, 2014; Van Alstyne, Parker and Choudary, 2016; Altman and Tushman, 2017），却忽略了平台战略活动创造和获取价值的主导逻辑。同时，由于单一视角研究价值创造与价值获取的局限，平台企业价值创造与价值获取的核心构成要素仍然迷雾重重。

本书在已有研究讨论的基础上，试图通过扎根理论分析搭建完善的平台企业价值创造与价值获取的理论框架，从而解答上述困惑。基于7家平台企业经营实践的访谈和扎根理论分析，本书发现平台企业价值创造的构成要素包括7类，分别包括：创业机遇类，包括感知环境嬗变、甄别市场痛点与盲点两个子范畴；资源基础类，包括传统业务提供资源、跨界搜寻外部资源两个子范畴；平台建设类，包括平台开放、供需匹配和互动引导三个子范畴；用户参与类，包括知识分享、互补品供应和持续承诺三个子范畴；用户认知价值类，包括系统评价和支付意愿两个子范畴；平台控制类，包括规则主导、网络效应和用户锁定三个子范畴；平台专属收益类，包括平台声誉和平台绩效两个子范畴。其中，创业机遇和资源基础类要素代表投入要素，是触发平台建设（创业）的初始条件和约束条件；平台建设类、用户参与类和平台控制类要素代表行为要素，是直接影响平台企业价值创造和价值获取的核心要素；用户认知价值类和平台专属收益类要素分别是反映平台企业价值创造结果与价值获取结果的因素。

同时，基于构成要素的选择性编码过程，本书得出平台企业价值创造与价值获取的故事主线：平台企业在解读环境过程中发现了潜在平台市场的痛点和盲点，并在资源与能力约束下进入特定服务市场。进入市场后，平台企业通过平台开放、供需匹配、互动引导等策略构建平台市场效率，为用户参与平台互动创造优质条件。基于此，平台供方用户和需方用户进入平台，通过知识分享、互补品供应和持续承诺等互动行为，共同创造和提升平台用户的认知价值。与此同时，平台企业通过规则主导、网络效应和用户锁定三种平台控制机制，创造平台企业对用户的依赖优势，从而确保平台企业获取平台专属收益。

## 二、平台企业价值创造主导逻辑："效率"与"创新"双重逻辑

已有的价值创造研究大多关注生产者（厂商）直接创造核心价值（即直接生产产品），价值创造范式以"长线技术"为基础，以"价值链"为主要形态，相对忽略"中介技术"为基础的价值创造过程（Thompson, 1967; Brandenburger and Stuart, 1996）。特别是，随着近年来价值创造的研究者注意到企业形态的转变（以双边市场为基础的平台企业日益盛行）和互联网环境的变化（信息不对称降低，用户参与更多），对价值创造的研究也逐步呈现出三种主流趋势：①从价值独创转向价值共创。工业经济时代下生产厂商单独（主导）创造的逻辑被颠覆，利益相关者成为价值共创的重要力量（Lepak, Smith, and Taylor, 2007; Barney, 2018; Jia, Shi, and Wang, 2018）。②从用户独立到用户参与。工业经济时代，在"生产导向观念"下，生产决定价值实现，因而厂商独立于用户创造价值；互联网时代下，价值创造不再等同于价值实现，只有用户认知价值才是反映价值创造最终结果的实质体现（Bosse and Coughlan, 2016; Bridoux and Stoelhorst, 2016; Kohtamäki and Rajala, 2016; Marcos-Cuevas et al., 2016）。因而，用户参与不仅是企业创造价值的重要组成部分，更是决定价值实现的关键环节（Van Alstyne et al., 2016; Rietveld, 2018）。③从局部理解到全面理解。以资源基础观、创新中获利理论、交易

成本经济学等理论为代表的单一视角理解价值创造缺乏全面性，往往容易造成"一叶障目"，或是形成更大的模糊和争议。为此，近年来一批具有远见卓识的管理学家纷纷发文，倡导整合不同理论，从更加全面的视角看待价值创造与获取的一般过程（Barney, 2018; Dyer, Singh, and Hesterly, 2018; Teece, 2018）。另一方面，发端于数学分析范式的价值基础理论（或价值基础视角），通过简洁的数学模型（价值创造=支付意愿-机会成本），推导价值创造与获取的行动策略（Brandenburger and Stuart, 1996; Stabell and Fjeldstad, 1998; Brandenburger and Stuart, 2007; Gans and Ryall, 2017; Lieberman et al., 2018）。尽管该理论简化了价值创造与获取的研究情景，但仍然对战略管理视域下的价值创造与价值获取研究具有很强的指导意义。

为此，本书基于价值基础视角，通过整合理论剖析平台企业情境下价值创造与价值获取的主导逻辑和机理。基于扎根理论分析结论基础上的理论整合和文献对话，本书发现：①平台企业价值创造遵循"效率"和"创新"双重逻辑，分别主要参考交易成本经济学（TCE）（Williamson, 1975; Williamson, 2008）和创新中获利（PFI）两种理论（Teece, 1986; Teece, 2018）。具体来看，以TCE为核心的"效率"逻辑在于，平台企业通过提供有效的平台服务市场，为平台供需方创造有利的互动空间和场所，以"搜索匹配"和"精准推送"相结合的方式，节约用户搜寻、识别、比较和筛选信息（方案）的交易成本（Hagiu and Jullien, 2011; Hagiu and Jullien, 2014），提高用户"主动连接"和"被动连接"的效率。以PFI为核心的"创新"逻辑在于，平台用户在有利的互动环境下进入平台市场，积极投入具有互惠性质的互动（交易）过程，并通过提供互补性资源（一般互补品和严格互补品）的方式（Jacobides, Cennamo, and Gawer, 2018; Teece, 2018），不断提升平台市场的"创新"价值。②"效率"与"创新"的逻辑互动。本书发现，平台企业的"效率"和"创新"逻辑不仅具有互补性质，同时"效率"逻辑还是"创新"逻辑的必要条件。只有当平台企业通过有效率的平台建设（平台开放、供需匹配和互动引导），才能吸引和刺激平台供需方用户积极参与互动和提供互补性资源，从而形成"创新"价值。

类似地，按照平台企业价值创造的"效率"逻辑、"创新"逻辑及其互动关系的假设，本书随后利用fsQCA从实证上验证价值创造的理论假设。研究发现，平台企业价值创造的"效率"和"创新"逻辑完全成立，且"效率"逻辑（平台建设类变量）是"创新"逻辑（用户参与类变量）的近似必要条件。

## 三、平台企业价值获取主导逻辑："依赖优势"逻辑

价值获取研究强调参与主体（利益相关者群体）对价值创造结果的分配，在形式上集中表现为平台定价（分成比例）。从竞合思路上看，价值获取侧重"竞争"思路，使得价值获取与价值创造成为企业经营的两难选择（Dyer and Singh, 1998; Muthusamy and White, 2005; Ondrus, Gannamaneni and Lyytinen, 2015; Parker and Van Alstyne, 2018）。从价值获取理论或价值基础理论来看，价值获取的目的在于在已创造的价值总额中获取更多专属收益，但价值获取的思路却同时包含价值专属（value appropriation）和价值分配（value distribution）两种思路（Gans and Ryall, 2017），在平台情境下实现价值专属和价值分配的方式，以及价值获取的主导逻辑仍然没有解答。

为此，本书通过扎根理论分析和文献对话，得到以下平台企业价值获取的主要结论：在创造价值的基础上，平台企业主要利用三种平台控制方式（规则主导、网络效应和用户锁定）获取价值，遵循"依赖优势"的主导逻辑，其理论依据主要源于资源依赖理论（RDT）（Bensaou, Coyne, and Venkatraman, 1999; Pfeffer and Salancik, 2003; Dyer et al., 2018）。具体来看，平台企业通过规则主导（类似于投资"说服性资源"）的方式降低平台对用户的依赖，从而削弱供需方用户"事前"或"事后"的议价能力（增加价值分配）；另一方面，平台企业利用网络效应和用户锁定（有效的隔离机制）提高供需方用户对平台的依赖，从而提高平台企业"事后"的议价能力（增加价值专属，防止价值滑移）。

同时，本书基于fsQCA分析方法验证平台企业价值获取过程中的"依赖优势"逻辑假设。实证研究发现，平台控制类变量（规则主导、网络效应和用户锁定）对价值获取结果（平台声誉和平台绩效）的促进作用，从而印证了前文提出的价值获取的理论模型。

## 四、平台企业价值创造与价值获取的逻辑互动

在组织间关系领域,价值创造与价值获取被视为企业同时追求的一对矛盾"目标",如何在价值创造极大化的同时实现价值获取极大化(或者说,极小化机会主义行为带来的风险)成为关键瓶颈(Dyer and Singh, 1998; Muthusamy and White, 2005; Dyer, Singh, and Kale, 2008)。同时,也有研究者指出,平台企业情境下,由于平台往往并不直接参与核心价值创造,因而价值创造与价值获取并非"非此即彼"的矛盾关系(Mizik and Jacobson, 2003),而是相互促进的互惠关系(Brandenburger and Stuart, 1996; Gawer and Cusumano, 2002; Ceccagnoli et al., 2012)。从经营实践来看,价值创造与价值获取似乎又是一种"共生"关系,高效的"市场服务方式"与成功"盈利模式"缺一不可。我们认为,价值创造与价值获取的争议不断的主要原因之一在于,没有在具体的情境下探讨价值创造与价值获取的主导逻辑和机理,因而忽略了价值创造与价值获取的内在联系。

基于此,本书基于7家案例企业创始人、高管及用户的第一手访谈数据,开展扎根理论分析,发现了平台企业价值创造的"效率"与"创新"逻辑,以及价值获取的"依赖优势"逻辑。同时,结合扎根理论分析和理论对话,本书还发现以下平台企业价值创造与价值获取的逻辑互动关系:价值获取以价值创造为前提。尽管价值创造与价值获取在商业模式设计过程中同步开展,在企业经营实践上又具有"共生"性质,但价值创造仍然作为价值获取的必要条件而存在。换言之,即便平台企业善于实施平台控制,但如果缺乏有效的平台建设和用户参与来创造价值,同样无法保证平台企业顺利获取更大价值。特别是,当供需方用户对平台系统评价和支付意愿较低时,往往也很难认同平台定价的合法性,从而造成平台声誉和平台绩效下降。

随后,本书通过fsQCA方法验证平台企业价值创造与价值获取的逻辑互动关系。实证研究表明,所有价值创造的结果变量(系统评价和支付意愿)对价值获取结果(平台声誉和平台绩效)的解释很强(覆盖率均超过0.85),构成近似必要条件。

## 五、平台企业价值创造的关键因素和路径构型

本书发现，以往的价值创造和价值获取研究在实证研究层面（或平台理论与实证研究）还涉及三点不足：①以回归分析为核心统计学分析方法相对擅长解释独立变量对结果的"净效应"（或边际效应），在解释变量间"组态效应"或"交互效应"（及复杂因果关系）时受研究方法约束较大（往往很难实现4个及以上变量的交互分析）。②以相关分析和假设检验为核心逻辑的回归分析思路并没有揭示显著的"因果关系"，而只是揭示变量间的"相关关系"，一定程度上弱化了研究假设的价值。③以回归分析为主流的分析范式假定前因变量与结果变量之间具有对称性因果关系（造成"成功"结果的原因组合与造成"失败"结果的原因组合完全相同），因而忽略了前因构型的复杂性和多样性（因果等效性）。为此，近年来许多学者们呼吁，利用更贴近社会科学的、更加灵活的分析方法，分析变量间的复杂交互关系。其中，以拉金教授和里豪克斯教授为代表的定性比较分析法（QCA）在很大程度上解决了上述研究方法的局限，因而成为近年来国内外顶级管理学刊物热捧的研究范式（如Fiss, 2011; Greckhamer, Misangyi and Fiss, 2013; Greckhamer et al., 2018; Dwivedi, Joshi, and Misangyi, 2018; 王凤彬 等，2014; 郝瑾 等，2017; 杜运周、贾良定，2017）。

鉴于此，本书采用模糊集定性比较分析方法（fsQCA）识别"促进"和"抑制"平台企业价值创造的关键因素和路径构型，从而为价值创造研究和平台企业经营提供参考。具体来看，本书基于两轮fsQCA分析（促进和抑制）和对比，主要得出如下结论：①识别了14种促进平台企业价值创造（系统评价和支付意愿）的构型和6种抑制平台企业价值创造的构型，这些构型均由平台建设类变量（平台建设、供需匹配和互动引导）和用户参与类变量（知识分享、互补品供应和持续承诺）组成（见表5-32）。②识别了促进和抑制平台企业价值创造的关键因素。研究发现，相比积极的平台建设，积极的用户参与（高知识分享、高互补品供应和高持续承诺）是促进平台企业价值创造（"成功"的结果）的关键因素；反过来，相比消极的用户参与，消极的平台建设（低平台开放、低供需匹配和低互动引导）是抑制平台企业价值创造（"失败"的结果）的关键因素，从而印证了不对称因果关系

的猜想。③发现用户持续承诺的正面条件（CC，即高持续承诺）和反面条件（~CC，即低持续承诺）是分别促进和抑制平台企业价值创造结果的核心条件。因而，用户持续承诺对同时解释价值创造的"成""败"具有重要意义。④识别了促进和抑制平台企业价值创造的关键路径。本书发现，促进平台企业价值创造的关键路径是"高互动引导*高知识分享*高互补品供应*高持续承诺[①]"，而抑制价值创造的关键路径则是"低供需匹配*低互动引导*低知识分享*低互补品供应*低持续承诺"。

## 六、平台企业价值获取的关键因素和路径构型

遵循相似的分析过程，本书同样采用fsQCA识别"促进"和"抑制"平台企业价值获取的关键因素和路径构型。具体来看，本书基于两轮fsQCA分析（促进和抑制）和对比，主要得出如下结论：①识别了12种促进平台企业价值获取（平台声誉和平台绩效）的构型和9种抑制平台企业价值获取的构型，这些构型均由平台控制类变量（规则主导、网络效应和用户锁定）和用户认知价值类变量（系统评价和支付意愿）组成（见表5-33）。②识别了促进和抑制平台企业获取的关键因素。研究发现，相比积极的用户认知价值，积极的平台控制（高规则主导、强网络效应和高用户锁定）是促进平台企业价值获取（"成功"的结果）的关键因素；反过来，相比消极的平台控制，消极的用户认知价值（消极的系统评价和低支付意愿）是抑制平台企业价值获取（"失败"的结果）的关键因素，从而印证了不对称因果关系的猜想。③发现用户锁定的正面条件（UL，即高用户锁定）和反面条件（~UL，即低用户锁定）分别是促进和抑制平台企业价值获取结果的核心条件。因而，用户锁定对同时解释价值获取的"成""败"具有重要意义。④识别了促进和抑制平台企业价值获取的关键路径。本书发现，促进平台企业价值获取的关

---

[①] "*"表示布尔逻辑运算"and"。如"高互动引导*高知识分享"表示"高互动引导和高知识分享同时存在"。

键路径是"积极系统评价*高支付意愿*高用户锁定",而抑制价值获取的关键路径则是"消极系统评价*低支付意愿*低用户锁定"。

## 第二节 理论与实践启示

### 一、理论启示

（一）理解平台企业价值创造和价值获取需要在VBT视角下整合经典理论

本书研究表明，以交易成本经济学（TCE）、产业价值链、资源基础观（RBV）或资源依赖理论（RDT）、动态能力理论（DCT）、组织关系理论（IOR）、创新中获利理论（PFI）等在解释企业价值创造和价值获取的过程时，从参数（交易成本）或要素（资源）等角度解释了超额价值（租金）的产生和分配（Dyer, Singh, and Kale, 2008），相对缺乏一个更加全面（一般性）的分析框架，来统合不同的理论观点，从而消弭争议，指导平台企业实践。相反，发端于20世纪90年代的价值基础理论（VBT）虽然主要基于数学模型推导，但由于该理论注重价值创造与获取的一般性分析，因而为价值创造与获取的研究提供了良好的理论架构（Brandenburger and Stuart, 1996）。为此，本书在扎根理论分析的基础上，通过理论整合和文献对话，结合近年来价值共创的演变趋势，将良好的"框架"与良好的"解释"整合，从而搭建平台企业价值创造与价值获取的理论框架。

具体来看，在价值基础理论提供的基础"框架"中，指明了价值创造与价值获取的通行公式：价值创造=支付意愿–机会成本；价值获取=定价–机会成本。遵循这两个基本公式可得知,价值创造的着力点主要在于:①提高支付意愿;②降低机会成本。而价值获取的着力点主要在于:提高定价。然而,由于在平台情境下,平台与供需方用户的博弈往往并非一次性博弈而是重复博弈,因而定价的接纳程度也决定价值获取。为此,价值获取的着力点调整为:提高定价与提高定价的认可度(在价值创造既定的前提下)。在此框架下,需要整合经典理论来解释三种行动策略的主导逻辑,及其在平台企业情境下的实现(或实践)方式。表6-1展示了本书在构建平台企业价值创造与价值获取的理论框架过程中,利用价值基础框架、经典理论与扎根理论分析相融合的过程。通过"经典框架"与"经典理论解释"的整合,本书形成平台企业情境下价值创造与价值获取的理论模型(见第三章图3-2),为平台企业创造和获取价值的过程提供了更具说服力的理论解释。

表6-1 VBT框架、经典理论与扎根理论分析的整合

| VBT框架 | 核心问题 | 着力点 | 整合经典 | 基于扎根理论的平台实践 |
| --- | --- | --- | --- | --- |
| VCR=WTP-OC | 极大化价值创造 | 提高支付意愿降低机会成本 | PFI等:创新逻辑 | 用户参与:知识分享、互补品供应、持续承诺 |
| | | | TCE等:效率逻辑 | 平台建设:平台开放、供需匹配、互动引导 |
| VCA=P-$\overline{OC}$ | 极大化价值获取 | 提高定价提高定价认可 | RDT等:依赖优势逻辑 | 平台控制:规则主导、网络效应、用户锁定 |

资料来源:作者根据本书研究整理得出。表中公式VCR=WTP-OC表示价值创造等于支付意愿减去机会成本;公式VCA=P-$\overline{OC}$表示价值获取等于价格减去机会成本。其中,$\overline{OC}$表示价值创造已知的情况下机会成本与支付意愿给定。

(二)平台企业与传统企业在价值创造与价值获取路径上差异显著

按照本书构建价值创造与价值获取的理论框架,我们发现,以价值链为

基础的传统企业①（生产制造企业）同样遵循价值基础框架与三种主导逻辑。然而，从主导逻辑的作用路径来看，平台企业与传统企业的价值创造与价值获取过程仍然存在实质差异。表6-2总结了平台企业与传统企业在价值创造与价值获取路径上的主要差异。

表6-2 平台企业与传统企业价值创造与价值获取作用路径的差异

| | 主导逻辑 | 平台企业 | 传统企业 |
|---|---|---|---|
| VCR | 效率 | 连接和匹配效率：搜索匹配（主动连接效率）、精准推送（被动连接效率） | 经济性效率：多元化经营（范围经济效率）、一体化经营（规模经济效率） |
| | 创新 | 激发用户供应互补品（共创） | 自主产品或技术创新（独创） |
| VCA | 依赖优势 | 隔离机制：以意愿为基础的隔离（网络效应和用户锁定） | 隔离机制：以资源和能力为基础的隔离（独占稀缺性要素） |
| | | 削弱相关者议价能力：规则主导和实质选择权（三方博弈） | 削弱相关者议价能力：降低相关者的稀缺性（两方博弈） |

资料来源：作者根据本书研究结论整理。VCR表示价值创造，VCA表示价值获取。

结合表6-2分析可知，平台企业与传统企业在效率、创新和依赖优势的实现路径上都有显著差异。首先，传统企业创造价值的效率主要体现为经济性效率，即利用企业一体化经营谋求规模经济（economies of scale）优势（Porter, 1987）和利用多元化经营谋求范围经济（economies of scope）优势（Panzar and Willig, 1981; Teece, 1980），规模经济优势体现在批量生产降低要素平均成本，范围经济的优势主要体现在多样化企业（diversified firm）配置多个关联业务时降低共同要素重复投入的成本（减少了重复投资）。换言之，

---

① 这里的传统企业指带有工业经济时代色彩的生产制造企业（非双边市场），其价值创造遵循严格的价值链范式，核心环节是通过将材料投入转化成产品创造价值。在Van Alstyne, Parker和Choudary（2016）的研究中，三位研究者将其称为"线性企业"或"管道型企业"（pipelines），详见：Van Alstyne M. W., Parker G. G., and Choudary S. P. Pipelines, Platforms, and the New Rules of Strategy[J]. Harvard Business Review, 2016, 94(4): 54–60,62.

范围经济与不同业务的资源关联度（resource relatedness）有关，通过跨业务共享基础要素，有效降低了资源配置成本（Sakhartov, 2017）。相比之下，平台企业虽然也通过开放和连接多边用户获得规模经济和范围经济，但平台市场的规模经济和范围经济已经超出企业边界，从共享不同业务领域的基础技术、流程、工艺、原材料等要素转向共享平台基础设施服务，进而减少重复投入。更为重要的是，平台企业不参与核心价值创造（生产制造），而是通过连接多边市场用户创造价值。一方面，以搜索匹配为代表的平台服务大大降低了用户搜寻和识别信息的交易成本，从而创造用户"主动连接效率"。另一方面，以精准匹配为代表的平台服务满足了用户偏好的预期，以开发和满足长尾市场的方式创造用户"被动连接效率"。这种创造性的连接和匹配效率提升了用户的支付意愿，同时降低了机会成本，因而具有"连接红利"的租金性质（罗珉、李亮宇，2015）。

其次，传统企业的价值创造过程强调厂商价值独创，因而创新逻辑主要体现在企业产品或技术层面的创新。比如，企业利用差异化竞争战略，推出具有创新性质的独特产品和服务，从而赢得消费市场（Porter, 1987）。相比之下，平台市场可能涉及大量不同业务和交易信息，平台企业自身不可能完全掌握所有产品或服务的所有知识，自身也没有足够丰裕的资源配置到每个业务的生产经营中。因而，平台企业往往很少涉及自营业务，而是通过开放平台的方式引导大量供需方用户加入平台。供需方用户加入平台后，随着互动（交易）的重复和推进不断增加供应品类完善的互补品。由于互补品（特别是严格互补品）与平台系统高度联结（资产专用性强）（Jacobides, Cennamo, and Gawer, 2018），因而使得平台系统的整体价值不断增加，从而使每位置身平台的用户直接受益。换言之，平台企业价值创造的创新逻辑，主要不是依靠自身产品或技术创新，而是通过激发用户供应互补品共同创造价值。应当看到，相比传统企业的创新路径，平台企业的创新路径降低了企业对技术创新能力和资源基础条件的束缚（编码中也发现平台使用的大量资源来源于参与用户），从而增加了平台企业经营的灵活性。

再次，同样利用依赖优势提高价值获取份额，但传统企业与平台企业仍然遵循各不相同的实现路径。在隔离机制方面，传统企业重视以资源和能力为基础的隔离（ability-based isolating mechanisms, AIM），强调有价值、稀缺性、难以模仿和难以复制的资源要素（材料、知识、能力、诀窍等），核心是通过制造资源的"模仿障碍"和"先行者优势"形成隔离，从而增加利益相关者[①]对企业的依赖性（Rumelt, 1984; Thomä and Bizer, 2013）。相比之下，平台企业更加重视用户在隔离过程中发挥的积极作用，力图通过高效的服务模式、积极的网络效应满足用户个性化、情绪化的需求，同时提高用户转换成本，增加用户锁定，从而形成以意愿为基础的隔离（willingness-based isolating mechanisms, WIM）。以用户意愿为基础的隔离强调用户认知价值的积极意义，通过创造性地解决（原有市场）供需方用户的痛点和盲点，为参与用户赋能（Jonsson and Regner, 2009; Madhok et al., 2010）。一方面，经济高效的平台服务增加了用户的认知价值，从而使用户迅速接纳和适应平台。另一方面，随着用户积极参与互动和投入（不可转移的）互补性资源，用户持续承诺增加了用户对平台的路径依赖。因而，以意愿为基础的隔离增加了用户单一归属的概率，从而通过降低对手的"模仿意愿"提高平台企业依赖优势。应当看到，由于以意愿为基础的隔离导致对手的"低模仿意愿"，具有竞争实力和资源水平的厂商也不会进入相同平台市场（Grant, 2008）。因而，相比传统企业强调资源和能力为基础的隔离，平台企业打造以意愿为基础的隔离能够形成更加稳健的隔离均衡。

最后，平台企业与传统企业也都利用投资"说服性资源"的方式削弱利益相关者的议价能力，降低企业对利益相关者的依赖，但二者在实现路径上采用完全不同的逻辑。在传统企业情境下，租金分配以对偶关系（购买商—供应商关系）最为突出，因而主要通过降低相关者稀缺性削弱其议价能力（Elfenbein and Zenger, 2017）。比如，通过增加交易伙伴数量，可以降低企业被单个厂商"敲竹杠"的概率；通过占据价值链上高附加值的生产环节，可以降低对核心要素生产厂商的依赖等。相比之下，平台企业的租金分配以三角关系（平台—供方—需方）为主，在三方博弈情形下可以选择更为灵活的议价策略。比如，通过增加供方或需方市场的开放度，提高供需方市场厚

---

① 这里的利益相关者主要指参与价值分配的利益方。在传统企业租金分配过程中，除企业自身以外，主要的利益方指购买商和供应商；而在平台企业中，主要的利益方指供需方用户。

度（实质选择权），从而降低被少数厂商"挟持"的概率（罗珉、杜华勇，2018）；类似地，通过建立平台市场的界面规则（比如，准入规则、定价规则、激励规则），增加平台企业在规则制定、规则修订和规则解释的主导权（Huber, Kude and, Dibbern, 2017; Altman, 2017），从而削弱用户的议价能力。应当看到，平台企业不参与核心价值创造（生产制造），具有天然的规则主动权和治理权（Van Alstyne, Parker and, Choudary, 2016）。因而，平台企业利用规则控制和实质选择权，可以比传统企业更积极有效地削弱利益相关者的议价能力，从而增加平台专属收益。

### （三）"钢丝上的舞者"：平台企业构建竞争优势的必要条件

尽管平台企业相比传统企业在创造与获取价值过程中具备很多更为有利的条件，但结合本书研究来看，平台企业构建可持续竞争优势之路恰如"钢丝上的舞者"，既惊险又精彩。这是因为，对平台企业而言，要构建可持续竞争优势，价值创造与价值获取两者缺一不可（Mizik and Jacobson, 2003; MacDonald and Ryall, 2004）。价值创造影响竞争优势的规模和发展速度，而价值获取影响厂商竞争优势的持续性以及多寡（Lawson, Samson and, Roden, 2012）。换言之，平台企业只有同时实现积极的价值创造与价值获取结果，才可能构建可持续竞争优势。

结合本书研究来看，平台企业构建优势（即同时实现平台企业积极的价值创造结果与价值获取结果）仍然面临许多瓶颈和掣肘：①影响价值创造的因素和影响价值获取的因素并不等同，使得平台企业必须同时在平台建设、用户参与和平台控制上积极发力，才可能在提升用户价值的同时增加平台专属收益。换言之，为了构建可持续竞争优势，平台企业既要创造高效的平台服务市场，也要创造有利的互动条件吸引用户参与互动。不仅如此，平台企业还必须构建有效的隔离机制（以意愿为基础的隔离）和控制机制，避免平台市场利用"效率"和"创新"方式产生的价值滑移给竞争对手。②由于因果不对称特性，促进与抑制平台企业价值创造/价值获取的关键因素和前因构型也不相同，使得平台企业价值创造与价值获取的战略行动需更加谨慎。

本书的fsQCA分析表明，促进平台企业价值创造的关键因素是用户参与类变量（知识分享、互补品供应和持续承诺），而抑制平台企业价值创造的关键因素却是平台建设类变量（平台开放、供需匹配和互动引导的反面条件）。换言之，如果平台企业单纯注重积极的平台建设，往往无法保证平台企业创造超额价值（因为积极的用户参与是提高用户认知价值的关键因素）；反之，如果平台企业只追求积极的用户参与，忽略积极的平台建设，也无法推动平台企业创造超额价值（因为消极的平台建设恰恰是降低用户认知价值的关键因素）。

同样地，fsQCA分析发现，平台控制类变量（规则主导、网络效应和用户锁定）是促进平台企业重视价值获取的关键因素，而抑制平台企业价值获取的关键因素却是用户认知价值类变量（即价值创造结果，包括系统评价和支付意愿）。因而，如果平台企业重视用户认知价值而忽略平台控制，就很难创造可持续竞争优势和超额绩效（因为积极的平台控制是促进平台企业价值获取的关键因素）；反过来，如果平台企业只重视平台控制而忽略用户认知价值，也无法造就平台可持续竞争优势和超额收益（因为消极的用户认知价值恰好是抑制平台企业价值获取的关键因素）。

综上所述，结合fsQCA揭示的关键路径构型（见第五章小结）可知，优质的平台建设、积极的用户参与和强有力的平台控制是构建平台企业可持续竞争优势的必要条件，三者缺一不可。

## 二、实践启示

### （一）"赋能"是开展企业平台化经营的先决条件

在研究团队对案例企业访谈的过程中，发现"赋能"一词被频频提及（7家企业中6家企业创始人都提到）。结合本书研究，我们认为，"赋能"是一种具有平台特色的价值主张，即平台企业相比传统（或已有的）服务模式，能够在多大程度解决市场和需求的痛点和盲点，从而增加用户交易/互动的便捷性和经济性。比如，本书访谈的万商云集平台将SaaS厂商和需求商引入平台，并整合代理商辅助SaaS厂商为四五线城市的需求商提供SaaS培训服务。利用该平台，万商云集既填补了SaaS营销市场渗透低、市场空白大的盲点，又解决了中小SaaS厂商获客成本高、服务碎片化的痛点，还解决了需求商产品选择难、应用难的问题。应当看到，平台企业"赋能"的核心是通过创造性的平台工具或服务模式满足不充分、不饱和的市场需求，从而提升用户的体验价值和认知价值。

据此，本书认为，现实企业特别是具有资源条件的在位企业（非平台企业）往往不应盲目实施平台化经营方案。因为以双边市场为基础的平台生态系统虽然具有多样性的生态群落和协同价值，能否顺利加入平台却取决于平台企业为各方用户"赋能"的程度。当平台企业提供了不可替代的"赋能"方案或工具，平台就相比对手更容易获得用户接纳。反之，当平台企业进入平台市场并没有有效地解决"需求痛点或市场盲点"时，平台只会成为稀缺性较差的替代方案，增加了用户多归属的可能性。比如，本书案例动动三维提供高效的3D辅助设计和呈现工具，使得用户（设计师和品牌商）迅速采纳该平台，快速成长为"中国最具投资价值的企业50强"[①]。因而，"赋能"是企业实施平台化经营的先决条件。

（二）"互惠"是激发用户持续承诺的重要基础

本书研究发现，与用户承诺有关的两个关键变量（持续承诺和用户锁定）分别构成同时促进和抑制平台企业价值创造与价值获取的重要条件（在四次fsQCA分析中均体现为核心条件）。这说明，用户持续承诺是决定平台企业竞争优势的关键因素。平台企业自身不直接创造核心价值，而是通过激发用户参与的方式，与供需方用户共创共享价值。从用户参与互动程度来看，持续承诺具有承诺升级特征，代表着最高程度的用户参与，因而对平台构筑竞争优势最为关键。

然而，用户连接和参与往往不会主动产生，只有当用户感知自身能从参

---

[①] 数据源于创始人报告和展示。

与和互补性资源投资行为中获得明显具有互惠性质的回报时，才可能乐于持续承诺。否则，缺乏互惠的平台体系将导致用户降低重复博弈次数（有限的重复博弈），从而在"利己主义"原则下不选择持续承诺。在这方面，已有类似的文献发现"无偿"互补者①对平台生态系统价值创造可能造成消极的影响（Boudreau and Jeppesen, 2015; Mantovani and Ruiz-Aliseda, 2016）。因而，平台企业可以通过设置物质或声誉奖励激发用户积极参与互动和持续承诺。比如，设置评价反馈体系、信誉保障体系、积分制度、有奖参与和享受免费增值服务等。

### （三）"隔离"是保障平台持续高绩效的核心屏障

本书分析还发现，创造价值取决于平台建设和用户参与，但获取价值和构建竞争优势还需要平台企业构筑有效的隔离机制。否则，一旦平台无法树立有效的保护屏障，将导致平台通过"效率"与"创新"生成的价值滑移给竞争对手（Dyer, Singh, and Hesterly, 2018），从而导致平台价值专属失败。访谈中，一位案例企业的创始人形象地将其描述为平台的"护城河"。结合本书分析来看，传统的隔离机制（以资源和能力为基础的"模仿障碍"隔离、抢占市场和技术领先的"先占隔离"等）仍然具有重要意义。比如，开发具有独特价值的平台工具和系统仍然是吸引用户的关键因素。然而，本书认为，平台企业情境下的"隔离"重点并非"占有"稀缺性资源，而是在满足用户个性化、情绪化需求（即用户认知价值）的基础上固化用户的意愿和偏好，从而树立以意愿为基础的隔离机制。

具体来看，平台企业构建以意愿为基础的隔离机制过程中，需要关注两个核心问题：①以高"赋能"工具/平台培养用户意愿。动动三维推出前，广告市场很少采用3D展示方案。动动三维进入市场后，一方面通过工具"抓手"（3D引擎）吸引设计师使用，另一方面也面向需求商推广和体验，

---

① "无偿"互补者指在没有任何报酬或直接回报的前提下，用户/参与者自愿主动为平台提供具有互补性质的资源（互补品）。

从而为供需方用户论证3D展示市场前景。②以品类丰富的"互补品"锁定用户选择。随着3D设计师不断上传和交易3D素材作品,动动三维形成了品类丰富、无法替代的3D素材库。同时,动动三维平台也成为设计师和需求商熟悉的平台。当平台互补品的替代性很弱而用户转换平台的成本极高时,平台企业就形成了以用户意愿为基础的隔离。同时,这种隔离具有显著的路径依赖特性,会伴随着用户持续承诺和用户锁定产生强烈的认知合法性(认知锚定),从而固化用户的选择[①]。

# 第三节 研究贡献与不足

## 一、研究贡献

本书围绕"平台企业如何同时追求价值创造极大化和价值获取极大化"这一研究问题,通过质性(扎根理论分析)和量化(fsQCA)研究相结合的方法,探索性地构建了平台企业价值创造与价值获取的理论模型,并在验证该理论模型的基础上识别了平台企业价值创造与价值获取的前因构型、关键因素和关键路径。综合来看,本书研究的理论贡献主要体现在平台理论、价值创造与价值获取理论、战略管理理论三个领域。

---

① 这种认知合法性在平台市场比较常见。比如,O2O外卖平台大多数用户都采用美团,一方面是由于美团外卖进入较早形成了较为完全的互补品体系(评价和反馈数据)。另一方面,也是因为美团前期经营"美团网"时,就从事与饮食有关的行业,因而当美团网(团购)的用户转移到美团外卖时,在用户心中具有较高的认知合法性。因此,即便美团外卖后于饿了么外卖进入O2O外卖市场,依然夺得了最高的市场份额。

## （一）本书研究对平台理论的贡献

本书通过CiteSpace软件系统性树立了当前国外的平台理论研究（含SSCI文献318篇），并结合国内平台研究（含CSSCI文献109篇）现状的探讨，发现平台理论研究主要关注六个核心议题：平台定义与分类、平台启动与网络效应、平台开放度、平台领导、平台竞争互动和平台治理。我们发现，尽管这些活动（研究议题）都与价值创造和价值获取（竞争优势）有直接或间接关联，但现有研究并没有清晰地指明当下研究热点议题与价值创造和价值获取的关系。此外，平台研究领域也有少部分学者直接探讨价值创造和价值获取，但仍然在前因变量、构成要素（维度）上模糊不清。

为此，本书通过扎根理论分析与文献对话，系统性地指出了平台企业价值创造与价值获取的9类构成要素、维度及实质内涵。我们发现，在17个具体构成要素中，大部分都与主流研究议题密切相关。其中，有的研究议题以直接方式呈现（平台开放、网络效应），有的研究议题以间接的方式呈现（如供需匹配、互动引导、互补品供应等）。一方面，这表明本书研究与平台理论研究的延续性。另一方面，本书也更加明确地从平台企业情景解释了企业价值创造与价值获取的"过程黑箱"。换言之，已有的平台理论研究焦点往往更加关注"双边市场"为基础的"平台属性"研究（平台启动难题、平台网络效应、平台互补品、平台治理困境等），缺乏对平台企业价值创造与价值获取一般原理的探索和分析。因而，本书通过为"平台属性"下价值创造和价值获取的理论框架构建，从"平台属性"与"一般原理"相结合的角度，为平台理论研究提供了更加清晰的参考。

## （二）本书研究对价值创造和价值获取理论的贡献

以往的研究往往侧重从"要素"或"参数"视角分析企业价值创造和价值获取，在分析视角上以单一视角解读居多，相对缺乏系统性的、整合性的"一般原理"的揭示。同时，由于价值创造主体（平台企业）在外延（互联网时代环境不同于工业经济时代）与内涵（企业注入"平台属性"）的嬗变，因而工业经济时代下传统企业的价值创造与价值获取法则并不完全适用于平台企业。同时就一般性的价值创造与价值获取研究而言，也存在许多争议和分歧（尤其突出地体现在二者的互动关系上）。特别是，近年来，许多优秀的管理学家和理论大家不断反思，纷纷发文呼吁在价值创造与价值获取的研究中开展不同经典理论的整合（Barney, 2018; Dyer, Singh and Hesterly, 2018; Teece, 2018），以求获得更为完善和清晰的理解。而更加贴合"一般性框架"的价值基础理论研究（Brandenburger and Stuart, 1996; Brandenburger and Stuart, 2007; Gans and Ryall, 2017）和新时代色彩的价值共创研究（Bosse and Coughlan, 2016; Bridoux and Stoelhorst, 2016; Kohtamäki and Rajala, 2016; Ranjan and Read, 2016）进展惊人，更是让我们看到了平台企业情境下"理论整合"的曙光。

为此，本书结合上述环境演变特征和研究主流趋势，基于价值基础理论的一般框架，整合TCE、PFI和RDT等经典理论，在理论对话和基于实践（案例访谈）的扎根理论分析中构建平台企业价值创造与价值获取的理论模型（见图3-2），揭示了平台企业创造价值的"效率"和"创新"逻辑，以及获取价值的"依赖优势"逻辑。同时，遵循严格的实证研究程序筛选前因变量、定义和测量变量、搜集和校准数据，并在简要分析的基础上开展深度的fsQCA实证分析，从而验证理论模型并提出前因构型。因而，本书研究在理论整合与实际验证的基础上发展了价值创造与价值获取的理论研究，同时也丰富了价值基础理论（或价值获取理论）的理论维度和内涵。

（三）本书研究对战略管理理论的贡献

战略管理理论的核心关注一个"实质问题"（a big question）：如何创造可持续竞争优势（经济租金）。企业创造可持续竞争优势与价值创造和价值获取密切相关，二者缺一不可（Mizik and Jacobson, 2003; MacDonald and Ryall, 2004）。以往的竞争优势分析更突出资源、知识、能力、组织间关系等因素在价值创造与价值获取过程中占据的核心作用，同时假定前因变量与价值创造和价值获取的结果具有因果对称性影响，忽略了前因构型的交互复杂性，不利于深度揭示"竞争优势黑箱"。

为此，本书采用近年来受国内外管理学研究者欢迎（如Greckhamer et

al., 2018; Dwivedi, Joshi, and Misangyi, 2018; 郝瑾 等, 2017; 杜运周、贾良定, 2017) 的前沿分析方法——模糊集定性比较分析方法 (fsQCA), 验证平台企业价值创造与价值获取的前因构型、关键因素和关键路径。在四轮fsQCA分析的基础上, 本书发现促进和抑制平台企业价值创造与价值获取的前因构型、关键因素和关键路径都不相同, 从而印证了因果不对称的猜想。同时, 本书结合扎根理论提出的理论模型和fsQCA分析结论, 发现平台建设 (含平台开放、供需匹配和互动引导)、用户参与 (知识分享、互补品供应和持续承诺) 和平台控制 (含规则主导、网络效应和用户锁定) 是平台企业构建可持续竞争优势 (同时追求价值创造极大化和价值获取极大化) 的先决条件。因而, 本书研究对于平台企业情境下的战略管理研究提供了深层次的理论参考。

## 二、研究不足

本书研究从研究问题提出, 到数据搜集 (访谈和问卷)、数据分析 (扎根和fsQCA), 再到结果分析 (结果解读与理论对话) 都具有很大"挑战"。一方面, 平台企业价值创造与价值获取并未形成成熟的研究框架和理论模型, 这对研究团队的理论整合和分析能力要求较高; 另一方面, 在构建理论模型后, 采用什么样的方式测量和验证理论模型也成为制约研究价值的关键瓶颈。为此, 本书基于文献计量分析、扎根理论分析和模糊集定性比较分析等多种分析方法, 力求通过以下四个方面的不断对话和比较, 夯实研究结论, 提升研究价值。

(1) 理论与理论对话。通过梳理解释核心问题 (平台、价值创造、价值获取) 的不同理论文献, 分析文献之间的关联和争议, 从而为作者识别研究空白和整合经典理论提供参考。

(2) 数据与数据对话。无论是在扎根理论分析环节还是fsQCA分析环节, 作者都试图增加不同类型的数据来源和表示方式, 从而结合不同侧面验证结论的稳健性。

(3) 理论与实践对话。由于缺乏成熟而清晰的理论模型, 本书基于平台企业案例事实，反向归纳平台企业价值创造与价值获取的构成要素及关联关系，从而确保"实践落地"。同时，在扎根理论分析后，本书结合扎根分析结论与已有理论文献对话，从而提升研究结论的理论高度，实现理论与实践的"碰撞"和"契合"。

（4）理论与实证对话。"良好"的理论应当具有较高的解释力和较强的外部效度。为此，本书在提出平台企业价值创造与价值获取理论模型的基础上，通过四轮fsQCA分析从"正""反"两个角度（即促进和抑制）验证理论模型，从而增强研究结论的可靠性和推广性。

尽管本书通过文献计量、探索性案例分析、fsQCA分析等定性与定量研究结合方式提出、分析和验证平台企业价值创造与价值获取的理论模型，但仍然存在很多不足之处。

首先，本书基于理论模型搜集数据的样本量虽然比较大（324份问卷），但总体上只涉及26家平台企业，因而fsQCA的分析案例样本只有26家。尽管案例样本数相比前因变量的比例符合fsQCA小样本分析的要求，同时fsQCA分析可以将未观察到的样本（反事实案例或逻辑余项）纳入分析过程，但大样本（大于100家）分析可能更有利于得出更为稳健的结论。

其次，本书实证分析过程中考察的案例企业大多以"原始"平台（即成立之初就有平台业务）为主，"转型"平台（由非平台企业设立平台业务）样本较少，没有深入讨论"原始"平台和"转型"平台在价值创造和价值获取上可能存在的差异。本书猜想，受资源基础条件和经营模式（平台模式和非平台模式）的影响，"转型"平台可能相比"原始"平台在价值创造与价值获取过程中具备某些更为复杂和微妙的变化过程。

再次，由于竞争优势的测量和分析更加模糊，本书将研究主轴放到构建竞争优势的价值运动过程——价值创造和价值获取上，因而并没有系统性地阐述平台企业追求竞争优势的租金表现。换言之，本书试图通过关注竞争优势更加"显性"的行为过程，剖析平台企业如何创造和获取更高价值。因而，未来研究可以通过关注平台战略行动和行为选择更加直接地刻画平台企业竞争优势的生成机理和内在逻辑。

# 第四节 研究展望

平台理论、价值创造与获取理论都是近年来管理学重点关注的前沿话题（Mcintyre and Srinivasan, 2017; Gans and Ryall, 2017; Lieberman et al., 2018）。本书也正是基于前人基础工作探讨和分析这两个核心话题的交集：平台企业价值创造与价值获取。本书解释了平台企业价值创造与价值获取的理论模型（要素与机理），并验证其前因构型、关键因素和关键路径。从研究继承性的角度而言，以平台企业为分析对象的研究尚未止步，仍然有许多有趣的热点话题值得未来进一步探讨。

## 一、从平台启动角度探讨平台价值创造

本书在对案例企业访谈材料进行梳理时发现，不同平台企业的启动（进入市场）的策略不尽相同。其中有的企业通过移植老业务的客户进入市场（如拉货宝），有的企业通过优先发展（新建）供方进入市场（米珈科技），有的企业通过先自营后开放的方式发展供方市场（长美科技），还有的企业通过同时吸引供需方用户的方式进入市场（速递易）。尽管已有研究指出平台启动并非"一成不变"的固定启动方式，而是依据情境相机选择（Parker, Van Alstyne, and Choudary, 2016），但现有研究并未给出划分启动策略的依据，也并没有指明每种启动策略的适用条件。此外，平台启动是实现平台企业价值创造与价值获取的基础条件，平台启动失败可能直接导致平台"夭折"或"解体"。因而，平台启动也与价值创造结果休戚相关。

未来下一步的研究工作可以围绕平台启动与价值创造展开讨论，分析平台启动问题的起源、内涵及平台启动与价值创造的互动关系，并可基于扎根理论分析从案例事实反向归纳启动策略。在此之上，还可以结合理论文献探讨影响平台企业顺利启动的关键因素和划分依据，并进行更大样

本范围的验证，从而系统性地阐述平台启动影响平台企业价值创造的内在机理。

## 二、深入整合平台理论形成有清晰架构的平台理论体系

从现有研究来看，"平台理论究竟是什么"仍然只有一个模棱两可的答案。从产业组织经济学角度看，"平台"的出现似乎源于"双边市场"，是一种很早就存在的产业组织形式（如Rochet and Tirole, 2003; Armstrong, 2006）（如农贸市场、百货超市甚至信用卡体系）；但从战略管理的角度看，不具有"双边市场"性质的"平台"也很早就出现了（Ciborra, 1996; Robertson and Ulrich, 1998; Shibata T. and Kodama, 2015）（比如，产品平台、供应链平台、服务平台）。同时，前文文献综述部分也指出，仅在"平台"的定义和看法上，作者就梳理出了9种不同的看法。这些看似矛盾的争议和分析，实则反映平台理论体系缺乏系统性梳理。我们认为，未来研究可以从"源头"入手，从平台企业的形成和理论起源开始，逐步分析"平台企业"的产生改变了哪些过去的认知和知识。比如，从企业性质或治理机制的角度来讲，平台既是企业（有企业实体作为平台所有者或发起人），又是市场（平台连接大量供需方用户形成局部有效市场）；既不等同于企业（离开平台用户和参与方，企业无法获取任何价值），又不等同于市场（如果缺乏平台企业管理和治理，平台市场同样会被扭曲）。因而，如何界定平台企业模糊的"边界属性"和"治理属性"，既是平台理论研究的挑战，又是推进构建架构清晰的平台理论体系的重要机遇。

## 三、战略创业视角下的平台化转型研究

由于平台化经营具备天然的战略弹性和组织柔性，使得平台化经营方案有利于适应当前日益复杂的不确定环境。通过文献对比，我们惊奇地发现，

平台企业与战略创业竟同时暗含着实物期权（real options）的逻辑，强调对机会集的管理和关注，在巧妙的时机利用机会并投入资源，从而取得"杠杆"价值（Ireland, Hitt, and Sirmon, 2003; Michael et al., 2018; Tiwana, 2013; 罗珉、杜华勇，2018）。对于不具有平台业务的在位企业而言，平台化转型可作为在位企业实施战略创业、构建新业务竞争优势的重要途径。

因而，未来进一步的研究工作可以关注在位企业（非平台企业）如何通过创立和经验平台业务实现战略转型。具体来看，该研究问题需要关注几个细节：①在位企业实施平台转型的基础条件。平台化经营方案与自营方案在资源基础、文化理念、互动要求和分配价值上遵循完全不同的思路，因而实施平台化转型需要首先考虑在位企业需要具备哪些基础条件。②平台化转型的选择方案和参考依据。对于非平台企业而言，平台化转型不仅是一次"创业行动"，更是企业的"自我革命"（可能需要让出原有的产品服务生产市场）。因而，是否存在若干种可供选择的（或阶段递进式）转型方案对降低平台转型的不确定性具有重要意义。③平台化转型的权衡取舍。平台化转型可以降低平台企业投资和选择战略的灵活性，也有利于平台企业实施开放式创新。然而，在平台化转型过程中，是否需要完全放弃传统自营业务，平台业务开放至什么程度最有利于企业短期和长期绩效，也需要后来者进一步考证。综上所述，本书认为，未来研究结合战略创业理论探索和分析平台化转型过程，对理解平台企业经营和企业战略变革具有重要的参考价值。

# 第七章 延伸讨论一：平台领导的实质选择权

平台领导是平台的创建者和生态的协调者。泛平台化时代，平台领导以高度战略弹性快速敏捷地识别、分析和利用动荡和不确定的环境，创造了线性企业难以企及的商业传奇，如苹果、阿里巴巴和京东。因而，剖析平台领导的价值共创行为过程，就成为进一步深入分析平台企业作为价值共创网络中心主体的重要窗口。鉴于此，本章作为第一个延伸讨论章节，立足实质选择权视角，试图揭开平台领导运用实质选择权，构建战略弹性，超越线性企业的竞争优势"黑箱"。在阐述不确定性对企业战略选择的影响后，本章分析了平台领导运用实质选择权应对环境不确定性的理论内涵——以实质选择权灵活利用环境不确定性，构建战略弹性，获取非对称收益。然后，通过资源配置方式、应对不确定的方式、企业间关系、选择权获取途径和目的五个维度比较平台领导与线性企业的本质区别。其后，归纳了五种平台领导的实质选择权基本类型，并分别论述每种选择权的定义、价值形态和边界条件。在此之上，基于动态能力要素与实质选择权搜寻和评估、配置和转化、平衡和交互、专属和反馈四重核心机制的互动关系，分析了平台领导嵌入实质选择权的内在运行机理。最后，论述平台领导嵌入实质选择权的重要意义。本章提出，运用实质选择权是平台领导重新认识环境不确定和优化配置的思维引导，也提供了动态能力因子活化的现实载体。同时，嵌入实质选择权是平台领导应对平台突现性，巩固平台发展的有效机制，也是平台领导同步提升平台"质"与"量"，拓展生态系统的战略途径。

# 第一节　问题提出

平台作为经济生活中最为重要的概念，已成为当前战略管理领域最具价值的研究热点之一（McIntyre and Srinivasan, 2017）。平台企业为今天的经济社会建立起了一种新的秩序，产生了革命性的冲击，它不仅影响到线上的电子信息技术，也给线下的各种传统企业等带来了震撼性的冲击。有的学者将平台企业称为"平台领导"（platform leadership），突出平台企业围绕生态群落创新驱动的角色功能（Cusumano and Gawer, 2001）。美国托马斯·纳尔逊出版公司前首席执行官、现任董事会主席迈克尔·哈耶特（Hyatt,2012）在《平台：自媒体时代用影响力赢取惊人财富》一书中指出，想要在当今的市场中获得成功，必须拥有两项战略资产：让人欲罢不能的产品和有效平台。平台领导的成功绝非偶然，在全球最大的100家企业里，有60家企业都是平台领导，包括苹果、谷歌、微软、腾讯、阿里巴巴等。以苹果公司为例，2007年全球移动手机市场还被诺基亚、三星、摩托罗拉、索尼爱立信和LG五家手机制造巨头垄断，仅诺基亚一家就占据整个利润份额的55%，而刚刚涉足手机市场的苹果公司仅占不到1%的比重（Alstyne et al., 2016）。时隔8年之后，苹果iPhone就以92%的利润份额独步天下，当年实力强悍的诺基亚等品牌全面败北。为何平台领导能够取得如此迅速的增长，平台领导打败线性企业的秘诀在哪里？

针对平台领导的研究层出不穷，学者们立足不同视角展开分析，形成了丰富的研究成果。针对平台领导的早期研究源于加威尔和库苏玛诺对英特尔（Intel）的考察，他们发现英特尔公司的成功源于平台领导模式——通过开放系统界面和接口，连接双边市场，优化内部组织并协调外部关系，形成合作共赢的生态系统（Gawer and Cusumano, 2002）。他们进一步研究发现，平台领导的规模可以实现范围经济、扩展市场份额、显现网络效应，但规模并不能成为平台领导的充要条件（Gawer and Cusumano, 2008）。Imai（2000）认为，受经济活动不确定的影响，线性企业难以灵活适应外部环境变动，而平台企业运用实质选择权成为利用战略灵活性提升未来价值的有效方式。金杨华、潘建林（2014）从组织环境、嵌入路径、运行载体和运行模式分析平台领导与用户协同创业过程，提出平台领导嵌入式开放创新对用户创业的重要意义。罗珉，李亮宇（2015）指出，互联网时代的企业隔离机制已从技术研发转向社群平台，平台模式成为新时代的商业逻辑。刘林青等（2015）立足资源依赖理论角度，通过利丰公司的案例分析，提出平台企业获取平台领导权的四个关联步骤组成的"方向盘模型"：系统性价值主张、去物质化、扩网和聚核。Tiwana（2015）分析平台领导和生态系统竞争时，发现平台领导输入控制和平台延伸模块化程度的互补性有利于提高平台市场绩效。Hagiu and Wright（2015）定义了平台领导的"多边"特征，分析了多边平台与垂直一体化等商业模式的区别，认为知识溢出和用户异质性是决定商业模式选择的重要依据。Haile and Altmann（2016）发现系统可用性、服务种类和个人连接性是平台领导为用户提供独特价值的关键变量。万兴，杨晶（2017）从平台选择的视角分析了院线平台自建、第三方平台多属的战略兼容性，验证了生态系统互补性对平台用户绩效的影响关系。Altman and Tushman（2017）从战略领导力视角分析平台领导与生态系统，认为平台领导相比传统企业的优势在于四项开放式创新的战略转变：增加外部聚焦、增加开放度、聚焦互动驱动和以互动为中心的度量方式。Hagiu and Altman（2017）认为传统的产品和服务也已可以通过连接和创造多边用户、向第三方开放和成为平台领导的供应商等方式向多边平台转变，构造平台化转型的路径。

从历史研究来看，平台领导的多边市场性质及其对平台搭建、用户价值提升和生态拓展的意义已经获得学界的普遍认可。然而，囿于研究理论视角，平台领导研究仍然存在若干空白。①历史研究大多从开放、创新、互补、连接、依赖的角度分析平台领导，忽略对环境不确定性因素的考察和权衡。②尽管有研究指出平台运用实质选择权能构建战略弹性，提升价值潜力（Imai, 2000），但对不确定环境下平台领导的实质选择权内涵缺乏深入解读。③现有研究主要从要素或行为视角分析平台领导，缺乏能力视角与要素、行为视角对平台领导战略选择和优势获取的综合分析。具体来说，如果将平台领导运用实质选择权视为战略行为，将平台和用户资源、知识视为投入要素。那么，平台领导的动态能力在运行实质选择权过程中起着怎样的作用，平台领导嵌入实质选择权的运行机理是怎样的，嵌入实质选择权对平台领导有何意义？

为此，本章跳出历史研究框架，从实质选择权视角试图厘清以下几点问题：①从环境复杂性和环境动态性两大维度分析环境不确定性对企业战略和经营的影响，并援引实质选择权理论考察平台领导的实质选择权内涵，从多维度对比平台领导与线性企业应对环境不确定等方面的区别。②提出平台领导的实质选择权类别，并深入剖析每种选择权的本质、价值形态和边界条件。③结合要素、能力、行为三重视角，分析平台领导嵌入实质选择权的内在运行机理，揭开平台领导运用实质选择权提升价值潜力、构筑竞争优势的"黑箱"。④阐述平台领导嵌入实质选择权对优化配置、激活动态能力、应对突现性和拓展生态的重要意义。本章从实质选择权和动态能力视角解读平台领导如何通过运用实质选择权构建战略弹性，提升用户、平台和生态价值潜力，有助于拓展学界对平台领导和生态系统演进的深入认识和准确刻画。

## 第二节　平台领导的实质选择权内涵

### 一、环境不确定性对企业战略选择的影响

企业环境是关乎企业生存与发展的重要影响因素。由于环境高度不确

定，企业经营和战略选择往往面临巨大挑战。许多早期规划设计的战略举措可能由于外部环境的临时变化（如市场需求变动或竞争对手抢占先行优势）而失去原生价值。因此，环境不确定性对企业生产经营和战略执行活动形成干扰，可能破坏企业组织结构、操作惯例甚至经营理念，使企业在频繁滞后调整中处于劣势。为便于清晰认识，本章从环境复杂性和环境动态性两个维度分析环境不确定性对企业经营和战略选择的影响过程。

环境复杂性指影响企业经营的环境干扰因素数量众多，相互交织（Duncan, 1972）。从复杂性来源来看，环境复杂性包括技术复杂性、市场复杂性、结构复杂性、认知复杂性和行为复杂性。技术复杂性来源于企业供给端，指为企业提供的支撑技术纷繁复杂，难以完全自主掌握（Puddicombe, 2012）。在企业所处生态系统中，企业的支持技术往往由多个技术提供商联合提供，知识的高度分化造就了技术专业化和复杂化，形成企业对技术提供方的依赖关系。市场复杂性来源于需求端，与消费者的个性化需求紧密关联。随着互联网和移动终端设备的普及，长尾用户诉求越发强烈，越发个性化、多样性的商品需求和独特用户体验对传统企业经营提出了挑战。传统生产观念无法有效满足客户定制化需求，如何快速识别用户不断变化的不确定需求并及时提供满足消费者心理预期的优质产品成为制约企业成长的关键瓶颈。结构复杂性源于外部环境的复杂结构层次。一方面，同一层次的多种环境因素同时对企业施加影响，如不同地域层面的政治、法律、社会文化、科学技术和自然环境，要求企业遵循来自各方面的规范或价值观念，对企业灵活调整和弹性适应的能力提出挑战。另一方面，不同层次的环境因素相互交织，放大了这些因素本身对企业战略决策的影响作用，增加了企业应对和管理复杂环境的难度。认知复杂性指影响企业经营决策的行为主体（如高层管理团队）受决策经验、利益偏好、有限理性等多重因素的综合影响，导致认知和思维方式高度差异化和复杂化（Carraher and Buckley, 1996）。行为复杂性指与企业有利益关联的参与主体（包括供应商、分销商、终端消费者、竞争者、政府、环保部门、新闻传媒和社会公众）行为的差异性和变化性。行为复杂性源于认知复杂性，是利益、理性、经验和社会心理因素综合影响的结果。认知和行为复杂性导致企业利益相关者可能实施偏离预定设想的行动，进而给企业带来意外机会或威胁，因此也会增加企业波动性，不利于战略规划的执行。

环境动态性反映环境状态稳定维持还是会不断随机变化（Tan and Tan, 2005）。一般来说，环境动态性体现在三个方面：①环境要素变化的速度、方向、频率和幅度；②环境变化需要组织做出响应的间隔时间（即响应速度要求）；③为了响应环境对原有组织惯例、流程和资源要素的调整幅度。环境变化缓慢、方向一致、频率较低、幅度轻微，则企业战略能够依照预定规划有效贯彻执行；环境变化迅速，方向不一，频率较高、幅度巨大，则企业面临很强的环境动荡性（turbulence）和随机性，将很难适应环境、难以准确执行原定战略。响应速度的要求反映环境动态性对企业管理决策的影响程度，响应速度要求高，代表变化的环境因素与企业战略目标紧密关联，只有通过迅速响应才能保证战略执行不会偏离预定路线；响应速度要求低，则代表变化中的环境要素并不会对企业战略执行目标产生显著影响，因而无须做出及时回应。应当看到，在网络经济时代，科学技术日新月异，产业摩尔定律[①]不断被刷新，高强度竞争所形成的紧张格局对企业响应环境的速度提出了更为严苛的要求。尤其是来自市场需求和竞争对手行动的快速变化使生产企业难以独善其身，为生产导向观念为主的线性企业带来巨大考验。环境动态性影响的另一方面，是企业为响应环境而对原有组织惯例、经营流程和组织结构的调整幅度。如果环境变化只需要企业略微调整原定战略、原有惯例和组织结构，说明环境动态性并没有显著影响企业战略制定和执行过程，仍然可以遵循既定惯例、程序或经验开展管理决策活动。相反，当环境动态变化需要企业时时做出重大调整，甚至颠覆原有流程和惯例时，表明原有结构、流程和战略主导逻辑已经无法适应新的变化情况，需要企业战略变革，开展破坏性创新。

从复杂性和动态性两个维度的分析来看，网络经济时代下企业内外部信息流动加快，技术、市场等多重环境因素相互交织，以难以预料的方式交互

---

① 摩尔定律由英特尔（Intel）创始人之一戈登·摩尔（Gordon Moore）提出。其内容为：当价格不变时，集成电路上可容纳的元器件的数目，约每隔18~24个月便会增加一倍，性能也将提升一倍。换言之，每一美元所能买到的电脑性能，将每隔18~24个月翻一倍以上。这一定律揭示了信息技术进步的速度。

影响，不断增加企业环境复杂性、动荡性和模糊性。随着不确定程度日益提高，企业原有的惯例、资源乃至商业模式都可能变得过时，不得不频繁调整、疲于奔命。就不确定性的影响关系而言，线性企业应对环境不确定时至少有四点劣势。①遵循"产供销"生产导向的线性企业，过于依赖能带来低成本或差异化优势的核心资源或独特产业地位，在面临动荡环境的快速变迁时由于核心资源刚性或程序老套往往无法因时制宜。因而，线性企业强调独特市场地位和异质性资源形成的竞争优势，普遍忽略了经营的灵活性潜力，导致企业战略选择总是滞后于环境变化，产生了大量"鞋底成本"和"菜单成本"。②线性企业的组织架构以科层制为主，强调行政权威和内部市场部分取代外部市场机制，进而降低机会主义行为，减少交易费用（Williamson，1985）。虽然科层制组织降低了交易费用，提高了业务运营效率，但由于企业一体化行为囊括了产品生产涉及的多个价值链环节，叠加了所有环节的运营风险，降低了企业灵活性。③由于资源和能力限制，企业不可能擅长价值链上的所有环节，将有限资源分散到多个经营环节可能导致企业难以突出优势、发展核心竞争力。④投入资源特别是专用性资产具有专用性（specificity）和不可逆转性（irreversibility），一旦发出资源承诺就难以撤销。换言之，专用性资产或一次性投入资源难以挪作他用或有效回收，面临不确定环境变动时可能产生高昂的沉没成本、议价成本和机会成本（Klein et al.，1990）。

## 二、实质选择权理论对环境不确定性的重新认识

实质选择权（real option）理论脱胎于金融期权理论，由Myers于1977年最早创立"实物期权"一词，并用于分析金融期权中的战略投资和期权定价研究。随着期权思想应用范围的逐步推广，实物期权研究开始渗透到战略管理的诸多领域，如市场进入时机、组织治理模式、国外直接投资和跨国企业绩效、竞争与合作权衡等（Klingebiel and Adner, 2015）。与传统的金融期权和实物期权研究不同，战略管理领域的期权研究不再单单分析投资决策和方法改进，而是立足更宏观的视角，从维系企业生存发展的重大战略问题入

手，探讨创业行为、市场进入、竞争与合作关系权衡（Trigeorgis, 2014）、组织治理（Leiblein, 2003）等核心话题，使期权研究成为当下战略管理学界最为关注的前沿话题之一（Trigeorgis and Reuer, 2017）。

期权是投资者支付一定费用获得的不必强制执行的选择权。实物期权是指支付一定的成本获得做某事的"权力"而非"义务"的行为（Trigeorgis,1996）。实质选择权[①]是指为了应对较强的外部不确定性环境，有计划、有步骤地进行项目投资，并植入战略选择的弹性，从而拥有等待未来资产增值机会的选择权利。实质选择权是将选择权评价的原理应用在其他各种非金融选择权的资产，经过转换思考后，利用选择权理论来评价实质资产的一种方法。实质选择权特别适用于厂商组织评估高风险、但未来可能有重大利益的战略行为或投资计划。事实上，在不确定的环境下，资源获取与资源组合的未来充满不确定性。德勤服务公司（Deloitte Services LP）总监迈克尔·雷纳（Raynor, 2008）指出，组织必须保持策略的弹性，在风险较低的情况下平行追求数种战略方案，以经营一组"实质选择权"的方式，直到不确定性已解决大半之后，才做出应对的策略"承诺"，确认组织资源的投入。从定义上看，实质选择权理论将环境不确定性视为价值来源，而并非破坏价值和制约企业发展的瓶颈（Driouchi and Bennett, 2012）。

## 三、平台领导的实质选择权内涵：应对不确定环境的战略弹性带来非对称收益

与线性企业（pipeline）相比，平台企业具有天然的组织和战略弹性，是嵌入和运用实质选择权发挥价值潜力的最佳载体。正如意大利博洛尼亚大学的管理教授西波拉（Ciborra, 1996）最早给出平台企业的明确定义一样，平台企业是"能在新兴商业机会和挑战中构建灵活资源、惯例和结构组合的一种新型组织结构"。平台企业也称为"平台领导"，意指这种企业

---

[①] 为便于和金融期权研究相区别，本书将战略管理领域的实物期权转译为"实质选择权"。

除了具备一般平台的属性之外，其特殊性在于其领导的地位及功能。其核心部分是由构成产品架构的组件与接口所组成的体系（Mukhopadhyay et al.，2015）。平台领导是在平台生态群落中拥有领导能力的特定组织，其领导行为是驱动着该平台生态群落围绕着特定平台技术而展开行业层次的创新驱动（Cusumano and Gawer, 2001）。平台领导不仅组织多方交易主体参与交易，而且还提供一种充分开放的平台技术，使外围企业或个人能够提供配套或辅助的产品或服务（Cusumano, 2011）。例如，现在网购的网站，如淘宝、京东，这些网购平台就可以称为平台领导，它存在的价值就是能够为其他企业或其他人提供一个交易平台。

企业价值取决于未来经济活动，由于企业经营活动受不确定性的影响，难以构建和管理组织战略弹性（Imai, 2000）。平台领导嵌入实质选择权提供了构建战略弹性，准确评价企业投资活动价值的有效途径。平台领导的核心是协调种种商业复杂性，利用实质选择权评价、管理、利用复杂性和不确定性，主动应对不确定性，创造投资过程管理灵活性。平台领导的战略弹性源于平台嵌入的实质选择权。运用实质选择权，平台领导能够在未来有利机会条件下行使选择权，提高未来收益；同时也能在不利条件下维持或放弃或转换选择权，回收或转换资源，规避环境风险。Trigeorgis（1996）将这种利用战略灵活性提升上行潜力同时降低下行风险的收益称为非对称收益（asymmetric profit）。因而，平台领导是具有高度组织结构柔性和战略弹性，能够通过促成双边或多边进行交易，并从中获取非对称收益的第三方接入系统或经济主体（Eisenmann et al., 2006）。这个第三方接入系统或经济主体连接核心价值的创造者和用户两端，它自身并不直接参与核心价值的创造，但它为用户进行核心价值创造提供了一个必不可少的可触可感的现实世界和物理空间的虚拟空间。本章认为，平台领导的实质选择权重要理论的内涵在于：通过嵌入实质选择权，利用应对不确定环境的战略灵活性创造未来非对称收益，并以开源架构和规则界面连接双边或多边市场，并以此匹配双边需求、激发网络效应、谋求平台增长，构建平台领导与用户协同创新的商业生态系统。

就概念内涵来看，平台领导及其实质选择权揭示了五点特征。①平台领导是平台生态系统（platform ecosystem）的一个组成部分，也是整个生态系统的核心或基石（Iansiti and Levien, 2004），往往称为第三方（平台方），平台生态系统除平台型企业这个参与者之外，还包括买方、卖方等。因此，人们往往把第三方接入系统或经济主体看成是平台领导者或平台组织本身，买方就是客户、用户和消费者，卖方就是各种微商（small business）、互补品提供商（complementors）或模块化企业（module business）。②平台是一个相对于可触可感的现实世界和物理空间的虚拟空间。这个空间有两个基本特征：一是浩瀚的信息流集合，构成了一个特定的界面；二是有无限多的C端（customer）和B端（business）参与到平台的活动中，平台的边界无限广阔。哈佛商学院教授卡丽斯·鲍德温教授曾经给平台做了一个最简单、直接的比喻："平台就像一张桌子，上面可以拼装各种东西。"③从实质上看，平台领导仍然具有平台型产品的特点，即它不直接参与核心价值的创造，但它为用户进行核心价值创造提供了一个必不可少的平台，连接核心价值的创造者和用户两端。而传统的线性企业（pipelines）则是要参与最终用户核心价值的创造（Alstyne, et al., 2016）。④平台领导具有高度组织结构柔性和战略弹性（strategic flexibility），嵌入实质选择权能为平台利用战略弹性获得非对称收益。事实上，在不确定的环境下，资源获取与资源组合的未来充满许多不确定性。平台领导通过嵌入一系列实质选择权组合，保持了高度战略弹性，在风险较低的情况下平行追求数种战略方案，以经营一组"实质选择权"的方式，直到不确定性已解决大半之后，才做出方案，直到不确定性已解决大半之后，才做出应对的策略"承诺"，确认组织资源的投入。换言之，平台领导的核心优势是通过运用实质选择权创造战略弹性，高效利用不确定环境获取未来非对称收益。⑤网络效应是平台领导实质选择权价值的非线性放大机制。平台领导获得任何一种实质选择权价值不仅受不确定性程度和选择权有效期的影响，也取决于网络规模和网络效应强度。平台上任何用户加入平台都可能既增加同边市场用户价值网络（同边网络效应），也增加跨边市场用户价值（跨边网络效应），使整体网络规模呈现非线性增长。网络效应越强，不确定性和增长选择权、延迟选择权的积极联系越紧密（Chintakananda and McIntyre, 2014）。因而，基于梅特卡夫法则（Metcalfe's law）[1]，网络规模扩张增加了更多用户连接互动的可能，使原有的实质选择权由于更多用户连接和互动提高了行使选择权的价值。

## 四、实质选择权视角下平台领导对线性企业的超越：多维度比较

从实质选择权角度来看，平台领导与线性企业在认识观念、应对环境不确定的方式、实质选择权获取途径、企业间互动关系和选择权使用目的来看，都存在显著差异（见表7-1）。这些差异导致平台领导利用实质选择权获得了线性企业不具备的组织和战略弹性，实现平台领导对线性企业的超越。

表7-1 平台领导与线性企业的多维度比较

| 区分维度 | 线性企业 | 平台领导 |
| --- | --- | --- |
| 认识观念和资源配置方式 | 视不确定为价值破坏和干扰 非定序、高初始承诺的资源配置方式为主 | 视不确定为价值来源和机会窗口 定序、低初始承诺和再配置结合的资源配置方式为主 |
| 应对环境不确定的方式 | 设置缓冲：生产缓冲、财务缓冲、关系缓冲 | 嵌入选择权：探索性投资、模块化架构 |
| 实质选择权的获取途径 | 投入沉没成本，获得有限弹性 遵循"拓展边界吸收不确定因素"的选择权逻辑 | 系统解耦和聚合冗余，获得充分自由裁量权，遵循"平台+模块化组织+冗余资源"的选择权逻辑 |
| 企业间互动关系 | 敌对竞争或联盟合作 | 动态竞合的关系竞争 |
| 选择权使用目的 | 侧重内部优化和效率提升 核心资源是稀缺性资产和知识 | 侧重外部互动和生态构建 核心资源是信息、互动和用户网络 |

资料来源：作者绘制。

---

[1] 梅特卡夫法则由罗伯特·梅特卡夫（Robert Metcalfe）提出，指网络价值随着用户数量呈现出非线性增长，使网络内用户的更多连接具备可能。具体来说，梅特卡夫法则认为网络的价值等于网络中用户数量的平方（$N^2$）。

从认识观念来看，实质选择权理论认为，不确定条件下运用实质选择权构造灵活性是平台领导获得非对称收益的关键。平台领导运用实质选择权的本质是投入低初始资源承诺，采用顺序式、多阶段投资，并根据环境信息变化调整和再配置资源，利用环境不确定性选择最佳决策执行时机，借此获取选择权的最大价值潜能。相比之下，线性企业更多将环境不确定性视为影响组织稳定性和持续性的负面外部冲击，或某种"消耗因素"，让组织不得调整资源结构并响应外部冲击。不仅如此，线性企业强调高初始资源承诺，项目投资往往采取一体化/整体式运作，强调专用性资产投入增加合作企业联合生产的专业化程度和交易持久性，在快速变化的环境中可能面临巨大的沉没成本和机会成本。因而，平台领导采用的定序（sequencing）、低初始承诺（low initial commitment）和再配置（reallocation）的实质选择权配置方式比线性企业的高初始承诺和一体化配置方式具备更强的战略灵活性，更有利于提升企业绩效（Klingebiel and Adner, 2015）。有学者认为，实质选择权也可视为组织学习的平台，是企业推翻组织惯性、创造价值和持续竞争优势的新能力（Kogut and Kulatilaka, 1994）。因此，从对待不确定性的观念上看，线性企业将环境不确定性视为破坏和干扰，组织为应对环境不确定性需要付出超出预期的"额外成本"；平台领导嵌入实质选择权思想，则将不确定性看作未来市场增长机遇，企业能在较小资源投入的情况下在未来有利时点把握最佳机遇，行使选择权，获得"溢出报酬"。

进一步看，平台领导与线性企业在应对不确定性的方式上也差别甚大。线性企业为了避免或降低环境不确定性的负面冲击，多采用组织内和组织间的缓冲机制预留变动空间，吸收外部影响。线性企业面对不确定性冲击的缓冲（buffering）机制主要有三种：①生产缓冲，指为保证生产连续性而设立的各种富余资源或能力。比如，为防止重要原材料断货而设立原材料库存，为防止产品脱销准备的产品库存、在制品库存和额定产能。②财务缓冲，指为预防企业财务活动造成资金紧张或周转不顺而设置的资金项目。比如，现金、银行存款、短期应收款、短期投资以及各种可在短期内变现的存货。③关系缓冲。前两种缓冲机制属于组织内的缓冲，由企业自身资源和能力决定。关系缓冲则由组织与组织之外的其他企业建立各种组织间关系形式，通过关系紧密耦合、相互依赖和长期信任维持交易韧性（transactional perseverance），即便出现合约之外的不确定因素，仍然选择与原有伙伴继续合作（Seabright et al., 1992）。比如，战略联盟、合资企业、交叉持股、价值星系等。

相比而言，平台领导强调对不确定性的积极利用，不确定性程度越高，平台领导获得实质选择权的潜在价值越大。平台领导不参与核心价值的创造，但由于连接了无限多的生产者、消费者和互补者（为平台提供互补商品/服务的供应商），缔造了实质选择权，激发用户互动，成为价值创造的关键"催化剂"。一般来说，平台领导主要通过两种方式利用环境不确定性。①探索性投资（exploratory investment）。探索性投资属于递增选择权（incremental option），指平台领导为避免过早承诺引发后期高昂的调整成本和机会成本，基于前期考察，小规模试水投资活动的行为。例如，面对不确定性的环境，Facebook先向哈佛商学院师生推出Facebook试用版本，根据反馈意见调整后再开放给大学生，并最终开放给所有人。同样，全球招聘平台领英（LinkedIn）最初只投资在招聘业务，随着用户基础的积累和不确定性程度降低，开始拓展到出版、营销方案等市场领域。②模块化架构（modular architecture）。模块化架构是平台领导对灵活选择权（flexibility option）的运用，指平台领导通过应用程序编程接口（API）和相关界面、标准开放给外部用户，并通过标准界面和接口衔接多样化模块，高效组织平台系统运行的过程。模块化架构的灵活性在于设定接口标准以后，各子系统（子模块）可以独立设计、修改和更新换代（Baldwin and Clark, 2000）。由于独立模块间依靠标准接口以整体方式运行，因此独立模块的调整不会损坏系统使用性能（Baldwin and Woodard, 2008）。相反，只要遵循总体设计规则，子系统（子模块）完全可以交由平台之外的专业第三方（互补者或技术提供方）负责。因此，开放API和模块化架构的平台领导可以充分利用第三方社区环境和高度专业知识提供互补模块或更完善的优质模块，既拓展了平台架构的功能基础，又减少了自行开发的知识障碍和学习成本，还降低了市场推广的难度和成本。比如，视频云技术提供商CC视频开放API接口，用户可以在自己的网站后台轻松完成视频的上传、视频播放控制操作，并可批量获取视频及平台信息。同样，电商平台领导亚马逊（Amazon）也向模块化设备商开放了大量API，跨越了支付、电子商务、云服务、信息传递、任务分派等领域，成为超越传统零售巨头沃尔玛（Walmart）的互联网平台先锋。

从实质选择权获取途径来看，线性企业也能通过支付沉没成本获取实质选择权，但所获得的选择权范围和弹性相对有限。比如，企业资金用于拓展企业规模，往往只能选择内部扩大再生产（扩大产能），或外部收购（横向兼并或纵向兼并）。通过扩展组织边界，线性企业可以部分吸收外界的不确定因素，但同时也可能使组织机构更加臃肿，增加企业管理协调难度（Thompson, 1967）。不仅如此，由于线性企业拓展企业边界的投资不可逆转，一旦资金投入具体建设项目，就可能面临巨大机会成本。相对而言，平台领导主要依靠解耦和聚合冗余等手段获得实质选择权，同时利用了模块化系统自由组合和冗余资源低廉使用成本的经济优势，确保平台领导在较低投入下灵活运用一组选择权组合。一方面，通过系统解耦，平台核心架构与子模块之间由紧密耦合转向松散耦合，增加了平台开放性，也获得了更多模块组合的选择权。另一方面，平台领导连接了生产者、消费者、互补者等多边市场，充分利用了社会冗余资源和富余产能，将拥有冗余资源的社会大众变成平台的"微商"或"原子企业"，通过冗余资源出售使用权降低双边市场成本，提高用户价值。也就是说，从选择权构建过程来看，平台领导所构造的实质选择权优势，在于"平台+模块化组织+冗余资源"的商业逻辑。因而，线性企业强调稀缺性资源的占有和控制，核心资源是企业关键投入要素，特别是能对竞争对手形成模仿障碍的异质性要素禀赋和隐性知识；平台领导运用实质选择权，侧重精心管理资源，强调资源跳脱既定用途，实现特定场景下的资源拼凑和重组，核心资源是信息、互动以及拥有的大量冗余资源的用户网络。

从企业间互动关系上看，平台领导运用实质选择权超越了线性企业敌对竞争的关系，转向以生态内合作互补、兼备竞争、动态演化的关系竞争形态。关系竞争（relational competition）源于著名管理学家陈明哲的动态竞争理论。与敌对竞争或竞合关系不同，关系竞争突出目标共赢，侧重竞争与合作同步进行的关系管理，关系竞争的企业间"亦敌亦友"；关系竞争的参与者不再限于直接或间接竞争对手，而包括消费者、供应商、社会团体、政府、公众等广泛利益相关者（Chen and Miller, 2015）。关系竞争的另一个重要特征是关系演化性，企业间特定时点的具体关系状态取决于企业长/短期利益衡量和所扮演的角色。平台领导构建的生态系统内至少包含平台方、产品/服务提供方、购买方三方角色。与线性企业角色明确、竞合关系清晰的特点所不同，平台领导中供给方和需求方角色经常发生转换，如滴滴打车的司机可能在另一个城市以乘客身份使用滴滴专车出行；Airbnb租客回到家里可能为另外的Airbnb租客提供住宿服务；微信用户评论他人朋友圈状态消息后发布自己的状态消息等。因此，不同于线性企业的敌对竞争关系和企业联盟的竞合关系，平台领导由于连接的多边用户角色可能随时发生转换，平台与供应商的业务边界也在不断调整，因而嵌入实质选择权的平台领导也不断改变着平台内参与主体间的关系状态。然而，无论参与主体关系如何演变，平台生态系统内平台领导和用户网络之间总体上始终保持高度互补、共生共赢的关系格局。从动态竞争理论来看，以关系竞争为主的平台领导能够根据不确定环境的随机变化及时调整关系状态，确保生态系统内关系主体（特别是产品服务提供方和消费者）间良性互动，激发积极网络效应，实现生态健康发展，恰恰是实质选择权思想的重要体现。

　　从选择权使用目的来看，线性企业运用实质选择权侧重内部优化，平台领导更侧重外部互动和生态构建。线性企业关注客户价值，价值创造方式以价值链为主，一家企业往往承担价值链上多个环节乃至提供完整价值链产品，主张供给端规模经济和范围经济带来成本优势。因而企业运用实质选择权扩大企业规模或提高运营效能旨在优化企业内部系统效率或降低边际成本，以更经济的方式提供高价值产品。相比之下，平台领导关注平台质量和生态价值，并不直接生产面向终端消费者的产品，因而平台搭建和选择权运行的目的是优化生态系统中各参与主体的互动关系，激发"积累式互动"，规避"消耗式"互动。比如，Uber打车平台通过设置驾龄、车辆价值、车龄、车险等门槛筛选出符合要求的车主成为Uber司机，同时通过车主和乘客双向评价决定司机和乘客的信誉度，进而保证优质司机和乘客的高质量互动。应当看到，平台领导投入成本建设多种过滤和治理机制也是为了获得实质选择权，而运用类似选择权不仅保证了平台质量和用户良性反馈循环，也进一步提高了用户黏性，扩大了生态系统的整体价值。

## 第三节 平台领导的实质选择权类型、价值形态和边界条件

实质选择权类型多种多样。Sharp（1991）将实质选择权分为递增选择权（incremental option）和弹性选择权（flexibility option）。递增选择权是指为厂商所提供的"获得有利可图的逐渐增加投资的机会"。例如，面对不确定性的环境，厂商组织往往先进行小额试探性投资，当不确定性消除且市场呈现出增长潜力时，厂商组织可以利用先发优势全面投资；弹性选择权是指为厂商多阶段投资或有多个资源提供商之后，根据不同情景选择不同战略行为的灵活性选择权。例如，阿里巴巴、京东等电商平台对平台规模或微商的选择等。Trigeogis（1996）在实物期权理论中，把实质选择权分为延迟投资选择权、改变经营规模选择权、转型选择权、放弃选择权、公司增长选择权、分阶段投资选择权、复合选择权七种。廖理汪毅慧（2001）将实质选择权分为灵活性选择权和增长选择权。灵活性是企业在未来灵活调整投资计划的权利，可以协助决策者更好地评估投资决策。灵活选择权包括延迟、放弃和改变规模选择权。增长性选择权用于评估企业长期发展战略，能提高企业未来生产能力或竞争力的机会。增长性选择权的价值通常体现在一系列后续投资机会的价值基础上。后一阶段投资的价值由于前一阶段选择权实施和新信息产生而逐渐提高。因而，增长性期权往往被视为复合选择权（compound option）。Trigeogis（2017）指出，由于不确定性的多重来源，实际企业战略选择时往往同时面临多种选择权，因而要综合考虑不同选择权的组合和相互影响。

总体来看，实质选择权理论研究普遍认可的选择权类型主要有五种：①面对外生不确定时延迟进入市场的选择权（Dixit and Pindyck, 1994）（比如，进入新兴产品市场或东道国）；②创造企业未来增长机会的增长选择权（Kulatilaka and Perotti, 1998）（比如，当企业进入外地市场时部分持有另一家

公司的股权);③改变经营规模的选择权,比如,扩大产能或外包能力的选择权(Leiblein, 2003);④转换输入、输出或合作伙伴的选择权(Kogut and Kulatilaka, 1994)。比如,跨国公司为响应汇率变动在国外附属公司之间重新配置生产;⑤放弃的选择权,比如退出市场或条件恶化时出售技术(Chi, 2000)。平台领导的实质选择权也可分为这五种基本类型,每种选择权的含义、价值形态(价值创造方式)、适应边界条件具体如下所述。

# 一、延迟选择权

延迟选择权指在市场环境不明朗的情况下,不急于进入特定市场或投入大量资源,而是等待市场有利投资机会的相机战略决策类型。实质选择权理论认为,不确定环境下开展不可逆投资会产生沉没成本和机会成本。一方面,平台领导进入特定市场之前,对政策和法律环境、市场前景、对手反应、用户接纳程度、需求同质程度等因素无法在短期内形成清晰认知。另一方面,平台领导并不直接向终端消费者提供产品/服务,平台搭建后能否成功吸引高质量厂商加入平台,提供多样性、个性化、门类齐全的有关商品/服务也相对模糊。因而,平台领导进入具体市场领域的战略选择和投资行为的准确价值和成功概率并不明确。过早进入市场,投入资源承诺会让平台领导承担巨大的战略风险,一旦无法利用有效策略匹配双边需求和激发网络效应,平台初期开拓市场的大量资金投入将成为毫无回收价值的沉没成本。相对而言,延迟进入或投资不仅能更清楚地认识市场环境,还能利用先进入者的演变轨迹判断市场行情,获得经验知识,超越在位企业的组织惰性,避免同类不当投资行为产生的高昂代价。研究表明,延迟选择权是平台领导有效解决市场波动性,提升平台价值的重要战略途径(Tiwana, 2013)。

延迟选择权为平台领导创造价值的方式包括两种。①利用后发优势,以低成本复制和颠覆式创新创造价值。平台领导延迟进入或投资能够快速复制先行者的设计架构、服务模式和管理方式,大大降低研发、设计平台体系的相关费用。研究表明,信息领域复制某个产品并推向市场比自行开发新产品的成本低50%~75%(Tufano, 1989)。共享单车平台摩拜和ofo推出市场逐渐获得用户认可后，一步单车、悟空单车、Bluegogo、黑拜等诸多品牌相继进入市场，迅速模仿其产品模式快速推向市场。这些后进入市场的平台在"押金+时租费用"盈利模式的基础上降低押金甚至不收取押金，进而打破了原有平台的垄断地位，形成"多足鼎立"的竞争局面。无独有偶，支付宝洞察到电子商务中网上银行交易的烦琐支付程序，推出"便捷、安全、快速"的在线支付解决方案，并与天弘基金共同推出可购买基金的"余额宝"，使支付宝成为网络上的"准银行"（罗珉，马柯航，2013）。②利用巧妙时机进入市场，依托互补性资产发挥延迟选择权最大价值潜力。2008年，生活平台饿了么率先进入外卖市场并获得市场认可时，美团网并没有急于进入外卖市场，而是基于团购业务积累的大量用户资源和评价口碑，在2013年底才进军该市场。成熟的市场认可度和前期良好的团购口碑使美团外卖迅速成为超越饿了么的高用户体验和黏性的O2O平台。

然而，任何一种实质选择权都并非"放之四海而皆准"。延迟选择权的价值体现在等待最佳机会窗口上，只有延迟实施的价值大于等待的成本才可能切实可行。因而，延迟选择权取决于若干边界条件。①市场先占优势不足以形成高进入障碍。延迟选择权要求先行企业抢占市场和率先推出产品/服务所获得的优势易于模仿和复制。对平台领导而言，如果先占优势源于新商业模式和组织架构，那么后进入者就可能快速模仿并向双边市场提供更优质的平台。比如，邻近平台通过用户基础和规模经济优势包络新市场平台（Eisenmann et al., 2011）。②投入资源不可撤销，专用性程度高、回收价值极小、沉没成本高。并非所有投入资源都不可撤销或毫无回收价值，比如经营不佳，投资项目公开出售或清理结算，可以收回部分价值。但资产专用性程度很高时，投入资产的用途越窄，再出售或挪作他用的价值也越小，投入资产的沉没成本和机会成本越高。③资源不可分割性高。资源承诺只能以整体或并行方式投入时，资源间紧密联结，难以分割，也会增加投资的机会成本。比如，平台领导开拓中间市场时，必须同时投入资源吸引供给端厂商和需求端消费者，才能促进双边加入平台，增加连接和互动。如果平台只投入吸引厂商，就可能由于用户多归属而难以形成平台黏性，出现"鸡和蛋"的问题[①]。因而，不确定性程度高、投入资源不可撤销且难以分割时，延迟选择权价值最大。

## 二、增长选择权

增长选择权强调为企业未来成长机会创造价值基础，形成后续开发或扩张产品、技术、架构的权利而非义务。增长选择权本质上是一种收购扩张和分期投资的复合期权，嵌入在平台领导市场准入和直接投资有关的资源、知识和流程中（Gulamhussen, 2009）。增长选择权强调战略决策前后阶段之间价值和信息的承接性和传递性，是"一系列相关项目的先决条件或联系，以此开拓未来增长机会"（Trigeorgis, 1993）。从平台承载的功能关系来看，平台领导搭建平台体系，吸引双边乃至多边用户加入平台网络空间、达成交易，并推动整体生态群落良性循环，就是构造和运用了平台体系这一增长选择权。

平台领导增长选择权主要利用分阶段投资的战略灵活性分散投资风险，降低信息未知程度，提高上行潜力、降低下行风险。增长选择权，特别是分期投资选择权，将战略投资计划划分为若干前后联系的步骤，逐步实施。嵌入分期选择权是平台领导运用选择权思维最有力的方式，从简约项目开始逐步扩展，创造更大的发展机会（Tiwana, 2013）。与一次性投入所有资源相比，分期投资不仅增加了后续投资规模和方向的自由裁量权，也通过前期投资逐步降低后续投资的不确定性程度，增加了后续投资的价值。换言之，任何前期投资都随着新信息、知识的产生和阶段性投资目标实现为后续投资创造新的选择权类型。电商平台领导阿里巴巴创立淘宝网和天猫商城为基础的在线交易平台，并建立第三方支付平台支付宝。电商平台利用数量庞大的微

---

[①] "鸡和蛋"的问题由Rochet and Tirole（2003）提出，指平台建设时先吸引消费者还是先吸引厂商的难题。消费者为了厂商多样化产品才会加入平台，而厂商也是为了向更多消费者出售产品才进入平台，因而平台无论吸引哪一端都要以另一端用户存在为前提。

商和消费者等用户基础,成为阿里巴巴谋求未来增长的机会窗口,后续推出的跨界金融业务余额宝便是典型体现。随后,支付宝也为生态系统的合作伙伴创造增长选择权。随着支付宝逐渐成为在线交易的主流支付方式,阿里巴巴开始在支付宝上搭载生活缴费、共享单车、城市一卡通、医疗健康、飞猪旅行、爱彼迎等涉及生活娱乐方方面面的第三方服务模块。用户无须分别下载服务应用的App就能通过支付宝链接使用相关功能。因此,平台领导的增长选择权是通过平台先期投入为后期多主体嵌入开放创新(金杨华,潘建林,2014)和价值增值创造有利条件。

增长选择权强调为了增加未来增长潜力发挥前期投资的基石作用,对初始投入有两点限制。①初始投入决定平台领导的核心业务(功能),后期互补功能要素(第三方互补商品和技术)产生价值增值和知识溢出也以核心业务为前提。换言之,平台领导利用增长选择权必须处理好前期与后期,"核心"与"外围"的主次关系。如果不分主次,先建设"外围"再加强"核心",或是"核心"与"外围"没有清晰界定,错乱交织,就可能使平台领导难以获得用户认可,动摇领导地位。微软2007年推出Windows新版操作系统Vista时,设计团队想在保留计算机后向兼容所需软件组件的同时,在核心平台内增加下一代系统所需的新特性。增长选择权核心(前期投入的系统基础功能)与外围(开发新特性)混乱导致Vista系统比之前的Windows XP系统更不稳定、更复杂,外部应用程序更难编写。因此,Vista系统遭到市场"冷遇",用户仍然使用旧版Windows XP系统而不用Vista系统。即使在2015年,Windows系统仍然保持12%的市场份额,而Vista系统市场份额不到2%(Parker et al., 2016)。相比之下,苹果公司在开发新系统Mac OS X时,为了保留计算机NeXT的简洁系统、分层架构和美观图形界面,放弃了NeXT与Mac OS 9同时兼容的想法。结果,新推出的Mac OS X系统以简洁易用和人性化设计的用户体验大获成功。②规划增长选择权时,要求项目可划分为多个阶段且前后期投资有明确的顺序依赖关系。只有战略规划能够划分为相互独立但顺序执行的多个阶段,增长选择权才能为平台领导后续决策提供有价值信息,根据前期执行结果重新评估后续投资价值和方向,降低回报模糊性。

## 三、规模变更选择权

规模变更选择权指平台领导根据市场环境波动预期未来发展机遇或威胁，从而调整现有经营规模和结构的过程。市场条件好于预期时，企业可以扩展经营规模，或加速利用资源；市场条件劣于预期则企业缩减经营规模；市场极端情况下，任何生产或持续投资都会带来负增长时，则暂停或重启项目（Trigeorgis, 1996）。一方面，采用规模变更选择权，平台企业可以灵活调整"外围"业务边界，通过"扩网"和"聚核"双元行动平衡生态系统内部的"向心力"和"离心力"（刘林青等，2015），进而维持生态网络柔性，提升平台领导力。另一方面，根据环境条件动态调整经营规模和结构，有利于提高平台领导战略灵活性，从而获得非对称性收益。

规模变更选择权主要通过简洁响应的方式为平台领导创造价值。简洁响应指平台领导在关键环境要素（如市场需求、竞争对手行动）变化时，以不增加系统复杂性为前提扩大规模，或在不损害平台生存能力的前提下缩减规模。利用简洁响应，平台领导能够以较低协调成本和系统膨胀[①]风险增加功能模块，同时以核心架构为基础更新、淘汰不完善模块。Intel发现平台上供应商提供的互补产品并不能有效匹配和兼容子系统，因而在核心产品CPU处理器的基础上，自行投入研发连接鼠标、照相机、打印机、外部硬盘驱动等外部设备的通用串行总线（universal serial bus，USB），提高了自身的平台领导地位（Gawer and Cusumano, 2002）。然而，应当注意，规模变更的简洁性与适量冗余原则并不矛盾，平台设计留存冗余空间也是为规模变更准备的缓冲机制。由于平台生态的大部分活动由用户而非平台领导控制，参与用户不可避免地以平台领导未预期的方式使用平台，增加平台突现性（emergency）。因而，优质平台往往保持开放的同时为"发烧用户"留足空间，并逐渐将"怪癖"需求纳入平台设计和规模变更过程。比如，Twitter

---

[①] 系统膨胀（Bloatware）又称为膨胀软件，最早出现在计算机系统中，指计算机软件系统为了增加不必要的特性而变得复杂、迟缓和低效的现象。在系统膨胀的极端情况下，内存被完全占用，导致系统崩溃。

设计之初没有想到设计推文搜索和发现机制，但为平台设计保留了用户建议的权利。随后，由于滚动浏览和不相关页面使用户没办法找出特定主题的推文，谷歌工程师Chris Messina建议使用主题标签注释和发现类似的推文。时至今日，主题标签已经成为Twitter的核心业务板块。

由于平台领导规模变更以核心平台为基石，因而要求核心架构与外围功能间的模块化程度较高。只有平台核心层与外围保持松散耦合，模块与核心平台间只通过标准接口产生联系，才能确保模块增减的伸缩弹性。不仅如此，模块化要求各连接模块间相互独立且数量众多，从而保证平台系统不受单个模块缺陷的影响。由于协作方式从"企业生产"转向平台领导的"社会生产"，提供互补功能的供应者只需利用专业化知识专门负责一个板块，利用优势互补，以"新木桶理论"替代旧"木桶理论"（李海舰等，2014）。因而，平台领导运营方式成本极低而效益极高，有利于依照环境条件动态调整。

## 四、转换选择权

转换选择权指企业转换投入、输出或资源用途的选择权类型，通过资源再配置构造特定战略柔性。在企业经营管理中，跨国公司在不同国家、地区的资源灵活再配置获得转换选择权。比如在汇率不利冲击下转换国家或地区间的生产投入，保护风险敞口，或是向更低成本区域配置生产任务（Leiblein, 2003）。类似地，平台领导也可以利用转换选择权，转向更有价值的业务领域，提供更高附加值的服务模式。当项目用于超出最初用途的更多场景中，或是缺乏稳健性的选定区块技术被更稳健的技术替代时，转换选择权就具备实际价值。

对平台领导而言，其输入和输出都与线性企业截然不同。线性企业的输入包括原材料、机器设备、厂房、土地、劳动力、专利技术和工艺流程等，输出则以产品和服务为主。平台领导的输入则主要以平台体系和双边市场建设投入资本为主，输出则以生产者、用户和实际交易数据为主。因此，平台领导利用转换选择权创造价值不是依靠产品要素的投入和输出转换，而是通过平台服务模式（即收费模式）转换创造新价值。比如，平台早期为了吸引双边市场用户加入平台采用"烧钱"策略，以亏损为代价补贴用户，作为平台领导的资本输入。当用户加入平台并实施交易后，平台利用交易数据为用户提供增值服务，如广告、消费数据分析等。从实质选择权角度来看，平台领导将交易数据这一输出又转换成增值服务的输入，从而提供了平台盈利多样性和用户依赖性。换言之，平台领导的转换选择权利用再配置的灵活性，优化投入产出创造价值。

运用转换选择权时，平台领导制定战略不仅要求新项目更优更新，还要求新项目与原有项目有重叠用户基础。重叠用户社群能大大降低新市场开发成本，利用老客户开发新价值。如果平台领导转换的新服务类型需要与原来完全不同的用户群体时，就无法利用原有的需求侧规模经济优势。因而，阿里巴巴、百度、腾讯、谷歌等互联网平台企业都在原有用户社群的基础上开发新业务领域，打造生活、学习、娱乐、医疗健康等多位一体的生态系统。

## 五、弃置选择权

弃置选择权指项目因投资决策失误或项目实际价值低于执行成本时，放弃执行原有项目的决策类型。在选择权执行对平台领导极为不利的情况下采用弃置选择权，不仅降低了执行项目可能造成的损失，还可以释放资源用于其他用途。弃置选择权是平台领导的底线策略，虽然放弃选择权要承担获得选择权时的沉没性投入成本，但也比高资源承诺和专用性投资的做法损失小很多。

严格来说，弃置选择权并不直接创造价值，而是以终止项目方式避免或降低风险。平台领导建立过滤机制就是创造弃置选择权的体现。虽然平台系统保持开放，连接了大量互补品提供商，一旦产品/服务（互补品）质量低劣，将形成平台"消耗式互动"，引发恶性循环。比如，滴滴打车用户打开手机App发现无车可用或司机态度恶劣，就可能对平台或司机有抱怨。滴滴新用户看到负面评价后可能选择使用一号快车等竞争对手的平台。长此以往，司机也可能因为乘客减少而退出平台转投竞争对手，使平台网络价值不断下降。因此，弃置选择权不仅是减少下行风险的有效手段，还是平台领导保证平台质量的重要依据。2015年1月前，苹果应用程序商店（App store）提供了140万个应用程序，为开发人员带来累计收入250亿美元。苹果应用程序商店的成功离不开弃置选择权，仅2016年1~9月内，平均每个月苹果公司淘汰的不良应用程序多达1万~2万个。苹果公司放弃劣质应用程序的做法，有利于程序更新和积极用户体验（评价），因而不会降低应用程序商店的整体价值。到目前为止，开发者每周仍然向苹果应用商店提供约10万个应用，商店应用程序总数超过200万个。

然而，由于沉没成本、士气受损和挽回面子等多方面因素的影响，有时放弃既有选择权相对艰难。要克服系列组织障碍，正确行使弃置选择权应具备两个基本条件。①设定清晰明确的标准。通过设定标准，能够准确衡量当前选择的未来价值和成本代价，有助于管理者判断和科学决策。②将权力从直接参与项目的团队中分离，交由更高层决断。无论选择权早期投入成本或高或低，选择权开发团队都与选择权执行结果紧密联系，就可能由于开发团队的认知偏见过分高估项目收益或低估决策失误的风险。因此，只有权力回归没有直接参与项目的更高层，才能迅速决断，果断放弃没有价值或代价高昂的项目，回收资源用于其他用途。

## 第四节  平台领导嵌入实质选择权的内在运行机理

实质选择权本质上是为组织创造战略和结构弹性，有效利用环境不确定性的机会条件为组织创造非对称收益，即利用管理灵活性提高上行潜力、降低下行风险。相比市场和科层组织形式，平台生态系统是具有高度协同性、互补性和自组织性的组织间关系形式，是高度专业化、模块化、多元化、分布式的多边市场模组和平台领导所构成的多层次混合网络。类似于价值星系中的旗舰企业，平台领导是平台生态系统的核心和基石，是决定整体生态网络价值和增长向量的关键要素。平台领导是搭建平台的主导力量，也是平台生态系统与传统组织间关系或线性企业的主要区别。从能力视角来看，平台搭建、用户参与、网络扩散、价值传递、用户匹配和生态演化都基于平台领导所特有的动态战略选择和经营能力。平台领导创造性地运用动态能力，就是主动辨识外部市场机会，搜寻独特资源，评价和筛选战略方案，通过资源主动拼凑和知识整合与转化创造独特增值潜力和新资源项目，并利用协调控制和再配置过程有效管理和维护新资源项目。在此之上，利用变动的市场环境更新项目风险、成本和价值，判断最佳资源承诺时点，即兴行使原有权利或资源项目，从外部网络中获得超额回报。

因而，本章认为，平台领导嵌入实质选择权的内在运行机理在于：在环境不确定条件下，平台领导凭借动态能力催生搜寻和评价、配置和转化、平衡和交互、专属和反馈四重核心机制，驱动实质选择权洞察、谋取、维护和行使四个阶段渐次演进，从而创造较高的战略设计、构建、调整和执行弹性，以较低风险和成本代价，提高未来网络和生态价值。具体来看，机会辨识能力和搜索能力有助于平台领导搜索、识别、评价和筛选潜在（影子）选择权；吸收能力和拼凑能力有助于平台领导以较低成本高效获得实质选择权；协调控制能力和再配置能力使平台领导能平衡和维持实质选择权组合，以一组复合选择权增加价值潜力；即兴能力和自我更新能力有助于平台领导破除组织现实的束缚、更新环境信息、灵活行使实质选择权，获取最大价值，并形成反馈循环（见图7-1）。

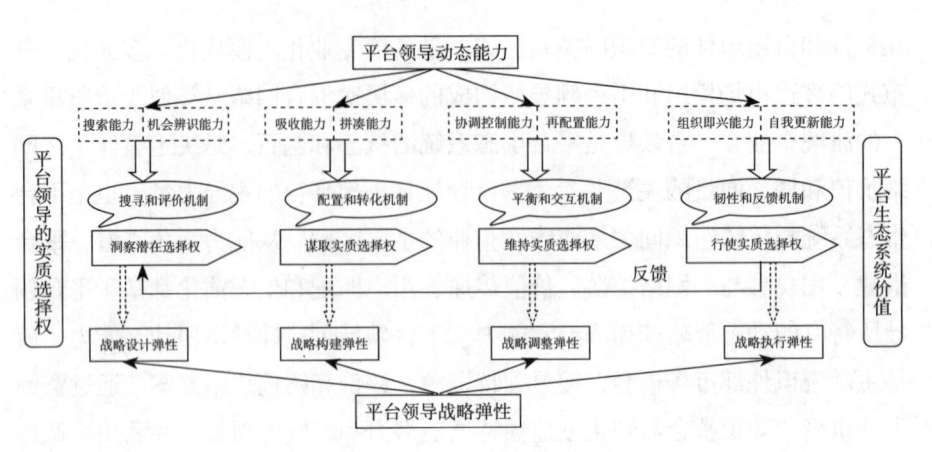

图7-1 平台领导嵌入实质选择权的运行机理

资料来源：作者绘制。

# 一、洞察：搜寻和评估机制创造战略设计弹性

平台领导嵌入实质选择权的首要工作是利用外部环境，辨识增长机遇。在洞察阶段，平台领导主要通过搜寻和评估机制搜索周边环境，判断外部机会或威胁，筛选潜在选择权。平台领导通过广泛的外部搜寻（包括厂商之间和全社会）、比较，进而取得特殊的资源，因而其价值来自于成本的比较优势，或是取得战略性资源的竞争优势（Dunning, 1993）。平台领导的实质选择权搜寻机制从三个维度影响搜寻结果：①搜寻内容广度。搜索的内容越广泛，越可能获得本组织不曾拥有的新资源、知识或能力。②搜寻内容深度，指每一项搜寻项目所涉及的知识深度和复杂程度。搜寻深度越大，对特定项目的搜寻力度也越高，搜寻投入要求也越高。③搜寻范围跨度。身处生态核心的平台领导由于连接多边市场，每个市场都可能归属某个特定行业。因此，平台领导需要不同行业、不同商业模式、不同界面规则的多方面知识和资源，搜寻跨度较大，时常超出特定行业范畴。同时，跨界搜寻也是平台领导跨界经营和包络其他平台企业的重要手段。在搜寻投入资源一定的情况下，搜寻内容广度、内容深度和范围跨度间表现出此消彼长的关系。搜寻内容深度越深，越可能获得专业化和高匹配度的异质性资源，但也限制了搜寻

广度和跨度。搜寻内容越广泛，搜寻跨度就要求越高，进而也会抑制每项资源或知识的搜寻内容深度。

由于搜寻投入资源有限，企业搜寻能力、搜寻重心、搜寻经验直接决定能否寻找到理想的发展机会。如果企业搜寻基于成熟搜寻经验和组织惯例，有一定规律和模式可遵循，那么搜寻体现为"模仿式搜寻"或"跟随式搜寻"，对搜寻能力要求不高；反之，如果企业面临从未经历的重大变革（如设计新商业模式，初次进入新市场），难以借鉴原有惯例和程序，也没有类似经历可以学习和模仿，则体现为"探索式搜寻"或"创造式搜寻"，就要求企业具备强大的搜索能力，快速高效地定位企业的关键外部资源或机会窗口。搜索能力是指企业积极参与发现和寻找市场上的利润机会的能力（罗珉，刘永俊，2009）。搜索的不可逆性（irreversibility）和不确定性（uncertainty）表明，只有具备良好搜索能力的企业，才能在有限时间内准确判断可行搜索区域、搜索广度和内容深度，以尽可能低的代价获得有价值信息和资源。

平台领导洞察潜在选择权阶段的另一个重要机制是评估机制，要求企业对搜寻结果准确辨别和评价，确认机会价值。评估机制主要通过三个方面协助平台领导识别和筛选潜在选择权。①价值预期。实质选择权的前提假设是企业能隐含或明确地列明实质选择权的未来价值和收益分布（Leiblein，2003），因而价值预期是洞察潜在选择权的基础环节。在广泛搜寻厂商之间和全社会的资源、信息要素后，平台领导增加了对外部环境信息和资源分布的进一步认识。此时，通过价值预期，平台领导能大致判断哪些资源、信息具备最高潜在价值。②可行性分析。平台获取具备高价值潜力的资源和知识要以经济可行为前提，不仅要求平台领导具备获得潜在选择权的资源和能力基础，也要求选择权行使价值的净现值（NPV）高于投入成本和机会成本。③对比筛选。对搜寻并确认价值的潜在选择权作出可行性分析后，平台领导依据战略意图、价值差异等标准对比多个可行方案，筛选出符合投入预算和未来战略价值的更优质项目，并灵活运用多种方式获取选择权，从"影子"选择权变为"实质"选择权。

评估潜在选择权是实质选择权经济可行的保障机制。在评估过程中，平台领导动态能力特别是机会辨识能力发挥着至关重要的作用。机会辨识能力是企业家对此前从未被认识到的市场机会的感知预警（Kirzner, 1973），也是"不断搜寻变化、响应变化，将变化视为潜在机会"的能力（Drucker, 1985），是企业家感知市场变化、察觉用户需要的响应能力。通过外部环境扫描、寻找、探索和准确辨别，平台领导能够及时判断当前市场环境机会和威胁，利用有利条件构造实质选择权。搜索能力和机会辨识能力使平台领导能在组织边界以外快速高效地搜索和分析环境信息，判断信息和资源的潜在价值，从而制定一系列备选方案（即潜在选择权）。在一系列经济可行的备选方案中，平台领导可以根据战略重心、实现难度、租金（净现值）差额等标准灵活设计和选择潜在选择权，为后续谋取实质选择权提供柔性参考。

**命题1**：洞察潜在选择权阶段的核心机制体现为搜寻机制和评估机制，平台领导的动态能力是驱动双重机制演进的关键力量。其中，动态能力中的搜索能力有利于平台领导确定搜寻潜在信息的位置、范围、深度和广度，从而高效获取外部环境和资源的关键信息；动态能力中的机会辨识能力有助于平台领导快速准确地识别、分析、比较、筛选和组合信息，从而厘清外部环境状况，制定潜在选择权备选方案，创造战略设计弹性。

## 二、谋取：配置和转化机制形成战略构建弹性

识别并选择潜在选择权的下一阶段要求平台领导以适当方法手段投入资源或知识要素，构建实质选择权。严格来讲，潜在选择权只是企业家对获得信息的认识和判断，或是信息机会的"假想组合"。只有投入沉没成本，配置资源用于构建选择权，才可能将潜在选择权顺利转化为实质选择权，成为平台领导实实在在掌握的未来增值权利。因此，谋取实质选择权阶段的核心机制在于资源配置和选择权转化。以平台领导获取选择权的常用手段为例，划分（partitioning）或解耦（decoupling）通过弱化平台架构与模块间的强连带关系，回归协议和接口标准主导的弱耦合联系，进而增强系统开放性和模块功能的独立性，获得平台转换输入的选择权。然而，划分或解耦要求平台初始架构具有可拆分性，同时资源配置重点不应放在集成式系统建设，而应当聚焦到平台接口和标准开发上，确保平台与模块连接方便、迅捷。与之类

似，采用聚合冗余或探索性投资的方式利用广泛分布于全社会的冗余资源或小规模试探性投入也创造了未来增长的复合选择权，也要求配置资源用于大范围冗余搜寻和确认，同时商业模式和治理模式的设计也会影响实质选择权的转化效果。比如，随着共享单车模式的成功，大量商家竞相模仿这一模式推出共享雨伞、共享充电宝、共享篮球甚至共享服饰，但大多以失败告终。仔细分析可以看出，人们面对非刚性需求、低价值、利用率高的产品时，往往选择购买而非租赁。因此，无论以何种方式构造实质选择权，平台领导都应把握要素投入重点，将稀缺资源配置到有价值的可行项目上，推动实质选择权转化。

平台领导利用配置和转化机制获取实质选择权时，拼凑能力和吸收能力等动态能力要素发挥着关键作用。"拼凑"[①]（bricolage）来源于新资源基础观，指"从可取的素材中，创造资源新的应用，用以解决意外的问题"（Cunha, 2005）。Baker and Nelson（2005）将拼凑概念归纳为三大特质，包括"就地取材"（Resource at hand）、"创造新用途的资源重组"（Recombination of resources for new purposes）、"将就着用"（making do）。本章认为，拼凑既是创新过程，更是运用有限资源创造具备更大选择权价值的能力。因此，本章将拼凑能力定义为：以手边既有资源为基础，就地取材，在将就着用的过程中，经由摸索工具及材料的特质，重组资源并找出新用途，构造实质选择权的能力。从定义来看，拼凑的对象就是组织拥有或控制的冗余资源，拼凑能力强弱体现在冗余资源再开发和用途组合创新程度上。平台领导越能低成本地高效开发冗余资源或组合形成新的资源（权利）类别，平台获得的实质选

---

① 拼凑为法语，李幼蒸（1989）翻译Lévi-Strauss（1966）所著《野性的思维》一书中，将拼凑另译为"修补术"。不过，Louridas（1999）认为，在英语中并无法找出相对应的适当翻译，因此，一般以英语的"修补（tinkering）"作为翻译的选择之一。此外，书中亦将"bricoleur"翻译为修补匠，指运用手边不甚齐全的元素，用手拼凑的工匠。而大部分的文献中（Garud and Karnøe, 2003; Baker and Nelson, 2005; Baker, 2007），仍旧保留法语词汇，避免语意转化的失当。根据网络版韦氏大辞典（Merriam-Webster online dictionary: http://www.merriam-webster.com/ ）的定义，所谓拼凑，是指一种建构（construction），如同雕塑或构想（ideas）的结构（structure）；而建构的方式则是就地取材，手边有什么就用什么（whatever comes to hand）。

择权价值就越高。

拼凑能力侧重企业已占有或控制资源的开发、配置和整合，从而创造未来增值权利。相对而言，吸收能力是指一套组织程序，在此过程中，企业获得知识，再吸取转化并加以利用形成一种灵动的组织能力（Zabra and George, 2002）。知识吸收能力包括知识获取能力、知识吸纳能力、知识转化能力和知识开发利用能力，前两种合称为潜在知识吸收能力，后两种则统称为现实知识吸收能力。应当看到，吸收能力是平台领导以探索性投资等方式创造实质选择权的决定因素。以吸收能力为基础，在搜寻获得相关外部知识后，高效吸收、理解知识，并将知识、资源创造性地开发、整合和转化，用于构造未来收益索取权，是平台领导探索和利用不确定环境的重要途径。事实上，知识整合和知识再造过程也是构建实质选择权的过程，因为未来知识可以应用到不同场景获取相应知识租金。比如，当原有市场开始衰弱、新技术突飞猛进、竞争对手成倍增长、产品淘汰速度飞快的时候，只有那些持续创造新知识，将新知识传遍整个组织，并迅速开发出新技术和服务模式的平台领导才能成功。不仅如此，具有高度黏性和内隐性的关键知识或技术诀窍（know-how）只存在于个人脑海中，难以编码和复制（Kogut and Zander, 1992）。因此，隐性知识吸收和转化形成的实质选择权还具有不完全市场的某些特质，有助于平台领导获得对手难以模仿的高价值增长潜力。研究表明，知识、产品和能力共同演化能够产生实质选择权价值，并带来长期竞争优势（Helfat and Raubitschek, 2000）。

命题2：实质选择权谋取阶段的核心机制是配置和转化机制，是平台领导以灵活方式科学配置资源并构造实质选择权的保障。企业吸收能力和拼凑能力创造了战略构建弹性，促进了两种机制的演进。其中，拼凑能力以平台领导就地取材，以手边有限资源将就着用的方式创造性配置冗余资源，以低成本高效利用或组合新资源用途的方式，优化选择权的资源配置和转化机制；吸收能力通过高效吸收、诠释、转化和利用知识加速了知识整合和知识再造，进而推动了配置和转化机制的演进。

## 三、维持：平衡和交互机制构造战略调整弹性

实质选择权的核心是应对和管理不确定性，在低风险下平行维持一组选择权组合，待到不确定性（风险）消除大半后，才执行既定权利，获得专属价值。从内涵来看，平台领导时常需要同时管理和维持多种实质选择权，而不同类型的选择权之间由于来源、目的、方式手段、应用范围不同可能相互影响，甚至相互冲突。比如，增长选择权与延迟选择权在初始承诺时机和投入资源数量上可能彼此排斥。因此，维持实质选择权阶段的核心机制是平衡和交互机制，即如何平衡不同实质选择权的相互影响，有效利用或降低某些影响关系，进而协调和整合系列选择权组合。

就交互机制而言，不同类型实质选择权的交互关系可分为三种。①放大关系，指不同实质选择权互相叠加产生非线性放大效应，形成单个选择权无法实现的影响效果。比如，平台领导同时开发消费者和生产者市场，由于同时开发双边用户引发了积极网络效应，导致平台网络价值呈现非线性增长趋势。②衰减关系，指不同实质选择权的影响作用相互抵消，进而使选择权难以发挥预期价值影响。比如，平台领导既投入资金吸引互补者加入，又自行向消费者提供同类产品或服务。由于恶化了平台与互补者的关系，两种平行选择权同时开展可能降低平台价值，导致互补者离开平台。③排斥关系。排斥关系是衰减关系的极端形式，指两种选择权彼此排斥，难以共存的矛盾关系。比如，平台领导同时同等强度追求两种实质选择权以期同时获得两种赢家通吃（winner-take-all）战略时（增加App种类的数量的同时签订排他性协议保持大部分应用的独占性），将造成平台领导绩效下降（Cennamo and Santalo, 2013）。

多种实质选择权交互叠加形成放大、衰减和排斥关系，可能产生超出预期的价值效应，引发新的结果不确定。平台领导有效维持和管理实质选择权的过程，就是厘清各种实质选择权可能的交互关系，平衡关系组合，利用积极交互放大未来收益机会。具体来讲，设计实质选择权的平衡机制主要从两个方面入手。①平台战略目标次序。平台领导可将最终战略目标分解为多阶段子目标，并按照轻重缓急程度对子目标排序。面对相互冲突或排斥的选择权时，优先维持和开发平台发展急迫或对平台战略绩效有重大影响的项目。

②实质选择权有效期。任何选择权都有特定的有效执行时间，有效期内没有行使该项权力则视为放弃选择权。平台领导可利用不同有效期隔离相互衰减或排斥的选择权，使时间上前后分离的选择权能先后独立开展而不影响平台价值。比如，因特尔（Intel）以微处理器产品为平台，鼓励互补商提供互补产品和技术，同时也自行开发同类互补品（Gawer and Cusumano, 2002）。当发现互补商的某些产品和技术并不能与平台系统良好兼容时，因特尔便推出了自行研发的周边组件扩展接口（peripheral component interconnect，PCI）总线和USB，弥补了关键互补品"短板"，并将之免费开放给平台内的互补商，迅速成为行业标准。

平衡一系列选择权组合对平台领导而言，既是机遇，也是挑战。同样是开发与互补商类似的互补产品，因特尔的视频会议产品ProShare花费了约10亿美元的研发和营销成本，却没能与同一市场领域的互补商PictureTel和谐共处，最终没能成功打入视频会议领域。事实上，有效平衡选择权组合，利用积极交互关系，规避排斥效应，很大程度上取决于平台领导的协调控制能力和再配置能力。协调控制能力是调整选择权关系，控制复合选择权价值变化方向的能力。再配置能力是根据市场变化重新部署资源、知识和选择权架构，从而快速感知环境变化，适应外生变动的能力。再配置能力和协调控制能力都是在战略意图和环境干扰双重影响机制下，重新思考实质选择权间的影响关系，通过交互关系和组成结构的重新调配，创造战略调整弹性，优化选择权组合，放大价值潜力。

命题3：维持实质选择权阶段的核心机制是平衡和交互机制。平台领导利用协调控制能力和再配置能力等动态能力要素辨识、协调、控制和重组实质选择权组合和交互关系，进而创造依据环境条件和战略意图动态调配的战略调整弹性，规避排斥影响，增加价值潜力。

## 四、行使[①]：专属和反馈机制打造战略执行弹性

行使阶段是实质选择权创造实际价值的关键环节，也是根据执行结果动态反馈、推动下一轮选择权螺旋循环的前提。可见，行使实质选择权的核心内容是价值专属和反馈。如前文所分析，不同实质选择权实现价值专属的方式不尽相同。延迟选择权通过后发优势和进入时机的选择创造专属价值；增长选择权利用分期投资灵活性和前期投资的基石作用产生价值；规模变更选择权以简洁响应形成规模伸缩弹性的方式创造价值；转换选择权以更替输入、输出或平台供应商的方式创造价值；弃置选择权以在市场环境极为不利时，及时回收资源用于其他用途的方式创造价值。在平台领导利用实质选择权获得专属价值的同时，也根据实时效果形成反馈循环。一方面，行使实质选择权取得了比一次性资源承诺更大的生态价值，诱发了下一轮同类选择权的洞察、谋取、维持和行使循环。另一方面，在新的不确定条件下行使实质选择权的经验和教训转化成为平台领导的技术诀窍和知识，并编码成规范指导手册等显性知识，能够为运用不同类别实质选择权提供参考。因而，专属和反馈机制是实质选择权行使阶段的核心机制，也是行使选择权在期权发展四阶段中研究频率最高的重要原因（Trigeorgis，2017）。

然而，受制于组织现实（organizational realities）的影响，实质选择权行使往往难以把握最佳行使时机，或是偏离最佳方案，破坏专属价值。一般来说，两种组织现实对行使选择权的影响最大。①组织有限理性（bounded rationality）（Cyert and March，1963）。管理者认知偏见、近视症（myopia）、悲观或自负性格等认知不完全性导致平台领导在认识和执行方案时很难客观对待，掺杂主观因素和个人情感色彩使选择权行使结果可能达不到预期。②路径依赖（path dependency）（Trigeorgis，2014）。管理者过于依赖既往的成功模式和价值经验，或是由于长期沿袭传统形成组织惰性，因而在行使方

---

[①] "行使"阶段源自波曼和哈里（Bowman and Hurry，1993）对实物期权生命周期各阶段的划分，原文为"excise"。本书翻译为"行使"，意在突出实质选择权的执行过程是"行使权力"，而并非"履行义务"。

式和时机上缺乏灵活变化。正因为如此，平台领导要突破组织现实，以战略执行弹性灵活把握最佳行使时机，就必须具备动态能力。而专属和反馈机制中，最为关键的动态能力要素是组织即兴能力和自我更新能力。

组织即兴能力是平台领导快速响应环境变化，创造性地行使实质选择权，规避风险和威胁，把握最佳行使时机并权变执行选择权，以此创造最大潜在价值的能力。具备组织即兴能力的平台领导能够准确判断当前所处环境的风险、选择权行使的价值收益和所需付出的成本，以此判断实质选择权应行使、维持还是放弃。图7-2展示了平台领导利用组织即兴能力决定实质选择权行使时机的过程。在判断当前市场风险的情况下，平台领导行使实质选择权的价值至少要高于成本，才能维持企业该选择权。反之，当企业获得的实质选择权价值随着对手抢占先行优势而逐步下降，直至低于成本时，就应当弃置该选择权（比如，为网络内带来负面价值的行为或用户消耗式互动）。当行使选择权的价值收益高于成本时，在有效期内行使还是维持选择权取决于风险概率和价值成本的综合考虑。当价值—成本比率高于特定风险概率对应临界值时[即$V/C>1/(1-R)$]或是既定价值的选择权不确定程度低逐步降低时（从维持区上升至行使区），平台领导行使选择权能获得超额收益，反之则宜维持原有选择权。因此，本章认为，组织即兴能力是平台领导行使实质选择权阶段相机决策、提高选择权专属价值的核心动力。

自我更新能力指通过实质选择权行使和信息反馈，平台系统能实现自我调控、自我净化、自我完善、自我适应和自我提升的能力。自我更新不仅能为平台领导带来行使选择权的反馈信息，也引入了对外部环境新的认识和分析，能够引导平台领导启动下一轮实质选择权循环。因此，自我更新能力是维持和巩固平台领导的实质选择权螺旋循环的主导力量，也是平台领导衍生新功能模块的决定因素。

**命题4**：平台领导行使实质选择权阶段的核心机制是专属和反馈机制。组织即兴和自我更新等动态能力要素在这一阶段起关键作用。其中，组织即兴能力通过相机决策确定实质选择权最佳行使时机，规避风险和威胁，提升专属价值；自我更新能力通过新环境信息的互动反馈和效能结果的正面强化促进了平台领导自我优化和功能衍生，推动了实质选择权的螺旋循环过程。

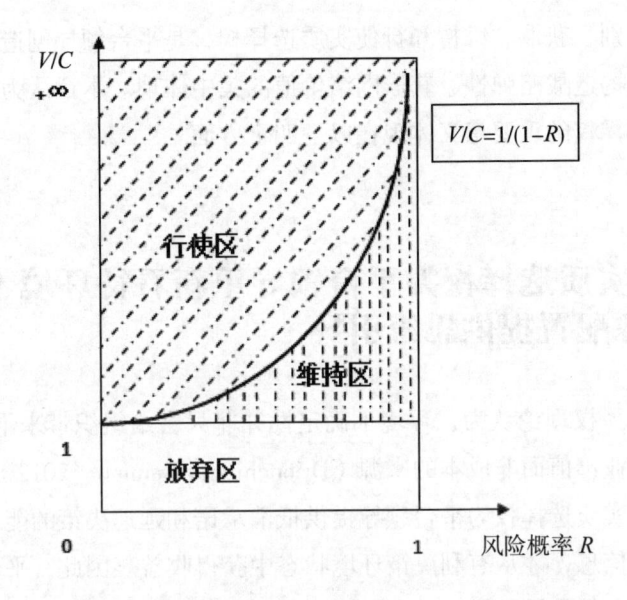

图7-2　组织即兴能力下实质选择权行使时机的选择

注：V表示行使选择权获得的价值；C表示行使选择权的付出成本，是沉没成本、协调成本、交易（行使）成本和机会成本的总和；R为风险概率。

资料来源：作者自制。

# 第五节　平台领导嵌入实质选择权的重要意义

网络经济时代下，企业平台化、产品平台化、服务平台化等平台商业模式已成为当今企业把握时代机遇，追逐连接红利的主流（罗珉，李亮宇，2015）。作为平台生态系统的核心和基石，平台领导嵌入实质选择权，利用动态能力识别、获取、维持和行使实质选择权，是平台领导创造性地运用平台商业模式构造战略弹性、获取网络价值的集中体现。本章认为，平台领导嵌入实质选择权的重要意义体现在以下四个方面。

## 一、实质选择权为平台领导重新看待环境不确定和优化资源配置提供思维引导

实质选择权理论认为，环境不确定性并非只会给组织带来干扰和破坏，应被视为企业价值而非成本的来源（Driouchi and Bennett，2012）。面临不确定环境时，实质选择权为平台领导提供抵消承诺和延迟决策的能力，直至出现更多有用信息，才从有利决策环境状态中获得收益。因此，平台领导运用实质选择权，就是重新辨识、定义、分析环境并通过选择权的战略灵活性充分利用不确定环境，创造非对称收益的过程。从被动适应环境到主动利用不确定环境，平台领导能够更敏锐地感知产业技术、市场需求和竞争对手行动的变化，从而在高度不确定情境下以较低成本获取未来价值增长潜力。不仅如此，实质选择权也为平台领导提供了更有效率的资源配置方式，使平台凭借延迟、分期投资和拼凑等方式更高效地利用有限资源逐步投资，能充分发挥每一项资源的配置活性。平台领导聚合大量分散于全社会的碎片化冗余资源，通过资源闲置产能和新用途的低成本开发，跳出所有权和既定用途的应用窠臼，重新面向消费者，通过使用价值再开发过程提高双边用户的福利剩余。从这个意义上讲，实质选择权提供了"换血"功能，使平台领导重新看待不确定性的影响，并通过更为灵活、高效的资源配置和利用方式助力平台增长。

## 二、实质选择权是平台领导动态能力因子活化的重要载体

从竞争优势来看，平台领导核心竞争优势的源泉既非有吸引力的产业带

来的独特市场势力，也并非稀缺、有价值、难以模仿的异质性资源的占有或控制，而是平台领导动态学习、认识、适应和利用不确定环境的能力。相对而言，实质选择权强调利用环境不确定性在较低风险下构造未来收益索取权而无须承担义务，以高度战略柔性和管理灵活性及时响应外部环境，并及时发现潜藏机遇，创造价值潜力。由此可见，实质选择权内涵与动态能力倡导的动态响应和主动适应创造组织发展机会的思想不谋而合，二者在环境认识和战略选择上具有高度内在一致性。此外，依据前文分析，八种动态能力构成要素与实质选择权的关键机制相互匹配，推动着实质选择权洞察、谋取、维持和行使四个阶段的渐次演化，形成平台领导嵌入实质选择权的综合运行机理。因而，实质选择权提供了平台领导激活动态能力"基因"的载体，是平台领导发挥战略能动性，连接双边市场、促进交易实现、激发网络效应的必要手段。互联网电商企业雅堂集团是平台领导嵌入实质选择权发挥动态能力的典型案例。互联网电商雅堂集团利用店面补贴政策吸引个体便利店加盟变成连锁社区便利店雅堂小超，接入雅堂系统并在店内投放LED广告屏，为集团家居电商和金融业务导流。同时，雅堂小超接入家政服务、家电手机维修、生活缴费等第三方生活服务，从而连接第三方服务商和用户，增加社区用户体验和黏性。从实质选择权角度看，雅堂小超的做法凭借社区用户的地理集中优势构造了实质选择权，依托社区便利店开展分众传媒并连接第三方服务，能够迅速吸引大量个体便利店加盟，连接多边用户，并将社区用户转化成平台用户。

## 三、实质选择权是平台领导应对平台突现性的有效机制

网络经济时代，新的环境特征以更为复杂的方式影响着置身其中的企业和用户。一方面，移动互联网和信息共享平台增加了环境信息透明度和便捷性，信息不对称程度逐步降低，增加更多网络节点连接的可能性。另一方面，大数据智能终端的快速普及使任何地点的任何个人都能成为信息和数据的生成端和共享端，信息总量爆炸式增长和飞速流动增加了环境不确定性程

度。网络经济时代正如管理学家汤姆·彼得斯所描述的"混沌、疯狂和湍流的时代"。动荡而混沌的环境增加了平台领导的环境突现性（emergency）和变异性（mutation）。内外部环境因素正在以意想不到的复杂方式交织、组合和再造新场景，而平台用户也以难以预测的方式连接、互动和强化交易行为。因而复杂动荡环境常常以企业难以预计的方式创造新的突发情景，对企业原有资源、惯例和程序形成束缚和挑战。

本章看来，实质选择权提供了平台领导应对突发情境，敏捷响应环境变化，利用潜在机会的应对机制。实质选择权强调企业依据外部条件顺势而为、相机决断，其暗含之义是：根据环境突变动态调整，利用最佳机会窗口将平台领导过时、欠缺的功能模块重置和完善，进而为平台用户提供高附加值服务。面对"11·11"促销狂欢节激增的海量交易订单和拥挤不堪的物流体系，京东集团推出以无人车、无人仓和无人机为核心的智慧物流系统，根据人工智能算法按照历史交易数据推算高频购买产品和包装样式，提前在仓储车间按相关规格、型号、样式备货，保证"11·11"当天交易后用户能在极短时间内拿到快递产品。

有时候，由于平台上的大部分活动由用户控制，用户就不可避免地以平台领导未预料的方式使用平台，增加平台突现性。平台领导嵌入实质选择权能够为用户"意外"行动留足空间，利用用户社群和大众引领平台创新，将用户社群视为平台领导敏锐洞察、识别外部突现情境，利用突发情境创新平台体系的机会窗口。成功的平台领导具备社群思维和用户思维，善用用户社群构造和行使增长选择权，实现价值增值。此时，平台领导将终端用户不单看作消费者，还视为设计者、生产者和营销者，力求思维众智、资金众筹、生产众包、数据众享、价值众创。面临算法领域的巨大竞争压力时，数据科学公司Kaggle利用公开算法竞赛，仅花费1万美元奖金就使原始算法改善了271%，节约了几千万美元的成本。同样，腾讯集团发现用户经常将微信群作为办公聊天辅助软件时，缺乏考勤、请假、报销等办公功能模块，进而推出专业办公工具企业微信，降低了沟通成本，提高了办公通信效率。因此，无论外部环境变迁还是平台用户需求变动，平台领导嵌入实质选择权，有助于快速识别突现机会或威胁，完善平台架构，创造高价值潜力的收益索取权。

## 四、实质选择权是实现平台生态系统拓展的战略途径

平台领导搭建平台架构和生态系统后，生态系统内至少包含三种角色：平台领导、生产者和消费者。平台领导运用实质选择权的最终价值取决于平台质量和网络效应，因此平台生态拓展和演化的关键在于引导核心互动（core interaction）、突破临界规模（critical mass）。平台领导嵌入实质选择权有助于清晰定义双边用户、设计价值单元、匹配双边市场，以"质"为基础引导核心互动。平台领导将平台开放系统视为平台与用户的双向选择权，使平台领导和用户可以自由决定采纳或拒绝，增加了平台转换用户端输入的灵活性。不仅如此，平台领导以生产者的产品单位为价值单元（如微信的朋友圈、Uber的车辆），将价值单元看作未来增长的选择权，进而奠定了生态系统架构的核心单元。嵌入实质选择权，平台领导能充分利用过滤机制和评价体系保证平台质量，引导正反馈循环。通过识别、筛选和类比信息，平台领导能有效匹配双边用户正确互动，并通过用户评价体系鉴别用户质量和互动体验效果，为交易迭代提供参考。

平台领导利用实质选择权设计核心互动后，还需要引导更多用户加入平台，突破临界规模（达到"量"的要求），才能保证平台以较低成本巩固和拓展生态系统。按照用户采纳速度快慢，平台用户可分为尝鲜者、早期采用者、早期大众、晚期大众和滞后者，早期大众和晚期大众约各占34%，尝鲜者、早期采用者和滞后者各自约占2.5%、13.5%和16%（陈威如，余卓轩，2013）。由于已经进入平台所处的成熟市场，能够直接利用完善的平台体系，因而早期大众和晚期大众的引导成本最低。相反，早期采用者既不熟悉平台市场和相关功能，也不具备尝鲜者的刚性需求，因而往往持观望态度，形成"企鹅效应"[①]，故吸引成本最高、难度最大。应当看到，虽然早期采用者引导成本最高、难度最大，但早期采用者决定平台领导能否突破临界规模、顺

---

[①] 企鹅效应（penguin effect）由Farrell和Saloner于1986年首次提出，原意指企鹅群体担心入水觅食遭遇鲨鱼袭击而犹豫不决，不敢跳入水中觅食。企鹅效应也可以作为用户加入平台时犹豫和观望态度的类比。根据企鹅效应，早期用户可能在一部分用户相继加入平台并看到积极效果后才决定加入平台。

利实现生态拓展,因此也最为关键和紧迫。运用实质选择权往往能够充分发挥平台领导的动态能力和战略柔性,以低成本快速获得关键早期用户。2006年,Twitter成立之初并没有获得用户广泛接受。2007年,Twitter利用SXSW（South by Southwest）音乐节安装平板显示屏,鼓励参与者通过Twitter发送消息,并将消息内容同步呈现在银幕上,以时髦的反馈方式使Twitter的用户规模在音乐节后迅速增长了两倍。无独有偶,腾讯集团引导微信红包早期用户的做法也与之类似。2015年,微信红包利用春晚"摇一摇、抢红包"的互动环节,让全国亿万观众加入抢红包大战,成为微信红包的早期用户。从除夕至大年初五,微信红包收发量达32.7亿次,而除夕日就占据了10.1亿次。无论Twitter还是微信红包,都巧妙利用了选择权行使的最佳时机引导早期用户,拓展生态网络。因而,平台领导嵌入实质选择权,能够利用环境机会快速获得早期用户,构建核心互动,突破临界规模,拓展生态系统。

# 第六节 结 论

本章跳脱历史研究框架,从实质选择权角度分析平台领导应对不确定环境所具备的核心竞争优势——平台领导运用实质选择权构建战略弹性,探讨了平台领导的实质选择权内涵、运行机理和意义。总体来看,本章研究脉络及基本结论如下。

（1）基于平台领导历史研究忽略环境不确定性的考察,分析环境确定性对企业战略选择的影响。研究发现,环境不确定性从环境复杂性和环境动态性两个维度对企业战略和经营产生显著影响。其中,技术、市场、结构、认知和行为等通过多层次复杂性因素交织叠加,以难以预期的方式影响着企业经营和战略活动,增加了企业应对和管理复杂环境的难度;而网络经济时代下,数据信息的爆发式增长和环境信息快速变动对企业的环境响应速度和战略弹性提出更严苛的要求，增加了企业战略和经营的动荡性和模糊性。环境复杂性和环境动态性使线性企业的资源、惯例、流程迅速过时，企业在频繁调整和被动适应中产生巨大的机会成本和协调成本，成为制约企业发展的关键瓶颈。

（2）援引实质选择权理论探讨实质选择权思想对环境不确定的全新认识，并分析平台领导的实质选择权内涵。本章发现，实质选择权强调利用环境不确定的本质在于：在不确定环境下，以较低风险平行运行一组实质选择权，在不确定性消除大半之后，才逐渐投入后续资源，获得最大潜在价值。本章进一步研究发现，在"新兴商业中快速构建灵活资源、惯例和结构"的平台领导具备天然的组织弹性和结构弹性，是运用实质选择权的理想载体。平台领导的实质选择权内涵在于：以实质选择权，创造平台领导利用不确定环境的战略灵活性，提升并获取用户、平台和生态系统未来非对称收益。

（3）从五个维度比较平台领导与线性企业的区别，分析平台领导在资源配置、应对不确定的观念和方式、获取实质选择权途径、企业间互动关系和选择权运用目的等方面对线性企业的超越。本章研究认为，线性企业视环境不确定为价值破坏因素，主张非定序、高初始资源承诺的配置方式；通过设置缓冲机制应对不确定环境；依靠投入沉没成本获得拓展组织边界的有限战略弹性；企业间表现为明确的敌对竞争或联盟合作关系；运用实质选择权时侧重内部优化和效率提升。相比之下，平台领导将不确定视为价值来源，主张定序、低初始承诺和再配置结合的配置方式；通过嵌入选择权利用不确定环境；依靠系统解耦和聚合冗余等方式获得充分战略弹性；侧重依据不同角色功能的动态竞合关系；运用实质选择权时更加注重外部关系和生态构建。

（4）提出平台领导的实质选择权类型，分析不同实质选择权的本质含义、价值形态和边界条件。研究发现，平台领导主要包含延迟、增长、规模变更、转换和弃置五种选择权。延迟选择权通过后发优势和进入时机的选择创造价值；增长选择权利用分期投资灵活性和前期投资的基石作用产生价值；规模变更选择权以简洁响应形成规模伸缩弹性的方式创造价值；转换选择权以更替输入、输出或平台供应商的方式创造价值；弃置选择权以在市场环境极为不利时，及时回收资源用于其他用途的方式创造价值。在边界条件上，延迟选择权要求市场呈现较低先占优势、高资源不可逆转和不可分割特性；增长选择权要求项目可划分多个独立运行的阶段且前/后期、"核心"与"外围"要清晰界定；规模变更选择权要求平台领导的平台系统模块化程度较高；转型选择权要求新项目更优更新，同时新旧项目间有重叠用户基础；弃置选择权要求设定清晰可比的标准，并将权利从开发团队中分离，确保不利局面下高层迅速决断。

（5）结合动态能力，探究平台领导嵌入实质选择权的运行机理。研究表明，平台领导运用实质选择权内在机理在于：在环境不确定条件下，平台领导凭借动态能力催生搜寻和评价、配置和转化、平衡和交互、专属和反馈四重核心机制，驱动实质选择权洞察、谋取、维护和行使四个阶段渐次演进，从而创造较高的战略设计、构建、调整和执行弹性，以较低风险和成本代价，获取未来网络和生态价值。因此，平台领导动态能力与实质选择权四阶段的四重核心机制——匹配，创造了线性企业所不具备的战略弹性，并借此获得行使的实质选择权的最大价值和正反馈循环。

（6）阐述平台领导嵌入实质选择权的重要意义。本章看来，嵌入和运用实质选择权，对平台领导有四点意义：①实质选择权提供了平台领导正确认识环境不确定并优化资源配置的思维引导。②实质选择权是平台领导动态能力激活和发挥作用的关键载体。③实质选择权是平台领导应对平台突现性，完善平台建设的有效机制。④实质选择权是平台领导设计核心互动、突破临界规模、激发网络效应，确保平台"质"与"量"同步提升，推进生态系统拓展的战略途径。

移动互联网时代，开放、共赢、共享的平台思维成为企业商战的主流逻辑。不确定环境的快速变化和交互改变了企业间竞争格局，快速灵活构建战略弹性并以此提高未来价值潜力，成为平台领导时代的竞争新法则。为此，本章从实质选择权视角分析了平台领导如何在动荡、复杂的不确定环境中利用实质选择权构建战略灵活性，提升价值潜力，获取核心竞争优势。本章研究深入解读了平台领导超越线性企业的秘密——运用实质选择权构建战略弹性，并利用平台领导动态能力推动实质选择权相机行使，获取最大价值，打开了平台领导运用实质选择权的理论黑箱，为平台领导与平台生态系统竞争能力的构建引入了新的研究命题。

# 第八章　延伸讨论二：平台领导企业的战略创业行动逻辑与机理

作为全球最受热捧的新兴业态，平台领导企业如何结合战略管理与创业管理活动同步追求机会搜寻和优势搜寻的过程并未得到清晰揭示。从而模糊了平台领导企业战略创业过程实施双元创新活动（探索和利用行动）的内在逻辑和机理，导致战略创业整合机会搜寻和优势寻求的战略行动过程迷雾重重。作为全书第二个延伸讨论模块，本章通过对S公司与H公司的扎根理论研究，探索了这一"过程黑箱"。研究发现，创业机遇和已有资源基础触发了平台领导企业的战略创业行为，平台领导企业通过管理认知转变与决策逻辑选择共同主导战略创业过程，从而渐次采取"边内创业"—"边缘创业"—"跨界创业"的行动逻辑，并分别通过"重复型利用""增量型利用""拼凑型探索"和"搜寻型探索"四种战略创业双元活动，利用创业机会构筑新业务竞争优势。

# 第一节　问题提出

全球化和技术的演化共同引致竞争环境持续、迅速和更加复杂的变化，使得环境不确定性加剧，平台领导企业获得和保持竞争优势将面临日益严峻的挑战。从已有的研究和经验事实可见，在高度不确定和快速变化的环境中，平台领导企业若过于注重识别不确定性环境带来的机会可能会导致陷入过度冒险活动的陷阱（Levinthal and March, 1993），而基于已有资源基础不断增强现有的优势将又可能导致惰性（Tripsas and Gavetti, 2000）。然而，如果平台领导企业能同时有效地管理不确定性和企业资源则可以更动态地适应快速变化的复杂竞争环境（Ireland and Webb, 2009；Kyrgidou and Hughes, 2010）。具体而言，平台领导企业可以通过利用环境不确定性带来的机会创造变化，然后通过企业资源的战略性管理（Strategic Management of Resources）对变化（机会）加以利用，从而实现在不确定环境中保持可持续竞争优势。因而，由于强调整合机会寻求和优势寻求以实现持续竞争优势，战略创业成为平台领导企业适应不确定环境的重要路径（Ireland et al., 2003；Ireland and Webb, 2007）。

近20年来，战略创业一直是战略研究领域学者关注的热点（Mazzei, 2018）。现有战略创业的研究不仅明确了创业与战略管理之间存在相互支持和相互依赖关系（Hitt et al., 2002）；而且绝大多数研究者都认同战略创业的内涵：组织对创业机会搜寻和战略优势搜寻两者进行整合，以利于竞争优势发挥与财富最大化的过程（Choi and Shepherd, 2004）；此外，战略创业研究在解释概念、研究框架、构成要素和产出绩效等方面（Ireland et al., 2003；Kyrgidou and Hughes, 2010；Yiu et al., 2015）和探讨战略创业的来源、过程和影响因素等方面取得了许多进步；然而，战略创业仍然含糊不清，拓展不足（Mazzei and Ketchen, 2017；Simsek et al., 2017）。特别是对于战略创业过程中平台领导企业应如何对机会搜寻和优势搜寻进行整合，现有研究存在太多不清晰之处，对企业组织如何实现战略创业的指导非常有限。

作为一个理论构念，战略创业阐明了企业行为的战略和创业驱动力。根据这一观点，企业同时进行优势和机会寻求行为制定和实施创业战略，以获得竞争优势和创造价值（Ireland et al., 2003）。优势寻求行为是企业层面旨在开发、利用和保护企业当前的竞争地位和优势的惯例和活动（Hitt et al., 2011），而机会寻求行为是企业层面侧重于识别、评估和探索新的创业机会的惯例和活动（Shane and Venkataraman, 2000）。因此，在现有的战略创业研究中，探索和利用被研究者们视为实现战略创业绩效的两种必要手段（Ireland and Webb, 2009），是战略创业的重要组成部分。由于对未来竞争优势来源的探索和对现有竞争优势来源的开发都依赖于企业有限的资源存量，战略创业企业面临如何平衡企业当前和未来需求的矛盾。同时，双元行为在资源、结构、运作和文化等层面都存在显著的对立关系（Mazzei, 2018），因此如何权衡双元行动成为当前战略创业研究的关键瓶颈。

受经典双元探索和利用的对立关系的束缚，现有研究认为，突出探索与利用之间的并行和交互的双元模式（Kyrgidou and Hughes, 2010；Ketchen et al., 2007）和强调探索与利用阶段的两相交替的间断均衡模式（Hitt et al., 2011；Ireland and Webb, 2007）都一定程度上有助于理解战略创业。然而，我们认为，战略创业过程中涉及的探索和利用并非是简单的对立性活动，将战略创业活动简单地划分为探索和利用两类对立活动割裂了探索和利用的内在联系。鉴于探索和利用之间的关系错综复杂，使得战略创业实践整合机会搜寻和优势寻求的战略行动逻辑迷雾重重：究竟应当冒险探索，追求变革性创新？还是应该稳中求进，利用现有业务？或者突破经典双元的束缚将二者进行融合？

基于此，本章的拓展性研究试图通过扎根理论分析案例企业的战略创业认知与行为实践，剖析平台领导企业战略创业的行动逻辑和机理，从而揭开平台领导企业基于已有的竞争优势基础构建新业务竞争优势的"过程黑箱"。

# 第二节 文献回顾

战略创业被描述为战略管理与创业的成功结合，即以战略视角采取创业行动，或以创业思维采取战略行动（Hitt et al., 2001）。Ireland等（2003）基于战略管理和创业的互补和共生关系，进一步将战略创业定义为企业组织将有效的机会寻求行为（即：创业）与有效的优势寻求行为（即：战略管理）相结合的系列行动和过程。至此，作为一个理论构念，战略创业阐明了企业行为的战略和创业驱动力，通过这些行为的结合和整合，企业能够以创业成长追求竞争地位，从而产生持续的竞争优势，为企业及其利益相关者创造价值。

优势寻求行为是企业层面旨在增强、利用和保持企业当前的优势活动（Hitt et al., 2002），因此，关注优势寻求行为意味着企业会在现有市场中强调已有优势的利用；另一方面，机会寻求行为是企业层面的创业活动，它能识别出新的市场和服务新市场的方式（Shane and Venkataraman, 2000）。具体而言，战略创业企业应该在利用其目前的竞争优势的同时探索未来的机会（Ireland and Webb, 2007）。为此，Ireland and Webb（2009）进一步认为战略创业是探索未来竞争优势的来源和利用当前竞争优势的结合，探索和利用是战略创业的重要组成部分。

一般而言，探索是指搜寻、发现、实验、承担风险与创新等活动，利用活动是指持续性地改进、提升效率和生产力、增强执行力（March, 1990; Cheng and Van, 1996）。经典的双元研究认为探索与改良之间存在某种程度的替换关系（March, 1991）；而且，尽管探索性活动有助于企业实现战略柔性来恰当地应对变化，但对企业探索能力进行投资的结果的不确定性可能引致探索活动被利用性活动所代替（Ireland and Webb, 2007）；同时，从探索到利用过渡过程的脆弱性使得企业很难在这两类行动之间找到适当平衡（Ireland and Webb, 2009）。所以，对战略创业企业而言，如何恰当地维持探索和利用的平衡是战略创业活动取得成功的关键（Hitt et al., 2011）。

为了适应高度不确定的环境，战略创业企业平衡探索和利用来实现机会寻求和优势寻求的整合是十分复杂的过程，因为探索与利用两类活动的结果因活动的变化性、时机以及在组织内和组织间的分布而变化（March，1991）。现有战略创业研究发现，探索与利用共存的双元模式（Smith and Tushman，2005）和将探索与利用视为零和博弈的间断均衡模式（Gupta et al.，2006）是两种可行的平衡方式，能促进平台领导企业成功实现战略创业。例如，Ketchen等（2007）认为小企业和大企业在追求战略创业时面临不同的平衡探索和利用的障碍，因为一方面小企业虽然具有较强的机会寻求（探索）的能力但受制于有限的知识储备和市场力量的缺乏限制了其竞争优势的建构；另一方面，大企业擅长建立竞争优势（利用），但它们过于强调现有业务的效率，往往会削弱其不断寻找额外机会的能力，所以，合作创新可以使这两类企业克服各自面临的挑战，将战略创业和合作创新相结合能同时有利于大企业和小企业很好地创造财富。与Ketchen等（2007）的探索、利用跨组织双元观不同，Ireland和Webb（2007）认为战略创业企业可以通过在时间维度上分离探索和利用，以不同的运作、结构和文化支持每个活动，从而进行有效的战略创业实践；鉴于探索和利用之间的结构、文化和运作方面的差异，从探索到利用的转换需要一个特别的涉及范围广泛、耗时长和资源密集的过渡过程，该过程可能涉及各种类型的企业内部挑战，设定一个期望明确、进程清晰、有应急计划且能够证明变更的合理性的综合性计划，将有利于保证探索向利用的成功过渡（Ireland and Webb，2009）。然而，Kyrgidou and Hughes（2010）指出，Ireland et al.（2003）的创业行为（探索）和战略行为（利用）线性间断的观点忽略了战略创业企业双元性地同时平衡机会寻求和优势追求这两种行为的可能，为此，基于考虑与寻求机会和追求优势活动"平衡"相关的时间和空间因素，在Ireland et al.（2003）的模型中增加迭代和反馈元素构建了准线性的（Farjoun，2002）、交互反复的战略创业模型，一定程度上揭示了寻求机会和追求优势这两类活动在同一企业并行的可能。

我们认为，虽然战略创业的双元模式突出探索与利用之间的并行和交互（Ketchen et al.，2007），间断均衡模式强调探索与利用阶段的两相交替（Ireland and Webb，2007），它们都一定程度上有助于战略创业的自我实施。但是，战略创业过程中涉及的探索和利用并非是简单的对立性活动，现有研究将战略创业活动简单地划分为探索和利用两类对立活动的做法割裂了探索和利用的内在联系，使得战略创业理论和实践陷入探索和利用的选择困境。

Kuratko and Audretsch（2010）认为，战略创业是创业与战略的整合概念，应从创业与战略的整合方面来探讨。在创业与战略的整合方面，以认知为基础的资源配置决策的主导逻辑思维是其重要内容（Morris et al., 2010）。然而，我们发现，虽然在Ireland et al.（2003）的战略创业的构念中考虑了包含识别创业机会、创业警觉性、实物期权逻辑和创业框架在内的创业心智（Entrepreneurial mindset）这一重要维度，但是，现有战略创业领域文献关于寻求机会和追求优势活动的整合问题研究并没有进一步研究战略决策者的认知对战略创业企业的利用活动与探索活动的影响，或者说并没有将认知理论与战略创业相结合，去探讨战略创业行动的内在逻辑和机理。

"认知"是心理学领域的概念，本质上是指一种复杂的心理系统，包括知觉、注意、记忆、推理、决策等心理活动（Weick et al., 2005）。认知理论可用以联结决策者认知与不确定的环境、创业行为之间的关系，加强研究者思考战略创业行动的机理（Mitchell et al., 2007; Bird et al., 2012）。

战略研究者将组织高层管理者或决策者的认知称为管理认知。一直以来，管理认知领域学者均继承了Walsh（1995）的思想，将管理认知看作是战略决策者（CEO或高层管理团队）所共有的一组知识结构（Nadkarni and Barr, 2008; Narayanan, 2007）。因为管理认知是指战略决策者在进行战略决策时所应用的一组知识结构，因此可用知识结构的集中性和复杂性状况来刻画战略决策者整体认知特征（Narayanan et al., 2011）。管理认知集中性表述的是管理认知结构中核心概念的多寡（Eden et al., 1992; Lyles and Schwenk, 1992）。核心概念决定着战略决策者对信息的搜寻（Lyles and Schwenk, 1992）和对信息的情感（Kiesler and Sproull, 1982）。管理认知复杂性高意味着管理认知的核心概念多样化程度较高，且这些概念间因果联系复杂程度也比较高（Kiesler and Sproull, 1982）。从信息搜寻的角度来讲，如果核心概念多样化程度较高，战略决策者可以感知更多的环境刺激，可以较为敏感地捕获、识别、理解环境变化（Bogner and Barr, 2000）。Weick（1995）的研究指出，复杂的管理认知可以促进战略决策者形成更广泛的识别机会的意识，管理认知复杂性高的企业在战略上更具适应性，企业战略行为表现为调整和更新特征。尚航标等（2014）研究认为，动态环境中管理认知需要保持复杂性，进而有效推动企业战略变革，提高企业绩效水平；但在稳定环境中管理认知却要保持集中性，以促使企业战略行为保持稳定和聚集，进而提高企业绩效水平。

战略创业是决策者管理不确定性的一种有效手段（Ireland and Webb, 2009），战略创业过程呈现出需要在不确定的情况下做出决定和采取行动的特点。不确定性较大的情景给基于预测和规划的战略决策带来了困难，基于此，我们认为，战略创业企业探索与利用活动之间进行平衡不仅受到管理认知的影响，而且还与更加灵活和适应性的决策逻辑有关。

Sarasvathy（2001）认为，在高度不确定性的情境下，创业企业的决策逻辑不仅包括传统的目标导向的因果逻辑，还存在一种以手段为导向的决策逻辑，即选择既定手段所能创造的目标，Sarasvathy（2001）将这种决策逻辑称为效果逻辑。Reymen等（2015）在研究中展示了战略创业企业如何将效果逻辑与因果逻辑结合，推进新事业的创建过程。目标导向的因果逻辑是"利用"的决策逻辑，关注在相对可预测的情境下制定战略以实现既定目标，其对应的结果是已有市场份额的拓展（Fisher, 2012）；而手段导向的效果逻辑是面向未来新机会的适应和调整过程，其符合"探索"的逻辑，采取手段导向的企业能够在新兴市场中通过与利益相关者的交互作用以创造新的市场，其对应的结果与新市场的创造相关（Fisher, 2012）。

为了适应高度不确定的环境，战略创业企业平衡探索和利用来实现机会寻求和优势寻求的整合是十分复杂的过程。我们发现，现有研究将战略创业活动简单地划分为探索和利用两类对立活动的做法难以解读这一复杂过程的独特行为。因此，我们认为，为了更深入探讨战略创业过程中探索和利用双元行动的内在逻辑和机理，揭开战略创业的"过程黑箱"，有必要关注探索和利用的内在机理，从管理认知和决策逻辑视角出发去研究战略创业企业的行为理性（如何行动）和认知理性（如何认知和决策）。

# 第三节 研究设计

## 一、研究方法

本章研究聚焦于两个核心议题：一是平台领导企业战略创业的行动逻辑是什么？二是平台领导企业为什么会有这样的行动逻辑？这两个核心议题的研究需要同时解读创业行动逻辑"What"和创业行动机理"Why"，因而更适合采用探索性案例研究方法。由于平台领导企业战略创业的研究尚未成熟，尤其缺乏从认知和双元结合角度展开，因此，本章选择扎根理论方法对其进行研究。除理论研究未成型以外，本章选择扎根理论研究还基于以下考虑：①战略创业相关研究可归属于创业创新研究领域，而该领域的研究往往实践走在理论研究的前面，而且创业理论本身也是创业实践规律的抽象和归纳。因此，基于案例事实反向思考往往容易发掘战略创业的闪光点，对推进创业创新研究起到积极作用。②扎根理论是研究者基于理论敏感性与研究对象共同建构和"浮现"理论的过程，通过案例资料、编码分析和理论文献的不断比较丰富理论内涵。因而，基于扎根理论研究形成的结论既具有抽象的理论高度，也能紧密贴合案例事实，使研究者在形成理论的过程中也不断证实理论，从而获得稳健的结论。在本章研究中，按照案例建构和扎根理论的原则与程序，笔者选择两家典型的案例企业搜集和整理数据，并从案例材料中逐步提炼关键概念，使本研究从案例资料向实质理论逐步收敛。此外，笔者还选择同样进一步访谈的部分数据作为备选材料，用于理论饱和度检验。

## 二、案例选择

扎根理论研究在案例选择时通常采用理论抽样，通过选择典型案例展开研究。具体来看，本章案例选择主要基于以下考虑：①案例企业要能典型地反映研究问题对应的现象"平台领导企业战略创业",同时案例企业应涵盖所有的创业阶段和认知过程,以便研究者能在较长时间窗口考察案例企业的认知和行动。②案例企业的战略创业有跨界性质的新创业务推出,同时取得了一定的创新结果和竞争实力。③案例企业应具有一定规模,有成熟的组织结构和企业制度,以便研究者清晰认识战略创业进程中的决策方式、部门分工和新业务机构建设。④案例企业在区域或全国市场有影响力,以便研究者除了实地走访外可以通过公开渠道获取其他资料,同时相对直观地看到战略创业过程中新老业务的联系。

基于上述原则,我们选择了位于成都市的两家上市企业S公司(中小企业板上市)和H公司(新三板上市)。参照Ireland et al.(2003)对战略创业的界定,战略创业企业的新创业务具有竞争力和跨界特点(涉及跨界性质的新服务市场)。对两家案例企业而言,其战略创业的新创业务"速递易"项目和"拉货宝"项目都开发了跨界性质的新服务市场(具体情况见表8-1),同时两类平台业务在2017年也都成长为两家案例企业的主要业务之一(营业收入占比都在17%以上),2018年都在创业领域取得了良好的行业竞争力(其中,中邮速递易在智能快件箱行业排名全国第二(木头,2018),拉货宝在无车承运人行业运输业务量排名全国第二[①])。因而进入本章考察的范畴。

此外,案例抽样还应有一定的区别性,以便提升研究结论的普适性。本研究选取的两个案例企业除了有上述的共性特征以外,还具有如下的异同性:①在企业规模方面:都是中小型平台领导企业,但具体规模有一定的差异性。S公司无论是资产总额还是员工数量都远远超过H公司(见表8-1);②在所处行业方面:新创业务的开发主体都是科技型公司(或子公司),但这两个企业所处行业不同。虽然两家公司都涉及物流行业,但S公司原来主要从事金融科技服务,而H公司从事综合物流服务。③在企业性质方面:都是民营股份公司,但S公司是中小企业板上市公司,H公司是新三板上市公司。基于上述异同,一方面为本章建构理论控制了企业规模、行业和性质,另一方面也一定程度上有助于检验所建构理论的适用边界。

---

① 货运量排名数据来自创始人的访谈材料。

## 三、案例介绍

S公司成立于1997年，经过20余年的发展，从早期单一的研制金融自助设备，到提供金融外包服务，现正朝向建设智慧城市社区24小时便民服务平台，提供多种线上线下便民服务，进而提供综合金融便民服务方向转化。历年来，S公司打造有"三泰电子""速递易""金惠家"等服务平台与品牌，借助社区"入口"，通过线上、线下拓展，构建开放的社区服务大平台，涵盖社区民众的衣、食、住、行各项服务。其中，S公司新创业务"速递易"是其战略创业的重要一环。自2012年提出"速递易"项目构想以来，S公司不断向24小时社区便利平台转型。2017年，"速递易"业务收入超越安防和金融等传统业务，营业收入达到1.42亿元，成为S公司的支柱性业务之一。

H公司成立于2005年，是一家集货运、批发、仓储、装卸和物流园区于一体的民营第三方物流企业。H公司自2011年提出新业务"拉货宝"的最初想法以来，不断尝试为工业企业和商贸企业提供一体化的供应链物流运营管理服务，积极打造以物流业为载体，集制造业、商贸业、金融业及其他服务业为一体的生态圈。2017年上半年，H公司推出"SLP"与"拉货宝"双平台版本，通过打通用户的内部管理和外部交易系统，取得了良好的市场地位和竞争实力（在同行业货运量排全国第二，四川第一），"拉货宝"业务的营业收入达到5.38亿元，占据公司总营业收入的89.75%。两家案例企业描述及新业务基本情况如表8-1所示。

表8-1 案例企业描述及新业务基本情况

| | 案例企业 | S公司 | H公司 |
| --- | --- | --- | --- |
| 案例企业基本情况 | 上市时间 | 2009年上市 | 2015年上市 |
| | 原业务 | 金融科技服务 | 综合物流服务 |
| | 成立时间 | 1997年 | 2005年 |
| | 资产总额 | 37.68亿元（2017年年报） | 5.75亿元（2017年年报） |
| | 员工人数 | 9000余人 | 230余人 |

续表

| | 名称 | 速递易 | 拉货宝 |
|---|---|---|---|
| 跨界新业务基本情况 | 业务描述 | 以智能快件箱业务为载体的"24小时自助便民服务"网格及平台项目 | 物流业开放式互联网交易集成服务平台 |
| | 创新表现 | "速递易"业务属于物流领域业务，与公司原有金融科技业务不在同一个行业。同时"速递易"与传统的消费者终端物流方式不同，以新的模式整合了"终端物流"、电商、金融等行业，是典型的跨界创新型业务 | "拉货宝"业务依托互联网及其相关应用（如SLP内部管理系统）颠覆传统的物流交易和内部管理模式，模糊了物流交易行业、第三方物流行业和货车服务行业（车后市场）界限，形成了跨界新创的物流交易集成服务平台 |
| | 面市时间 | 2014年12月（访谈） | 2015年8月（访谈） |
| | 主要创业活动 | 小区调研→关注快递包裹堆积→与快递员和社区居民交流→高管层讨论→开发样机→小区单点测试→分析测试信息→小区多点联网（片区运营）测试→将安防业务人员调往"速递易"从事市场拓展→召回IT人才设计交互系统→提出商业加载概念→招聘互联网人才→在平台上加载其他商业属性（洗衣、商城、金惠家等）→向省外市场推广 | 提出内部车辆调度效率问题→内部需求调研→高管例会讨论→成立项目组→招聘JAVA开发人员→研发物流商城系统→系统内测（司机端外测）→引进互联网行业背景高管→重新定义架构和优化系统→引入货主→搭载SLP平台→招聘有汽车配套从业背景的高管→产品架构和组织架构调整→加载车后市场产品（油和ETC）→决策全面外推 |

资料来源：公司内部资料、官方网站和年报；表中数据截止时间为2018年8月。

## 四、数据搜集

遵循案例研究数据采集的建议（Eisenhardt, 1989），本章进行如下数据采集。一手资料的获取：①对两个案例企业进行实地考察。包括对两个企业公司总部的拜访、参观企业产品样品、下载和体验新产品App。②对相关人员的半结构访谈。为了获得更真实全面的信息，根据两家案例企业的董事长或创始人推荐,本章访谈了以下相关人员:集团(总公司)高管、参与并经历创业项目的子公司产品经理和研发、营销人员。③以电子邮件、微信、电话等方式与上述人员进一步交流,弥补或验证访谈中的部分信息和数据,追踪公司战略创业新业务的最新进展。本章关注的二手资料的主要来源有:公司年报、公司文件、新闻稿、公司网站主页。

研究所用的主要数据来源是每人次90分钟左右的半结构化访谈(受访人员基本信息、访谈时间见表8-2)。2014—2018年间,本研究大约进行了20场半结构化访谈,包含两种类型的被访者对同一事件所提供的互补信息和相互验证的信息。对于公司高管,笔者聚焦于战略创业的新创业务生成过程中公司阶段性决策的具体情景以及继续推进新创业务的原因;对于子公司人员(如产品经理、拓展部经理等),笔者更聚焦新创业务推进的具体过程①。同时,结合二手资料形成三角互证,验证数据和分析的准确性。

表8-2 访谈时间与人员

| 公司 | 受访人员层级 | 职位 | 时间 |
| --- | --- | --- | --- |
| S公司 | 集团 | 董事长,创始人 | 2014-06-21<br>2015-08-10<br>2016-08-16 |
|  | 集团 | 副董事长 | 2014-06-21<br>2015-08-10<br>2016-08-16 |
|  | 集团 | 总经理助理 | 2015-08-10 |
|  | 新项目子公司 | 副总经理 | 2015-08-10<br>2016-08-16 |
|  | 新项目子公司 | 拓展部总经理 | 2015-08-10 |

---

① 在访谈时,研究者要求被访谈者尽量避免主观偏见,陈述他们的行为细节、时间及事实。对于战略创业的具体过程,询问开放式问题,重点关注构建过程中的一些经历(例如,在内测时你们是如何获取市场信息的)。研究者在每次访谈结束前会回顾事件历程,并询问是否涵盖了所有关键环节,同时也发送追踪的电子邮件和微信,以增加和补充一些信息,提高访谈信息的完整性和准确性。

续表

| 公司 | 受访人员层级 | 职位 | 时间 |
| --- | --- | --- | --- |
| S公司 | 新项目子公司 | 产品部总经理 | 2016-08-16 |
| H公司 | 股份公司 | 创始人<br>技术高管<br>市场高管 | 2015-04-20<br>2015-06-18<br>2016-08-10 |
| | 股份公司、新项目子公司 | 子公司总经理 | 2015-04-20<br>2016-08-10 |
| | 新项目子公司 | 产品经理 | 2015-04-20<br>2016-08-10 |
| | 股份公司 | 创始人 | 2018-07-30 |
| | 股份公司 | 市场部经理 | 2018-07-30 |

## 第四节 案例分析

在获得各种案例资料后，笔者遵循三级编码技术第一时间对案例资料编码，经由案例现象和事实归纳概念，并通过范畴化和梳理类属关系挖掘核心范畴，从而提炼本研究的故事线和范式模型，从案例中"浮现"理论。在编码操作过程中，根据涌现的概念、维度和类属撰写编码笔记和操作笔记，从而明确下一步理论抽样的方向和访谈提纲①。通过案例抽样与编码分析的不

---

① 按照Strauss and Corbin（1990）提出的扎根理论研究原则，笔者在获取第一份资料后就立刻展开编码工作。为了提高研究的信度和效度，编码过程全部由参与访谈的研究团队小组成员完成，采用背靠背方式编码。当出现编码概念不一致时，通过成员讨论商定编码概念；编码视角不同且分歧难以达成一致时，研究者则先同时保留几种方案，在后期随着主轴编码的反向比较和选择性编码的理论聚焦再共同决定是否弃用不相关的码号。

断比较，直至资料编码时不再出现新的类属和属性，则判断研究达到理论饱和。

## 一、开放式编码

开放式编码是将资料分解、检视、比较、概念化和范畴化的过程，是使发散的资料串联和收敛的过程（Strauss and Corbin, 1990）。开放式编码过程中，笔者对原始资料[①]逐句阅读，并基于资料事实贴标签，加以概念化。为了防止信息失真和偏误，笔者在初始编码的概念命名以资料为主，仅表现为资料事实的归纳。在概念范畴化的过程中才逐步结合理论基础进行更高层面的抽象，使资料向理论逐渐聚合。在此基础上，按照同类概念出现频次（至少出现3次以上）和关联性进一步归纳初始范畴。经过开放式编码，本章共得到61个初始概念和20个初始范畴，开放式编码示例如表8-3所示。

表8-3 开放式编码示例

| 原始资料示例 | 频次 | 初始概念 | 初始范畴 |
| --- | --- | --- | --- |
| （1）银行也在关注社区这一块。我们一直做智能设备，看有没有配套社区的<br>（2）实际上，之前电子回单柜除了在银行使用外，也在一些小众的领域使用<br>（3）相比于互联网企业，我们是物流企业，所以我们在线下运营上有优势 | 17 | a1业务聚焦意识<br>a2业务拓展历史<br>a3业务经验积累 | AA1知识结构集中 |

---

[①] 值得说明的是，笔者的编码材料不仅仅限于访谈录音的转录材料，还包括企业年报、分析笔记、内部文档、媒体报道和解读评论企业发展的其他文献。类似于Eisenhardt（1989）的三角验证思想，这种编码方式为编码概念提供了多重视角的资料，从而提高编码的外部效度和信度。

续表

| 原始资料示例 | 频次 | 初始概念 | 初始范畴 |
|---|---|---|---|
| （4）因为我们以前是做电子回单柜的，补总在会上说过，我们是做回单柜的，以前做票据，现在把柜子放大能装包裹就行，这对于我们来说没难度<br>（5）赵总当时提出整个信息不对称导致了效率低下。实际上，信息不对称只是一个很小的点，但是当时大家的认识是没有这么深刻的<br>（6）目前还有一个ETC，其实一开始我们设计的时候是比较丰富的，轮胎啊，汽配维修什么的<br>（7）第三步发现按以前回单柜的模式做不通，因为以前to B是收企业的钱，好收，现在收用户的钱，不好收<br>（8）当时在单点试验的过程中发现了一些问题，如果快递柜只在一个小区或者零星的几个小区有，这个对快递员效率提升效果不是特别明显<br>（9）在2014年、2015年的时候，虽然我是电子科大的，但是我们公司一个电子科大计算机系的人都没有。当时既然觉得这是一个发展的方向，你总要去解决 | 20 | a4新业务认识简单<br>a5需求认识不深刻<br>a6考虑多种选择<br>a7模式照搬受限<br>a8测试暴露问题<br>a9新资源需求迫切 | AA2知识结构复杂化 |

## 二、主轴编码

在开放式编码确定初始概念和初始范畴后，主轴编码通过初始范畴的进一步范畴化，提炼主范畴，从而揭示主范畴的属性和面向，使案例资料围绕"主轴"展开（王建明、贺爱忠，2011）。经过主轴编码，根据初始范畴互动关系和逻辑层次，本章得到创业机遇、资源基础、管理认知转变、决策逻辑、边内创业、边缘创业、跨界创业和创业效能八个主范畴，其主范畴、子范畴和范畴内涵如表8-4所示。

表8-4 主轴编码产生的主范畴

| 主范畴 | 子范畴 | 范畴内涵 |
|---|---|---|
| A1管理认知转变 | AA1知识结构集中 | 平台领导企业知识结构的聚焦度增加，表现为业务聚焦在少数核心概念和不断积累同一业务的经验 |
| | AA2知识结构复杂化 | 平台领导企业对新业务的考虑更加多样和细致，开始不断认识到原来没有考虑的问题和需求 |
| | AA3注意力焦点转移 | 关注的问题焦点（核心概念）发生转移，转变旧有思考方式或是关注全新方案 |
| A2决策逻辑 | AA4因果逻辑 | 侧重目标既定情况下利用哪种手段最高效 |
| | AA5效果逻辑 | 侧重条件既定的情况下鼓励冒险追求（潜在的）积极效果 |
| A3边内创业 | AA6重复型利用 | 照搬经验、复制产品、复制资源用途和场景 |
| | AA7增量型利用 | 改良产品、拓展经验和扩大资源用途 |
| A4边缘创业 | AA8拼凑型探索 | 摸索着组合和拼接资源，通过重设资源联结关系创造新资源 |
| A5跨界创业 | AA9搜寻型探索 | 更大范围跨界搜寻和整合资源，不断试验新方案 |
| A6战略创业效能 | AA10规模扩张 | 取得良好的市场规模，包括用户基础、覆盖地域等 |
| | AA11战略资源 | 在新业务创造了具有战略价值（有价值、稀缺、难以模仿、难以替代）的新资源 |
| | AA12定位升级 | 对新业务的认识更加细致和清晰，体现在业务边界、业务规划等方面认识深化 |
| | AA13合法性提升 | 新业务取得利益相关者（主要是用户、合作伙伴和公众传媒）的广泛认可 |
| | AA14先占优势 | 率先进入创新市场取得的领先地位，包括技术、产品和市场的领先地位 |
| | AA15用户黏性 | 用户高度依赖企业，对产品或服务满意，活跃用户多 |
| | AA16创新惯例 | 形成新的组织惯例，包括创意搜集方式、创意交流例会、创新探索指南和问题应对机制 |
| A7创业机遇 | AA17识别创业机遇 | 通过判断潜在有利条件，识别业务发展的机遇 |
| | AA18既有业务威胁 | 识别既有业务发展的危机和瓶颈 |
| | AA19市场环境不确定 | 企业市场经营环境快速而复杂地变化，难以准确预判 |
| A8资源基础 | AA20创业基础资源 | 形成既有业务的基础资源条件，如资金、技术、经验、流程和人力资源 |

## 三、选择性编码

主轴编码通过范式模型提炼出"创业机遇"等八个主范畴后,运用选择性编码归纳故事线、提炼核心范畴,有助于梳理核心范畴与其他主范畴的联系,形成实质理论。

借鉴范式模型,通过选择性编码的主范畴关系梳理,本章归纳故事线如下:在识别"创业机遇"(因果条件)的情境下,平台领导企业亟须通过战略创业转型,实现跨界创新,重塑竞争优势。为此,平台领导企业通过"管理认知转变"和"决策逻辑"(脉络)共同主导创业认知过程,从而使平台领导企业在既有"资源基础"(干预条件)下渐次开展"边内创业""边缘创业"和"跨界创业"三种创业行动(具体体现为重复型利用、增量型利用、拼凑型探索和搜寻型探索四种创业活动)(行动/互动),最终实现"拓界—探界—跨界"的战略创业过程,取得"战略创业效能"(结果)。具体的范畴关系(以速递易为例)如表8-5所示。

表8-5 基于选择性编码的主范畴关系梳理(S公司为例)

| 行动逻辑 | 管理认知转变 | 决策逻辑 | 创业活动 | 业务边界 | 战略创业效能 |
| --- | --- | --- | --- | --- | --- |
| 创业机遇和资源基础→边内创业(重复型利用) | 回单柜前景受限;关注回单柜客户(银行)的客户(社区);作为上市公司具备资金和技术基础 | 如何拓展回单柜业务?如何增加对客户的关注,巩固回单柜业务优势?(因果逻辑) | 考察参与社区银行的可能性(重复利用) | 回单柜(原有业务) | 找到回单柜业务的社区入口(巩固原有优势:回单柜经营) |
| 边内创业(重复型利用)→边内创业(增量型利用) | 老板在国外见过类似产品;回单柜可以改成快件箱放社区;柜子可以取药和取快递;社区快递堆积 | 快件箱放什么最合适?如何改良优化回单柜,制成符合社区需求的快件箱?(因果逻辑) | 利用内部团队参与需求调研、筛选方案和改良快件箱产品(增量型利用) | 回单柜边界拓展:快件箱(把装回单的柜子用于存取快递) | 推出快件箱产品(巩固原有优势:创造回单柜新用途) |

续表

| 行动逻辑 | 管理认知转变 | 决策逻辑 | 创业活动 | 业务边界 | 战略创业效能 |
|---|---|---|---|---|---|
| 边内创业（增量型利用）→边缘创业（拼凑型探索） | 快递员效率不高、规模运营需要开拓市场、快件箱缺乏后台交互 | 什么方案可能有助于解决效率难题？（效果逻辑） | 把安防业务人员安排到速递易开拓市场；返聘信息人才从事交互设计；利用地理邻近的快件箱开展片区运营（拼凑型探索） | 新边界探索：规模化运营形成平台网络 | 推出快件箱平台（探索新优势：实时交互网络） |
| 边缘创业（拼凑型探索）→跨界创业（搜寻型探索） | 物业、快递员和社区业主付费意愿低、快件箱投入成本大 | 什么方案可能改善盈利难的困境？（效果逻辑） | 与中国邮政（物流）合作；叠加洗衣和食材购买（日常）、商城（电商）、金慧家（金融）等跨界业务（搜寻型探索） | 跨越回单柜边界：跨界平台（成为连接不同业务的"最后一百米终端"） | 形成24小时便民服务平台（构建新优势：综合便民服务平台，市场排名为全国第二） |

从选择性编码可以看出，以案例企业为代表的平台领导企业战略创业，就是以环境机遇与原有业务威胁为触点、以既有资源和业务背景为条件、以管理认知和决策逻辑为主导、以双元行动为策略的主动搜寻机会，并巧妙利用优质机会灵活搜寻、组合、拼凑和配置资源，从而构建新业务竞争优势的逻辑演绎过程。因此，本章将研究的核心范畴提炼为"平台领导企业战略创业行动逻辑"。

## 四、理论框架

至此，本章厘清了平台领导企业战略创业的主要范畴和关联关系：①平台领导企业创业机遇是触发战略创业历程的原动力。②平台领导企业管理认知转变和决策逻辑主导战略创业行动逻辑（渐次选择"边内创业""边缘创业"和"跨界创业"，并分别对应重复型利用、增量型利用、拼凑型探索和搜寻型探索四种战略创业活动），资源基础约束战略创业行动选择。③平台领导企业战略创业行动结果体现为战略创业效能（构建新业务竞争优势）。

图8-1直观地呈现了扎根编码后平台领导企业战略创业的行动逻辑框架。

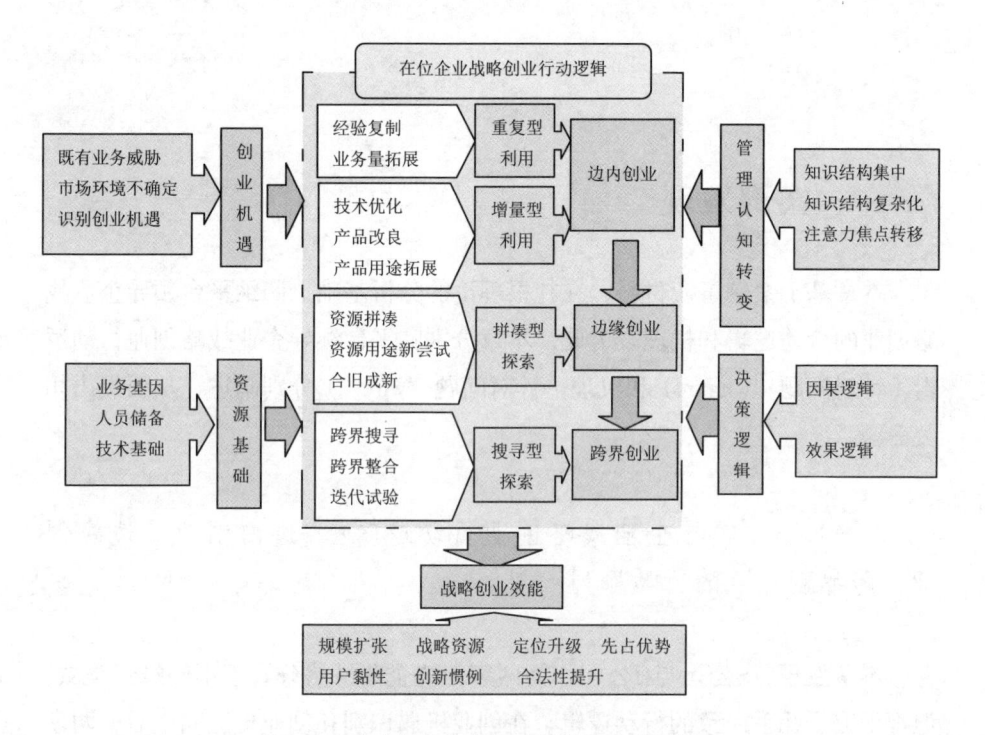

图8-1 平台领导企业战略创业行动逻辑框架

## 五、理论饱和度检验

为了检验扎根理论研究的稳健性和饱和度，本章进一步访谈了S公司与H公司的高管和创业团队，按照同样的访谈提纲和步骤搜集数据和编码分析。研究发现，"创业机遇""资源基础""管理认知转变""决策逻辑""边内创业""边缘创业""跨界创业""战略创业效能"这八个主范畴没有出现新的属性和维度，同时也没有出现新的范畴，表明概念范畴及其内涵已经达到理论饱和。

# 第五节 案例发现与讨论

## 一、案例发现

本章基于案例事实材料，在扎根理论的分析基础上归纳平台领导企业战略创业的行动逻辑和机理。为此，本章分别就平台领导企业战略创业行动逻辑（针对问题"what"）和机理（针对问题"why"）分别阐述，从而提出相关命题。

（一）平台领导企业战略创业行动逻辑："边内创业—边缘创业—跨界创业"的行动序列

本章发现，S公司与H公司作为两家传统企业虽然分属于不同经营领域，但都采取了几乎一致的行动逻辑。在创业机遇识别和创业想法萌生后，两家企业都优先采取了"边内创业"行动。比如，S公司为了扩大与原来"回单柜业务"的客户（银行）的深度合作，紧随银行进入社区考察（重复型利用），H公司发现企业内信息调度效率低时最早选择将工具开发交给一贯负责IT研发的H科技子公司负责（重复型利用）；而后，S公司基于董事长"社区流量入口"的想法和"社区快递堆积如山"的现象识别到由"回单柜"改造"快件箱"的机遇，从而推出了后续的"快件箱"开发和改良工作（规格、型号、防水等）（增量型利用），拓展了"回单柜"的业务边界。无独有偶，H公司发现"信息工具"可以做成解决行业痛点的"产品"时，也采取了类似的做法推出"E物流商城"（增量型利用），从而吸引了大量货车司机加入平台，拓展了"信息工具"的业务边界。

随着战略创业进程推进，平台领导企业开始逐步意识到"边内创业"的局限并逐步转向"边缘创业"。比如，S公司推出"快件箱"发现该产品对快递员效率提升不明显。为了解决这一问题，S公司尝试通过既有资源的重新组合和利用寻求解决办法，具体包括：调用原有安防业务人员尝试"速递易"市场开拓业务（资源新用途尝试）、重新调整"快件箱"柜体加入平面和视频广告业务（合旧成新）、召回曾经负责信息开发的人才开发"快件箱"交互系统（资源拼凑）、开发线上App与线下"快件箱"实现24小时无缝服务等。通过一系列拼凑型探索的战略创业举措，S公司在探明"快件箱"和"回单柜"的业务边界（收取快递和金融服务），进而发现"快件箱"并不等同于"回单柜"，提升"快件箱"运营效率，要依靠片区规模化运营和实时交互来实现，从"产品观"转变为"网络观"。实施片区运营后，速递易业务中快递员配送效率大大提高。同时通过交互网络，S公司开始认识到"平台网络"的价值。从创业历程来看，"边缘创业"逐步显现速递易业务与传统回单柜业务的差异，并开始尝试探索新业务边界（规模化运营的平台网络）。与之类似，H公司推出"E物流商城"后也发觉"信息撮合平台"对货主端缺乏黏性，同时该平台服务货主的业务边界也并不清晰。正如H公司高管李总指出，"我们起初认为的货主是广义的，可能是厂家、厂家下面的物流部、物流公司、外包的第三方物流公司，只要有货物发布权的我们就称之为货主。"随着认识的不断深化，H公司才意识到货主的边界应该界定到"大B端制造业"。此时，为了提高货主端的黏性，H公司开始涉足跨界服务，但在操作层面仍然以运用已有资源为主，具体做法是：利用曾经为老窖客户提供定制化服务的经验打造一款用于管理制造企业内部管理的产品，并将其与"拉货宝"（"E物流商城"的升级版本）连通（资源拼凑）。利用该做法，H公司很快获得了大B端制造业的青睐，跨界的企业内部管理服务不仅带来了新的收入，也成为"拉货宝"平台引流和增加黏性的重要砝码。

"边缘创业"是促进"边内创业"转型升级的重要环节，但"边缘创业"也会伴随战略创业进程暴露很多问题。一方面，"边缘创业"虽然在环境不确定情形下摸清了原有业务边界，并尝试通过跨界解决边界无法进一步延伸的困境，但"边缘创业"的跨界业务相对零散，缺乏系统性整合，因而并不能打造价值闭环和自成长生态[①]。另一方面,"边缘创业"以既有资源(资源基础)为依托,深受过往经验和惯性思维的约束,在有限理性情形下很难跳脱惯性思维窠臼,也难以应对"边缘创业"中出现的关键瓶颈。比如,S公司发现规模化投放"快件箱"成本高昂;同时,快递员、物业和社区业主付费意愿也很低。因而,创业项目盈利成为关键难题。S公司意识到,仅凭快递存取收费很难实现收入增长,而仅凭一己之力投放快件箱势必付出高额成本。为此,S公司基于"平台网络"基础上不断搜寻和整合跨界要素,做法包括:以"快件箱"为载体的线上线下服务体系(从"回单柜"金融服务跨界到"物流服务平台")以及新搭载的跨界业务(平面与视频广告、洗衣、食材购买、商城等),从而增加收入来源。同时,S公司通过与物流巨头中国邮政合作,以改造信报箱的形式向社区投放"快件箱",大大降低了投入成本。类似地,H公司停留在"信息撮合平台"阶段,既有的物流基因使其考察到做物流信息撮合的机遇,却始终无法融合互联网思维构建清晰的架构和商业模式。为此,他们通过校友网络和猎头机构引入互联网人才彭总和互联网研发经验的资深专家(跨界搜寻),重新制定"拉货宝"架构和研发"SLP—拉货宝"双向兼容的模块化系统,使平台系统更简洁人性、架构更清晰。另外,H公司进一步基于货主端业务边界实施跨界整合,将车后市场纳入"拉货宝"平台,形成"货主—平台—司机—车后市场"的"全链价值闭环"。在车后市场引入跨界业务的过程中,由于没有任何先例可循,H公司便通过"迭代试验"的方式不断加载ETC、油、轮胎等业务。这种"快速而廉价的失败"使H公司迅速识别了潜在的法律和经营风险,最终确定只经营油和ETC等标准品。

经过"边内创业""边缘创业"和"跨界创业"三个渐次行动,S公司和H公司获得良好的创业效能:两家企业的战略创业的新业务竞争力均在国内名列第二,也都在全国范围内规模化扩张,获得了大量活跃用户,同时也都开发出业内领先产品和技术。因此,基于案例企业的扎根理论分析和案例回

---

[①] "自成长生态"和"价值闭环"均来自H公司创始人2018年7月30日的访谈,他用来描述"拉货宝"平台力图达到的最佳状态。

溯印证，本章提出如下命题。

**命题1**：平台领导企业战略创业的行动逻辑体现为从"边内创业"到"边缘创业"，并最终转向"跨界创业"的行动序列，从而实现战略创业效能（构建新业务竞争优势）。其中，边内创业以"重复型利用"和"增量型利用"为优先活动，"边缘创业"以"拼凑型探索"为优先活动，"跨界创业"以"搜寻型探索"为优先活动。

（二）平台领导企业战略创业行动的触发和干预条件：创业机遇与资源基础

创业机遇是平台领导企业激发创业意愿的内在驱动力，也是促使创业行动产生的触发条件。在创业机遇中，既有企业主动辨识机遇（如S公司董事长从淘宝电商成功反思线下业务机遇），也有被动转型意图（如S公司"回单柜"市场前景有限、安防业务萎缩严重、利润空间被压缩等现实迫使企业转型；H公司行业竞争激烈、信息调度低效迫使企业转型）。在创业机遇与原有业务威胁的双重影响下，企业旧有优势受到威胁，纷纷选择通过战略创业构建新业务竞争优势。从初始状态看，平台领导企业创业与初创企业创业最直观的差异集中体现在资源基础。平台领导企业的业务背景、人才储备和技术积累甚至决策惯例都是创业干预条件，这些资源基础条件提高了平台领导企业的战略创业意愿（因为有传统业务"输血"和"引流"），但同时也可能成为制约平台领导企业早期跨界探索的"桎梏"。实质上，在案例中也发现，平台领导企业早期创业往往优先选择"边内创业"。基于此，本章提出如下命题。

**命题2**：创业机遇和资源基础分别构成平台领导企业战略创业行动的触发和干预条件。

（三）平台领导企业战略创业行动机理：管理认知转变和决策逻辑共同主导创业行动序列

平台领导企业战略进程中的创业认知转变集中体现在三个方面：知识结

构认知集中（如高管们提到业务聚焦、业务拓展和经验积累的认识）、知识结构认知复杂化（集中体现为从新业务认识简单到后面开始考虑多种方案和转变思维模式）以及注意力焦点转移（战略创业中关注的焦点议题和内涵在不断转移，比如H公司的从"工具"向"产品"转移、从"产品"向"平台"转移、从"平台"向"生态"转移）。从"知识结构"的角度理解认知，这三个方面则分别对应知识结构集中性、知识结构复杂性和知识结构重心转移性三种属性。同样，决策逻辑也属于创业心智（entrepreneurial mindset）范畴（Ireland et al., 2003），它是创业者决策的主导逻辑，包括因果逻辑和效果逻辑两种。在战略创业情境下，创业因果逻辑注重内部效率、主张系统优化，且明确目标导向；创业效果逻辑则鼓励冒险、强调试验和追求外部适应。

平台领导企业战略创业进程中，虽然创业机遇和资源基础对创业意愿和早期创业行动有影响，但从创业行动逻辑来看，创业认知转变和决策逻辑才是主导创业行动逻辑的关键要素。以H公司通过梳理创业认知、决策逻辑和行动逻辑的对应关系就不难看出这一现象。在创业早期，平台领导企业的知识结构主要集中在原有业务，新的创业想法尚未形成，企业高度依赖原有的知识、经验和流程，匹配的认知逻辑以因果逻辑为主、突出效率，在行动上主要体现为重复型利用。H公司最初发现自己的车队调度效率不高，需要打造一个内部工具来解决这个问题（因果逻辑：什么方案可以提升内部效率）。此时H公司仍然集中在原有业务，但并没有想到可以把工具做成产品（集中度高、复杂性低、转移性弱）。因此H公司仍然以解决内部效率为出发点，行动上也将该工作交给了一贯负责IT工具研发的子公司H科技，因此行动上表现为重复利用，结果是大大提升了原有业务的运营效率。随着创业实践的推进，平台领导企业对创业想法的认知不断深化，原有的思维方式被不断推翻和颠覆，但由于还在业务边界内考虑问题，因而知识结构复杂性并没有显著提高。当H公司认识到，信息不对称不仅是H公司内部的问题，也是行业的通病。因此，他们在行动开始时试图将服务内部效率的工具打造成面向司机端的产品，从而提升整个行业的效率。从工具到产品传统业务并没有变化，只是将线下业务和司机搬到了线上，并对其他司机开放，因此也表现为增量利用。结果是研发的E物流商城产品获得司机好评，成为提升整个行业效率的有竞争力的产品，对新项目的认识也从"工具"转移到"产品"（集中度高、复杂性低、转移性强），仍然匹配因果逻辑（如何把"工具"改良成"产品"）。应当看到，平台领导企业创业早期的知识结构复杂性较低，十分依赖既有的资源基础，因而选择重复型利用和增量型利用活动，创业行动逻辑体现为"边内创业"。基于上述分析，本章提出如下命题。

**命题3a**：在"资源基础"和"创业机遇"下，管理认知转变（高集中性、低复杂性的知识结构）和决策逻辑（因果逻辑）决定平台领导企业采取"边内创业"活动（重复型利用和增量型利用）。其中，当知识结构重心转移性弱时，"边内创业"优先采取"重复型利用"活动；当知识结构重心转移性强时，"边内创业"优先采取"增量型利用"活动。

"边内创业"是平台领导企业战略创业的首要选择，随着平台领导企业管理认知转变和决策逻辑转换，开始意识到"边内创业"的局限并逐步转向"边缘创业"。具体体现为，H公司在推行"E物流商城"（拉货宝的早期版本）的过程中发现司机黏性高但货主黏性低（知识结构复杂化）：①H公司的自营业务长期与司机接触，了解司机的痛点。②"E物流商城"并没有让货主和司机直接交易，而是将货主的货物信息出售给司机，因而本质上还是收取"信息费"。③司机端地推成本高，只吸引司机，用户效率不高。④出售信息服务司机的做法与H公司一贯服务货主企业的理念不符合。因此，H公司不得不专门分析货主需求，发现了货主端边界不清和货主企业内部管理的弊病（知识结构复杂性增加）。在决策逻辑上，甄别货主痛点和增强货主黏性的策略和效果并不明确。为此，H公司无法基于明确的目标选择方案，只能试探性地用既有资源拼凑新方案接近目标效果（提高货主黏性），并将货主纳入平台直接与司机交易。基于上述认知转变和效果逻辑，H公司通过合旧成新的方式，利用以前偶然给老窖开发定制化系统的经验，开发出用于制造企业内部管理的工具SLP（拼凑型探索），从而在探明货主端用户边界（只服务制造企业而非其他有货物发布权的组织）的基础上引入货主端，形成交易平台（转移性强：新业务核心内涵从"产品"转向"平台"），其服务边界不再是简单的货物发布权的货主，而是围绕大型制造企业和司机提供物流信息平台（超出了原来信息服务和供应链服务的边界）。因而，基于以上分析本章提出如下命题。

**命题3b**："边内创业"进程中，管理认知转变（提高知识结构集中性、复杂性、重心转移性）和决策逻辑（效果逻辑）决定平台领导企业从"边内创业"转向"边缘创业"活动，优先采取"拼凑型探索"活动。

"边缘创业"相比"边内创业"不仅厘清了创业业务边界，同时通过平台化运作的方式为平台领导企业带来新价值。平台领导企业看到，"边缘创业"时平台领导企业围绕"平台"可以尝试叠加很多跨界业务创造增加价值，叠加跨界业务的机会很多（机会搜寻），但哪些业务才可能有助于构建竞争优势（优势搜寻）却并不明确。因而，决策的主要逻辑是叠加和整合什么样的跨界业务才可能形成竞争优势而不是侵蚀原有价值（效果逻辑）。因而，企业实践中为了避免自身思维惯性的影响，开始搜寻和引入新资源、人才，激发跨界整合，通过不断探索和试验（搜寻型探索）形成企业的竞争优势。由此，"跨界创业"的认知核心集中在围绕"平台"的跨界业务叠加与整合上，其知识结构复杂性更高、集中性更强、重心转移性弱（核心关注点仍然是"平台"）。比如，H公司通过搜寻车后市场人才和互联网人才，探索出车后市场叠加业务的三个跨界标准：增加用户黏性、避免法律风险、降低管理成本（基于这三个标准最终选择在平台上引入油、ETC等标准品的销售）。正是基于类似的效果逻辑，H公司探索出"货主（SLP内部管理）—平台（拉货宝交易管理）—司机（运输追踪）—车后市场（货车消费）"的"全链价值闭环"和最优跨界方案，使"拉货宝"成为货运量四川第一、全国第二的无车承运人行业领军者（新业务竞争优势）。基于上述分析，本章提出如下命题。

**命题3c**："边缘创业"进程中管理认知转变（提高知识结构复杂性、集中性，弱化知识结构重心转移性）和决策逻辑（效果逻辑）决定"边缘创业"向"跨界创业"转变，优先采用"搜寻型探索"活动，并逐步构建新业务竞争优势。

### （四）平台领导企业战略创业指向：从既有优势基础向新业务优势跃迁

通过平台领导企业战略创业行动逻辑和机理的梳理，本章发现，平台领导企业战略创业的起点与既有优势基础（即创造原有业务优势的资源基础）密切相关。既有优势基础既是早期战略创业的有利条件（资金、技术和经验等资源条件促成了创业行动），又约束了创业方案的选择（早期创业往往表现为近距离搜寻，因而创业活动以边内创业为主）。因而，平台领导企业的战略创业，是一种"问题导向式"创业行动（利用潜在机会巩固原有优势或消除环境威胁）。随着战略创业企业管理认知的转变和对创业环境信息的理解，战略创业行动伴随着甄别新的问题瓶颈和探索新的解决方案不断从"边内创业"转向"边缘创业"，再转向"跨界创业"。其战略创业行动的核心是机会搜寻（辨识机会）和优势搜寻（判别哪种机会更有利于解决当前实质问题，从而构建优势）双重过程，主导该过程的核心要素是创业家的创业心智（管理认知转变和决策逻辑）。伴随着机会与优势的不断搜寻和利用，战略创业的业务边界逐渐从"原有业务"漂移到"跨界性质的新业务"，战略创业的效能也逐步从巩固原有优势向构建新业务优势跃迁。因而，基于上述分析，本章提出如下推论。

命题4：平台领导企业战略创业是以机会搜寻和优势搜寻为核心的"问题导向式"创业进程，其战略创业效能伴随着"业务边界"的逐步漂移，从"巩固原有业务优势"向"构建新业务优势"跃迁。

## 二、理论反思与讨论

虽然本章通过扎根理论已从案例资料中逐步"浮现"关于战略创业行动逻辑和机理的理论，但还需进一步通过与已有文献理论对话和反思，才能实现理论与实践的"桥联"，提高研究价值。通过回溯战略创业、管理认知和双元行动的文献，笔者认为本章的理论价值和依据主要体现在以下方面。

（一）对战略创业认知过程的维度细化和动态刻画

已有的管理认知研究强调管理认知就是"一组知识结构"（Lyles and Schwenk, 1992; Bogner and Barr, 2000）。本章研究发现，在战略创业情境下，单纯将管理认知视为知识结构则可能将认知锚定为一种静态的"知识结构状态"。为此，本章结合知识结构集中性、知识结构复杂性和知识结构重心转移性三个维度来反映管理者认知，将认知看作"状态"和"转变过程"的结合，从而以更动态的方式说明平台领导企业战略创业进程中的认知过程。

### （二）对创业双元的细分和微观机制探索

自从March教授1991发表双元的开创新框架以来（March,1991），探索和利用的研究备受瞩目（Lavie et al., 2010）。在战略创业情境下，研究者们将双元看作战略创业主要行动类别（Ireland et al., 2003; Ireland and Webb, 2007）。然而，受经典双元研究的影响，战略创业很容易被片面地看作在矛盾的探索和利用活动中权衡取舍（March, 2006）。这种偏颇观点出现的本质原因在于：战略创业行动不能单纯地划分为探索和利用两类活动。首先，这种划分方式会使研究者忽略探索、利用两项活动自身的内在差异，同时也无法观察到两项活动自我强化的微观机制；其次，简单的二分法使探索和利用两项活动容易被看作对立的双元。尤其是战略创业者若只关注到双元活动的对立性，则往往容易陷入探索和利用活动的选择难题，在竞争压力和环境威胁下"冒险探索"则"找死"，"坚守本业"则"等死"。通过本章构建的战略创业行动框架发现，探索和利用有其内在差异，尤其是增量利用和拼凑探索两项活动，成为衔接"坚守本业"和"冒险探索"的重要纽带，也是机会搜寻和竞争优势构建过程中的关键桥梁。不仅如此，我们也看到，双元活动并非单纯的对立关系。在战略创业情境下，哪项活动能够为主导具有鲜明的情境色彩。从老业务转向业务延伸，增量型利用是传送纽带；从业务延伸转向新业务萌发，增量型利用又为拼凑型探索奠定思想基石；从新业务迭代转向跨界业务整合，搜寻型探索为拼凑型探索暴露的问题提供新的解决思路。

结合案例资料和扎根理论分析过程可得知，将探索和利用双元行动划分为拼凑型探索、搜寻型探索、重复型利用和增量型利用有其行动原型，其理论是否合理仍需要进一步与文献对话和印证。回顾理论文献，本章发现双元行动细分的理论依据主要体现在以下方面：①Piao和Zajac（2016）曾通过拆解March（1991）对"利用"的定义词组来区分重复利用和增量利用，并从解构的利用活动中找到了利用对探索有时矛盾有时促进的双面影响。因此，通过拆解March（1991）对"探索"的定义词组也能找到相似的线索。②Baker等（2003）将资源的获取和运用过程分为资源搜寻型和资源拼凑型，其实质都是指向环境不确定性，旨在通过新资源、新用途的方式响应环境，探索创新。因此也可以理解成资源维度的两种探索创新的活动方式。③在Henderson和Clark（1990）关于创新分类的文献中按照结构关系和组件两个维度划分出渐进式、模块化、架构式和突破性创新，这与本章对探索和利用两种活动的划分有一致的内在逻辑。遵循着这种思路，本章将组件代之以企业资源，将结构代之以资源用途，分别对应维度：内部—外部资源（即资源以企业内部为主还是融合有大量外部资源）和目标确定性—目标不确定性（即资源取得后用以实现的目标是确定清晰的还是模糊和不确定的），从而组合出四种细分的双元活动（见图8-2）。

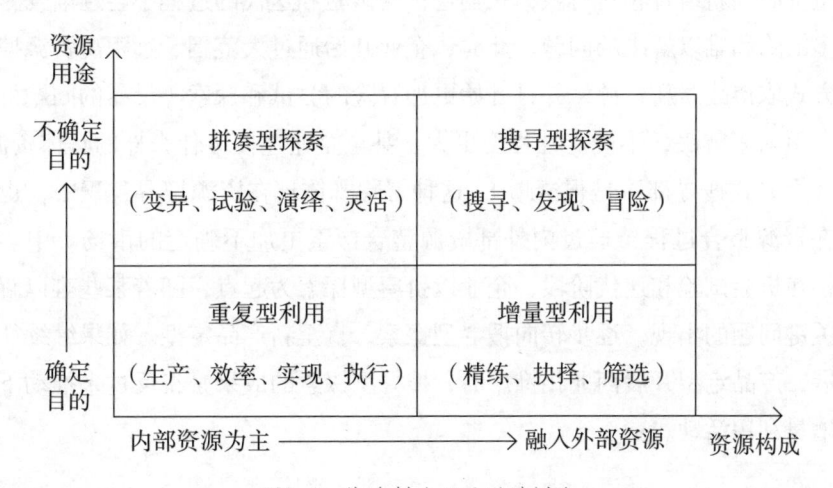

| 资源用途 | 内部资源为主 | 融入外部资源 |
|---|---|---|
| 不确定目的 | 拼凑型探索（变异、试验、演绎、灵活） | 搜寻型探索（搜寻、发现、冒险） |
| 确定目的 | 重复型利用（生产、效率、实现、执行） | 增量型利用（精练、抉择、筛选） |

图8-2 战略创业双元活动划分

注：March（1991）对"利用"的描述是"生产、精练、抉择、效率、执行、筛选、实现"，Piao和Zajac（2016）将"生产、效率、实现、执行"划分到"重复型利用"，将"精练、抉择、筛选"划分到"增量型利用"。遵循类似的思路，本章将March对"探索"的描述"变异、试验、演绎、灵活"划分到"拼凑型探索"，将"探索"的描述"搜寻、发现、冒险"划分到"搜寻型探索"。

在战略创业情境中，当内部为主的资源用于确定目标的活动完全依赖于先前经验和决策惯例，属于重复型利用活动；当少量外部资源引入，与内部资源整合用于新用途时（目标清晰确定），表现为资源深度开发和改良，并没有改变资源组合方式和功能关系（比如标准产品用于新场景），因而属于增量型利用活动；当内部资源用于解决不确定目标（有目标方向，但对目标状态和测量方式无法清晰刻画），虽然并没融入大量外部资源，但要求重新构思和设计，改变资源组合方式和结构关系，从而以创造性地开发"新资源组合"的方式逼近不确定的"目标状态"。同时也是在不断拼凑、即兴和试验的过程中，运用拼凑型探索这一实质选择权，不断降低后期信息模糊性，逐渐呈现更为清晰的"目标画像"；对创业企业而言，拼凑型探索是经济实惠的创业探索方式，能确保企业在边际成本很低的情况下（因为总体仍然使用存量资源而非增量资源）尝试新项目。然而，囿于有限理性和认知局限，存量资源创新组合相对有限，在创业机会试验和迭代的过程中会逐渐暴露出许多缺陷和难以解决的问题。此时，企业开始通过大范围、远距离资源搜寻的方式取得战略新资源，并且开始更加冒险的尝试和探索（暴露的问题待新资源引入来解决，不确定性程度更大，甚至企业连搜寻什么样的具体资源、以什么方式搜寻都不是很清晰），这种冒险既体现在资源搜寻过程中，也体现在资源整合过程（通过内外部资源整合探索更加不确定的市场）中。因此，在机会试验和迭代阶段，企业以拼凑型探索为起点，随着某些难以解决的关键问题的出现，逐步转向搜寻型探索，直至新产品定型。如果继续往下发展，产品定型开展商业化推广时，搜寻型探索的成果必将反过来推动下一轮增量利用活动。

（三）平台领导企业战略创业的行动机理

本章发现，平台领导企业战略创业的行动机理体现在：平台领导企业的创业机遇和资源基础激发了战略创业意愿，不同情境下的管理认知转变和决策逻辑决定了平台领导企业渐次实践"边内创业"—"边缘创业"—"跨界创业"的行动逻辑，并对应采取"重复型利用"和"增量型利用"—"拼凑型探索"—"搜寻型探索"等活动，从而取得战略创业效能。

首先，从战略创业行动脉络来看，在本章研究中，平台领导企业识别创业机遇并利用资源基础开展"边内创业""边缘创业"和"跨界创业"的行动序列，仍然聚焦在"机会搜寻和竞争优势搜寻"的范畴内，其战略创业效能也直接指向是否构建起新业务竞争优势（如先占优势、用户黏性和创新惯例）。因而，本章研究在承接经典战略创业理论的基础上进一步探明了战略创业的"过程黑箱"，剖析了上述战略创业行动机理。

其次，对接经典的战略创业文献，我们发现，战略创业的核心在于资源的战略性管理（strategic management of resources），可分解为构建资源组合、捆绑资源（形成能力）和利用能力三个阶段（Ireland et al., 2003）。从这个意义上看，无论是"边内创业""边缘创业"还是"跨界创业"，其实质都是对资源集合（资源基础和外部搜寻资源）的战略性管理，这种战略性管理过程以机会搜寻和优势搜寻为导向，旨在最终构建新业务竞争优势。综合案例资料的扎根理论结论和分析，本章绘制战略创业情境下的管理认知转变、决策逻辑、创业行动逻辑和战略创业效能的对应关系如图8-3所示。

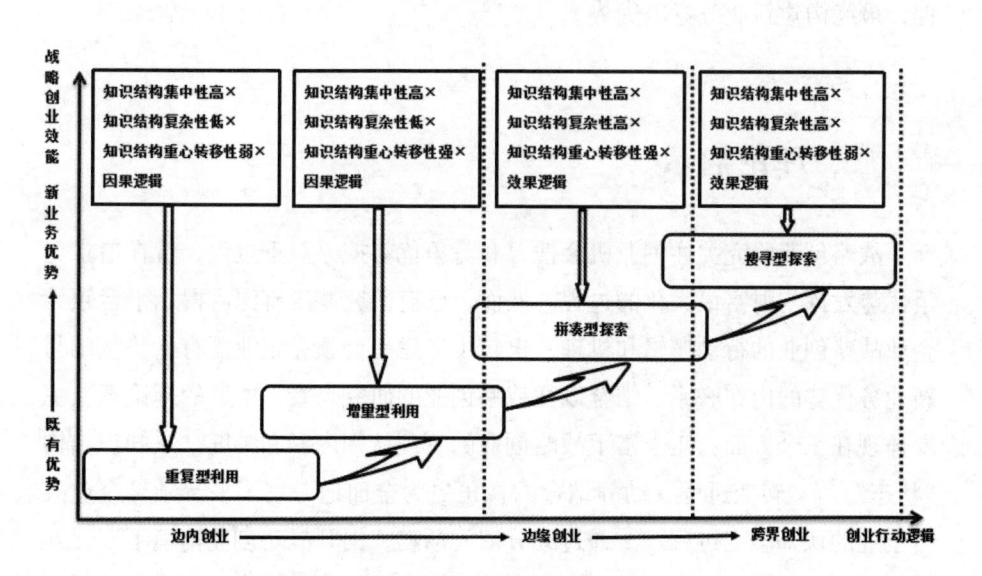

图8-3 平台领导企业战略创业的行动机理

# 第六节 结论与启示

## 一、结论

本章基于S公司和H公司战略创业实践的案例资料，运用扎根理论构建平台领导企业战略创业的行动逻辑和内在机制。研究发现，平台领导企业在创业机遇和资源基础下触发创业行为，通过管理认知转变（由知识结构集中性、复杂性和重心转移性三维度构成）和决策逻辑共同决定战略创业认知过程，进而引导着平台领导企业先后采取"边内创业"—"边缘创业"—"跨界创业"的创业行为逻辑，利用"重复型利用""增量型利用""拼凑型探索"和"搜寻型探索"等双元活动实现"拓界—探界—跨界"的创新创业过程，最终构建新业务竞争优势。

## 二、理论启示

战略创业研究关注创业机会搜寻和竞争优势搜寻双重过程，旨在追求竞争优势发挥与财富最大化的过程。然而，已有研究并没有深入揭示平台领导企业战略创业的行动逻辑和机理，也较少考虑平台领导企业既有优势基础与新业务优势的内在联系。结合以往战略创业的研究来看，本章的理论意义主要体现在三个方面：①丰富了战略创业的管理认知内涵和维度，从知识结构"状态"与"转变过程"动静结合的视角更为全面地考察了平台领导企业战略创业的认知转变过程。②通过细分双元活动，揭开战略创业情境下双元互动的微观机制。本章实证发现，探索和利用可以细分为拼凑型探索、搜寻型探索、重复型利用和增量型利用四种活动，当平台领导企业搜寻机会和竞争优势时，增量型利用与拼凑型探索活动承担了连接搜寻型探索和重复型利用的桥梁作用，也是解决战略创业过程中"冒险探索"和"坚守本业"选择困境的重要指南。③本章探索了平台领导企业战略创业的行动逻辑，平台领导企业在创业机遇和已有资源基础上渐次采用"边内创业"—"边缘创业"—"跨界创业"的行动逻辑，从而实现跨界创新，搜寻和重塑竞争优势。④通过扎根理论的编码程序，构建了"管理认知转变与决策逻辑→双元行为→机会利用和优势确立"的战略创业行动框架，为战略创业研究提供新的参考。

## 三、实践启示

从实践来看，本章研究以案例事实为起点，结合研究者的理论敏感性反向聚焦行动逻辑，并在理论、案例素材和编码的不断比较和理论抽样中丰富研究内容，因此研究提出的逻辑和活动有案例原型和理论文献双向支撑，稳健性较强。本章研究发现，平台领导企业战略创业的行动逻辑由创业机遇、资源基础、创业认知和决策逻辑共同决定，但管理认知转变和决策逻辑是平台领导企业从"边内创业"跃迁至"边缘创业"，以及从"边缘创业"跃迁至"跨界创业"的关键（见图8-3）。这些映射关系表明，当平台领导企业试图大胆冒险实施跨界创新而资源基础受约束时，可以通过"增量型利用""拼凑型探索"和"搜寻型探索"等活动引入新资源或改变资源整合方式，从而实现战略创业效能。另外，本章分析的案例企业都通过"平台化"创业方案实现跨界创业（都通过构建平台叠加跨界业务）。究其根源，可能是由于平台企业与战略创业同样遵循着实物期权的逻辑（战略创业与平台领导都强调对机会集的管理和关注，在巧妙的时机利用机会并投入资源，从而取得"杠杆"价值）(Ireland et al., 2003; 罗珉和杜华勇, 2018)。因而，平台化转型可能成为平台领导企业战略创业的重要实现路径。

# 第九章 延伸讨论三：平台领导的赋能型零售与竞争优势

近年来，无论是对于价值创造、价值获取还是平台领导企业，赋能都成为数字化转型背景下一个现象级的热词。在讨论平台企业价值创造、价值获取、平台领导实质选择权以及平台领导企业战略创业行动逻辑与机理的基础上，对平台领导的赋能内涵和竞争优势也值得进一步讨论。为此，本章选择在平台经营领域走在数字化转型前沿的电商零售行业作为基准，讨论平台领导的赋能型零售与平台竞争优势的基本问题，从而为理论和实务界提供一点个人的观察和思考。

# 第一节　平台领导的赋能型零售

## 一、赋能概念辨析

近年来,"赋能"(enabling)成为一个现象级的热词。2018年,京东到家发布了"零售赋能"新战略;阿里巴巴强调要赋能商家,马云多次提出:阿里不是电商公司,而是赋能中小企业的厂商;马化腾希望腾讯成为一家赋能型公司,腾讯的赋能战略格局是"链接一切,赋能个人";联想集团CEO杨元庆表示:AI驱动着第四次工业革命,联想要做推动者和赋能者!

实际上,赋能成为当前的高频词,是与互联网平台的发展有密切关系的。而中美两国在互联网平台中实际运用赋能这个概念时,其着眼点完全不一样。美国平台厂商注重的是技术赋能,认为互联网平台可以帮助厂商实现过去许多实现不了的事情,例如,过去在一个极度分散的市场中,厂商很难实现数据采集与共享,但云平台恰好可以为这些厂商赋能,因此,从某种意义上说,所有的云平台都是赋能平台。又如,过去厂商投资于一个新的或升级的控制系统是很困难的,但现在可以将现代分布式控制系统(distributed control system, DCS)视为一个有能力将未来项目成本按数量级降低的支持平台,从而形成更具竞争力的业务。从这个意义上说,对其他厂商的运营提供支持的平台都可以看成是赋能平台。因此,在国外学术界往往把这类互联网平台称为赋能平台(enabling platform)。而中国平台厂商注重的是运营赋能,认为通过对平台参与者进行运营赋能可以极大地改变平台C端的生态结构,并可以形成新的商业模式。因此,美国平台厂商注重的是技术赋能,关注的是平台的B端和产业互联网的构建;中国平台厂商注重的是运营赋能,关注的是平台C端生态系统的重构和新的商业模式。

谷歌创世人拉里·佩奇(Larry Page)在《重新定义公司:谷歌是如何运营的》(How Google Works)一书的前言中认为,未来组织中最重要的功能不再是管理或激励,而是赋能。阿里巴巴集团学术委员会主席、湖畔大学教育长曾鸣在解读这本畅销书时指出：未来企业的成功之道，是聚集一群聪明的创意精英（smart creative），营造合适的氛围和支持环境，充分发挥他们的创造力，快速感知客户需求，愉快地创造相应的产品和服务。这意味着组织的逻辑必须发生变化。传统的公司管理理念不适用于这群人。未来组织最重要的功能不再是管理或激励，而是赋能。

要理解赋能，我们认为应注意以下几点。

（1）赋能，顾名思义即赋予他人能力或能量，中国人传统观念中的赋能一般是指传授知识和技能，帮助他人解惑明理。现代管理学并没有赋能的定义，但"相互学习""授予下级自主权""组织间学习"和"知识分享"等概念体现了赋能的意思。

（2）赋能，它最早出现在积极心理学（positive psychology）中，旨在通过言行、态度、环境的改变，给予他人能力或积极人格、自我决定、自尊、自我组织（self-organizing）、自我定向（self-directed）、自我适应（self-adaptive）、智慧、成熟的防御、创造性和才能，以最大限度地发挥个人才智和潜能。在积极心理学理论中，赋能又分为自我赋能和赋能予他人。在企业人力资源管理实践中，组织内的自我赋能是员工个体的自我驱动、自我激励、自我升华；而赋予他人能力就是组织通过去中心化驱动组织扁平化，组织自上而下赋予人才开放创新的思想，锐意进取的动能，自主决策的权力，主动工作的态度，勇敢积极的行动以及心情愉悦的氛围，以充分发挥人才的个人才智和潜能。

（3）赋能与激励既有联系又有区别。赋能对个体而言，更多的是个人能力在更高层面上的一种释放和体验；激励则侧重于对人的刺激，使人有一股内在的动力，朝着所期望的目标前进的心理活动和行为过程。赋能与激励两者之间并不是截然对立的，激励应视作赋能在工业时代的前身，它针对的对象更多的是传统的体力劳动者；而赋能相当于在信息时代对激励的升级和优化，它针对的对象主要是知识型员工。短时间内，赋能不会完全取代激励，赋能只是激励逐渐演化的过程。赋能与激励有联系的地方，体现在二者都提倡积极的自我评价（self evaluation）（McGregor, 1957）。

（4）赋能与授权（empowerment）既有联系又有区别。授权就是权力共享，从组织的最高层开始实施权力下授。把权力或职权授予组织内部的下属，领导与下属分享权力，以便使下属实现既定目标。"授权是增强组织成员间自我效力感觉的一个过程"（Hollander and Offermann, 1990）。员工享有的权力越大，越有利于提高他们完成工作的激励水平，因为员工一旦拥有了更多的权力，就能够更好地提高自己的工作效率，自主选择最适宜的工作方式，并充分发挥自己的创造力（Conger and Kanungo, 1988）。赋能并不完全等同于授权，个体成员具有独立自主能力，是赋能的必要条件。赋能必须是在个体成员知识和经验充分丰富的前提下，对其能力与主观能动性的充分信任，赋能给予了他们施展才华、释放动力的机会。研究表明，大多数员工都具有检验自我效力（self-efficacy）的需要，即人们需要知道自己有能力做出成果，从而产生成就感（Conger and Kanungo，1988）。

（5）赋能的实质就是赋予他人能力。赋能不同于"输血"，输血就是一次性的，而造血是长期的，赋能也许有点造血的意思。古人讲"授人以鱼不如授人以渔"，授人以"鱼"，是输血，授人以"渔"，是向他人传授打鱼的技能，是赋予他人能力的意思，不过没有赋能这个词听起来那么高大上和时尚而已。

（6）在科层制企业中，要建立高度灵活的、具有一定自主权的团队，就需要给团队中的成员赋能，这也是管理工作中最重要和最困难的。在平台经济环境下，要建立高度灵活的、具有竞争性的平台生态系统，就需要给生态系统中的参与者赋能。

（7）一般来说，赋能是双向对偶的，人们常常称为"对偶赋能"（dyad enabling），管理学中所说的"相互学习""组织间学习"和"知识分享"等就是对偶赋能的意思。

赋能型组织强调企业文化的重要作用，美国波士顿咨询集团公司（BCG）发布《2018年全球最具创新力企业50强》榜单中，43家来自北美和欧洲。欧美优秀企业在榜单中占主导地位，表明以谷歌为代表的欧美优秀企业有很强的以创新为导向的企业文化，企业创新要求赋能于业务部门的同时，还需要赋能于所有员工个体。而中国企业一直强调吃苦耐劳、努力奋斗、拼搏奉献，并非奋斗拼搏不管用，但有时候创新是无法靠艰苦奋斗拼出来的。在创新型企业文化的引导下，赋能对于创新性的问题解决、拓展增量都将起到极大的推动作用。

我们认为，平台赋能，它表达出在错综复杂的商业竞争环境下，平台生态系统要确立共同的目标，平台领导要学会给平台参与者赋能，如电商平台作为批发商向平台参与者的零售商赋能，在平台参与者之中营造互信+价值共创+共享的氛围，构建出"线上模式"+"线下模式"全新的平台生态系统，从而打造能应对不确定性的、灵活的、具有极强竞争能力的平台生态系统，由此推动平台生态系统目标的实现。

## 二、电商平台的"线上模式"+"线下模式"平台生态系统

线上线下模式，主要是指线上订购、线下消费的O2O模式，是指消费者在线上订购商品，再到线下实体店进行消费的购物模式。这种商业模式能够吸引更多热衷于实体店购物的消费者，传统网购中存在的以次充好、图片与实物不符等虚假信息的缺点，在这里都将彻底消失。传统的O2O核心是在线支付，是将O2O经过改良，把在线支付变成线下体验后再付款，消除消费者对网购诸多方面不信任的心理。消费者可以在网上的众多商家提供的商品里面挑选最合适的商品，亲自体验购物过程，不仅放心有保障，而且也是一种快乐的享受过程。

2018年，我们看到许多平台厂商都在谈赋能，比如美团，它从效率、技术等方面对外卖配送进行赋能；又如京东到家，它从物流、流量、生态等方面对生鲜配送进行赋能。赋能的优势在于，能够提升整个生态的容错能力和竞争能力，使平台生态系统的运营达到一个更高的运作水准，从而提供更高的输出。

平台赋能就是平台厂商为平台生态系统参与者提供帮助，赋予平台参与者能力，提供解决问题的方法。但需要注意的是，平台赋能的结果是改变了整个平台生态系统，形成了"线上模式"+"线下模式"共同构建的平台生态系统。

所谓的"线上模式"+"线下模式"平台生态系统具有两层含义，"线上模式"是指一个"线上电商平台+多个入驻商家+物流系统"所形成的平

台生态系统，"线下模式"是指"电商主导的批发系统+物流系统+多个实体零售商门店"所形成平台生态系统。"线上模式"+"线下模式"平台生态系统实质上将原有的"线上电商平台模式"转变为"线上模式"融合批发、零售、物流、仓储、获客、内容营销的综合性平台生态系统，创造出"线上电商平台"向线下多个实体零售商门店延伸的O2O新业态。这种平台生态系统具有两个方面的作用：一方面，电商平台所销售的大多数商品属于即时性消费需求，消费者如果能够在高场景化的线下零售渠道得到充分的体验和满足，可以显著提升需求——购买的转化率和客单价；另一方面，线上商店的购物便捷性，又能满足消费者"搜寻"和"补货性"的消费需求，达到有效减短中间渠道、降本增效、提升消费体验的效果。

"线上模式"+"线下模式"平台生态系统的出现，具有现实的意义。在消费升级时代，单纯依赖平台流量增长的线上模式和仅靠开店的线下模式增长已经见顶，线上线下的融合将是商业新突破。这意味着未来不会有纯电商，也不会有纯线下体验，而是电商牵手零售实体店，走向双赢道路。应当看到，互联网平台的连接红利正在逐渐消退，从阿里巴巴提出新零售，京东、苏宁加快线下布局可以看出，线上与线下融合才是未来发展趋势，无论是想拓展线下流量的电商，还是想走向线上的实体企业，都需要创建一个合适的平台生态系统，而平台生态系统能帮助平台厂商开启一种线下体验和零售、线上交易和批发的新型O2O购物模式，突破自身困局。

非常有意思的是，赋能这个概念成为连接"线上模式"+"线下模式"，形成新的平台生态系统的关键概念，或许这就是马云、刘强东等人极力推崇赋能的本意。

## 三、赋能型新零售

有人认为，从零售便利店这一原始的零售生态看，目前有两种赋能方式，一是替代赋能，二是互补赋能。我们认为，替代赋能和互补赋能这两个概念值得商榷。替代赋能一般是指平台厂商替代了经销商或批发商给零售商赋能，但这个概念并不准确，平台可以是一个不从事价值创造的纯平台，即平台厂商只有撮合买卖双方交易的中介职能，而没有批发职能。平台也可以既具有撮合买卖双方交易的中介职能，又具有经销或批发职能。当平台厂商具有这两种职能时，平台厂商就具备了向终端零售商的运营赋能（enabling for operation）的能力。运营赋能是指平台厂商对零售商提供运营能力方面的帮助，赋予零售商运营职能方面的能力，如为零售便利店提供品牌加持、技术支持、金融支付系统、数据共享和进货渠道等。而互补赋能还值得进一步研究。

### （一）运营赋能

以阿里巴巴零售通和京东新渠道通路为例，他们为零售便利店提供了技术和进货渠道，实现的是技术赋能和渠道赋能。技术赋能（enabling for technology）改变了零售便利店原来的生态和零售便利店技术落后、支付和结算体系等不完善的状况。而在技术赋能并引进全新的技术系统后，零售便利店可以说是如虎添翼，而这一技术赋能可以说是一道全新的保障。渠道赋能（enabling for channels）可以使零售便利店利用像阿里和京东这类电商平台丰富的线上产品布局经验，零售便利店解决了过去进货渠道单一、进货成本高等问题，在进货渠道和进货成本控制上得到了保障，通过大电商巨头的集中采购获得低成本优势，零售便利店在大电商巨头的品牌加持和信息共享下，获客能力提升。

那么，为什么说他们是运营赋能呢？作为电商界的巨头，阿里、京东拥有电商基因，因此他们在思考B端向市场终端延伸时，会更倾向于离消费者更近的便利店主，而不是经销商或批发商。在这样的战略思想指导下，京东、阿里又拥有物流优势，自己承担经销商或批发商的角色无疑是最合适的。事实上，经销商或批发商这一角色是最容易被取代的，传统的品牌商和批发商相互抱团，即使占领一部分市场，但它们的消化能力也不一定能够支撑他们全部释放出批发商这一角色的潜力；而平台厂商本身可以利用线上流量和网络效应来实现大批发、大流通，有线下的大量零售便利店作为平台的线下终端，这一零售终端角色特性更是无法代替。

但经销商或批发商有所不同，他们与厂家、零售便利店主的关系一般维持在价格层面，而当前这一角色领域是最为复杂和混乱的。而阿里、京东正是看到这一契机，以平台领导者的身份直接进入，直接接替经销商或批发商角色，对接厂家和零售便利店主。况且，阿里巴巴和京东电商平台本就和B端众多厂家建立着长期的契约式合作关系，只不过现在将这一交易换到线下而已，也就是说，阿里、京东是将B2B的大B端带至线下，间接形成B2B2C的模式。

我们认为，平台电商巨头的渠道赋能，就是充分满足零售终端便利店主的个性诉求、自我实现等需求，平台电商向零售终端便利店主提供店面装修、品牌加持、集中采购、流程服务和数据共享等能力赋予，使零售终端便利店能够在运作过程中将这些能量转化成平台生态系统的价值，也即平台的产出。

渠道赋能与传统的渠道激励有很大的区别，表9-1显示了渠道赋能与渠道激励之间的差异。

表9-1　渠道赋能与渠道激励之间的差异对比

| 分析角度 | 渠道赋能 | 传统的渠道激励 |
| --- | --- | --- |
| 零售终端便利店与平台之间的关系 | 强调通过平台赋能来激发零售终端便利店主的创业激情、动力与挑战，并给予帮助 | 偏向销售额指标实现后的扣点奖励，共同分享利益 |
| 依赖关系 | 零售终端对平台存在强依赖关系，但便利店主具有自组织、自创业、自驱动、平台价值共享和高度文化认同感 | 零售终端对批发商是弱依赖关系：传统方法考核和激励方式 |
| 关注目标 | 特别关注平台生态系统的构建、平台参与者之间的互动，追求价值共创 | 聚焦于零售终端便利店主，渠道关系是一种差序等级分明的结构关系 |
| 时效性 | 典型的长期性战略安排和商业模式创新，具有可持续性 | 手段直接的战术设计，短期性市场突击方式 |

除了京东、阿里两大电商巨头外，零售巨头永辉、天虹等也在尝试新零售下的运营赋能。以永辉为例，此前红标店和绿标店的差异化经营，已经充分证明了永辉的创新能力，而永辉最新打造的超级物种更是令人眼前一亮。

据了解，永辉的超级物种是融合性经营，以北京店为例，共含波龙工坊、鲑鱼工坊、盒牛工坊、生活果坊、麦子工坊、花坊、咏悦汇七个工坊。此外，从选购到食用，永辉还为顾客提供厨房+餐饮的一站式服务。

超级物种的出现，无疑要对标目前火爆一时的盒马鲜生。但永辉本体是一个零售商超市，这种打破常规的创新，一方面是对零售后市场创新，比起传统餐饮，超级物种更像是一个大杂烩，或者说是一个餐饮生态圈，麻雀虽小，五脏俱全。另一方面，在消费升级大趋势下，顾客对一站式服务的要求提升，超级物种的出现恰好满足了顾客日益精进的消费目光。

那么，超级物种是如何对零售生态进行运营赋能的呢？从角色来看，永辉超市原本是供货的B端，相当于零售便利店主，不提供零售后服务。但超级物种的出现让永辉的角色进一步转换，拥有了餐饮、大批发和配送功能的超级物种，一下子成为餐饮零售的主角。

在餐饮零售这条供应链下，超级物种掌握了上游的商品聚集地，比如生鲜和鲜花。在这一层供货保障下，超级物种自然而然能够进行零售后服务。众所周知，一般情况下，生鲜产品零售和餐饮服务是分开的，但超级物种将产品的全套服务体系搬到顾客面前，让不少顾客体会到相当程度的便利性。也就是说，永辉整合后的超级物种，主要功能定位于零售后服务链，而主打生鲜产品又让其延伸至餐饮领域。不论怎样，超级物种替代了传统餐饮的上游供货端角色和中游商家角色，直接切入餐饮领域服务于C端。或者说，超级物种相当于一个饭店，而且它还能够提供一些增值服务，比如O2O配送服务，但与饭店不同的是，你能直接把未加工的产品买走，不需要就地消费。如此看来，超级物种的服务空间更为自由，在整套服务设施齐全的前提下，所赋能的是零售后服务阶段。

综合来看，替代赋能的一方是在替代的基础上实现对其他角色的赋能。在零售供应链中，对低效环节和低效角色进行管理甚至取代显然是符合市场规律的，而更强大的角色进入这一供应链之后，相当于在这一零售生态中担负着重要节点的功能，从而辐射整个零售网络，赋能伸手可及之处。

（二）补充赋能

补充赋能（complementary enabling），简而言之就是在保持原有零售生态的前提下，实现对多个角色的运营要素进行互补赋能。所谓的运营要素包括广告、媒体、支付、金融、促销、大数据、云计算以及多项目联合等支持性要素。在这一领域，也有众多开拓创新者，而其中较有代表性的当数掌合天下，而它们的补充方式也有所区别。在阿里系和海航系资本的推动下，以"助力中国五百万中小超市轻松做买卖"的掌合天下目前已经形成掌合商城、掌合云工厂、掌合物流、掌合金融、掌合便利五大品牌。

据了解，针对上游品牌商，掌合云工厂能够提供媒体、运营、促销、大数据云计算以及多项目联合等支持，帮助品牌商建立良好的品牌形象并扩大销路，打通更深更广的供应链条。不难看出，从线上到线下，掌合云工厂都对品牌商有所赋能，而这些赋能帮助品牌商补足技术和营销上的短板，因为对于不少品牌商来说，他们在生产上的技术十分成熟，但由于其交易对象受限为经销商，与供应链终端和消费者鲜有接触，而掌合云工厂有利于帮助其缓解来自经销商的压价和囤货压力。

针对下游零售便利店，掌合商城主要为中小超市提供进货渠道，实现一站式在线订货并进行快速配送。与阿里巴巴、慧聪网等不同的是，掌合商城在大B和小B端的审核都比较严格，而且，掌合商城的物流配送体系为自有。以掌合天下的战略项目掌合云仓供应链为例，据了解，掌合云仓以统仓统配服务模式为根本，通过整合全国区域快消品分散供应链，形成线上资金流、信息流和线下商品流、物流的协同流通。

由此看来，掌合天下在整合品牌商的基础上，不仅实现了供应链上游的赋能，确保产品质量和供给速度，更重要的通过提升配送服务，实现物流上的赋能。除掌合商城外，掌合便利主打社区O2O，是一种社区零售生态建设。一直以来，社区场景都是O2O生活服务的主要阵地，包括58同城、京东等在内。但以商品层面为主的社区零售领域却鲜有O2O服务。据此，掌合天下特地将社区便利店建设成为O2O智能服务站，以开垦社区中的商品零售需求。

值得注意的是，社区商品O2O正好切中了社区功能的痛点。我们都知道，社区是群居生活地，对生活商品的需求可以用高频刚需来形容，虽然社区便利店存在许久，但不少便利店因不具备配送服务体系而单纯只有零售的功能。对比之下，社区商品O2O具有位置上的绝佳优势，在融合了线上线下的基础上，社区居民能够即时线上选货，线下主动取货或收货。很显然，掌合天下通过技术、物流等手段对社区O2O进行赋能，补足了社区零售店与外部O2O店的不足，充分发挥了社区这一群居形态的功能。总的来说，掌合天下对零售生态的每一个角色都有特定的服务体系，可以说是一种比较多元化的补充赋能方式。

## 第二节　平台领导竞争优势

今天，平台型企业（即平台领导）的大量出现使得人们越来越重视平台企业的竞争优势问题。事实上，平台型企业的竞争优势与网络效应这个概念直接有关。网络效应来源于用户购买商品所获得的效应，是由购买了同一商品的消费者数量所决定的。任何消费者都不会加入无其他用户接入的电信网络，相反，消费者可能愿意花费大量费用加入一个已有很多用户的网络。虽然网络效应和网络外部性在大多数文献当中不加以区分，但是两者在实质上仍然有一定差别。

一个处在平台一边的潜在用户，对于平台交易是有预期收益的，这也是由平台另一方的参与者决定的。由于另一边用户数量的增多会带来更大的交易量或更高的交易额，所以当另一边用户增多时，用户会抱着更高的期望进入平台。也就是说，平台中一边用户的选择会影响另一边用户的期望收益。在传统的网络经济学和现在的双边市场理论研究中，都将用户数量伴随期望收益的增加而增加这种现象，叫作网络效应。

网络效应（network effect）这个概念最早是由杰弗里·罗尔夫斯（Rohlfs，1974）提出的，他指出网络效应是需求方规模经济的源泉。即当一种产品对消费者的价值随着其他使用者数量增加而增加时，就说这种产品存在着网络效应。卡茨和夏皮罗（Katz and Shapiro, 1985）在1985年对网络效应进行了较为正式的定义：所谓的网络效应即随着使用同一产品或服务的用户数量变化，每个用户从消费此产品或服务中所获得的效用的变化。在经济生活中，网络效应广泛存在于电信、航空等领域，是传统经济学中的外部经济性在网络系统中的表现。但需要注意的是，他们研究的是市场内的网络效应问题，而非双边网络效应问题。

保罗·戴维（David, 1985）在谈到网络效应问题时，有一个著名的观点：和其他与之竞争的设计相比，柯蒂键盘（Qwerty keyboard）[①]效率较低。据说当初设计打字机键盘时，有效率更高的键盘设计，但由于当时的材料无法适应这种高效率打字，因而只能采用柯蒂键盘的设计。后来的计算机键盘也因路径依赖而采用了柯蒂键盘。正是由于这种网络效应，一代又一代的打字机和计算机用户发现自己被这项技术锁定了。在一篇引用率颇高的文章中，美国经济学家布莱恩·阿瑟（Arthur, 1989）对这种现象创建了模型，该模型以杰弗里·罗尔夫斯（Rohlfs, 1974）等人的研究工作为基础，构建了著名的"阿瑟模型"。阿瑟模型的一个关键特征，就是控制标准的企业并没有策略意识，但用户因路径依赖而自动被"锁定"了，因而产生了网络效应。阿瑟模型的一个假设是，这些企业为它们的产品设定了价格，可是武断的定价行为并没有预期到有多少潜在的用户被锁定。所谓的用户锁定是指平台运营商通过某些策略和手段使用户成为某个平台的用户，而不是成为另一个平台的用户的行为。事实上，在双边市场情况下，市场上存在一个或几个平台运营商，他们同时向具有截然不同诉求的终端用户提供具有锁定特性的产品或服务，这些产品或服务对一部分用户的购买决策会影响到另一部分用户的决策，因而会影响到用户锁定。

在双边市场情况下，企业可以进行有效的用户激励来"锁定"用户，不放任用户自行锁定，从而获得网络效应。但这种平台型企业通过主动性行为进行的用户"锁定"和获得网络效应，是有代价的。不少研究提到了美国社交网脸书（Facebook）的快速传播是其成功的关键，但这种快速传播是一种病毒式传播，是有代价的。电影《社交网络》（*The Social Network*）对这

---

[①] 所谓的柯蒂键盘（Qwerty keyboard）是指打字机键盘的左上方的字母顺序是QWERTY。

种快速传播进行了戏剧化的描述，脸书网的创始人马克·艾略特·扎克伯格（Mark Elliot Zuckerberg）专门找到哈佛大学和其他常春藤盟校的学生作为最初的用户，这些用户可以在脸书这个平台上交友且免受广告的骚扰。这促成了脸书后来的病毒式的快速传播（Rosmarin, 2007）。同样道理，亚马逊获得网络效应的原因是保持不盈利的低价，以建立自己的庞大网络，这一策略在今天已经成为一种流行的商业文化原型。在中国，滴滴打车和优步公司（Uber）为了普及各自开发的打车软件，其方法就是分别为使用这些软件的司机和乘客提供补贴。

在某些情况下，平台运营商往往用"分而治之"的策略来解决用户锁定问题，即向市场一边的用户收取足够低的费用来吸引更多人加入，然后再向市场另外一边收取高额费用来弥补损失。对不同消费群体收取不同价格的多边平台（例如游戏平台对游戏玩家和开发者），平台运营商可以实现任何期望的用户参与程度，而不用担心可能出现的（其他的、意图之外的）多重均衡，在其中的平台运营商的行为形成某些均衡状态下，会出现用户锁定的失败（Jullien, 2011）。

另一种方式是开发能够吸引用户的原创内容和独家经营项目，来尽快实现用户锁定（Hagiu and Spulber, 2013）。研究表明，平台运营商凭借卓越的需求研究能力，可以比竞争性平台运营商更快察觉到市场上顾客偏好的细微变化，甚至在多数消费者都还不清楚更适合自己的产品前，就率先推出更符合消费者所需的产品或服务。而这样的做法可以提高顾客满意度以及顾客忠诚度，同时也降低了竞争性平台运营商在往后以类似价值提供给消费者时，消费者转换品牌的可能性（Vorhies and Morgan, 2005）。例如，在平板计算机的市场中，Apple率先推出9.7寸携带方便且适合多媒体应用的iPad，接着又推出屏幕分辨率高的升级版本，而后则推出重量减少三分之一，更便于携带且效能更强大的iPad air。Apple之所以能不断推出更符合消费者需求的产品，主要也是归功于其对需求变化能实时响应。

在我们看来，"分而治之"的策略、原创内容和独家经营项目等策略都属于隔离策略，平台运营商的差异化策略本身就是一种"隔离"。在双边市场情况下，平台型企业面对的是不同的消费群体，并且还需要与其他平台型企业进行竞争，这就需要平台型企业采用某种形式的隔离策略。理解这一事实的关键是：当用户彼此之间对网络效应有不同强度的评价时，不可能同时充分完好地保护所有用户免受其评价波动的影响，原因在于对某人来说适当的补偿，对另一人而言就可能过多或过少。不过，保护平均边际用户总是可能的。这样做足以使一个平台型企业总的网络效应不会因用户锁定不善而受到侵蚀。这种方法可以称为"隔离均衡"（insulated equilibrium）。

需要注意的是，不同于传统的网络效应，在双边市场理论的研究中，网络效应是来自市场中另一边的用户，即存在着跨边网络效应。所谓的跨边网络效应（cross-side network effect or cross-group externalities）是指一边平台用户数量的增加会影响另一边使用群体的效用。Rochet和Tirole（2006）认为由于跨边网络效应的存在，消费者不会在交易中内化网络效应，科斯定理将失效。由于用户进入市场的潜在网络效益被他们自身低估，平台需要激励用户进入。常用的工具是平台费用和双方补贴。双边市场理论研究的最大贡献是调查怎样调整费用使得用户可以内化网络效应。费用调整的先决条件是平台的双边市场力，也就是平台能够分别向两边用户收取费用的能力。

讨论的问题如下所述。

## 一、平台竞争优势与社会效率

平台企业具有极强的竞争优势，平台的网络效应极强，是否会导致整个社会的低效率？布莱恩·阿瑟（Arthur, 1989）和保罗·戴维（David, 1985）最主要的担忧是，由于网络效应的存在，某个市场可能被落后技术低效锁定。这个考虑在微软反垄断案件中发挥了重要作用。微软的批评者认为，"由于网络效应和应用程序上的进入壁垒，微软的确拥有了相当大的市场势力"（Gilbert and Katz, 2001），甚至微软的支持者们也接受了如下前提：网络效应可能成为排除竞争对手市场势力的来源，只是"在浏览器市场中，还基本不存在平台市场那种强大的网络效应和规模经济"（Klein, 2001）。

然而，在过去20年间，一些看似树大根深但效率可能较低的在位平台企业经历了快速衰退和更替，例如远景公司（AltaVista）、美国在线（AOL）、百视达（Blockbuster）、聚友网（MySpace），以及程度衰退较小但仍然较为明显的微软。因此，上述关于锁定的观点似乎不甚可靠，学术界的研究者通常也如此认为。例如，乔纳森·莱文（Levin, 2013）认为，"低转换成本与创建新平台的低成本相结合，可能减轻传统上对锁定和动态低效的担忧"。

## 二、进入者隔离策略与平台竞争优势

是否总有进入者使用隔离策略来削弱在位平台企业？在现有的经济理论中，指出在"隔离均衡"的条件下，市场势力的传统来源，例如横向的产品差异化，可能造成锁定，但是无论多强大的网络效应，都无法单独做到这一点。一个更有效率但其他方面较为相似的进入者，总有可能使用隔离策略来削弱在位企业。迈克尔·卡茨和卡尔·夏皮罗（Katz and Shapiro, 1992）总结说："有几篇关于技术应用和网络外部性的文章认为过度的惯性（即锁定）是理论上的例外而非通则。"他们引述了Farrell 和Saloner（1986）论文的观点，认为新技术的应用过快，这可能引发相反形式的市场失灵（market failure）。

进入互联网时代，学者们更进一步创建了证明这一观点的模型（Fudenberg and Tirole, 2000），在位平台企业不可能永远锁定市场中所有消费者。

但是，新的平台企业携带新技术进入市场往往会面临戴维·埃文斯和理查德德·斯默兰（Evans and Schmalensee, 2010）所说的"启动失败"（launch failure）问题，如果不加以注意就会受到在位平台企业的挤压和竞争而告失败。因此，新的平台进入者必须满足两个重要的前提：一是有进入市场的能力和动力；二是有取代在位平台企业的能力和动力。而能够满足这两个前提条件的是新的平台进入者必须有创新的商业模式。

进入市场的能力，严格来说是商业模式创新的能力。这个能力意味着潜在的平台进入者能否在特定情形中，采取足够复杂的策略来实现用户锁定。在某些情况下，尤其是在多边市场中，相对被动的分而治之策略可能就足够了；在另一些情况下，就有必要采取类似于隔离机制的更积极的策略。假如需要实施隔离策略，平台就必须有充足的资本以补贴初期的用户，当用户数量突破临界值之后才能获得补偿。迈克尔·卡茨和卡尔·夏皮罗（Katz and Shapiro, 1992）用实例很好地说明了平台进入者的激励问题。他们指出，当技术"得不到资助"且不是企业专有的时候，就容易出现锁定。

## 三、平台垄断与平台竞争优势

平台市场是否是少数寡头企业主导的垄断市场？如果市场集中度更低，市场会更有效率吗？世界各国关于平台产业政策的讨论中有一个常见观点：平台市场很容易倒向只有一个或少数主导企业的状态，而如果市场集中度更低的话，市场会更有效率。

欧盟委员会（European Commission）在谷歌反垄断调查案中表达了他们对平台市场倒向只有一个或少数主导企业垄断问题的担忧。美国司法部副助理总检察长雷纳塔·赫西（Renata B.Hesse）2014年1月在题为《在反垄断与高科技的交叉点：建设性的机会》的演讲中说，"在一些市场，尤其是在平台市场中，'倾斜'可能会发生，结果导致'赢家通吃'的局面"。赫西（Hesse, 2014）在演讲中支持法院对美国政府起诉一家美国社交在线评级平台商务公司Bazaarvoice①一案做出的判决。在该案件中，法官裁定在线评级平台Bazaarvoice收购其竞争对手PowerReviews是违法的，其理由就是这样的收购会导致市场垄断，不利于竞争与技术进步。

在我们看来，平台产业与传统产业是两种完全不同的产业，它们各自的经济学逻辑应当是不一样的。在传统产业中，由于存在着巨大的设备等固定资产的投资，因而会有类似于折旧等费用的固定成本，其经济学逻辑是：增

---

① "Bazaarvoice"字面上理解是"市场声音"的意思，Bazaarvoice公司也正是建立在网络口碑促进商业成功的理念上，即"社会化商务"。Bazaarvoice公司为品牌厂商及零售商等客户提供整理、展现、分析消费者网络口碑的社会化商务解决方案，一方面向客户网站提供点评平台SaaS解决方案，另一方面与自建社会化商务社区不同，Bazaarvoice还通过整合来自Facebook、Twitter和其他社会化媒体平台的消费者点评，从用户UGC中挖掘有价值的信息，构建消费者到经销商/制造厂商双向互动的"社会化商务"模式。

加产品种类与减少重复投资之间存在着替代关系，这种传统产业中并不存在网络效应（Spence, 1975）。平台经济学逻辑是：与不存在网络效应的产业相比，平台市场更有可能被低效率分割。如果有正的网络效应，就会存在额外的力量，使用户获益于彼此都加入同一个平台。在对多边平台的研究中，沃尔克·诺克等人（Nocke et al., 2007）认为，平台市场具有极强的网络效应。他们得出的一个主要结论是："假如平台效应很强，甚至在不那么强的情况下，垄断的平台所有权在社会意义上也优于分割的所有权。"然而，马克·里斯曼（Rysman, 2004）发现，在黄页目录行业中分割的市场比垄断市场能产生更多福利，原因是该行业的网络效应"不够强"。

罗宾·李（Lee, 2014）的相关研究表明，当平台企业可以使用隔离策略时，市场的这种低效率分割特别值得关注。原因是这类策略倾向于缓和竞争，导致更高的价格，而这一价格会加剧进入者过多的问题。

事实上，人们对有网络效应时的均衡结果表现出乐观和悲观两种看法。法雷尔和克伦佩雷尔（Farrell and Klemperer, 2007）在总结这两种看法时说："乐观者预期，技术采用者可以找到方法来协调用户，从而转向更好的技术，悲观者则认为，协调多半会失灵，即使能成功，也需要技术采用者依据所获剩余之外的其他信息来行动，比如整个平台与消费者互动的历史。"我们认为，平台企业应该认识到用户协调失灵这种风险，而且要确保集中化协调，以便做到"万无一失"，而不是放任用户之间的分散协调。当平台企业能够运用类似隔离的策略实现这种结果时，就无须寄希望于"侥幸"的用户协调了。谨慎的公司策略会引导十分短视的用户协调一致地转向新平台。

## 四、平台定价与平台竞争优势

平台企业为争夺用户而竞争，价格是否更有效？从自由市场经济学视角看，用户锁定和市场集中度的过度倾斜经常被视为平台产业主要的负面特征，但这些特征也有相应的好处。正如法雷尔和克伦佩雷尔（Farrell and Klemperer, 2007）所说："各家企业为争夺市场而竞争，从而减弱了横向的差异化。因此，当消费者对哪个网络将会主导的预期尚未定型且依赖于各个网络产生的剩余时，强大的专有网络效应会加剧价格竞争。"马克·阿姆斯特朗（Armstrong, 2006）也认为，网络效应会使价格特别有竞争性，因为"当一个双头垄断平台设定高价造成A群体中的某个用户离开时，该用户不会消失，而是会加入竞争对手的平台，这样就更难吸引来自B群体的用户"。

但是，假如平台企业能采取有效的策略隔离其用户的话，网络效应促进竞争的倾向就不会产生。考虑与阿姆斯特朗的例子相对应的一种情形，唯一的不同点在于公司采取了隔离策略。为了更具体地加以说明，考虑一家双头垄断的视频游戏平台，它略微提高了游戏机的价格，于是失去A群体中的一个玩家。这的确损失了直接来自这个玩家的收入，并降低了对游戏开发者的吸引力，可是并没有间接地进一步削弱该游戏平台的竞争地位，即便那个游戏玩家转向竞争对手平台也无妨。原因是这两个平台都通过隔离策略内部化了网络效应。失去一个游戏玩家的平台将会稍稍降低对游戏开发者收取的费用，而吸引来那个玩家的竞争平台会稍稍增加向游戏开发者收取的费用。

现实经济生活中，当用户需求存在较大差异时，相对于社会最优水平，价格很可能过高，其扭曲程度要大于用户同质时的价格扭曲程度。我们将这一效应称为"斯宾塞扭曲"（Spence distortion）[①]。虽然平台企业将边际用户对网络效应的偏好内部化，但只要他们无法实行有效的差别定价，平台企业就不会满足边际内用户的偏好。

以视频游戏平台为例，由于斯宾塞扭曲，当视频游戏平台向可买也可不买游戏系统的用户群销售更多游戏时，可以将由此带来的收益内部化，而当它向那些无论如何都会购买游戏系统的发烧友们销售更多游戏时，却无法收获由此带来的更大收益。假定网络效应为正，且边际用户比边际内用户获益更多，至少在大多数软件和交易平台中都有可能如此，与不存在这种效应的产业相比，具有网络效应的平台的价格被系统性地向上扭曲的幅度更大。

---

[①] 美国经济学家迈克尔·斯宾塞是"斯宾塞扭曲"概念的提出者。参见Spence, A.Michael . Monopoly, Quality, and Regulation[J]. Bell Journal of Economics, 1975, 6（2）: 417-429.

# 参考文献

[1]Adegbesan, J. A., and Higgins, M. J. The Intra-alliance Division of Value Created through Collaboration[J]. Strategic Management Journal, 2011, 32(1): 187-211.

[2]Afuah, A. Are Network Effects Really about Size? The Role of Structure and Conduct[J]. Strategic Management Journal, 2013, 34(3): 257-273.

[3]Agarwal, S., and Kapoor, R. Two Faces of Value Creation in Business Ecosystems: Leveraging Complementarities and Managing Interdependencies[R]. Working Paper, Wharton School of the University of Pennsylvania, Philadelphia, 2017.

[4]Alexy, O., West, J., Klapper, H., et al. Surrendering Control to Gain Advantage: Reconciling Openness and the Resource-based View of the Firm[J]. Strategic Management Journal, 2018, 39(6): 1704-1727.

[5]Altman, E. Platforms, Dependency Challenges, Response Strategies, and Complementor Maturity: Joining a Multi-sided Platform Ecosystem [R]. Working Paper, Harvard Business School Division of Research, 2017.

[6]Altman, E., and Tripsas, M. Product to Platform Transitions Organizational Identity Implications[R]. The Oxford Handbook of Creativity, Innovation, and Entrepreneurship, Working Paper, 2015.

[7]Altman, E., and Tushman, M. Platforms, Open/User Innovation, and

Ecosystems: A Strategic Leadership Perspective[R]. Working Papers : Harvard Business School Division of Research, 2017.

[8]Ambrosini, V., and Bowman, C. What are Dynamic Capabilities and are they a useful construct in strategic management?[J]. International Journal of Management Reviews, 2009, 11（1）: 29-49.

[9]Amit, R., and Zott, C. Value Creation in e-business[J]. Strategic Management Journal, 2001, 22（4）: 493-520.

[10]Anderson, E. G., Parker, G. G., and Tan, B. Platform Performance Investment in the Presence of Network Externalities[J]. Information Systems Research, 2014, 25（1）: 152-172.

[11]Archpru Akaka, M., and Chandler, J. D. Roles as Resources: A Social Roles Perspective of Change in Value Networks[J]. Marketing Theory, 2011, 11（3）: 243-260.

[12]Armstrong, M. Competition in Two-sided Markets[J]. RAND Journal of Economics, 2006, 37（3）: 668-691.

[13]Arthur, W. B. Competing Technologies, Increasing Returns, and Lock-in by Historical Events[J]. Economics of Journal, 1989, 99（394）: 116-131.

[14]Baker, T., and Nelson, R. E. Creating Something from Nothing: Resource Construction Through Entrepreneurial Bricolage [J]. Administrative Science Quarterly, 2005, 50（3）: 329-366.

[15]Baker, T., Miner, A.S., and Eesley, D. T. Improvising Firms: Bricolage, Account Giving and Improvisational Competencies in the Founding Process. Research Policy, 2003, 32（2）: 255-276.

[16]Baldwin, C. Y., and Clark, K. B. Design Rules: The power of Modularity [M]. Cambridge, MA: MIT Press, 2000.

[17]Baldwin, C. Y., and Woodard, C. J. The Architecture of Platforms: A Unified View [R]. Working Paper: Harvard Business School Boston, MA, 2008.

[18]Barney, J. B. Why Resource-based Theory's Model of Profit Appropriation Must Incorporate a Stakeholder Perspective[J]. Strategic

Management Journal, 2018, 39（8）: 1-21.

[19]Barney, J., Wright, M., and Ketchen, D. J., Jr. The Resource-based View of the Firm: Ten Years after 1991[J]. Journal of Management, 2001, 27（6）: 625-641.

[20]Battistella, C., and Nonino, F. Open Innovation Web-based Platforms: The Impact of Different Forms of Motivation on Collaboration[J]. Innovation-Management Policy & Practice, 2012, 14（4）: 557-575.

[21]Belleflamme, P., and Toulemonde, E. Negative Intra-group Externalities in Two-sided Markets[J]. International Economic Review, 2009, 50（1）: 245-272.

[22]Benlian, A., Hilkert, D., and Hess, T. How Open is This Platform? The Meaning and Measurement of Platform Openness from the Complementors' Perspective[J]. Journal of Information Technology, 2015, 30（3）: 209-228.

[23]Bensaou, M., Coyne, M., and Venkatraman, N. Testing Metric Equivalence in Cross-national Strategy Research: An Empirical Test Across the United States and Japan[J]. Strategic Management Journal, 1999, 20（7）: 671-689.

[24]Bird, B., Schjoedt, L., and Baum, J. R. Editor's Introduction. Entrepreneurs' Behavior: Elucidation and Measurement. Entrepreneurship Theory & Practice, 2012, 36（5）: 889-913.

[25]Blondel, F., and Edouard, S. Entrance into a Platform-dominated Market: Virtue of an Open Strategy on the Numerical Computation Market[J]. Canadian Journal of Administrative Sciences Revue Canadienne des Sciences de l'Administration, 2015, 32（3）: 177-188.

[26]Bodily, S., and Venkataraman, S. Not Walls, Windows: Capturing Value in the Digital Age[J]. Journal of Business Strategy, 2004, 25（3）: 15-25.

[27]Bogner, W. C., and Barr, P. S. Making Sense in Hypercompetitive Environments: A Cognitive Explanation for the Persistence of High Velocity Competition. Organization Science, 2000, 11（2）: 212-226.

[28]Bosse, D. A., and Coughlan, R. Stakeholder Relationship Bonds[J]. Journal of Management Studies, 2016, 53（11）: 7-17.

[29]Boudreau, K. J., and Jeppesen, L. B. Unpaid Crowd Complementors: The Platform Network Effect Mirage[J]. Strategic Management Journal, 2015, 36（12）: 1761-1777.

[30]Boudreau, K. Open Platform Strategies and Innovation: Granting Access vs. Devolving Control[J]. Management Science, 2010, 56（10）: 1849-1872.

[31]Boudreau, K., and Hagiu, A. Platforms Rules: Multi-sided Platforms as Regulators[R]. Harvard Business School Working Papers, 2009.

[32]Brandenburger, A. M., and Stuart, H.W. Value-based Business Strategy[J]. Journal of Economics & Management Strategy, 1996, 5（1）: 5-24.

[33]Brandenburger, A., and Stuart, H. Biform Games[J]. Management Science, 2007, 53（4）: 537-549.

[34]Breidbach, C. F., Brodie, R., and Hollebeek, L. Beyond Virtuality: From Engagement Platforms to Engagement Ecosystems[J]. Management Service Quality, Special Issue, 2014, 24（6）: 592-611.

[35]Bridoux, F., and Stoelhorst, J. W. Stakeholder Relationships and Social Welfare: A Behavioral Theory of Contributions to Joint Value Creation[J]. The Academy of Management Review, 2016, 41（2）: 229-251.

[36]Brockner, J. The Escalation of Commitment to a Failing Course of Action: Toward Theoretical Progress[J]. The Academy of Management Review, 1992, 17（1）: 39-61.

[37]Caillaud, B., and Jullien, B. Chicken and Egg: Competition among Intermediation Service Providers[J]. The RAND Journal of Economics, 2003, 34（2）: 309-328.

[38]Cameron, B. G., Crawley, E. F., Kwapisz, J., et al. Management Levers for Product Platforms[J]. Engineering Management Journal, 2017, 29（3）: 128-139.

[39]Carraher, S., and Buckley, M. Cognitive Complexity and the Perceived

Dimensionality of Pay Satisfaction [J]. Journal of Applied Psychology, 1996, 81 (1): 102–109.

[40] Casadesus-Masanell, R., and Llanes, G. Investment Incentives in Open-source and Proprietary Two-sided Platforms[J]. Journal of Econmics & Management Strategy, 2015, 24 (2): 306–324.

[41] Ceccagnoli, M., Forman, C., Huang, P., et al. Cocreation of Value in a Platform Ecosystem: The Case of Enterprise Software[J]. MIS Quarterly, 2012, 36 (1): 263–290.

[42] Celata, F., Hendrickson, C. Y., and Sanna, V. S. The Sharing Economy as Community Marketplace? Trust, Reciprocity and Belonging in Peer-to-peer Accommodation Platforms[J]. Cambridge Journal of Regions, Economy and Society, 2017, 10 (2): 349–363.

[43] Cennamo, C. Building the Value of Next-Generation Platforms: The Paradox of Diminishing Returns[J]. Journal of Management, 2018, 44 (8): 3038–3069.

[44] Cennamo, C., and Santalo, J. Platform Competition: Strategic Trade-offs in Platform Markets[J]. Strategic Management Journal, 2013, 34 (11): 1331–1350.

[45] Cepeda, G., and Verab, D. Dynamic Capabilities and Operational Capabilities: A Knowledge Management Perspective[J]. Journal of Business Research, 2007, 60 (5): 426–437.

[46] Chamberlin, E. The Theory of Monopolistic Competition[M]. Boston: Harvard University Press, 1933.

[47] Chatain, O. Value Creation, Competition, and Performance in Buyer-Supplier Relationships[J]. Strategic Management Journal, 2011, 32 (1): 76–102.

[48] Chatain, O., and Zemsky, P. Value Creation and Value Capture with Frictions[J]. Strategic Management Journal, 2011, 32 (11): 1206–1231.

[49] Chen, C. CiteSpace II: Detecting and Visualizing Emerging Trends and Transient Patterns in Scientific Literature[J]. JASIST, 2006, 57 (3): 359–377.

[50]Chen, J., Zhang, C., and Xu, Y. J. The Role of Mutual Trust in Building Members' Loyalty to a C2C Platform Provider[J]. International Journal of Electronic Commerce, 2009, 14（1）: 147-171.

[51]Chen, M. J., and Miller, D. Reconceptualizing Competitive Dynamics: A Multidimensional Framework [J]. Strategic Management Journal, 2015, 36（5）: 758-775.

[52]Chen, M. J., Smith, K. G., and Grimm, C. M. Action Characteristics as Predictors of Competitive Responses[J]. Management Science, 1992, 38（3）: 439-455.

[53]Cheng, Y. T., and Van, D. V. A. H. Learning the Innovation Journey: Order out of Chaos?[J]. Organization Science, 1996, 7（6）: 593-614.

[54]Choi, Y. R., and Shepherd, D. A. Entrepreneurs' Decisions to Exploit Opportunities[J]. Journal of Management, 2004, 30（3）: 377-395.

[55]Chowdhury, S. M., and Martin, S. Exclusivity and Exclusion on Platform Markets[J]. Journal of Economics, 2017, 120（2）: 95-118.

[56]Chu, J. H., and Manchanda, P. Quantifying Cross and Direct Network Effects in Online Consumer-to-Consumer Platforms[J]. Marketing Science, 2016, 35（6）: 870-893.

[57]Ciborra, C. U. The Platform Organization: Recombining Strategies, Structures, and Surprises[J]. Organization Science, 1996, 7（2）: 103-118.

[58]Conger, J. A., and Kanungo, R. N. The Empowerment Process: Integrating Theory and Practice[J]. Academy of Management Review, 1988, 13（3）: 471-482.

[59]Cunha, M. P. Bricolage in organizations [R]. Working Paper: Universidade Nova de Lisboa, 2005.

[60]Cusumano, M. A. Platforms Versus Products: Observations from the Literature and History[M].London: Emerald Group Publishing Limited, 2012.

[61]Cusumano, M. A., and Gawer, A. Driving High-tech Innovation: The Four Leverss of Platform Leadership[R]. Massachusetts Institute of Technology, Working Paper, 2001.

[62]Cusumano, M. A., and Yoffie, D. B. Extrapolating from Moore's Law behind and beyond Microsoft, Intel, and Apple[J]. Communication of the ACM, 2016, 59 (1): 33-35.

[63]Dalle, J. M., Den Besten, M., Martinez, C., et al. Microwork Platforms as Enablers to New Ecosystems and Business Models: The Challenge of Managing Difficult Tasks[J]. International Journal of Technology Management, 2017, 75 (1): 55-72.

[64]David, P. A. Clio and the Economics of Qwerty[J].The American Economic Review, 1985, 75 (2): 332-337.

[65]Denrell, J., Fang, C., and Levinthal, D. A. From T-Mazes to Labyrinths: Learning from Model-based Feedback[J]. Management Science, 2004, 50 (10): 1366-1367.

[66]Dierickx, I. and Cool. K. Asset Stock Accumulation and Sustainability of Competitive Advantage[J]. Management Science, 1989, 35 (12): 1504-1511.

[67]Dixit, A. K., Pindyck, and R. S. Investment Under Uncertainty [M]. Princeton, NJ: Princeton University Press, 1994.

[68]Dougherty, D. A Practice-centered Model of Organizational Renewal through Product Innovation[J]. Strategic Management Journal, 1992, 13 (SI): 77-92.

[69]Driouchi, K., and Bennett, D. J. Real Options in Management and Organizational Strategy: A Review of Decision-making and Performance Implications [J]. International Journal of Management Reviews, 2012, 14 (1): 39-62.

[70]Drucker, P. F. Innovation and Entrepreneurship [M]. New York: Harper & Row Press, 1985.

[71]Dunning, J. H. Internationalizing Porter's Diamond [J]. Management International Review, 1993, 33 (2): 7.

[72]Dwivedi, P., Joshi, A., and Misangyi, V. F. Gender-inclusive Gatekeeping: How (Mostly Male) Predecessors Influence the Success of Female CEOs[J]. Academy of Management Journal, 2018, 61 (2): 379-404.

[73]Dyer, J. H. and Singh, H. The Relational View: Cooperative Strategy and Sources of Interorganizational Competitive Advantage[J]. Academy of Management Review, 1998, 23 (4): 660-679.

[74]Dyer, J. H. Effective Interfirm Collaboration: How Firms Minimize Transaction Costs and Maximize Transaction Value[J]. Strategic Management Journal, 1997, 18(7): 535-556.

[75]Dyer, J. H., Singh, H. M., and Hesterly, W. S. The Relational View Revisited: A Dynamic Perspective on Value Creation and Value Capture[J]. Strategic Management Journal, 2018, 39 (3): 1-23.

[76]Dyer, J. H., Singh, H., and Kale, P. Splitting the Pie: Rent Distribution in Alliances and Networks[J]. Managerial and Decision Economics, 2008, 29(1): 137-148.

[77]Eden, C., Ackermann, F., and Cropper, S. The Analysis of Cause Maps. Journal of Management Studies, 1992, 29 (3): 309-324.

[78]Eggers, J. P., and Kaplan, S. Cognition and Renewal: Comparing CEO and Organizational Effects on Incumbent Adaptation to Technical Change[J]. Organization Science, 2009, 20 (2): 461-477.

[79]Eisenhardt K M. Building Theories from Case Study Research[J]. Academy of Management Review, 1989, 14 (4): 532-550.

[80]Eisenhardt, K., and Martin, J. Dynamic Capability: What are They?[J]. Strategic Management Journal, 2000, 21(1): 1105-1121.

[81]Eisenmann, T. R., Parker, G., and Van Alstyne, M. W. Strategies for Two-sided Markets[J]. Harvard Business Review, 2006, 85 (10): 92-101.

[82]Eisenmann, T., Parker, G. G., and Van Alstyne, M. Opening Platforms: How, When and Why[R]. Harvard Business School Division of Research, 2009.

[83]Eisenmann, T., Parker, G., and Van Alstyne, M. Platform Envelopment[J]. Strategic Management Journal, 2011, 32 (12): 1270-1285.

[84]Elfenbein, D., and Zenger, T. Creating and Capturing Value in Repeated Exchange Relationships: The Second Paradox of Embeddedness[J].

Organizational Science, 2017, 28（5）: 894-914.

[85]Enz, M. G., and Lambert, D. M. Using Cross-functional, Cross-firm Teams to Co-create Value: The Role of Financial Measures[J]. Industrial Marketing Management, 2012, 41（3）: 495-507.

[86]Ethiraj S. K., Kale, P., Krishnan, M. S., et al. Where Do Capabilities Come From and How Do They Matter? A Study in the Software Service Industry[J]. Strategic Management Journal, 2005, 26（1）: 25-45.

[87]Evans, D. S. Antitrust Economics of Multi-Sided Platforms[J]. Yale Journal of Regulation, 2003, 20（4）: 325-381.

[88]Evans, D. S., and Schmalensee, R. Failure to Launch Critical Mass in Platform Businesses[J]. Review of Network Economics, 2010, 9（4）: 1-26.

[89]Evans, D. S., and Schmalensee, R. Network Effects March to the Evidence, Not to the Slogans [R]. Antitrust Chronicle, Working Paper, 2017.

[90]Facin, A. L. F., Gomes, L. A. D., Spinola, M. D., et al. The Evolution of the Platform Concept: A Systematic Review[J]. IEEE Transaction on Engineering Management, 2016, 63（4）: 475-488.

[91]Farjoun, M. Towards an Organic Perspective on Strategy[J]. Strategic Management Journal, 2002, 23（7）: 561-594.

[92]Farrell, J., and Klemperer, P. Coordination and Lock-in: Competition with Switching Costs and Network Effects[R]. Handbook of Industrial Organization. Vol. 3. North-Holland: Amsterdam, Elsevier, 2007: 1967-2072.

[93]Farrell, J., and Saloner, G. Installed Base and Compatibility: Innovation, Product Preannouncements, and Predation[J]. The American Economic Review, 1986, 76（5）: 940-955.

[94]Fisher, G. Effectuation, Causation, and Bricolage: A Behavioral Comparison of Emerging Theories in Entrepreneurship Research[J]. Entrepreneurship Theory & Practice, 2012, 36（5）: 1019-1051.

[95]Fiss, P. C. Building Better Causal Theories: A Fuzzy Set Approach to Typologies in Organization Research[J]. Academy of Management Journal, 2011,

54（2）：393-420.

[96]Fu, W. H., Wang, Q., and Zhao, X. D. The Influence of Platform Service Innovation on Value Co-creation Activities and the Network Effect[J]. Journal of Service Management, 2017, 28（2）：348-388.

[97]Fudenberg, D., Tirole, J. Pricing a Network Good to Deter Entry[J]. The Journal of Industrial Economics, 2000, 48（4）：373-390.

[98]Gans, J., and Ryall, M. Value Capture Theory: A Strategic Management Review[J]. Strategic Management Journal, 2017, 38（1）：17-41.

[99]Gawer, A. Bridging Differing Perspectives on Technological Platforms: Toward an Integrative Framework[J]. Research Policy, 2014, 43（7）：1239-1249.

[100]Gawer, A. Platforms, Markets and Innovation[M]. UK, Cheltenham: Edward Elgar, 2009.

[101]Gawer, A. What Managers Need to Know about Platforms[J]. European Business Review, 2011（7）：1-6.

[102]Gawer, A., and Cusumano, M. A. How Companies Become Platform Leaders[J]. MIT Sloan Management Reviw, 2008, 49（2）：28-35.

[103]Gawer, A., and Cusumano, M. A. Industry Platforms and Ecosystem Innovation[J]. Journal of Product Innovation Management, 2014, 31（3）：417-433.

[104]Gawer, A., and Cusumano, M. Platform Leadership[M]. Boston: Harvard Business School Press, 2002.

[105]Gawer, A., and Henderson, R. Platform Owner Entry and Innovation in Complementary Markets: Evidence from Intel[J]. Journal of Economics & Management Strategy, 2007, 16（1）：1-34.

[106]Ghoshal, S., and Moran, P. Bad for Practice: A Critique of the Transaction Cost Theory[J]. Academy of Management Review, 1996, 21（1）：13-47.

[107]Gilbert, R. J., and Katz, M. L. An Economist's Guide to US V.Microsoft[J]. Journal of Economic Perspectives, 2001, 15（2）：25-44.

[108]Grant, R. M. Contemporary Strategy Analysis: Concepts, Techniques, Applications, 6th ed.[M]. Blackwell Publishing, Malden, MA, 2008.

[109]Greckhamer, T. CEO Compensation in Relation to Worker Compensation across Countries: The Configurational Impact of Country-Level Institutions[J]. Strategic Management Journal, 2016, 37 (4): 793-815.

[110]Greckhamer, T., Furnari, S., Fiss, P. C., et al. Studying Configurations with Qualitative Comparative Analysis: Best Practices in Strategy and Organization Research[J]. Organization Science, 2018, 16 (4): 482-495.

[111]Greckhamer, T., Misangyi, V. F., and Fiss, P. C. The Two QCAs: From a Small-N to a Large-N Set-Theoretic Approach[J]. Research in the Sociology of Organizations, 2013, 38: 49-75.

[112]Gulamhussen, M. A. A Theoretical Perspective on the Location of Banking FDI [J]. Management International Review, 2009, 49 (2): 163-178.

[113]Gulati, R., and Singh, H. The Architecture of Cooperation: Managing Co-ordination Costs and Appropriation Concerns in Strategic Alliances[J]. Administrative Science Quarterly, 1998, 43(4): 781-814.

[114]Gulati, R., and Wang, L. O. Size of the Pie and Share of the Pie: Implications of Network Embeddedness and Business Relatedness for Value Creation and Value Appropriation in Joint Ventures[J]. The Governance of Relations in Markets and Organizations Research in the Sociology of Organizations, 2003, 20(2): 209-242.

[115]Gupta, A. K., Smith, K. G., and Shalley, C. E. The Interplay between Exploration and Exploitation[J]. Academy of Management Journal, 2006, 49 (4): 693-706.

[116]Hafeez, K., Zhang, Y., and Malak, N. Core Competence for Sustainable Competitive Advantage: A Structured Methodology for Identifying Core Competence[J]. Transactions on Engineering Management, 2002, 49 (1): 28-35.

[117]Hagiu, A. A Staged Solution to the Catch-22[J]. Harvard Business

Review, 2007, 85 (11): 25-26.

[118]Hagiu, A. Strategic Decisions for Multisided Platforms[J]. MIT Sloan Management Review, 2014, 55 (2): 71-80.

[119]Hagiu, A. Two-sided Platforms: Product Variety and Pricing Structures[J]. Journal of Economics & Management Strategy, 2009, 18 (4): 1011-1043.

[120]Hagiu, A., and Simon, R. Network Effects Aren't Enough[J]. Harvard Business Review, 2016, 94 (4): 64-71.

[121]Hagiu, A., and Spulber, D. First-party Content and Coordination in Two-sided Markets[J]. Management Science, 2013, 59 (4): 933-949.

[122]Hagiu, A., and Altman, E. J. Finding the Platform in Your Product Four Strategies that Can Reveal Hidden Value[J]. Harvrad Business Review, 2017, 95 (4): 94-100.

[123]Hagiu, A., and Jullien, B. Search Diversion and Platform Competition[J]. International Journal of Industrial Organization, 2014, 33: 48-60.

[124]Hagiu, A., and Jullien, B. Why Do Intermediaries Divert Search [J]. RAND Journal of Economics, 2011, 42 (2): 337-362.

[125]Haile, N., and Altmann, J. Structural Analysis of Value Creation in Software Service Platforms[J]. Electronic Markets, 2016, 26 (2): 129-142.

[126]Hansen, M. H., Hoskisson, R. E., and Barney, J. B. Competitive Advantage in Alliance Governance: Resolving the Opportunism Minimization-gain Maximization Paradox[J]. Managerial and Decision Economics, 2008, 29 (2/3): 191-208.

[127]Hart, O., and Moore, J. Property Rights and the Nature of the Firm[J]. Journal of Political Economy, 1990, 98 (6): 1119-1158.

[128]Helfat, C. E., and Lieberman, M. B. The Birth of Capabilities: Market Entry and the Importance of Pre-history[J]. Industrial and Corporate Change, 2002, 11 (4): 725-760.

[129]Helfat, C. E., and Raubitschek, R. S. Product Sequencing: Co-

evolution of Knowledge, Capabilities and Products [J]. Strategic Management Journal, 2000, 21 (10-11): 961-979.

[130]Henderson, R.M., and Clark, K.B. Architectural Innovation: The Reconfiguration of Existing Product Technologies and the Failure of Established Firms. Administrative Science Quarterly, 1990, 35 (1): 9-30.

[131]Hitt, M. A., Ireland, R. D., and Sirmon, D. G. Strategic Entrepreneurship: Creating Value for Individuals, Organizations, and Society[J]. Academy of Management Executive, 2011, 25 (2): 57-75.

[132]Hitt, M. A., Ireland, R. D., Camp, S. M., et al. Strategic Entrepreneurship: Creating a New Mindset[M]. Oxford: Blackwell, 2002.

[133]Hitt, M. A., Ireland, R. D., Camp, S. M., et al. Strategic Entrepreneurship: Entrepreneurial Strategies for Wealth Creation[J]. Strategic Management Journal, 2001, 22 (6-7): 479-491.

[134]Hollander, E. P., and Offermann, L. R. Power and Leadership in Organizations[J]. American Psychologist, 1990, 45(2): 179-189.

[135]Hsu, J.S.C. Understanding the Role of Satisfaction in the Formation of Perceived Switching Value[J]. Decision Support Systems, 2014, 30 (4): 289-300.

[136]Huber, T. L., Kude, T., and Dibbern, J. Governance Practices in Platform Ecosystems: Navigating Tensions between Cocreated Value and Governance Costs [J]. Information Systems Research, 2017, 28 (3): 563-584.

[137]Hyatt, M. Platform: Get Noticed in a Noisy World[M]. London: Oasis Audio, 2012.

[138]Iansiti, M., and Levien, R. Keystones and Dominators: Framing Operating and Technology Strategy in a Business Ecosystem [R]. Harvard Business School Division of Research, 2002.

[139]Imai, K. I. Platforms and Real Options in Industrial Organization [J]. The Japanese Economic Review, 2000, 51 (3): 308-333.

[140]Ireland, R. D., and Webb, J. W. Crossing the Great Divide of Strategic Entrepreneurship: Transitioning between Exploration and

Exploitation[J]. Business Horizons, 2009, 52（5）: 469-479.

[141]Ireland, R. D., and Webb, J. W. Strategic Entrepreneurship: Creating Competitive Advantage through Streams of Innovation[J]. Business Horizons, 2007, 50（1）: 49-59.

[142]Ireland, R. D., Hitt, M. A., and Sirmon, D. G. A Model of Strategic Entrepreneurship: The Construct and its Dimensions[J]. Journal of Management, 2003, 29（6）: 963-989.

[143]Jacobides, M. G., Cennamo, C., and Gawer, A. Towards a Theory of Ecosystems[J]. Strategic Management Journal, 2018, 39（8）: 2255-2276.

[144]Jacobides, M. G., Knudsen, T., and Augier, M. Benefiting from Innovation: Value Creation, Value Appropriation and the Role of Industry Architectures[J]. Research Policy, 2006, 35（8）: 1200-1221.

[145]Jansen, S., and Cusumano, M. A. Defining Software Ecosystems: A Survey of Software Platforms and Business Network Governance[R]. Proceeding of IWSECO, Working Paper, 2013.

[146]Jeon, D. S., and Rochet, J. C. The Pricing of Academic Journals: A Two-sided Market Perspective[J]. American Economic Journal Microeconomics, 2010, 2（2）: 222-255.

[147]Jha, S. K., Pinsonneault, A., and Dube, L. The Evolution of an ICT Platform-enabled Ecosystem for Poverty Alleviation: The Case of Ekutir[J]. MIS Quarterly, Special Issue, 2016, 40（2）: 431-445.

[148]Jia, N., Shi, J., and Wang, Y. Value Creation and Value Capture in Governing Shareholder Relationships: Evidence from a Policy Experiment in an Emerging Market[J]. Strategic Management Journal, 2018, 39（9）: 2466-2488.

[149]Jiang, B. J., Jerath, K., and Srinivasan, K. Firm Strategies in the "Mid Tail" of Platform-Based Retailing[J]. Marketing Science, 2011, 30（5）: 757-775.

[150]Jonsson, S., P. Regner. Normative Barriers to Imitation: Social Complexity of Core Competences in a Mutual Fund Industry[J]. Strategic

Management Journal, 2009, 30（5）: 517-536.

[151]Jullien, B. Competition in Multi-sided Markets: Divide and Conquer[J]. The American Economic Journal: Microeconomics, 2011, 3（4）: 186-219.

[152]Kang, S. C., Morris, S. S., and Snell S. A. Relational Archetypes, Organizational Learning, and Value Creation: Extending the Human Resource Architecture[J]. Academy of Management Review, 2007, 32（1）: 236-256.

[153]Katz, M. L., and Shapiro, C. Product Introduction with Network Externalities[J]. Journal of Industry Economics, 1992, 40（1）: 55-83.

[154]Kauffman, R. J., and Lally, L. A Value Platform Analysis Perspective on Customer Access Information Technology [J]. Decision Sciences, 1994, 25（5-6）: 767-794.

[155]Kelliher, F., and Reinl, L. A Resource-based View of Micro-firm Management Practice[J]. Journal of Small Business and Enterprise Development, 2009, 16（3）: 521-532.

[156]Ketchen, D. J., Ireland, R. D., and Snow, C. C. Strategic Entrepreneurship, Collaborative Innovation, and Wealth Creation[J]. Strategic Entrepreneurship Journal, 2007, 1（3-4）: 371-385.

[157]Kiesler, S., and Sproull, L. Managerial Response to Changing Environments: Perspectives on Problem Sensing from Social Cognition[J]. Administrative Science Quarterly, 1982, 27（4）: 548-570.

[158]Kim, K., and Tse, E. Dynamic Competition Strategy for Online Knowledge-sharing Platforms[J]. International Journal of Electronic Commerce, 2011, 16（1）: 41-76.

[159]Kirzner, I. Competition and entrepreneurship [M]. Chicago: University of Chicago Press, 1973.

[160]Klein, B. The Microsoft case: What Can a Dominant Firm Do to Defend Its Market Position?[J]. Journal of Economic Perspectives, 2001, 15（2）: 45-62.

[161]Klein, S., Frazier, C. L., and Roth, V. J. A Transaction Cost Analysis

Model of Channel Integration in International Markets [J]. Journal of Marketing Research, 1990, 27（2）: 196-208.

[162]Klingebiel, R., and Adner, R. Real Options Logic Revisited: The Performance Effects of Alternative Resource Allocation Regimes [J]. Academy of Management Journal, 2015, 58（1）: 221-242.

[163]Kogut, B., and Kulatilaka, N. Operating Flexibility, Global Manufacturing, and the Option Value of a Multinational Network [J]. Management Science, 1994, 40（1）: 123-139.

[164]Kogut, B., and Zander, U. Knowledge of the Firm, Combinative Capabilities, and the Replication of Technology [J]. Organization Science, 1992, 3（3）: 383-397.

[165]Kohtamäki, M., and Rajala, R. Theory and Practice of Value Co-creation in B2B Systems[J]. Industrial Marketing Management, 2016, 56（5）: 93-103.

[166]Kox, H., Straathof, B., and Zwart, G. Targeted Advertising, Platform Competition, and Privacy[J]. Journal of Economics & Management Strategy, 2017, 26（3）: 557-570.

[167]Kulatilaka, N., and Perotti, E.C. Strategic Growth Options [J]. Management Science, 1998, 44（8）: 1021-1031.

[168]Kumar, M. V. S. Value Creation in Joint Venture Dyads[J]. Advances in Mergers and Acquisitions, 2008, 7（1）: 29-50.

[169]Kuratko, D. F., and Audretsch, D. B. Strategic Entrepreneurship: Exploring Different Perspectives of an Emerging Concept[J]. Entrepreneurship Theory & Practice, 2010, 33（1）: 1-17.

[170]Kwark, Y., Chen, J. Q., and Raghunathan, S. Platform or Wholesale? A Strategic Tool for Online Retailers to Benefit from Third-party Information[J]. MIS Quarterly, 2017, 41（3）: 763-780.

[171]Kyrgidou, L. P., and Hughes, M.. Strategic Entrepreneurship: Qrigins, Core Elements and Research Directions[J]. European Business Review, 2010, 22（1）: 43-63.

[172]Langlois, R. N.. The Vanishing Hand: The Changing Dynamics of Industrial Capitalism[J]. Industrial and Corporate Change, 2003, 12（2）: 351-385.

[173]Lavie, D.. The Competitive Advantage of Interconnected Firms: An Extension of the Resource-based View[J]. Academy of Management Review, 2006, 31（3）: 638-658.

[174]Lavie, D., Stettner, U., and Tushman, M.L. Exploration and Exploitation Within and Across Organizations[J]. The Academy of Management Annals, 2010, 4（1）: 109-155.

[175]Lawson, B., Samson, D and Roden, S. Appropriating the Value from Innovation: Inimitability and the Effectiveness of Isolating Mechanisms[J]. R&D Management, 2012, 42（5）: 420-434.

[176]Lee, R. S. Competing Platforms[J]. The Journal of Economics & Management Strategy, 2014, 23（3）: 507-526.

[177]Lee, S. H., Peng, M. W., and Barney, J. B. Bankruptcy Law and Entrepreneurship Development: A Real Options Perspective[J]. Academy of Management Review, 2007, 32（1）: 257-272.

[178]Lee, S. M., Kim, N. R., and Hong, S. G. Key Success Factors for Mobile App Platform Activation[J]. Service Business, 2017, 11（1）: 207-227.

[179]Lee, S. M., Kim, T., Noh, Y., and Lee, B. Success Factors of Platform Leadership in Web 2.0 Service Business[J].Service Business, 2010, 4（2）: 89-103.

[180]Leiblein, M. J. The Choice of Organizational Governance Form and Performance: Predictions from Transaction Cost, Resource-based, and Real Options Theories [J]. Journal of Management, 2003, 29（6）: 937-961.

[181]Lepak, D. P., Smith, K. G., and Taylor, M. S. Value Creation and Value Capture: A Multilevel Perspective[J]. Academy of Management Review, 2007, 32（1）: 180-194.

[182]Levin,J. The Economics of Internet Markets.in D.Acemoglu,M.Arellano & E.Dekel, eds., Advances in Economics and Econometrics: Theory and

Applications[M]. Cambridge, Massachusetts: Cambridge University Press, 2013.

[183]Levinthal, D. A., and March, J. G.. The Myopia of Learning[J]. Strategic Management Journal, 1993, 14 (S2): 18.

[184]Li, Z. X. and Agarwal, A. Platform Integration and Demand Spillovers in Complementary Markets: Evidence from Facebook's Integration of Instagram [J]. Management Science, 2017, 63 (10): 3438-3458.

[185]Lieberman, M. B., Balasubramanian, N., and Garcia-Castro, R. Toward a Dynamic Notion of Value Creation and Appropriation in Firms: The Concept and Measurement of Economic Gain[J]. Strategic Management Journal, 2018, 39 (6): 1546-1572.

[186]Lin, K. Y., Wang, Y. T., and Hsu, H. S. Why do People Switch Mobile Platforms? The Moderating Role of Habit[J]. Internet Research, 2017, 27 (5): 1170-1189.

[187]Ljungquist, U. Core Competency Beyond Identification: Presentation of a Model[J]. Management Decision, 2007, 45 (3): 393-402.

[188]Ljungquist, U. Specification of Core Competence and Associated Components: A Proposed Model and a Case Illustration[J]. European Business Review, 2008, 20(1): 73-90.

[189]Luke, B., Kearins, K., and Verreynne, M. L. Developing a Conceptual Framework of Strategic Entrepreneurship[J]. International Journal of Entrepreneurial Behavior & Research, 2011, 17 (3): 314-337.

[190]Lyles, M., Schwenk, C. Top Management, Strategy and Organizational Knowledge Structures[J]. Journal of Management Studies, 1992, 29 (2): 155-174.

[191]MacDonald, G., and Ryall, M. D. How do Value Creation and Competition Determine Whether a Firm Appropriates Value?[J]. Management Science, 2004, 50(10): 1319-1333.

[192]Maciuliene, M., and Skarzauskiene, A. Evaluation of of Co-creation Perspective in Networked Collaboration Platforms[J]. Journal of Business

Research, Special Issue, 2016, 69（11）: 4826-4830.

[193]Madhok, A., and Tallman, S. B. Resources, Transactions and Rents: Managing Value through Interfirm Collaborative Relationships[J]. Organization Science, 1998, 9（3）: 326-339.

[194]Madhok, A., S. Li, R. L. Priem. The Resource-based View Revisited: Comparative Firm Advantage, Willingness-based Isolating Mechanisms and Competitive Heterogeneity[J]. European Management Review, 2010, 7（2）: 91-100.

[195]Mansfield, G. M., Fourie, L. C., and Gever, W. R. Strategic Architecture as a Concept towards Explaining the Variation in Performance of Networked Era Firms[J]. Southern Africa Journal of Business Management , 2005, 36（4）: 19-31.

[196]Mantovani, A., and Ruiz-Aliseda, F. Equilibrium Innovation Ecosystems: The Dark Side of Collaborating with Complementors[J].Management Science, 2016, 62（2）: 534-549.

[197]March, J. G. Exploration and Exploitation in Organizational Learning[J]. Organization Science, 1991, 2（1）: 71-87.

[198]March, J. G. Rationality, Foolishness, and Adaptive Intelligence[J]. Strategic Management Journal, 2006, 27（3）: 201-214.

[199]Marcos-Cuevas, J., Nätti, S., Palo, T., and Baumann, J. Value Co-creation Practices and Capabilities: Sustained Purposeful Engagement across B2B Systems[J]. Industrial Marketing Management, 2016, 56（3）: 97-107.

[200]Marr, B., Schiuma, G., and Neely, A. The Dynamics of Value creation: Mapping Your Intellectual Performance Drivers[J]. Journal of Intellectual Capital, 2004, 5（2）: 312-325.

[201]Mazzei, M. J., Ketchen, D. J., and Shook, C. L. Understanding Strategic Entrepreneurship: A "Theoretical Toolbox" Approach[J]. International Entrepreneurship and Management Journal, 2017, 13（2）: 631-663.

[202]Mazzei, M.J.. Strategic Entrepreneurship: Content, Process, Context, and Outcomes[J]. International Entrepreneurship and Management

Journal, 2018, 14（3）: 657-670.

[203]McGregor, D. M. The Human Side of Enterprise[R]. In Adventure in thought and action, Proceedings of the Fifth Anniversary Convocation of the M.I.T. School of Industrial Management, June 1957, 23-30; also ( in condensed form ) in The Management Review, 1957, 46( 11 ): 22-28.

[204]McIntyre, D. P., and Srinivasan, A. Networks, Platform, and Strategy: Emerging Views and Next Steps[J]. Strategic Management Journal, 2017, 38（1）: 141-160.

[205]McIntyre, D., and Subramaniam, M. Strategy in Network Industries: A Review and Research Agenda[J]. Journal of Management, 2009, 35（6）: 1494-1517.

[206]Michael, C. W., Danny, M., Joseph, S. H., David, S. B.. Competitive Landscape Shifts: The Influence of Strategic Entrepreneurship on the Shifts in Market Commonality[J]. Academy of Management Review, 2018, 43（3）: 349-370.

[207]Misangyi, V. F., Greckhamer, T., Furnari, P. C., Fiss, D. C., and Aguilera, R. Embracing Causal Complexity: The Emergence of a Neo-Configurational Perspective[J]. Journal of Management, 2017, 43（1）: 255-282.

[208]Misangyi, V. R., and Acharya, A. G. Substitutes or Complements? A Configurational Examination of Corporate Governance Mechanisms[J]. Academy of Management Journal, 2014, 57（6）: 1681-1705.

[209]Mitchell, R. K., Busenitz, L. W., and Bird, B. The Central Question in Entrepreneurial Cognition Research[J]. Entrepreneurship Theory & Practice, 2007, 31（1）: 1-27.

[210]Mizik, N., and Jacobson, R.Trading Off Between Value Creation and Value Appropriation: The Financial Implications of Shifts in Strategic Emphasis[J]. Journal of Marketing, 2003, 67（1）: 63-76.

[211]Morris, M.H., Kuratko, D.F., and Covin, J.G. Corporate Entrepreneurship & Innovation[J]. Cengage Learning, 2010.

[212]Mukhopadhyay, S., and Reuver, M.D., and Bouwman, H. Effectiveness of Control Mechanismin Mobile Platform Ecosystem [J].Telematics & Informatics, 2015, 33（3）: 848-859.

[213]Mukhopadhyay, S., de Reuver, M., and Bouwmanc, H. Effectiveness of Control Mechanisms in Mobile Platform Ecosystem[J]. Telematics and Informatics, 2016, 33（3）: 848-859.

[214]Muthusamy, S. K., and White, M. A. Learning and Knowledge Transfer in Strategic Alliances: A Social Exchange View[J]. Organization Studies, 2005, 26（3）: 415-441.

[215]Nadkarni, S., and Barr, P. S. Environmental Context, Managerial Cognition, and Strategic Action: An Integrated View[J]. Strategic Management Journal, 2008, 29（13）: 1395-1427.

[216]Narayanan, S.N.K. Strategic Schemas, Strategic Flexibility, and Firm Performance: The Moderating Role of Industry Clockspeed[J]. Strategic Management Journal, 2007, 28（3）: 243-270.

[217]Narayanan, V. K., Zane, L.J., and Kemmerer, B. The Cognitive Perspective in Strategy: An Integrative Review[J]. Journal of Management, 2011, 37（1）: 305-351.

[218]Nocke, V., Peitz, M., and Stahl, K. Platform ownership[J]. Journal of the European Economic Association, 2007, 5（6）: 1130-1160.

[219]Normann, R. Reframing Business: When the Map Changes the Landscape[M]. West Sussex, England: Wiley, 2001.

[220]O'Regan, N., and Ghobadian, A. The Importance of Capabilities for Strategic Direction and Performance[J]. Management Decision,2004,42（2）: 292-313.

[221]Olleros, X. The Lean Core in Digital Platforms[J]. Technovation, 2008, 28（5）: 266-276.

[222]Ondrus, J., Gannamaneni, A., and Lyytinen, K. The Impact of Openness on the Market Potential of Multi-sided Platforms: A Case Study of Mobile Payment Platforms[J]. Journal of Information Technology, 2015, 30（3）:

260-275.

[223]Ordanini, A., Miceli, L., Pizzetti, M., and Parasuraman, A. Crowd-funding: Transforming Customers into Investors through Innovative Service Platforms[J]. Journal of Service Management, 2011, 22(4): 443-470.

[224]Pan, L. J. Pricing of Media Platforms with Vertical Differentiation[J]. Economic Computation and Economic Cybernetics Studies and Research, 2017, 51(1): 249-262.

[225]Pan, S., Pan, G.M., and Hsieh, H. A dual-level Analysis of the Capability Development Process[J]. Journal of the American Society for Information Scienceand Technology, 2006, 57(13): 1814-1829.

[226]Panzar, J. C., and Willig, R. D. Economies of Scope[J]. American Economic Review, 1981, 71(2): 268-272.

[227]Parker, G. G., and Van Alstyne, M. Innovation, Openness, and Platform Control[J]. Management Science, 2018, 64(7): 3015-3032.

[228]Parker, G. G., and Van Alstyne, M. Six Challenges in Platform Innovation and Open Licensing[J]. Communications and Strategies, 2009, 74(1): 17-36.

[229]Parker, G., Van Alstyne, M., and Choudary, S. Platform Revolution[M]. New York: W. W. Norton & Company, 2016.

[230]Parker, G., Van Alstyne, M., and Jiang, X. Y. Platform Ecosystems: How Developers Invert the Firm[J]. MIS Quaterly, 2017, 41(1): 255-266.

[231]Pasche, M., and Magnusson, M. Continuous Innovation and Improvement of Product Platforms[J]. International Journal of Technology Management, 2011, 56(2-4): 256-271.

[232]Pekkarinen, S., and Ulkuniemi, P. Modularity in Developing Business services by Platform Approach[J]. International Journal of Logistics Management, 2008, 19(1): 84-103.

[233]Penrose, E. T. The Theory of the Growth of the Firm[M]. New York: John Wiley, 1959.

[234]Perrons, R. K. The Open Kimono: How Intel Balances Trust and Power to Maintain Platform Leadership[J]. Research Policy, 2009, 38 (8): 1300-1312.

[235]Peter Hines. Integrated Materials Management: The Value Chain Redefined[J]. International Journal of Logistics Management, 1993, 4(1): 13-22.

[236]Pfeffer, J., and Salancik, G. R. The External Control of Organizations: A Resource Dependence Perspective[M]. Stanford: Stanford University Press, 2003.

[237]Piao, M., and Zajac, E.J. How Exploitation Impedes and Impels Exploration:Theory and Evidence. Strategic. Management Journal,2016,37 (7): 1431-1447.

[238]Pitelis, C. N. The Co-Evolution of Organizational Value Capture, Value Creation and Sustainable Advantage[J]. Organization Studies, 2009, 30 (10): 1115-1139.

[239]Pitelis, C. N., and Teece, D. J. The (New) Nature and Essence of the Firm[J]. European Management Review, 2009, 6(1): 5-15.

[240]Porter, M. E. From Competitive Advantage to Corporate Strategy[J]. Harvard Business Review, 1987, 65 (3): 43-59.

[241]Priem R. L. A Consumer Perspective on Value Creation[J]. Academy of Management Review, 32 (1): 219-235.

[242]Puddicombe, M. Novelty and Technical Complexity: Critical Constructs in Capital Projects [J]. Journal of Construction Engineering and Management, 2012, 138 (5): 613-620.

[243]Ragin, C. C. Redesigning Social Inquiry: Fuzzy Sets and Beyond[M]. Chicago and London: The University of Chicago Press, 2008.

[244]Ranjan, K. R., and Read, S. Value Co-creation: Concept and Measurement[J]. Journal of the Academy of Marketing Science, 2016, 44 (3): 290-315.

[245]Raynor, M. E. The Strategy Paradox: Why Committing to Success Leads to

Failure [M]. New York: Currency, 2008.

[246]Reymen, I. M. M. J., Andries, P., Berends, H., et al. Understanding Dynamics of Strategic Decision Making in Venture Creation: A Process Study of Effectuation and Causation[J]. Strategic Entrepreneurship, 2015, 9 (4): 351-379.

[247]Rietveld, J. Creating and Capturing Value from Freemium Business Models: A Demand-side Perspective[J]. Strategic Entrepreneurship Journal, 2018, 12 (2): 179-193.

[248]Rihoux, B., and Ragin, C. C. Configurational Comparative Methods: Qualitative Comparative Analysis (QCA) and Related Techniques[M]. Thousand Oaks, CA: Sage, 2009.

[249]Rindova, V. P., and Fombrun, C. J. Constructing Competitive Advantage: The Role of Firm-Constituent Interactions[J]. Strategic Management Journal, 1999, 20(8): 691-710.

[250]Rochet, J. C., and Tirole, J. Platform Competiton in Two-Sided Markets[J]. Journal of European Economic Association, 2003, 1 (4): 990-1029.

[251]Rochet, J. C., and Tirole, J. Two-sided Markets: A Progress Report[J]. The Rand Journal of Economics, 2006, 37 (3): 645-667.

[252]Roger, G., and Vasconcelos, L. Platform Pricing Structure and Moral Hazard[J]. Journal of Economics & Management Strategy, 2014, 23 (3): 527-547.

[253]Rohlfs, J. A Theory of Interdependent Demand for a Communications Service[J]. The Bell Journal of Economics and Management Science, 1974, 5 (1): 16-37.

[254]Ron, A., Chen, J. Q., and Zhu, F. Frenemies in Platform Markets: The Case of Apple's iPad vs. Amazon's Kindle[R]. Harvard Business School Division of Research, Working paper, 2015.

[255]Rosmarin, R. Open Facebook[J]. Forbes, September 11, 2006.

[256]Sarah Phillips. A brief history of Facebook[M]. The Guardian, 2007.

[257]Ruutu, S., Casey, T., and Kotovirta, V. Development and Competition of Digital Service Platforms: A System Dynamics Approach[J]. Technological Forecasting and Social Change, 2017, 117 (4): 119-130.

[258]Ryall, M. D., and Sorenson, O. Brokers and Competitive Advantage[J]. Management Science, 2007, 53 (4): 566-583.

[259]Rysman, M. Competition between Networks: A Study of the Market for Yellow Pages[J]. The Review of Economic Studies, 2004, 71 (2): 483-512.

[260]Sakhartov, A. V. Economies of Scope, Resource Relatedness, and the Dynamics of Corporate Diversification[J]. Strategic Management Journal, 2017, 38 (11): 2168-2188.

[261]Sanchez, R. Understanding Competence-Based Management: Identifying and Managing Five modes of Competence[J]. Journal of Business Research, 2004, 57 (5): 518-532.

[262]Sarasvathy, S. D. Causation and Effectuation: Toward a Theoretical Shift from Economic Inevitability to Entrepreneurial Contingency[J]. Academy of Management Review, 2001, 26 (2): 243-263.

[263]Schneider, C. Q., and Wagemann, C. Set-Theoretic Methods for the Social Sciences: A Guide to Qualitative Comparative Analysis[M]. Cambridge University Press, 2012.

[264]Schreyogg, G., and Kliesch-Eberl, M. How Dynamic Can Organizationalcapabilities be? Towards a Dual-process Model of Capability Dynamization[J]. StrategicManagement Journal, 2007, 28 (4): 15-24.

[265]Schumpeter, J. A. The Theory of Economic Development[M]. Cambridge, MA: Harvard University Press, 1934.

[266]Seabright, M. A., and Levinthal, D. A., and Fichman, M. Role of Individual Attachments in the Dissolution of Interorganizational Relationships [J]. The Academy of Management Journal, 1992, 35 (1): 122-160.

[267]Selsky, J. W., and Parker, B. Platforms for Cross-sector Social Partnerships: Prospective Sensemaking Devices for Social Benefit[J]. Journal of Business Ethics, 2010, 94 (1): 21-37.

[268]Shane, S., and Venkataraman, S. The Promise of Entrepreneurship as a Field of Research. Academy of Management Review, 2000, 25: 217-226.

[269]Sharp D.J. Uncovering the Hidden Value in High-risk Investment [J]. Sloan Management Review, 1991, 32 (4): 69-74.

[270]Shibata, T., and Kodama, M. Managing the Change of Strategy from Customisation to Product Platform: Case of Mabuchi Motors, a Leading DC Motor Manufacturer[J]. International Journao of Technology Management, 2015, 67 (2): 289-305.

[271]Simsek, Z., Heavey, C., and Fox, B. C. (Meta-) Framing Strategic Entrepreneurship[J]. Strategic Organization, 2017, 15 (4): 504-518.

[272]Sirmon, D. G., Hitt, M. A., and Ireland, R. D. Managing Firm Resources in Dynamic Environments to Create Value: Looking inside the Black Box[J]. Academy of Management Review, 2007, 32 (1): 273-292.

[273]Skold, M., and Karlsson, C. Stratifying the Development of Product Platforms: Requirements for Resources, Organization, and Management styles[J]. Journal of Production Management, 2013, 30 (1): 62-76.

[274]Smith, W. K., and Tushman, M. L. Managing Strategic Contradictions: A Top Management Model for Managing Innovation Streams. Organization Science, 2005, 16 (5): 522-536.

[275]Spagnoletti, P., Resca, A., and Lee, G. A Design Theory for Digital Platforms Supporting Online Communities: A Multiple Case Study[J]. Journal of Information Technology, 2015, 30 (4): 364-380.

[276]Spence, A. M. Product Differentiation and Welfare[J]. The American Economic Review, 1976, 66 (2): 407-414.

[277]Srinivasan, A., and Venkatraman, N. Indirect Network Effects and Platform Dominance in the Video Game Industry: A Network Perspective[J]. IEEE Transaction on Engineering Management, 2010, 57 (4): 661-673.

[278]Srinivasan, A., and Venkatraman, N. The Role of Indirect Network Effects in Explaining Platform Dominance in the Video Game Industry[R]. International Conference on Information Systems, Working paper, 2008.

[279]Sriram, S., Manchanda, P., Bravo, M. E., et al. Platforms: A Multiplicity of Research Opportunities[J]. Makerting Letters, 2015, 26（2）: 141-152.

[280]Stabell, C., and Fjeldstad, Ø. D. Configuring Value for Competitive Advantage: On Chains, Shops, and Networks[J]. Strategic Management Journal, 1998, 19(4): 413-437.

[281]Staykova, K. S., and Damsgaard, J. Adoption of Mobile Payment Platforms: Managing Reach and Range[J]. Journal of Theoretical and Electronic Commerce Research, 2016, 11（3）: 65-84.

[282]Strauss, A. L., and Corbin, J. Basics of Qualitative Research: Grounded Theory Procedures and Techniques[M]. Thousand Oaks, CA: Sage, 1990.

[283]Suarez, F. F., and Cusumano, M. A. The Role of Services in Platform Markets[J]. Platforms, Markets and Innovation, 2009: 77-98.

[284]Suarez, F. Network Effects Revisited: The Role of Strong Ties in Technology Selection[J]. Academy of Management Journal, 2005, 48（4）: 710-722.

[285]Tan, J., and Tan, D. Environment-strategy Co-evolution and Co-alignment: A staged Model of Chinese SOEs Under Transition [J]. Strategic Management Journal, 2005, 26（2）: 141-157.

[286]Tee, R., and Gawer, A. Industry Architecture as a Determinant of Successful Platform Strategies: A Case Study of the I-mode Mobile Internet Service[J]. European Management Review, 2009, 6（4）: 217-232.

[287]Teece, D. J. Economies of Scope and the Scope of the Enterprise[J]. Journal of Economic Behavior and Organization, 1980, 1（3）: 223-247.

[288]Teece, D. J. Profiting from Innovation in the Digital Economy: Standards, Complementary Assets, and Business Models in the Wire-less World[J]. Research Policy（Forthcoming）, 2018.

[289]Teece, D. J. Profiting from Technological Innovation: Implications for Integration, Collaboration, Licensing and Public Policy[J]. Research Policy,

1986, 15（6）: 285-305.

[290]Teppo F, Hesterly, W. S. The Knowledge-Based View, Nested Heterogeneity, and New Value Creation: Philosophical Considerations on the Locus of Knowledge[J]. Academy of Management Review, 2007, 32（1）: 195-218.

[291]Thomä, J and Bizer, K.To Protect or not to Protect? Modes of Appropriability in the Small Enterprise Sector[J]. Research Policy, 2013, 44（3）: 35-49.

[292]Thomas, L. D. W., Autio, E., and Gann, D. M. Architectural Leverage: Putting Platforms in Context[J]. Academy of Management Perspectives, 2014, 28（2）: 198-219.

[293]Thompson, J. D. Organizations in Action[M].New York: McGraw-Hill, 1967.

[294]Tiwana, A. Platform Desertion by App Developers[J]. Journal of Management Information Systems, 2015, 32（4）: 40-77.

[295]Tiwana, A. Platform Ecosystems: Aligning Architecture, Governance and Strategy[M]. Waltham, MA: Elsevier, 2013.

[296]Tiwana, A., and Bush, A. A. Spotting Lemons in Platform Markets: A Conjoint Experiment on Signaling[J]. IEEE Transaction Engineering Management, 2014, 61（3）: 393-405.

[297]Trigeorgis, L. Real Options and Interactions with Financial Flexibility [J]. Financial Management, 1993, 22（3）: 202-224.

[298]Trigeorgis, L. Real Options Theory Under Bounded Rationality [R]. Working papers: Kings College, London, UK, 2014.

[299]Trigeorgis, L. Real Options: Managerial Flexibility and Strategy in Resource Allocation[M]. MA: MIT Press, 1996.

[300]Trigeorgis, L., and Reuer, J. J. Real Options Theory in Strategic Management [J]. Strategic Management Journal, 2017, 38（1）: 42-63.

[301]Tripsas, M., and Gavetti, G.. Capabilities, Cognition, and Inertia: Evidence from Digital Imaging[J]. Strategic Management Journal, 2000, 21（1）:

1147-1161.

[302]Tufano, P. Financial Innovation and First-mover Advantages [J]. Journal of Financial Economics, 1989, 25（2）: 231-240.

[303]Van Alstyne, M. W., Parker, G. G., and Choudary, S. P. Pipelines, Platforms, and the New Rules of Strategy[J]. Harvard Business Review, 2016, 94（4）: 54-60, 62.

[304]Veiga, A., Weyl, E. G., and White, A. Multidimensional Platform Design[J]. American Economic Review, 2017, 107（5）: 191-195.

[305]Vorhies, D. W., and Morgan, N. A. Benchmarking Marketing Capabilities for Sustainable Competitive Advantage[J]. Journal of Marketing, 2005, 69（1）: 80-94.

[306]Vuori, V., and Okkonen, J. Knowledge Sharing Motivational Factors of Using an Intra-organizational Social Media Platform [J]. Jounal of Knowledge Management, 2012, 16（4）: 592-603.

[307]Wagner, H. T., and Weitzel, T. Towards an IT Production Function: Understanding Routines as Fundamental for IT Value Creation[J]. Journal of Enterprise Information Management, 2007, 20（4）: 380-395.

[308]Walsh, J. P. Managerial and Organizational Cognition: Notes from a Trip Down Memory Lane[J]. Organization Science, 1995, 6（3）: 280-321.

[309]Wang, C. L., and Ahmed, P.K. Dynamic Capabilities: A Review and Research Agenda[J]. International Journal of Management Reviews, 2007, 9（1）: 31-51.

[310]Wang, E. T. G., and Wei, H. L. Interorganizational Governance Value Creation: Coordinating for Information Visibility and Flexibility in Supply Chains[J]. Decision Sciences, 2007, 38（4）: 647-674.

[311]Weick, K. E. Sensemaking in Organizations[M]. Sage Publications, 1995: 59-64.

[312]Weick, K. E., Sutcliffe, K. M., and Obstfeld, D. Organizing and the Process of Sensemaking[J]. Organization Science, 2005, 16（4）: 409-421.

[313]Wernerfelt, B. A Resource-Based View of the Firm[J]. Strategic

Management Journal, 1984, 5 (2): 171-180.

[314]Wessel, M., Thies, F., and Benlian, A. Opening the Floodgates: The Implications of Increasing Platform Openness in Crowdfunding[J]. Journal of Information Technology, 2017, 32 (4): 344-360.

[315]West, J. How Open is Open Enough? Melding Proprietary and Open Source Platform Strategies[J]. Research Policy, 2003, 32 (7): 1259-1285.

[316]West, J., and Wood, D.Evolving an Open Ecosystem: The Rise and Fall of the Symbian Platform[J]. Advances in Strategic Management, 2013, 30: 27-67.

[317]Williams, J., and Aitken, R. The Service-dominant Logic of Marketing and Marketing Ethics[J]. Journal of Business Ethics, 2011, 102 (3): 439-454.

[318]Williamson, O. E. Comparative Economic Organization: the Analysis of Discrete Structural Alternatives[J]. Administrative Science Quarterly, 1991, 36(2): 269-296.

[319]Williamson, O. E. Markets and Hierarchies[M]. New York: Free Press, 1975.

[320]Williamson, O. E. Outsourcing: Transaction Cost Economics and Supply Chain Management[J]. Journal of Supply Chain Management, 2008, 44 (2): 5-16.

[321]Wu, Y.L., Tao, Y.H., Li, C.P., et al. User-Switching Behavior in Social Network Sites: A Model Perspective with Drill-down Analyses[J]. Computers in Human Behavior, 2014, 39 (1): 92-103.

[322]Yiu, D. W., Hoskisson, R. E., and Bruton, G. D. Dueling Institutional Logics And The Effect On Strategic Entrepreneurship In Chinese Business Groups. Strategic Entrepreneurship Journal, 2015, 8 (3): 195-213.

[323]Zahra, S. A., and George, G. Absorptive capability: A Review, Reconceptualization, and Extension [J]. Academy of Management Review, 2002, 27(2): 185-203.

[324]Zahra, S. A., Sapienza, H. J., and Davidsson, P. Entrepreneurship

and Dynamic Capabilities: A Review, Model and Research Agenda[J]. Journal of Management Studies, 2006, 43（4）: 917-955.

[325]Zajac, E. J., and Olsen, C. P . From Transaction Cost to Transactional Value Analysis: Implications for the Study of Interorganizational Strategies[J]. Journal of Management Studies, 1993, 30（1）: 131-145.

[326]Zhang, X., and Chen, R. Examining the Mechanism of the Value Cocreation with Customers[J]. International Journal of Production Economics, 2008, 116（2）: 242-250.

[327]Zhu, F., and Iansiti, M. Entry into Platform-based Markets[J]. Strategic Management Journal, 2012, 33（1）: 88-106.

[328]Zhu, F., and Liu, Q. Competing with Complementors: An Empirical Look at Amazon.com[J]. Strategic Management Journal, 2018, 39（8）: 2618-2642.

[329]安塞尔姆·斯特劳斯，朱丽叶·柯宾.质性研究概论[M]. 徐宗国，译.台北：巨流出版社，1997.

[330]毕菁佩，舒华英.基于竞争平台的新老用户定价策略分析[J].管理学报，2016，13（8）：1257-1262.

[331]伯努瓦·里豪克斯，查尔斯·拉金. QCA设计原理与应用：超越定性与定量研究的新方法[M]. 杜运周，李永发，等译.北京：机械工业出版社，2017.

[332]蔡宁，贺锦江，王节祥."互联网+"背景下的制度压力与企业创业战略选择——基于滴滴出行平台的案例研究[J].中国工业经济，2017（3）：174-192.

[333]蔡宁，王节祥，杨大鹏.产业融合背景下平台包络战略选择与竞争优势构建——基于浙报传媒的案例研究[J].中国工业经济，2015（5）：96-109.

[334]曹洪，郑和平.对平台企业价格规制的思考[J].西南民族大学学报（人文社会科学版），2012，33（3）：105-108.

[335]曹俊浩，陈宏民，孙武军.多平台接入对B2B平台竞争策略的影响——基于双边市场视角[J].财经研究，2010，36（9）：91-99.

[336]曹仰锋.平台领导需要堂吉诃德精神[J].清华管理评论,2016(5):60-64.

[337]陈玲.市场平台组织体系及运行模式研究[J].经济问题,2010(10):54-57,78.

[338]陈威如,王诗一.平台转型:企业再创巅峰的自我革命[M].北京:中信出版社,2016.

[339]陈威如,余卓轩.平台战略:正在席卷全球的商业模式革命[M].北京:中信出版社,2013.

[340]陈衍泰,孟媛媛,张露嘉,等.产业创新生态系统的价值创造和获取机制分析——基于中国电动汽车的跨案例分析[J].科研管理,2015,36(S1):68-75.

[341]陈悦,等.引文空间分析原理与应用:Citespace实用指南[M].北京:科学出版社,2014.

[342]池毛毛,赵晶,李延晖,等.企业平台双元性的实现构型研究:一项模糊集的定性比较分析[J].南开管理评论,2017,20(3):65-76.

[343]初翔,仲秋雁.平台竞争战略分析框架研究——结合探索性与解释性案例[J].中国管理科学,2014,22(S1):519-524.

[344]崔晓明,姚凯,胡君辰.交易成本、网络价值与平台创新——基于38个平台实践案例的质性分析[J].研究与发展管理,2014,26(3):22-31.

[345]单姗,曲创.平台厂商市场势力的判定——提价能力的适用性分析[J].福建师范大学学报(哲学社会科学版),2017(1):87-94,169.

[346]丁宏,梁洪基.互联网平台企业的竞争发展战略——基于双边市场理论[J].世界经济与政治论坛,2014(4):118-127.

[347]董维刚,许玉海,浮红芬.多归属情形下产业间平台合作的经济效应[J].运筹与管理,2013,22(5):209-216.

[348]杜运周,贾良定.组态视角与定性比较分析(QCA):管理学研究的一条新道路[J].管理世界,2017(6):155-167.

[349]段文奇.网络平台企业面临的战略挑战及应对策略[J].华东经济管理,2010,24(9):102-105.

[350]冯华,陈亚琦.平台商业模式创新研究——基于互联网环境下的时

空契合分析[J].中国工业经济,2016（3）:99-113.

[351]高鸿业.西方经济学（微观部分）[M].北京:北京人民大学出版社,2011.

[352]郝瑾,王凤彬,王璁.海外子公司角色分类及其与管控方式的匹配效应——一项双层多案例定性比较分析[J].管理世界,2017（10）:150-171.

[353]亨利·明茨伯格,布鲁斯·阿尔斯特兰德,约瑟夫·兰佩尔着.战略历程:纵览战略管理流派[M].刘红瑞,等译.北京:机械工业出版社,2002.

[354]胡岗岚,卢向华,黄丽华.电子商务生态系统及其演化路径[J].经济管理,2009,31（6）:110-116.

[355]纪汉霖,王小芳.平台差异化且用户部分多归属的双边市场竞争[J].系统工程理论与实践,2014,34（6）:1398-1406.

[356]纪汉霖,张永庆.用户多归属条件下的双边市场平台竞争策略[J].经济问题探索,2009（5）:101-107.

[357]纪汉霖.用户部分多归属时的平台企业定价及选址问题[J].系统工程,2010,28（3）:40-45.

[358]金杨华,潘建林.基于嵌入式开放创新的平台领导与用户创业协同模式——淘宝网案例研究[J].中国工业经济,2014（2）:148-160.

[359]李海舰,田跃新,李文杰.互联网思维与传统企业再造[J].中国工业经济,2014（10）:135-146.

[360]李鹏,胡汉辉.企业到平台生态系统的跃迁:机理与路径[J].科技进步与对策,2016,33（10）:1-5.

[361]李鹏.中国数字内容产业的发展与平台生态自我规制研究[D].南京:东南大学,2016.

[362]廖理,汪毅慧.实物期权理论与企业价值评估[J].数量经济技术经济研究,2001（3）:98-101.

[363]刘江鹏.企业成长的双元模型:平台增长及其内在机理[J].中国工业经济,2015（6）:148-160.

[364]刘林青,雷昊,谭畅.平台领导权争夺:扩网、聚核与协同[J].清华管理评论,2015（3）:22-30.

[365]刘林青，谭畅，江诗松，等.平台领导权获取的方向盘模型——基于利丰公司的案例研究[J].中国工业经济，2015（1）：134-146.

[366]刘启，李明志.双边市场与平台理论研究综述[J].经济问题，2008（7）：17-20.

[367]罗珉，杜华勇.平台领导的实质选择权[J].中国工业经济，2018（2）：82-99.

[368]罗珉，李亮宇.互联网时代的商业模式创新：价值创造视角[J].中国工业经济，2015（1）：95-107.

[369]罗珉，刘永俊. 企业动态能力的理论架构与构成要素[J]. 中国工业经济，2009，（1）：75-86.

[370]罗珉，马柯航. 后发企业的边缘赶超战略[J]. 中国工业经济，2013，（12）：91-103.

[371]罗珉，赵红梅. 中国制造的秘密：创新+互补性资产[J]. 中国工业经济，2009（5）：46-56.

[372]罗珉.组织管理学[M].成都：西南财经大学出版社，2003.

[373]马克思. 资本论（第一卷）[M]. 北京：人民出版社，2004.

[374]迈克尔·波特.竞争优势[M]. 陈小悦，译. 北京：华夏出版社，2005.

[375]木头.2018智能快递柜排行榜[J].互联网周刊，2018（9）：26-27.

[376]穆胜.平台解救科层制？（下）[J].中外管理，2016（11）：64-67.

[377]彭本红，武柏宇.平台企业的合同治理、关系治理与开放式服务创新绩效——基于商业生态系统视角[J].软科学，2016，30（5）：78-81，118.

[378]曲创，刘重阳.平台厂商市场势力测度研究——以搜索引擎市场为例[J].中国工业经济，2016（2）：98-113.

[379]曲振涛，周正，周方召.网络外部性下的电子商务平台竞争与规制——基于双边市场理论的研究[J].中国工业经济，2010（4）：120-129.

[380]尚航标，李卫宁，黄培伦.两类环境中的管理认知与战略变革关系研究[J].科技管理研究，2014，34（11）：167-175.

[381]孙军，高彦彦.网络效应下的平台竞争及其后果分析[J].管理世界，2016（5）：182-183.

[382]孙耀吾,王雅兰.高技术服务创新网络主导企业最优平台开放度选择研究[J].研究与发展理,2016,28(6):19-26.

[383]万兴,杨晶.互联网平台选择、纵向一体化与企业绩效[J].中国工业经济,2017(7):156-174.

[384]汪敢甫,艾兴政,钟丽.考虑范围经济与产品市场风险的网络平台品类多样性销售策略[J].管理学报,2017,14(4):609-616.

[385]汪旭晖,张其林.平台型电商企业的温室管理模式研究——基于阿里巴巴集团旗下平台型网络市场的案例[J].中国工业经济,2016(11):108-125.

[386]汪旭晖,张其林.平台型网络市场"平台—政府"双元管理范式研究——基于阿里巴巴集团的案例分析[J].中国工业经济,2015(3):135-147.

[387]汪旭晖,张其林.平台型网络市场中的"柠檬问题"形成机理与治理机制——基于阿里巴巴的案例研究[J].中国软科学,2017(10):31-52.

[388]王凤彬,江鸿,王璁.央企集团管控架构的演进:战略决定、制度引致还是路径依赖?——一项定性比较分析(QCA)尝试[J].管理世界,2014(12):92-114,187-188.

[389]王浩伦,侯亮,王其亮.产品平台演化过程及影响因素分析[J].科技进步与对策,2011,28(7):1-4.

[390]王建明,贺爱忠.消费者低碳消费行为的心理归因和政策干预路径:一个基于扎根理论的探索性研究[J].南开管理评论,2011,14(4):80-89,99.

[391]王节祥,蔡宁,盛亚.龙头企业跨界创业、双平台架构与产业集群生态升级——基于江苏宜兴"环境医院"模式的案例研究[J].中国工业经济,2018(2):157-175.

[392]王节祥.互联网平台企业的边界选择与开放度治理研究:平台二重性视角[D].杭州:浙江大学,2017.

[393]王勇,戎珂.平台治理:在线市场的设计、运营与监管[M].北京:中信出版社,2018.

[394]王昭慧,张洪.基于双边市场的平台所有权研究[J].管理工程学报,

2011, 25（1）：49-55.

[395]魏如清, 唐方成, 董小雨, 等.双边网络环境下开放与封闭平台的竞争：以移动操作系统平台为例[J].中国管理科学, 2013, 21（S2）：432-439.

[396]吴义爽.平台企业主导的生产性服务业集聚发展研究[J].科研管理, 2014, 35（7）：20-26.

[397]徐晋, 张祥建.平台经济学初探[J].中国工业经济, 2006（5）：40-47.

[398]严效民, 胡汉辉.基于平台理论的区域产业发展平台分析——以苏州工业园区为例[J].科学学与科学技术管理, 2011, 32（11）：118-124.

[399]杨学成, 涂科.出行共享中的用户价值共创机理——基于优步的案例研究[J].管理世界, 2017（8）：154-169.

[400]杨学成, 涂科.平台支持质量对用户价值共创公民行为的影响——基于共享经济背景的研究[J].经济管理, 2018（3）：128-144.

[401]姚凯, 刘明宇, 芮明杰.网络状产业链的价值创新协同与平台领导[J].中国工业经济, 2009（12）：86-95.

[402]张凯, 李向阳.部分重叠业务的双边平台企业竞争模型[J].系统工程理论与实践, 2010, 30（6）：961-970.

[403]张利飞.高科技企业创新生态系统平台领导战略研究[J].财经理论与实践, 2013, 34（4）：99-103.

[404]张小宁, 赵剑波.新工业革命背景下的平台战略与创新——海尔平台战略案例研究[J].科学学与科学技术管理, 2015, 36（3）：77-86.

[405]张小宁.平台战略研究评述及展望[J].经济管理, 2014, 36（03）：190-199.

[406]张晓明, 夏大慰.开放平台与所有权平台的竞争：网络效应与策略选择[J].中国工业经济, 2006（12）：74-80.

# 附　录

# 附录1　基于CiteSpace文献计量的详细术语聚类结果

附表1-1　CiteSpace术语聚类结果

| 核心术语类型 | 关联信息词汇 | 关联关键词 | 核心文献 |
| --- | --- | --- | --- |
| Architectural leverage 频次20，网络同质性系数0.551 | pride; feelings; members; ongoing member activity; crowdsourcing platforms; tasks; platform organization; member; online organizations; ongoing basis \| content sales; installed base; installed base innovativeness; recency; proportion; bases; sales; installed base recency; console; installed base size | business; companies; activity; profitability; nonplatform in-stalled; sales; recency; console; innovativeness | Jacobides（2006）;Evans（2007）;Gawer（2009）;Parker（2016） |

续表

| 核心术语类型 | 关联信息词汇 | 关联关键词 | 核心文献 |
| --- | --- | --- | --- |
| Critical mass 频次20，网络同质性系数0.883 | users; number; variety; equilibria; consumption complementarities; coordination problem; preference; direct network effects; utility; limiting choice ǀ applications; software; consumers; information; migration; complementarities; role; services; migration intention; current generation | market; firms; demand; author; marketing information; consumers; consumer; complementarities; migration | Cusumano（2002）;Iansiti（2004）;Eisenmann（2006）;Armstrong（2007;）Hagiu（2009）;Hagiu（2011） |
| Strategic oppertunities 频次16，网络同质性系数0.752 | intergenerational services; compatibility; platform generations; migration; platform adoption; generation platforms; multigenerational platforms; indirect network effect; generation services; mobile internet platform ǀ customer orientation; seller; total customer orientation; sellers; customer orientation asymmetry; customer concentration; buyer side; platform firms; to-business; orientation asymmetry | contribution; investments; investment; returns; sponsors control; quality; self-control; intentions; continuance | Yin（2009）;Yoo（2010）;Boudreau（2010）;Mcintyre（2017） |

续表

| 核心术语类型 | 关联信息词汇 | 关联关键词 | 核心文献 |
| --- | --- | --- | --- |
| Policy change 频次9，网络同质性系数0.735 | brand image; authors; customer engagement; engagement; firm; brand; emotions; purchase intentions; customer emotions; julio I network effect; value co-creation activities; platform service innovations; platform owners; platform service innovation; maturity; expansion; platform owner; value co-creation; emergence | engagement; customer; brand; image; emotions ewom; popularity; platform-based; engagement; govern | Cabral（2010）;Mudambi（2010）;Belleflamme（2014）;Gawer（2014） |
| Engagement platform 频次7，网络同质性系数0.98 | network effect; value co-creation activities; platform service innovations; platform service innovation; platform owners; relationship; maturity; expansion; properties; relationships I engagement platforms; context; authors; actor engagement; future studies; research directions; income; behavioral intention; value co-creation activities; behavioral intentions | network; stage; focus; relationship; innovations business; multisided; understanding; income; measured | Van Doorn（2010）;Breidbach（2014）;Hammari（2016） |

资料来源：作者根据245篇以"platform"为标题和关键词的SSCI文献和同一话题下73篇高影响力的非SSCI文献，运用CiteSpaceV软件输出结果整理形成。表中聚类分析采用极大似然比（log-likehood ratio）算法。

# 附录2 平台企业价值创造与价值获取研究的访谈提纲

研究访谈提纲（合并）

尊敬的企业家/用户：

您好！西南财经大学与电子科技大学领衔合作组建的"平台研究课题组"致力于平台企业的理论范式和经营实践研究，重点在于刻画：平台企业的创业逻辑、平台市场的建构、平台企业价值创造与价值获取、平台企业治理和竞争隔离机制、平台生态系统、平台商业模式及平台战略等核心议题。为进一步了解企业经营实践和深入开展研究，我们可能需要向您了解以下问题（但不限于以下问题）。

企业访谈部分：

1.为什么创建这个平台？或创建平台业务的想法来源于什么地方？（机会来源，平台业务与原业务关系，入口）（创始人）

2.平台构建过程中，哪些人发挥着重要作用？（创建者，负责人，关键决策人）

3.您公司有多少人？组织结构是什么样的？这个平台业务有多少人？（创始人和高管）

4.平台是如何运作的？（创始人、运营总监）

5.在开始创建平台初期，您是怎么考虑的？（创始人、高管）

6.您这个业务的优势在哪？（开始，过程，现在）

7.您这个业务，想法来自于哪？有没有人在与您做相同的业务？

8.您的平台是如何收费的？这个业务形成的年收入大概多少？占公司总收入比例多少？（过去，现在，未来）

9.什么时候开始收费？向谁收费？（如何定价）

10.目前这个业务在公司是个什么样状态？战略定位是什么样的？

11.目前这个业务在市场上影响如何？（占有率，用户量，领先地位）

12.您这个行业，企业多不多？您的竞争对手有哪些？他们情况如何？

13.您是如何引导用户使用您这个业务的？

14.您是如何引导上游企业到您这个平台上的？

15.您是如何理解平台的？您觉得一个好的平台应该是什么样的？

16.您如何协调下游用户和上游供应商的关系？您如何处理平台与用户和平台与上游供应商的纠纷？

17.您是否有其他需要补充的说明，或给我们提供的资料信息？是否有对我们团队或研究的建议？

用户访谈部分：

1.您是如何关注到平台的？

2.您基于什么样的考虑选择使用（或放弃使用）该平台？

3.您认为这个平台最大的优势是什么？劣势是什么？

4.您认为使用该平台是否解决了您过去的问题？解决了哪些问题？是否实用？

5.您认为该平台在同行业内位于什么样的位置？

6.谈谈您从注册到使用平台的个人感受。

7.您认为一个好的平台应该具备什么条件，当前这个平台是否满足这些条件？

8.您会选择在平台上提出个人的意见或反馈信息吗？以什么样的方式提供？

9.平台上哪些因素会影响到您实际的决策制定，如何影响的？

10.您以后会持续使用该平台吗？原因是什么？

11.您是否有其他需要补充的说明，或给我们提供的资料信息？是否有对我们团队或研究的建议？

# 附录3　访谈分析笔记（示例）

在本书研究团队走访9家（后期还走访了两家）平台企业的过程中，为了提高研究者的理论敏感性和捕捉访谈闪光点，我们在访谈结束后的第一时间分别立即着手撰写分析笔记，结合理论知识分析访谈现场印象深刻的信息，以备研究团队交流笔记和开展专题讨论。以下为D公司访谈结束后，研究团队其中一位研究者（D博士）的现场分析笔记：

访谈现场笔记与感悟

笔录时间：2018年7月24日18：15

分析对象：针对2018年7月24日16：00—18：10 D公司创始人的访谈、情况介绍和观察。

## 一、D公司的发展脉络

创始人C原来是做IT出身，本科毕业于电子科大，创业之前在IT公司工作积累了大量技术经验。D公司早期做IT服务外包，以便积累资金和团队。同时也开始开发SaaS工具（3D软件开发工具和3D辅助设计工具）。第二阶段开始免费开放工具包，吸引3D设计师（打造流量入口），同时平台上开始出现设计师制作的3D素材。第三阶段主要吸引另一边客户，主要是广告商等3D素材需求方。第四阶段平台形成品类丰富的海量素材，进而形成竞争壁垒。公司的目标是做美国3D上市第一家，其对标企业是视觉中国（视觉中国也是图片交易平台，也是D公司最大的股东）。其中，第一、二、三阶段企业内既有销售人员，也有自己的设计师。设计师的工作包括：第一、二阶段负责开发、优化工具包，第二、三阶段负责外包服务（如阿里、京东的宝贝3D展示），这些业务接单后直接由D公司设计师完成。销售团队的工作包括：线上线下向目标客户（广告商，商业设计公司——他们可能会用D公司的工具包开发符合品牌商需求的定制化产品）推销工具包（包括基础模块和增值服务，核心基础模块不收费，但要用于商业化用途需要去水印等，需要付费才能使用去水印版），以及培养用户习惯（即形成用户的三维展示习惯而不是原来的平面展示，换言之培养用户消费意愿），这种习惯也来自于设计师开发基于工具包的样板素材，让用户看到部分可能的应用场景。因此，D公司的发展也不是跳跃性的，而是平滑、阶段性、规划性的。在平台网络效应实现（形成自生能力）之前，不能单纯依靠投资人资金输血，企业也需要有一定造血的功能（传统非平台业务获得持续收入）。

## 二、D公司的收费模式

D公司早期的收入来自SaaS外包服务，开发出3D辅助设计工具包后也有工具包账号的收入（核心工具免费，增值服务会员制收年费，分3999和16800两个版本），3D设计师加入后可以选择将设计产品用于平台上售卖（平台可分类的标准化产品），平台获得分成（早期引导设计师是关键，分30%，后期内容库建立且发展庞大后会调到70%）；设计师也可以利用工具包为其客户（这些客户并不与平台发生联系）设计定制化产品，此时设计师的行为看作代表公司的商业化行为，平台收费自来账号年费。值得注意的是，设计师背后的公司既可能是平台B端也可能是C端，当设计师代表个人参与平台标准化产品设计时表现为B端（此时设计师使用的工具包服务是免费的），当设计师利用工具包为他的客户提供定制化产品时又体现为C端（此时设计师是用户）。平台并没有撮合定制化产品交易（比如用户提出定制化需求，平台发布需求，设计师竞拍获得订单），只是提供标准产品的交易平台。D公司还有一项业务收入来源于流量包，设计师设计的产品要占用平台的流量，需要为此付费。

## 三、治理与隔离（创始人将隔离比喻成"护城河"）

资质审核：设计师通过注册账号签约的形式加入平台，平台会实现审核设计师以前的3D产品质量。当设计师设计出产品会向平台提供一个建议售价，平台则综合设计师过往作品质量与市场价格进行审核，并给设计师一个反馈价，接受则发布该产品价格。同时，设计师也可以根据预期重新申请调整已经上架产品的价格，平台根据设计师建议重新审核、反馈和发布价格。

纠纷处理：设计师的价格不被平台接受（比如平台认为设计师定价太高）可以向平台专门部门申诉，并由平台聘请的美术总监判断和裁决。由于3D设计在平台上就能清晰判断素材质量、价格等因素是否合规合理，因此几乎不存在设计师与用户间的逆向选择问题。由于签约设计师签订了责任条款，因此设计师提交作品前的侵权抄袭等纠纷不属于平台的责任范围（界定责任边界）。

隔离1：一套线上工具包和系统。D公司开发的工具包和3D渲染等便捷服务都是线上端口登录，并不像3D Max软件一样可以在离线端设计和编辑。因此，设计出的产品带水印，无法通过平台以外的方法去水印（就像腾讯一样，QQ、微信都是一个接入端口而不是可离线/平台的独立系统，这样腾讯微信收费以后也只能接受）。

隔离2：品类丰富的海量内容库。一旦内容库形成，就会产生隔离，其他平台无法在短时间形成这么成熟、全面的内容。

价值基础：价值基础与三个环节有关。一是设计师，设计师是决定B端品类的关键。二是工具包，它与设计师是相辅相成的，只有提供具有便捷高效辅助设计功能的强大工具包，才能"粘连"设计师。同时，只有设计师加入使用工具包，才能使工具包不断使用、暴露漏洞，从而不断优化和完善，形成优势更强的核心辅助技术。三是培养用户习惯/意愿。3D前景无限，但3D、AR/VR、全息等先进的多维展示技术还没有形成消费和使用习惯，相对成本高昂的3D展示，用户可能更愿意采取经济实惠的平面展示方案。因此，D公司吸纳了一大批销售、设计人才，通过游说、推广、场景介绍、样板展示等的方式让用户体验3D展示的前景和经济价值，从而推动C端用户需求。

优势：D公司摆脱了电脑和复杂软件的束缚，将3D设计、渲染和展示引入平常生活，通过网页、微信、Html 5等就可以随时查看、分享和转发（平台兼容和接口对接）。同时相比平台展示，3D展示大大增强了用户体验（观看者可以旋转、分解和组合观看3D产品的多角度视图，比贝壳选房的720度VR看房体验更佳，那一种只是照片在3D空间的合成）。

访谈简要分析总结：

虽然D公司平台还没有进入非常成熟的生态系统，但从发展历程与规划来看，它仍然为我们学术界提供了新的论据和实践：

（1）平台构建与发展不是一蹴而就，更不是一开始就做纯平台。平台的发展遵循产品—核心技术—接入核心一边用户（提供有吸引力的"诱饵"）—接入另一边用户（培养意愿和习惯）—平台原始积累（网络效应出现）—平台生态（多样化互补品）的过程。

（2）平台定价策略并不是一成不变的，而是根据平台发展阶段和实力决定的。早期为了引导用户实施低价甚至负价格策略，后期开始转向正价格并伴随优势巩固提高价格。换言之，价值创造与价值获取的权衡因平台发展阶段而取舍，创造价值是平台获取价值的基础（早期价值创造是关键，价值创造与价值获取的冲突较为明显，用户对价值摩擦的承受力低），当平台创造价值的能力持续稳定后，价值波动降低，平台价值具有租金性质，此时价值获取产生的价值摩擦更小（用户对价值摩擦的承受力高），价值创造与价值获取可以实现双赢。

（3）对平台而言，始终有一项连接核心"边"的基础产品——"平台产品"，产品本身可能不是平台产品（如工具包始终只连接设计师），也可能是平台产品（如苹果手机连接开发者、广告商和手机用户），但这些产品都具有"杠杆"属性和激发跨边网络效应的价值（通过连接一边用户可以撬动另一边用户）。

# 附录4　调查问卷

《平台企业价值创造与价值获取构型分析》研究调查问卷

尊敬的先生/女士：

您好！首先非常感谢您花费宝贵的时间完成本问卷！本问卷是西南财经大学与电子科技大学联合组建的课题组正在进行的学术研究。本问卷旨在研究平台企业价值创造与价值获取的前因构型。问卷匿名填写，只会用于纯学术研究目的（学位论文和学术期刊），不会涉及贵公司的任何商业机密，亦不用于任何商业目的。

为使问卷所测得数据的精确性更高，本问卷最好由较为了解本企业创新过程或较为了解以下平台的用户填写。如果您在填写问卷时遇到任何问题，敬请与我们联系。衷心感谢你的热心协助！谨致上诚挚的谢意！

平台研究课题组<br>2018年8月

平台编码标签（每份问卷只选择一项）：

| 天猫 | 京东商城 | 百度外卖 | 首汽约车 | 曹操专车 | 米珈科技 | IC2China |
|---|---|---|---|---|---|---|
| 饿了么 | 美团外卖 | 拼多多 | 唯品会 | 速递易 | 万商云集 | 乐居商城 |
| 掌阅 | QQ阅读 | 百度阅读 | 神州专车 | 拉货宝 | 购食汇 |  |
| 易到 | 书旗小说 | 宜搜小说 | 滴滴出行 | 动动三维 | 食商优购 |  |

电话：18227303275

邮箱：838480454@qq.com

邮编：611130

以下部分请根据您所熟知平台的实际情况作答。

下述每个问题都有七个选项，请在相应的数字下打"√"，或者将数字颜色改为红色（各题答案并无对错之分）。

| 题项 | 完全反对 1 | 比较反对 2 | 有些反对 3 | 一般 4 | 有些同意 5 | 比较同意 6 | 完全同意 7 |
|---|---|---|---|---|---|---|---|
| **平台开放** | | | | | | | |
| PO1 我进入平台不要烦琐的注册程序（无须实名制、注册时间短、不涉及隐私信息） | 1 | 2 | 3 | 4 | 5 | 6 | 7 |
| PO2 我进入平台不需要严格的审核和基础条件（资质与证明） | 1 | 2 | 3 | 4 | 5 | 6 | 7 |
| PO3 我加入平台后也可以同时使用类似平台 | 1 | 2 | 3 | 4 | 5 | 6 | 7 |
| **供需匹配** | | | | | | | |
| DM1 我在平台上可以在短时间（或较低成本）内搜索、识别、比较和筛选方案，从而获得相对满意的信息 | 1 | 2 | 3 | 4 | 5 | 6 | 7 |
| DM2 平台给我推送的产品、服务或其他信息链接正是我喜欢或急切需要的信息 | 1 | 2 | 3 | 4 | 5 | 6 | 7 |
| **互动引导** | | | | | | | |
| IG1 平台提供了详细的说明、手册或指南，使我很容易学习平台的具体功能 | 1 | 2 | 3 | 4 | 5 | 6 | 7 |
| IG2 我在平台可以自由决定进出平台和自主选择方案 | 1 | 2 | 3 | 4 | 5 | 6 | 7 |
| IG3 我可以通过多种安全的渠道（App、网站、邮件等）与平台或其他用户平等交流 | 1 | 2 | 3 | 4 | 5 | 6 | 7 |
| **知识分享** | | | | | | | |
| KS1 为了帮助提升平台上的产品和流程，我愿意花时间向企业分享想法和建议 | 1 | 2 | 3 | 4 | 5 | 6 | 7 |
| KS2 平台为我提供了适当的环境和机会，有利于我提出建议和想法 | 1 | 2 | 3 | 4 | 5 | 6 | 7 |
| KS3 平台会根据我提供的建议和想法给予适当奖励或鼓励 | 1 | 2 | 3 | 4 | 5 | 6 | 7 |

续表

| 题项 | | 完全反对 1 | 比较反对 2 | 有些反对 3 | 一般 4 | 有些同意 5 | 比较同意 6 | 完全同意 7 |
|---|---|---|---|---|---|---|---|---|
| 互补品供应 | | | | | | | | |
| CS1 | 我在平台上愿意为相关产品和服务点赞或评分 | 1 | 2 | 3 | 4 | 5 | 6 | 7 |
| CS2 | 我愿意基于产品使用体验在平台上使用图片文字等手段做出详细评价 | 1 | 2 | 3 | 4 | 5 | 6 | 7 |
| CS3 | 我认为平台上商家提供了种类齐全的产品或服务 | 1 | 2 | 3 | 4 | 5 | 6 | 7 |
| CS4 | 商家对我的建议和评价做出了针对性的详细解答 | 1 | 2 | 3 | 4 | 5 | 6 | 7 |
| 持续承诺 | | | | | | | | |
| CC1 | 我会持续关注平台的发展动态 | 1 | 2 | 3 | 4 | 5 | 6 | 7 |
| CC2 | 我愿意为平台上产品和服务改进升级持续提供想法（比如在产品使用一段时间后追加评论） | 1 | 2 | 3 | 4 | 5 | 6 | 7 |
| CC3 | 我愿意按照熟悉方式继续使用平台 | 1 | 2 | 3 | 4 | 5 | 6 | 7 |
| 规则主导 | | | | | | | | |
| RD1 | 在平台规则制定过程中我的权限有限 | 1 | 2 | 3 | 4 | 5 | 6 | 7 |
| RD2 | 在平台规则修订的过程中我的权限有限 | 1 | 2 | 3 | 4 | 5 | 6 | 7 |
| RD3 | 我必须遵守平台规则，违背规则会遭致平台严厉惩罚 | 1 | 2 | 3 | 4 | 5 | 6 | 7 |
| RD4 | 平台（企业）拥有规则的最终解释权 | 1 | 2 | 3 | 4 | 5 | 6 | 7 |
| 网络效应 | | | | | | | | |
| NE1 | 在平台上，同一边（相同或相似）用户数量越多，我越愿意使用平台 | 1 | 2 | 3 | 4 | 5 | 6 | 7 |

续表

| 题项 | | 完全反对 1 | 比较反对 2 | 有些反对 3 | 一般 4 | 有些同意 5 | 比较同意 6 | 完全同意 7 |
|---|---|---|---|---|---|---|---|---|
| NE2 | 在平台上，另一边商家/用户（潜在的交易对象）数量越多，我越愿意使用平台 | 1 | 2 | 3 | 4 | 5 | 6 | 7 |
| 用户锁定 | | | | | | | | |
| UL1 | 我感受到了对平台（企业）的依恋或依赖关系 | 1 | 2 | 3 | 4 | 5 | 6 | 7 |
| UL2 | 我们通常有一个社群或网络，都是平台（企业）的粉丝 | 1 | 2 | 3 | 4 | 5 | 6 | 7 |
| UL3 | 我不会考虑从该平台转向另一个相似平台 | 1 | 2 | 3 | 4 | 5 | 6 | 7 |
| 系统评价 | | | | | | | | |
| SE1 | 平台为我提供了高效的服务系统 | 1 | 2 | 3 | 4 | 5 | 6 | 7 |
| SE2 | 我认为平台功能很容易学习和使用 | 1 | 2 | 3 | 4 | 5 | 6 | 7 |
| 支付意愿 | | | | | | | | |
| WP1 | 我愿意花时间投入平台 | 1 | 2 | 3 | 4 | 5 | 6 | 7 |
| WP2 | 我愿意为平台服务付费 | 1 | 2 | 3 | 4 | 5 | 6 | 7 |
| 平台声誉 | | | | | | | | |
| PR1 | 我认为平台定价是合理的 | 1 | 2 | 3 | 4 | 5 | 6 | 7 |
| PR2 | 我愿意向身边的人推荐该平台 | 1 | 2 | 3 | 4 | 5 | 6 | 7 |

本问卷到此结束，再次感谢您的热心支持，谢谢！

# 附录7　fsQCA构型分析真值表一览

由于本书所有构型分析都以利用fsQCA3.0软件转换后的真值表开展，且正文中报告真值表会显得过于冗长。为此，在附录6部分，我们将26个观察案例在价值创造与价值获取的八种结果中分别报告真值表和系数。这八种结果包括：系统评价（SE）、系统评价缺失（~SE）、支付意愿（WP）、支付意愿缺失（~WP）、平台声誉（PR）、平台声誉缺失（~PR）、平台绩效（PP）和平台绩效缺失（~PP）。分别如附表6-1至附表6-8所示。

附表6-1　系统评价（SE）的前因构型真值表

| PO | DM | IG | KS | CS | CC | 数值 | 原始一致性系数 | PRI一致性系数 | SYM一致性系数 |
|---|---|---|---|---|---|---|---|---|---|
| 1 | 0 | 0 | 0 | 0 | 0 | 7 | 0.470 | 0.092 | 0.092 |
| 1 | 1 | 1 | 1 | 1 | 1 | 4 | 1.000 | 1.000 | 1.000 |
| 0 | 0 | 0 | 0 | 0 | 0 | 3 | 0.426 | 0.000 | 0.000 |
| 0 | 1 | 1 | 1 | 1 | 1 | 3 | 1.000 | 1.000 | 1.000 |
| 1 | 0 | 0 | 0 | 0 | 1 | 1 | 0.698 | 0.000 | 0.000 |
| 1 | 1 | 1 | 0 | 0 | 1 | 1 | 1.000 | 1.000 | 1.000 |
| 0 | 0 | 1 | 1 | 0 | 1 | 1 | 1.000 | 1.000 | 1.000 |
| 0 | 1 | 0 | 0 | 1 | 1 | 1 | 0.907 | 0.000 | 0.000 |
| 1 | 1 | 0 | 1 | 1 | 1 | 1 | 1.000 | 1.000 | 1.000 |
| 0 | 0 | 1 | 1 | 1 | 1 | 1 | 1.000 | 1.000 | 1.000 |
| 1 | 0 | 0 | 1 | 1 | 1 | 1 | 1.000 | 1.000 | 1.000 |
| 0 | 0 | 1 | 1 | 1 | 1 | 1 | 0.829 | 0.000 | 0.000 |
| 1 | 0 | 1 | 1 | 1 | 1 | 1 | 1.000 | 1.000 | 1.000 |

资料来源：根据fsQCA3.0软件的真值表算法转化得出，表中系数均保留三位有效数字。

附表6-2 系统评价缺失（~SE）的前因构型真值表

| PO | DM | IG | KS | CS | CC | 数值 | 原始一致性系数 | PRI一致性系数 | SYM一致性系数 |
|---|---|---|---|---|---|---|---|---|---|
| 1 | 0 | 0 | 0 | 0 | 0 | 7 | 0.946 | 0.908 | 0.908 |
| 1 | 1 | 1 | 1 | 1 | 1 | 4 | 0.283 | 0.000 | 0.000 |
| 0 | 0 | 0 | 0 | 0 | 0 | 3 | 1.000 | 1.000 | 1.000 |
| 0 | 1 | 1 | 1 | 1 | 1 | 3 | 0.541 | 0.000 | 0.000 |
| 1 | 0 | 0 | 0 | 1 | 0 | 1 | 1.000 | 1.000 | 1.000 |
| 1 | 1 | 1 | 0 | 0 | 1 | 1 | 0.398 | 0.000 | 0.000 |
| 0 | 0 | 1 | 1 | 0 | 1 | 1 | 0.744 | 0.000 | 0.000 |
| 0 | 1 | 0 | 0 | 1 | 1 | 1 | 1.000 | 1.000 | 1.000 |
| 1 | 1 | 0 | 0 | 1 | 1 | 1 | 0.798 | 0.000 | 0.000 |
| 0 | 1 | 1 | 1 | 1 | 1 | 1 | 0.775 | 0.000 | 0.000 |
| 1 | 0 | 0 | 1 | 1 | 1 | 1 | 0.798 | 0.000 | 0.000 |
| 0 | 0 | 1 | 1 | 1 | 1 | 1 | 1.000 | 1.000 | 1.000 |
| 1 | 0 | 1 | 1 | 1 | 1 | 1 | 0.623 | 0.000 | 0.000 |

资料来源：根据fsQCA3.0软件的真值表算法转化得出，表中系数均保留三位有效数字。

附表6-3 支付意愿（WP）的前因构型真值表

| PO | DM | IG | KS | CS | CC | 数值 | 原始一致性系数 | PRI一致性系数 | SYM一致性系数 |
|---|---|---|---|---|---|---|---|---|---|
| 1 | 0 | 0 | 0 | 0 | 0 | 7 | 0.312 | 0.000 | 0.000 |
| 1 | 1 | 1 | 1 | 1 | 1 | 4 | 1.000 | 1.000 | 1.000 |
| 0 | 1 | 1 | 1 | 1 | 1 | 3 | 1.000 | 1.000 | 1.000 |
| 0 | 0 | 0 | 0 | 0 | 0 | 3 | 0.284 | 0.000 | 0.000 |
| 1 | 1 | 1 | 0 | 0 | 1 | 1 | 1.000 | 1.000 | 1.000 |
| 0 | 0 | 1 | 1 | 0 | 1 | 1 | 1.000 | 1.000 | 1.000 |
| 0 | 1 | 1 | 0 | 1 | 1 | 1 | 1.000 | 1.000 | 1.000 |
| 0 | 0 | 1 | 1 | 1 | 1 | 1 | 1.000 | 1.000 | 1.000 |
| 1 | 0 | 1 | 1 | 1 | 1 | 1 | 1.000 | 1.000 | 1.000 |
| 1 | 1 | 0 | 0 | 1 | 1 | 1 | 0.900 | 0.801 | 0.801 |
| 1 | 0 | 0 | 1 | 1 | 1 | 1 | 0.897 | 0.744 | 0.744 |
| 0 | 1 | 0 | 0 | 1 | 1 | 1 | 0.816 | 0.663 | 0.663 |
| 1 | 0 | 0 | 0 | 1 | 0 | 1 | 0.598 | 0.000 | 0.000 |

资料来源：根据fsQCA3.0软件的真值表算法转化得出，表中系数均保留三位有效数字。

附表6-4 支付意愿缺失（~WP）的前因构型真值表

| PO | DM | IG | KS | CS | CC | 数值 | 原始一致性系数 | PRI一致性系数 | SYM一致性系数 |
|---|---|---|---|---|---|---|---|---|---|
| 1 | 0 | 0 | 0 | 0 | 0 | 7 | 1.000 | 1.000 | 1.000 |
| 1 | 1 | 1 | 1 | 1 | 1 | 4 | 0.283 | 0.000 | 0.000 |
| 0 | 0 | 0 | 0 | 0 | 0 | 3 | 1.000 | 1.000 | 1.000 |
| 0 | 1 | 1 | 1 | 1 | 1 | 3 | 0.270 | 0.000 | 0.000 |
| 1 | 0 | 0 | 0 | 1 | 0 | 1 | 1.000 | 1.000 | 1.000 |
| 1 | 1 | 1 | 0 | 0 | 1 | 1 | 0.596 | 0.000 | 0.000 |
| 0 | 0 | 1 | 1 | 0 | 1 | 1 | 0.248 | 0.000 | 0.000 |
| 0 | 1 | 0 | 0 | 1 | 1 | 1 | 0.637 | 0.337 | 0.337 |
| 1 | 1 | 0 | 0 | 1 | 1 | 1 | 0.598 | 0.199 | 0.199 |
| 0 | 1 | 1 | 0 | 1 | 1 | 1 | 0.443 | 0.000 | 0.000 |
| 1 | 0 | 0 | 1 | 1 | 1 | 1 | 0.701 | 0.256 | 0.256 |
| 0 | 0 | 1 | 1 | 1 | 1 | 1 | 0.166 | 0.000 | 0.000 |
| 1 | 0 | 1 | 1 | 1 | 1 | 1 | 0.498 | 0.000 | 0.000 |

资料来源：根据fsQCA3.0软件的真值表算法转化得出，表中系数均保留三位有效数字。

附表6-5 平台声誉（PR）的前因构型真值表

| SE | WP | RD | NE | UL | 数值 | 原始一致性系数 | PRI一致性系数 | SYM一致性系数 |
| --- | --- | --- | --- | --- | --- | --- | --- | --- |
| 1 | 1 | 1 | 1 | 1 | 6 | 1.000 | 1.000 | 1.000 |
| 0 | 0 | 0 | 0 | 0 | 5 | 0.497 | 0.101 | 0.101 |
| 1 | 1 | 1 | 1 | 0 | 2 | 1.000 | 1.000 | 1.000 |
| 1 | 1 | 0 | 1 | 1 | 2 | 1.000 | 1.000 | 1.000 |
| 0 | 0 | 0 | 1 | 0 | 2 | 0.580 | 0.000 | 0.000 |
| 0 | 1 | 0 | 0 | 1 | 1 | 1.000 | 1.000 | 1.000 |
| 1 | 1 | 0 | 0 | 1 | 1 | 1.000 | 1.000 | 1.000 |
| 1 | 1 | 1 | 0 | 1 | 1 | 1.000 | 1.000 | 1.000 |
| 0 | 0 | 0 | 1 | 1 | 1 | 1.000 | 1.000 | 1.000 |
| 1 | 0 | 0 | 0 | 0 | 1 | 0.889 | 0.507 | 0.507 |
| 1 | 0 | 1 | 0 | 0 | 1 | 0.853 | 0.493 | 0.493 |
| 0 | 0 | 1 | 1 | 0 | 1 | 0.747 | 0.330 | 0.330 |
| 0 | 0 | 1 | 0 | 0 | 1 | 0.635 | 0.199 | 0.199 |
| 0 | 0 | 1 | 0 | 1 | 1 | 0.853 | 0.000 | 0.000 |

资料来源：根据fsQCA3.0软件的真值表算法转化得出，表中系数均保留三位有效数字。

附表6-6 平台声誉缺失（~PR）的前因构型真值表

| SE | WP | RD | NE | UL | 数值 | 原始一致性系数 | PRI一致性系数 | SYM一致性系数 |
|---|---|---|---|---|---|---|---|---|
| 1 | 1 | 1 | 1 | 1 | 6 | 0.313 | 0.000 | 0.000 |
| 0 | 0 | 0 | 0 | 0 | 5 | 0.943 | 0.899 | 0.899 |
| 0 | 0 | 0 | 1 | 0 | 2 | 1.000 | 1.000 | 1.000 |
| 1 | 1 | 1 | 1 | 0 | 2 | 0.459 | 0.000 | 0.000 |
| 1 | 1 | 0 | 1 | 1 | 2 | 0.528 | 0.000 | 0.000 |
| 1 | 0 | 0 | 0 | 0 | 1 | 0.886 | 0.493 | 0.493 |
| 0 | 0 | 1 | 0 | 0 | 1 | 0.909 | 0.801 | 0.801 |
| 1 | 0 | 1 | 0 | 0 | 1 | 0.858 | 0.507 | 0.507 |
| 0 | 0 | 1 | 1 | 0 | 1 | 0.875 | 0.670 | 0.670 |
| 0 | 1 | 0 | 0 | 1 | 1 | 0.816 | 0.000 | 0.000 |
| 1 | 1 | 0 | 0 | 1 | 1 | 0.748 | 0.000 | 0.000 |
| 0 | 0 | 1 | 0 | 1 | 1 | 1.000 | 1.000 | 1.000 |
| 1 | 1 | 1 | 0 | 1 | 1 | 0.623 | 0.000 | 0.000 |
| 0 | 0 | 0 | 1 | 1 | 1 | 0.747 | 0.000 | 0.000 |

资料来源：根据fsQCA3.0软件的真值表算法转化得出，表中系数均保留三位有效数字。

附表6-7 平台绩效（PP）的前因构型真值表

| SE | WP | RD | NE | UL | 数值 | 原始一致性系数 | PRI一致性系数 | SYM一致性系数 |
| --- | --- | --- | --- | --- | --- | --- | --- | --- |
| 1 | 1 | 1 | 1 | 1 | 6 | 1.000 | 1.000 | 1.000 |
| 0 | 0 | 0 | 0 | 0 | 5 | 0.441 | 0.000 | 0.000 |
| 1 | 1 | 1 | 1 | 0 | 2 | 1.000 | 1.000 | 1.000 |
| 1 | 1 | 0 | 1 | 1 | 2 | 1.000 | 1.000 | 1.000 |
| 0 | 0 | 0 | 1 | 0 | 2 | 0.497 | 0.000 | 0.000 |
| 0 | 1 | 0 | 0 | 1 | 1 | 1.000 | 1.000 | 1.000 |
| 1 | 1 | 0 | 0 | 1 | 1 | 1.000 | 1.000 | 1.000 |
| 1 | 1 | 1 | 0 | 1 | 1 | 1.000 | 1.000 | 1.000 |
| 0 | 0 | 0 | 1 | 1 | 1 | 0.872 | 0.000 | 0.000 |
| 1 | 0 | 1 | 0 | 0 | 1 | 0.853 | 0.000 | 0.000 |
| 0 | 0 | 1 | 0 | 1 | 1 | 0.853 | 0.000 | 0.000 |
| 1 | 0 | 0 | 0 | 0 | 1 | 0.775 | 0.000 | 0.000 |
| 0 | 0 | 1 | 0 | 0 | 1 | 0.635 | 0.000 | 0.000 |
| 0 | 0 | 1 | 1 | 0 | 1 | 0.623 | 0.000 | 0.000 |

资料来源：根据fsQCA3.0软件的真值表算法转化得出，表中系数均保留三位有效数字。

附表6-8　平台绩效缺失（~PP）的前因构型真值表

| SE | WP | RD | NE | UL | 数值 | 原始一致性系数 | PRI一致性系数 | SYM一致性系数 |
| --- | --- | --- | --- | --- | --- | --- | --- | --- |
| 1 | 1 | 1 | 1 | 1 | 6 | 0.469 | 0.000 | 0.000 |
| 0 | 0 | 0 | 0 | 0 | 5 | 1.000 | 1.000 | 1.000 |
| 0 | 0 | 0 | 1 | 0 | 2 | 1.000 | 1.000 | 1.000 |
| 1 | 1 | 1 | 1 | 0 | 2 | 0.536 | 0.000 | 0.000 |
| 1 | 1 | 0 | 1 | 1 | 2 | 0.703 | 0.000 | 0.000 |
| 1 | 0 | 0 | 0 | 0 | 1 | 1.000 | 1.000 | 1.000 |
| 0 | 0 | 1 | 0 | 0 | 1 | 1.000 | 1.000 | 1.000 |
| 1 | 0 | 1 | 0 | 0 | 1 | 1.000 | 1.000 | 1.000 |
| 0 | 0 | 1 | 1 | 0 | 1 | 1.000 | 1.000 | 1.000 |
| 0 | 1 | 0 | 0 | 1 | 1 | 0.907 | 0.000 | 0.000 |
| 1 | 1 | 0 | 0 | 1 | 1 | 0.831 | 0.000 | 0.000 |
| 0 | 0 | 1 | 0 | 1 | 1 | 1.000 | 1.000 | 1.000 |
| 1 | 1 | 1 | 0 | 1 | 1 | 0.747 | 0.000 | 0.000 |
| 0 | 0 | 0 | 1 | 1 | 1 | 1.000 | 1.000 | 1.000 |

资料来源：根据fsQCA3.0软件的真值表算法转化得出，表中系数均保留三位有效数字。